História do
desenvolvimento das
funções mentais superiores

L. S. Vigotski

História do desenvolvimento das funções mentais superiores

Tradução do inglês de Solange Castro Afeche

wmf **martinsfontes**

*Copyright © 2021, Editora WMF Martins Fontes Ltda.,
São Paulo, para a presente edição.*

1ª edição *2021*

Tradução do inglês
Solange Castro Afeche
Acompanhamento editorial
Cristina Yamazaki
Preparação de texto
Juliana Afeche Cipolla
Revisões
Cacilda Guerra
Rita de Cássia Sam
Índice remissivo
Julio Cesar Mansur Haddad
Edição de arte
Katia Harumi Terasaka
Produção gráfica
Geraldo Alves
Paginação
Moacir Katsumi Matsusaki
Capa
Marcos Lisboa

Dados Internacionais de Catalogação na Publicação (CIP)
(Câmara Brasileira do Livro, SP, Brasil)

Vigotski, L. S.
História do desenvolvimento das funções mentais superiores / L. S. Vigotski ; tradução Solange Castro Afeche. – São Paulo : Editora WMF Martins Fontes, 2021.

Título original: Istoriya razvitiya vysshikh psikhicheskikh funktsiy
ISBN 978-85-469-0218-7

1. Crianças – Desenvolvimento 2. Psicologia 3. Psicologia do desenvolvimento I. Título.

21-68453   CDD-155

Índices para catálogo sistemático:
1. Psicologia do desenvolvimento   155

Maria Alice Ferreira – Bibliotecária – CRB-8/7964

Todos os direitos desta edição reservados à
Editora WMF Martins Fontes Ltda.
Rua Prof. Laerte Ramos de Carvalho, 133 01325-030 São Paulo SP Brasil
Tel. (11) 3293-8150 e-mail: info@wmfmartinsfontes.com.br
http://www.wmfmartinsfontes.com.br

Sumário

Capítulo 1 | A questão do desenvolvimento das funções mentais superiores, 1

Capítulo 2 | O método de investigação, 53

Capítulo 3 | Análise das funções mentais superiores, 123

Capítulo 4 | A estrutura das funções mentais superiores, 157

Capítulo 5 | A gênese das funções mentais superiores, 183

Capítulo 6 | O desenvolvimento da linguagem, 227

Capítulo 7 | A pré-história do desenvolvimento da linguagem escrita, 247

Capítulo 8 | O desenvolvimento das operações aritméticas, 281

Capítulo 9 | O domínio da atenção, 289

Capítulo 10 | O desenvolvimento das funções mnemônicas e mnemotécnicas, 337

Capítulo 11 | O desenvolvimento da linguagem e do pensamento, 359

Capítulo 12 | O autocontrole, 385

Capítulo 13 | O cultivo das formas superiores de comportamento, 409

Capítulo 14 | O problema da idade cultural, 425

Capítulo 15 | Conclusões. O futuro da investigação.
O desenvolvimento da personalidade da criança
e da sua concepção do mundo, 441

A questão da criança multilíngue, 461
Epílogo, 473
Índice de autores, 507
Índice remissivo, 511

Capítulo 1

A questão do desenvolvimento das funções mentais superiores[1]

> As leis eternas da natureza cada vez mais se transformam em leis da história.
>
> F. Engels*

A história do desenvolvimento das funções mentais superiores é um campo da psicologia que nunca foi explorado. Apesar da enorme importância de estudar os processos no desenvolvimento das funções mentais superiores para a compreensão e a elucidação lógica de todos os aspectos da personalidade infantil, ainda não foram estabelecidos os limites precisos desse campo nem foram formulados os problemas metodológicos básicos defrontados pelos pesquisadores, tampouco foi criado um método de investigação apropriado; não foram estabelecidos ou desenvolvidos os elementos de uma teoria, ou pelo menos uma hipótese de trabalho, que poderiam auxiliar o pesquisador a pensar e a tentar explicar os fatos e os padrões observados em seu processo de trabalho.

O conceito de desenvolvimento das funções mentais superiores aplicado à psicologia infantil – em nossa opinião, um dos conceitos centrais da psicologia genética –, ainda permanece vago e obscuro. Ele

---

[1] A monografia foi escrita em 1931. Os primeiros cinco capítulos foram publicados no livro: VYGOTSKY, L. S. *Razvitie Vysshikh Psikhicheskikh Funktsii* [O desenvolvimento das funções mentais superiores] (Moscou, 1960). Os capítulos 6 a 15 estão sendo publicados pela primeira vez. As notas da edição de 1960 indicam erroneamente que esses capítulos não foram escritos.

* Karl Marx e F. Engels, *Collected Works*. Vol. 20, p. 553 [em russo].

não se distingue adequadamente de outros conceitos próximos e relacionados, e os delineamentos de seu significado são geralmente imprecisos e o conteúdo a ele atribuído não está propriamente definido.

Torna-se muito claro, devido ao estado da questão apresentada, que devemos começar explicando os conceitos fundamentais considerando os problemas básicos, definindo precisamente o objeto de estudo da investigação. Assim como a exploração de uma nova área é impossível sem a definição precisa e clara das questões que ela deve responder, uma monografia sobre a história do desenvolvimento das funções mentais superiores da criança – que representa a primeira tentativa de apresentação e teorização sistemáticas, condensando muitos estudos individuais nesta área – deve iniciar com a compreensão clara do tema deste estudo.

A questão é complexa, pois a elucidação desse tema necessita de uma mudança básica na visão tradicional sobre o processo de desenvolvimento mental da criança. Nessa nova abordagem, os aspectos do desenvolvimento mental são considerados pré-requisito indispensável sem os quais seria impossível elaborar uma formulação apropriada dos problemas que nos interessam. No entanto, parece mais fácil assimilar milhares de fatos novos em determinado campo do conhecimento do que assimilar um novo ponto de vista com base em poucos fatos já conhecidos. Além disso, muitos fatos contidos no sistema da psicologia infantil parecem estar enraizados pelas considerações firmemente estabelecidas e se tornar completamente novos quando se baseiam no ponto de vista do desenvolvimento das funções mentais superiores da criança, mas eles não foram ainda reconhecidos sob esse aspecto. A dificuldade de nosso problema consiste não tanto na falta de desenvolvimento e na novidade da questão nele contida, mas na visão unilateral e na formulação errônea dessas questões, afetadas por todo o material factual acumulado durante décadas e pela inércia da interpretação errônea que continua a ter seus efeitos até hoje.

A unilateralidade e o equívoco do ponto de vista tradicional dos fatos que afetam o desenvolvimento das funções mentais superiores consistem principal e primariamente na incapacidade de abordar esses fatos como parte do desenvolvimento histórico, na limitação de considerá-los apenas processos e formações naturais, misturando e não distinguindo o processo natural do cultural, o essencial do histórico, o biológico do social na abordagem do desenvolvimento mental da criança; em síntese: uma compreensão básica incorreta sobre a natureza do fenômeno em estudo.

Há muitos estudos individuais e belas monografias que abordam exemplos, problemas e aspectos diferentes sobre o desenvolvimento das funções mentais superiores da criança. A fala e o desenho, o domínio da leitura e da escrita, a percepção lógica e do mundo, o desenvolvimento de conceitos e operações com números, e mesmo a psicologia da álgebra e a formação de conceitos, na criança, têm sido muitas vezes objeto de estudos modelares. Mas todos os processos e fenômenos e todas as funções mentais e as formas de comportamento foram estudados principalmente pela ótica do inato, dos processos naturais que os formaram e que fazem parte deles.

As funções mentais superiores e as formas culturais complexas de comportamento com todos os seus aspectos específicos de funcionamento e estrutura, com todas as particularidades de seu percurso genético, desde a sua criação até a plena maturidade ou morte, com todas as leis especiais às quais elas estão sujeitas, geralmente permanecem fora do campo de visão do pesquisador.

As formações e os processos complexos foram pulverizados em seus elementos componentes e deixaram de existir como estruturas em sua totalidade. Eles foram reduzidos a processos de uma ordem mais elementar, ocupando posição subordinada e executando função definida com relação ao todo. Como um organismo, dividido em seus componentes, expõe sua composição, mas não exibe mais especificamente suas propriedades e seus padrões orgânicos, da mesma forma essas formações mentais integrais e complexas perdem sua qualidade básica e deixam de ser elas mesmas quando reduzidas aos processos de uma ordem mais elementar.

Essa formulação do problema teve um efeito muito desastroso sobre a questão do desenvolvimento mental infantil, pois é precisamente o conceito de desenvolvimento que é radicalmente diferente da representação mecanicista da emergência de um processo mental complexo com base em partes ou elementos isolados, como uma soma derivada de uma adição matemática dos componentes separados.

Como resultado do predomínio dessa abordagem sobre o problema do desenvolvimento das funções mentais superiores da criança, geralmente, a análise de uma forma desenvolvida de comportamento substituiu a explicação sobre a gênese dessa forma. A gênese, geralmente, foi substituída por uma análise de comportamento complexo em seus vários estágios de desenvolvimento. Desse modo, ganhou força a noção de que o que foi desenvolvido não foi uma forma como um todo, mas seus elementos em separado, os quais representam uma soma do que foi produzido em cada estágio de desenvolvimento de determinada forma de comportamento.

Simplificando, com essa abordagem o verdadeiro desenvolvimento das formas superiores e complexas de comportamento permanece inexplicável e não compreendido metodologicamente. Os dados sobre a gênese foram geralmente substituídos por uma coincidência cronológica, mecânica e puramente externa do aparecimento de um ou de outro processo mental superior em uma ou outra idade. Por exemplo, a psicologia esclareceu-nos que a formação dos conceitos abstratos ocorre de modo definido em uma criança de 14 anos, de maneira semelhante ao que acontece quando os dentes de uma criança são trocados pela dentição permanente aos 7 anos de idade. Mas a psicologia não pode responder por que a formação dos conceitos abstratos ocorre em certa idade ou o que lhe dá origem e como ela surge e se desenvolve.

Nossa comparação não se dá ao acaso: ela reflete o verdadeiro estado da arte na psicologia infantil. A psicologia ainda não explicou adequadamente as diferenças entre os processos culturais e orgânicos do desenvolvimento e da maturação, entre duas ordens genéticas diferentes na essência e na natureza e, consequentemente, entre ambas as ordens basicamente diferentes de leis às quais essas duas linhas de abordagem sobre o desenvolvimento do comportamento infantil estão sujeitas.

A psicologia infantil – antiga e moderna – adota uma direção totalmente oposta: ela coloca os fatos acerca do desenvolvimento cultural e orgânico do comportamento da criança em uma única ordem, considerando ambos fenômenos do mesmo tipo, de mesma natureza psicológica e que exibem basicamente leis idênticas.

Podemos encerrar nossa descrição crítica da perspectiva tradicional sobre o desenvolvimento cultural retornando ao ponto em que começamos, especificamente, para indicar como e a que preço tal redução das duas diferentes ordens de fenômenos e leis a uma única ordem passou a prevalecer na psicologia infantil. Foi à custa de desistir do estudo dos padrões específicos de uma ordem, de reduzir a complexidade dos processos mentais à sua elementaridade, de abordar unilateralmente o estudo das funções mentais com base em seu aspecto inato.

Faremos um estudo sobre o problema do todo e das partes como aplicado ao desenvolvimento das funções mentais superiores e sobre o problema de reduzir as formas superiores de comportamento às suas formas elementares. Apresentaremos essa abordagem em diferentes capítulos sobre a análise e a elucidação da estrutura funcional e a gênese das formas de comportamento humano. Então, tentaremos apresentar na teoria os padrões específicos mais importantes dos processos de desenvolvimento mental infantil como eles são encontrados no estudo das principais funções mentais. Nossa discussão abstrata pode então se tornar mais concreta e ser revestida na carne e no sangue por fatos científicos.

Mas nesse momento o objetivo único e imediato de nossa discussão é comparar as duas principais perspectivas sobre o desenvolvimento mental infantil. Uma delas prevaleceu desde o nascimento da psicologia infantil na forma de uma premissa implícita, não expressa ou formulada por alguém, mas como um pré-requisito básico e diretivo de todas as pesquisas; ela continua a existir mesmo agora, quase sem mudanças, em novos estudos, e está silenciosamente presente em cada página dos livros ou textos de psicologia que abordam o tema do desenvolvimento das funções mentais superiores.

A segunda perspectiva se fundamenta em todo o desenvolvimento precedente do problema, todo o acúmulo de material factual, todas as contradições e becos sem saída a que chegaram os pesquisadores baseados em perspectias antigas, em toda a enorme gama de questões não resolvidas em sua antiga formulação, em toda a massa que, com o acúmulo de fatos, cresceu e se acumulou por décadas sobre uma base errônea, em todo o curso da crise psicológica e dos sucessos em outras áreas da psicologia genética – a psicologia animal e a psicologia dos povos primitivos – e, finalmente, na introdução do método dialético na psicologia.

Mas mesmo essa segunda perspectiva, pelo que sabemos, não foi expressa ou formulada por alguém de maneira plena e precisa. Ao longo desta exposição, tentaremos juntar e apresentar todas essas alusões para uma nova compreensão da história do desenvolvimento cultural da criança, todos esses elementos da nova formulação metodológica que são encontrados dispersos entre diversos pesquisadores. Mas, mesmo organizadas conjuntamente, elas ainda não compõem o que precisamos, o que poderia servir como ponto de partida para nossa pesquisa. Por essa razão, devemos tentar determinar, mais precisamente, a essência de ambas as perspectivas e marcar o ponto de partida de nossa investigação.

Como já indicamos, a primeira perspectiva se caracteriza por três pontos: o estudo das funções mentais superiores do ponto de vista dos processos naturais que as compreendem, reduzindo os processos superiores e complexos a elementares, e ignorando os aspectos e padrões específicos do desenvolvimento comportamental cultural. Esses pontos são comuns tanto à antiga psicologia empírica subjetiva[2] como à nova psicologia objetiva – o behaviorismo americano[3] e a reflexologia russa[4].

Mesmo com as principais diferenças básicas entre a psicologia antiga e a nova psicologia, que não devemos perder de vista um só mo-

---

[2] Psicologia empírica. Ver vol. 1, p. 460.
[3] Behaviorismo. Ver vol. 1, p. 460; vol. 2, p. 489.
[4] Reflexologia. Ver vol. 1, p. 459; vol. 2, p. 487.

mento, ambas as perspectivas estão ligadas por um ponto metodológico formal comum que vários autores já mencionaram muitas vezes. Em ambas as perspectivas, o propósito da análise é equacionar os problemas do estudo científico decompondo as formas e estruturas superiores em seus elementos primários e reduzindo-os a formas inferiores e ignorando a questão da qualidade, que não é redutível a diferenças quantitativas, isto é, ao pensamento científico não dialético.

A antiga psicologia subjetiva encarou o problema básico da pesquisa científica como o isolamento dos elementos fundamentais irredutíveis da experiência que ela encontrou na abstração dos fenômenos mentais elementares, como sensação, sentimento, prazer-desprazer e esforço voluntário, ou nos processos e nas funções mentais elementares, como atenção e associação, isolados da mesma forma. Processos superiores e complexos foram decompostos em suas partes e, sem remanescentes, foram reduzidos a combinações dessas experiências ou processos fundamentais diferentes em forma e complexidade. Desse modo, um grande mosaico de vida mental se desenvolveu composto das experiências fragmentadas, um quadro atomizado grandioso da mente humana desmembrada.

Mas mesmo a nova psicologia objetiva não conhece outra maneira de apreender o todo complexo a não ser pela análise e pela decomposição, pela elucidação da composição e pela redução aos seus elementos. A reflexologia fecha os olhos para a particularidade qualitativa das formas superiores de comportamento; para ela, não há diferença básica entre essas formas e os processos elementares inferiores. Geralmente, todos os processos comportamentais podem ser decompostos em reflexos associativos que variam de acordo com o tamanho e número dos elos na cadeia, inibidos em alguns casos e não expressos externamente. O behaviorismo funciona em unidades de um tipo um pouco diferente, mas se substituirmos uma série de unidades na análise reflexológica das formas superiores de comportamento por outra, se usarmos as reações em vez dos reflexos, então o quadro será notavelmente semelhante à análise da psicologia objetiva.

De fato, o behaviorismo – em sua forma mais extrema e consistente – está propenso a enfatizar o papel e o significado do organismo como um todo e também a ver, da perspectiva dos processos comportamentais como um todo, a essência da diferença entre as pesquisas psicológica e fisiológica. Às vezes, essa corrente tenta considerar a complexa totalidade como totalidade. Nesses casos, aborda as funções emocionais e instintivas e, em contraste com essas, as funções adquiridas, isto é, os sistemas de hábitos desenvolvidos e prontos para uso nas situações apropriadas.

Os conceitos de sistema e função diferem basicamente, é claro, dos conceitos de soma aritmética e de cadeia mecânica de reações. Os primeiros assumem certa regularidade na construção de um sistema, um papel único do sistema como tal e, finalmente, uma história de desenvolvimento e formação do sistema, enquanto em relação a uma soma ou cadeia de reações nada é assumido para sua elucidação, exceto uma simples coincidência de contiguidade externa dos estímulos e das reações conhecidos. Do mesmo modo, o conceito de função mental – mesmo no sentido em que é usado pelos partidários mais radicais do behaviorismo que rejeitam ver nele alguma coisa além de um sistema de hábitos previamente desenvolvidos – assume necessariamente e inclui em si mesmo, acima de tudo, uma relação com o todo no que diz respeito ao modo como uma função é executada e, depois, com a ideia do caráter integral da formação mental, que é chamada de função.

Nesse sentido, a introdução dos conceitos de sistema e função na psicologia comportamental representa, sem dúvida, um passo adiante em relação ao conceito puramente mecanicista de comportamento. No desenvolvimento científico, ambos os conceitos podem mais cedo ou mais tarde levar os cientistas que o utilizam a rejeitar completamente essa concepção. Mas, da forma como esses conceitos são desenvolvidos na psicologia comportamental hoje em dia, eles raramente significam alguma coisa além de uma tímida pista da inadequação dos primeiros termos e conceitos; por isso, não produziram e, no atual estágio de desenvolvimento, não podem produzir o que é necessário para o estudo dos processos comportamentais superiores de modo adequado à sua natureza psicológica.

Mas isso é exatamente o que afirmamos ao colocar juntas a psicologia subjetiva e a psicologia objetiva em uma relação específica: a formulação atomística da psicologia empírica e objetiva torna básica e factualmente impossível o estudo dos processos mentais superiores de modo compatível com sua natureza psicológica. Em essência, cada um dos conceitos é somente uma psicologia dos processos elementares.

Por essa razão, não é por acaso que na psicologia infantil são escritos apenas os capítulos que se referem à idade mais antiga, quando as funções predominantemente elementares amadurecem e se desenvolvem, mas as funções superiores ainda estão em um estado rudimentar e estão caminhando ao longo do que é essencialmente seu período pré--histórico. No futuro, veremos que, sem uma compreensão apropriada desse período pré-histórico no que se refere ao desenvolvimento das funções mentais superiores, será impossível o rastreamento e o desenvolvimento científico da história desse processo. Mas não há dúvida sobre uma questão: durante esse período, especificamente, o aspecto natural, inato do desenvolvimento das formas superiores culturais de comportamento predomina, e, sobretudo durante esse período, elas são mais acessíveis a uma análise elementar.

Não nos surpreende, portanto, que a história do desenvolvimento da fala na criança, por exemplo, termine para a maioria dos pesquisadores em uma idade precoce quando de fato somente o estabelecimento dos hábitos motores da fala, o domínio do aspecto inato, externo da fala está próximo de ser concluído, mas quando apenas os primeiros passos foram dados no desenvolvimento da fala como uma forma comportamental complexa e superior.

Além disso, não é por acaso que a psicologia infantil, como representada pelos seus maiores expoentes, conclui que seu principal interesse deve sempre estar concentrado nos primeiros anos de vida da criança. Aos olhos desses pesquisadores, a psicologia infantil é a psicologia da primeira infância, quando as funções mentais elementares e básicas amadurecem. Esses autores assumem que a criança dá grandes passos ao longo do desenvolvimento logo após o nascimento e são especificamente esses primeiros passos (a única coisa acessível à moderna psicologia) que o psicólogo deve estudar. Isso é como dizer que o estudo do desenvolvimento do corpo é em essência o estudo do desenvolvimento do embrião.

Essa comparação reflete o estado real da arte sobre a psicologia infantil. Toda a discussão sobre o significado central dos primeiros passos do desenvolvimento mental e a principal defesa da posição de que a psicologia infantil é essencialmente a psicologia da infância e dos estágios muito precoces concordam, na medida do possível, com o que dissemos anteriormente. Na essência de sua posição, a psicologia moderna tem acesso apenas ao estudo do desenvolvimento embrionário das funções superiores, apenas à embriologia da mente humana, à qual ela deseja conscientemente retornar, percebendo de forma plena seus próprios limites metodológicos. Na psicologia infantil em essência somente os embriões estão sendo estudados.

Mas uma comparação com a embriologia não é apenas objetivamente verdadeira; é também uma comparação traiçoeira. Ela aponta a situação precária da psicologia infantil, dá-lhe um calcanhar de aquiles, revela a abstenção forçada e a autolimitação que a psicologia deseja realizar em sua própria virtude.

Na tentativa de conhecer as leis básicas do desenvolvimento em suas relações mais simples e comparando o desenvolvimento mental da criança com o desenvolvimento embrionário, a psicologia tradicional revela de modo óbvio que faz uma analogia entre o desenvolvimento do comportamento e o desenvolvimento embrionário do organismo, isto é, como se aquele fosse um processo biológico puramente inato. Essa situação se baseia, essencialmente, no fato, bem conhecido e sem dúvida fundamental, de existir uma coincidência entre o desenvolvimento intenso do cérebro nos primeiros três anos de vida, em que se atinge um aumento de peso substancial, e o desenvolvimento das funções mentais elementares da criança nesse mesmo período.

Estamos longe de subestimar o significado dos primeiros passos do desenvolvimento mental para a história global da personalidade da criança ou o próprio significado desses passos. Ambos são, sem dúvida, muito importantes não apenas pelo fato de o desenvolvimento biológico do comportamento, que ocorre com especial intensidade logo após o nascimento, ser o objeto mais importante da psicologia, mas também porque a história do desenvolvimento das funções mentais superiores seria impossível sem o estudo da pré-história dessas funções, de suas raízes biológicas, de suas propriedades orgânicas. As raízes genéticas das duas formas culturais básicas de comportamento são estabelecidas na idade infantil: o *uso de instrumentos* e a *fala humana*; essa circunstância por si coloca a idade infantil no centro da pré-história do desenvolvimento cultural.

Gostaríamos de assinalar que o esforço para limitar a psicologia da criança ao estudo do desenvolvimento embrionário das funções mentais superiores indica que a psicologia das funções mentais superiores por si está em estado embrionário; que o conceito de desenvolvimento das funções mentais superiores é estranho à psicologia infantil; que, por necessidade, ela limita o conceito de desenvolvimento mental da criança ao desenvolvimento biológico das funções elementares que dependem diretamente da maturação do cérebro como uma função da maturação orgânica da criança.

Uma situação semelhante existe também na psicologia objetiva. Não é por acaso que a seção metodologicamente mais rica, mais desenvolvida e mais consistente da reflexologia é a reflexologia infantil. Tampouco é por acaso que os melhores estudos da psicologia comportamental pertencem à primeira infância e às reações instintivo-emocionais elementares da criança.

Mas os caminhos da psicologia objetiva e da psicologia subjetiva divergem, no que se refere ao desenvolvimento cultural da criança, quando abordam as funções mentais superiores. Enquanto a psicologia objetiva rejeita de modo consistente a diferenciação entre funções mentais superiores e inferiores e se limita a classificar as reações em inatas e adquiridas, considerando as reações adquiridas uma única classe de hábitos, a psicologia empírica, com uma consistência impressionante, por um lado esgota o desenvolvimento mental da criança com a maturação das funções elementares e, por outro, constrói uma segunda história de origem desconhecida para além de todas as funções elementares.

Juntamente com a memória mecânica, a memória lógica foi diferenciada como sua forma superior, a atenção voluntária foi adicionada à atenção involuntária, a imaginação criativa foi acrescentada à imaginação reprodutiva, o pensamento sobre conceitos surge como uma história secundária sobre o pensamento figurativo, os sentimentos inferiores foram simetricamente suplementados com os sentimentos superiores, e a volição impulsiva pela previsão.

Assim, todos os estudos sobre as principais funções psicológicas foram construídos em duas histórias. Mas, porque a psicologia lida somente com a história inferior deixando o desenvolvimento e a origem das funções superiores completamente inexplorados, pela mesma razão se desenvolveu uma ruptura entre a psicologia infantil e a psicologia geral. O que a psicologia geral encontrou e isolou sob o nome de atenção voluntária, imaginação criativa, memória lógica, previsibilidade etc., isto é, as formas superiores, as funções superiores, permaneceu como *terra incognita* para a psicologia infantil.

A história do desenvolvimento da volição na criança ainda não foi escrita. Em um dos capítulos de conclusão de nossa monografia, tentaremos mostrar que, na essência, isso equivale à afirmação de que a história do desenvolvimento de todas as funções mentais superiores ainda não foi escrita ou de que a história do desenvolvimento cultural da criança ainda não foi escrita. Em essência, as três afirmações são equivalentes – elas expressam uma única e mesma ideia. Mas, neste momento, usaremos essa posição incontestável como um exemplo que, possibilitando a semelhança factual do destino científico de vários problemas relacionados, pode ser estendido também para as remanescentes funções mentais superiores, deixando de lado por enquanto o desenvolvimento complexo do pensamento que poderia levar nossa atenção para três conceitos básicos de nossa pesquisa: *o conceito de função mental superior, o conceito de desenvolvimento cultural do comportamento e o conceito de controle do comportamento por processos internos.* Do mesmo modo que a história do desenvolvimento da vontade da criança não foi ainda escrita, a história do desenvolvimento das funções superiores remanescentes, como atenção e memória lógica etc., também não foi escrita. Esse é um fato fundamental que não devemos esquecer. Na essência, não sabemos nada sobre o desenvolvimento desses processos. Exceto pelas observações fragmentadas encontradas geralmente em duas ou três linhas de texto, podemos dizer que a psicologia infantil passa em silêncio por essas questões.

A inexplicabilidade da gênese das funções superiores leva inevitavelmente a uma concepção essencialmente metafísica: as formas superiores e inferiores de memória, atenção e pensamento estão associadas, mas são independentes, elas estão ligadas genética, funcional ou estruturalmente; de fato, elas foram primordialmente criadas em uma forma dupla, assim como a existência de várias espécies animais estava representada antes de Darwin[5]. Isso fecha o caminho para o estudo científico e a elucidação dos processos superiores e para a psicologia geral, de modo que não só a história do desenvolvimento como a teoria da memória lógica e da atenção voluntária estão ausentes da psicologia moderna.

O dualismo entre os níveis inferior e superior, a divisão metafísica da psicologia em dois níveis, tem sua expressão mais extrema na ideia da divisão da psicologia em duas ciências separadas e independentes: a psicologia fisiológica, da ciência natural, explicativa ou causal[6], de um lado, e a psicologia interpretativa, descritiva[7] ou teleológica da mente[8] como fundamento de todas as ciências humanísticas, por outro. Essa ideia de W. Dilthey[9], H. Münsterberg[10], E. Husserl[11] e muitos outros,

---

[5] DARWIN, Charles (1809-1882). Vol. 1, p. 462.

[6] Psicologia explicativa ou causal: linha da psicologia que buscou explicações fisiológicas para os fenômenos mentais. Em um sentido amplo, propôs revelar a determinação, os fundamentos e a natureza da mente.

[7] Ao se referir à psicologia descritiva ou de compreensão, o autor tem em mente a tendência idealista da psicologia alemã apresentada nos trabalhos de W. Dilthey e E. Spranger e que contrasta com a ciência natural da "psicologia interpretativa". Ver também vol. 1, p. 465.

[8] A psicologia da mente é uma linha idealista da psicologia da Europa Ocidental que não relaciona os processos mentais aos processos fisiológicos materiais.

[9] DILTHEY, Wilhelm (1833-1911). Vol. 1, p. 465.

[10] MÜNSTERBERG, Hugo (1863-1916). Vol. 1, p. 463; vol. 2, p. 490.

[11] HUSSERL, Edmund (1859-1938). Vol. 1, p. 463; vol. 2, p. 484.

que se difundiu excepcionalmente em nossa época, com muitos seguidores, exibe em uma forma pura duas tendências heterogêneas e, em um sentido comum, contraditórias que se chocaram durante todo o seu período de existência dentro da psicologia empírica.

Como mostra o estudo metodológico e histórico da crise contemporânea na psicologia, a psicologia empírica nunca esteve unificada. Abrigada pelo empirismo, um dualismo secreto continuou a existir e foi finalmente formulado e cristalizado na psicologia fisiológica, por um lado, e na psicologia da mente, por outro. A psicologia dos processos mentais é derivada de uma posição totalmente correta de que a psicologia empírica não pode estar acima do estudo dos elementos da vida mental, que não pode se tornar a base das ciências humanísticas: história, linguística, crítica de arte e ciências sociais.

Com base nessa posição irrefutável, a filosofia idealista chegou a uma conclusão simples: a psicologia dos processos mentais em sua essência não pode ser uma disciplina da ciência natural; a vida dos processos mentais necessita de compreensão, e não de explicação; o método indutivo e experimental da pesquisa deve dar lugar a uma compreensão e a um discernimento intuitivos do essencial, a uma análise direta dos dados da consciência; a explicação causal deve ser substituída pela teleológica; o materialismo definido precisamente da psicologia explicativa deve ser banido da psicologia dos processos superiores; no estudo da mente, todos os vínculos materiais e todos os métodos das ciências naturais do pensamento determinista[12] devem ser negados.

Não pode haver evidência mais convincente da insolubilidade do problema das funções mentais superiores com base na psicologia empírica do que a fatalidade histórica dessa ciência, que se separou em duas ante nossos olhos e, favorecendo a ciência natural, pretendia sacrificar suas partes inferiores para salvar as superiores em uma forma

---

[12] Pensamento determinístico, científico-natural. Inclui as abordagens da pesquisa mental em que se tentou revelar as bases científicas naturais dos processos e fenômenos mentais. Nessa abordagem estão contidas as linhas da psicologia que revelam, por exemplo, a relação entre os processos sensoriais e as estruturas anatômicas e a fisiologia dos órgãos sensoriais e do sistema nervoso.

pura e desse modo render a Deus o que é de Deus e a César o que é de César. Assim, o dilema, reconhecido pela psicologia empírica como fatal e inevitável, consiste em escolher a fisiologia da mente ou a metafísica. A psicologia como uma ciência é impossível – da mesma forma que o fim histórico da psicologia empírica.

Não é difícil se convencer de que o restabelecimento da psicologia metafísica, a completa rejeição da consideração materialista e causal dos problemas psicológicos, o retorno ao idealismo puro na psicologia, o neoplatonismo – todos compreendem outro polo do pensamento atomístico, não dialético sobre o que falamos anteriormente com relação à divisão mecânica da mente em elementos separados e que é o começo e o fim da psicologia empírica. As formas superiores do comportamento, ligadas em sua origem ao desenvolvimento histórico do homem, podem ser colocadas ao lado dos processos orgânicos, fisiológicos (em que seu desenvolvimento está limitado aos primeiros anos de vida durante os quais o cérebro todo cresce rapidamente) ou elas desistem de tudo o que é material e iniciam uma vida nova, nesse momento eterno, supratemporal e livre, no campo das ideias, aberta ao conhecimento intuitivo que assume a forma de uma "matemática da mente" eterna. Ou um ou outro. A fisiologia ou a matemática da mente, mas não a história do comportamento humano como parte da história geral do homem.

A psicologia do ponto de vista cultural baseia-se na hipótese das leis naturais puramente inatas ou as leis da mente com um caráter essencialmente metafísico, mas não nas leis históricas. Repetiremos mais uma vez: as leis eternas da natureza ou as leis eternas da mente, mas não as leis históricas.

Mesmo os pesquisadores modernos que tentaram encontrar uma fuga dos becos sem saída da psicologia empírica em uma teoria estrutural do desenvolvimento mental[13] ou em uma consideração genético-

---

[13] Teoria estrutural do desenvolvimento mental – Inclui principalmente as abordagens da Gestalt de análise do desenvolvimento mental, incluindo o livro de KOFFKA, K. *Osnovy Psikhicheskogo Razvitiya* [Fundamentos do desenvolvimento mental] (*Grundlagen der Psychische Entwicklung*, Berlim, 1925).

-funcional do problema da psicologia cultural são afetados por essa doença anti-histórica. De fato, esses pesquisadores sabem que as leis genéticas da psicologia que eles estabeleceram e revelaram se aplicam somente a uma criança específica, a uma criança de nosso tempo. Pode parecer que haveria um único passo para admitir o caráter histórico dessas leis. Mas, em vez de um passo à frente, o pesquisador, rápida e corajosamente, dá um passo atrás – em direção à zoologia – e afirma, por exemplo, que as leis que governam o desenvolvimento da fala nos estágios precoces são as mesmas leis que aparecem no comportamento de um chimpanzé ao controlar instrumentos, isto é, as leis de caráter biológico. Não há espaço para as formas superiores, peculiares, especificamente humanas de comportamento.

O conceito de estrutura é do mesmo modo disperso em todas as formas de comportamento e da mente. De novo, à luz ou, mais corretamente, no obscurecimento da estrutura, todos os gatos são pardos: a única diferença é que uma lei eterna da natureza, a lei da associação, foi substituída por outra, também uma lei eterna da natureza, a lei da estrutura. Para o aspecto histórico e cultural no comportamento humano, não há novamente conceitos apropriados. O conceito de estrutura penetra de modo gradual na fisiologia da atividade nervosa e, então, penetra mais profundamente na física e o aspecto histórico (todo fenômeno cultural é essencialmente um fenômeno histórico) é de novo dissolvido no aspecto inato, e o aspecto cultural é dissolvido no aspecto natural.

A contradição interna, a ilegalidade metodológica da abordagem de categorias históricas da psicologia como se elas fossem categorias naturais, aparece de modo claro nos estudos que são tão ousados a ponto de ir além dos limites de estudar os embriões das formas superiores de comportamento e deixam o critério seguro e orientador, mas obviamente inadequado, para explicar o comportamento superior: o paralelismo entre o desenvolvimento mental e o aumento no peso do cérebro. Esses estudos se baseiam na premissa de que o desenvolvimento das funções mentais superiores com suas principais trações não termina nos primeiros três anos de vida; que não se esgota no desenvolvimento dos processos naturais que moldam a estrutura das formas superiores de comportamento; que a psicologia pode e deve procurar leis específicas do desenvolvimento psicológico-cultural. Mas, mesmo nos melhores estudos desse tipo devotados ao desenvolvimento da fala e do pensamento na criança nas idades pré-escolar e escolar, o desenvolvimento do julgamento e a dedução na infância, o desenvolvimento da visão de mundo da criança, os conceitos de mundo e sobre a causalidade e o desenvolvimento de outras funções mais complexas e superiores, as formações e os aspectos da personalidade da criança, em relação a todos esses problemas há uma abordagem metodológica peculiar como se eles fossem categorias naturais e inatas da psicologia. Tudo é considerado à parte do aspecto histórico. Os conceitos de mundo e de causalidade da criança da Europa moderna em um meio educado e os conceitos de uma criança de qualquer tribo primitiva, a visão de mundo de uma criança da Idade da Pedra, da Idade Média e do século XX, são todos basicamente os mesmos, idênticos, equivalentes.

O desenvolvimento cultural é como se fosse isolado da história, considerado um processo autossatisfatório, governado por forças internas independentes, sujeito à sua própria lógica inerente. O desenvolvimento cultural é considerado autodesenvolvimento.

Essa é a fonte do caráter absoluto, imóvel, estático de todas as leis que governam o desenvolvimento do pensamento e da visão de mundo da criança. Mais uma vez, confrontamos-nos com as leis eternas da natureza. O animismo e o egocentrismo da criança, o pensamento mágico baseado na participação (o conceito de conexão ou identidade entre fenômenos completamente diferentes) e o artificialismo (o conceito de criação e produção de fenômenos naturais) e muitos outros fenômenos que nos são apresentados com algum aspecto psicológico, primordial, sempre presente no desenvolvimento da criança, inevitável, sempre o mesmo. A criança e o desenvolvimento de suas funções mentais superiores são considerados *in abstracto* – fora do ambiente social, do ambiente cultural e das formas de pensamento lógico, visão de mundo e conceitos sobre causalidade que governam essas funções.

Realmente ganhamos um pouco afastando-nos do paralelismo entre o desenvolvimento das funções mentais superiores e o aumento do tamanho do cérebro, e deixamos tempos antigos para trás. De fato, não temos diante de nós embriões, mas formas complexas maduras e desenvolvidas, porém o que representa essa abordagem quando a abordagem realista-naturalista dominante na psicologia infantil é substituída pela abordagem condicional-naturalista confirmada pelos novos estudos? Aqui, os fatos sobre o desenvolvimento das funções mentais superiores foram considerados com base em seu aspecto inato como processos naturais; aqui, fatos incomensuravelmente mais complexos de mesma ordem são considerados com base no aspecto cultural, mas como se fossem fatos naturais.

Esse funcionalismo, celebrando não apenas uma vitória, esse triunfante *als ob* ("como se")[14], não melhora essencialmente a situação em nada e não nos leva mais próximo, mesmo que por um passo de uma compreensão adequada, da natureza psicológica do desenvolvimento cultural do comportamento. A abordagem naturalista dos fatos e fenômenos do desenvolvimento cultural permanece inalterada. A natureza dos fenômenos em estudo permanece totalmente obscura e confusa.

Um passo adiante consiste em abordar a psicologia infantil de uma nova perspectiva, ou seja, em introduzir, na psicologia infantil, novos e profundos problemas se comparados com a psicologia tradicional, e esse passo é equilibrado por uma deficiência séria, por um grande passo atrás que deve ser dado por quem queira abordar os novos fenômenos de uma nova perspectiva ao mesmo tempo que deseja manter a velha perspectiva íntegra e completa. A abordagem naturalista dos problemas psicológico-culturais foi inadequada, unilateral, incorreta, mas em certo grau completamente terminada e testada na psicologia com orientação biológica das crianças e da primeira infância.

Na medida em que todos os problemas de estudos desse tipo estão no plano da psicologia biológica, se justificaria assim que a elucidação da estrutura inata de todas as funções mentais superiores ou operações representem um elo totalmente regular e indispensável em toda a ca-

---

[14] Vigotski tinha em mente a concepção idealista de Fininger, muito difundida enquanto ele escrevia seu livro, conhecido pelo título de *Psychologie der "als ob"*.

deia da investigação. O erro reside em outro lugar. Ele consiste no fato de que um elo foi considerado como toda a cadeia, que a análise das formas culturais de comportamento sob o aspecto de sua estrutura substituiu a elucidação da gênese dessas formas e de sua estrutura.

Nos novos estudos[15] em que os problemas foram transferidos para um novo plano, em que as formas culturais de comportamento são consideradas como tal e a abordagem naturalista permanece inalterada, há uma séria contradição interna. Nesse caso, se a abordagem naturalista das funções mentais superiores foi apropriada para as questões levantadas pela pesquisa, então, aqui, com a mudança dos problemas, ela passa a apresentar uma contradição irreconciliável. Torna-se insuficiente e inadequada para o fenômeno estudado; ela é simplesmente falsa e contradiz a natureza do que está sendo estudado. A regra de ouro da mecânica psicológica triunfa novamente: o que ganhamos na formulação do problema perdemos na abordagem básica de sua solução. Jogamos sem um resultado. A questão permanece no mesmo ponto em que a deixamos várias páginas atrás. Se nos movermos mais um passo adiante e passarmos da idade escolar para o período de amadurecimento sexual, para a idade de transição e da juventude, teremos que experienciar de novo, por um curto período, a ilusão daquilo que deixamos para trás. Mais uma vez, como na transição da primeira infância para as idades pré-escolar e escolar, tornar-se-á totalmente aparente que estamos nos afastando cada vez mais do embrião não apenas no aspecto cronológico, mas na essência dos fatos. Basta apenas um minuto de um exame minucioso para que a ilusão desapareça. Estamos de volta ao mesmo ponto.

A ilusão foi criada pelo fato de que os problemas da psicologia cultural começam claramente a predominar nos estudos sobre o comportamento dos jovens. Alguns pesquisadores diferenciam duas formas de maturação: a primitiva e a cultural. Outros veem o traço psicológico essencial de cada idade no fato de que os jovens se desenvolvem em um

---

[15] Incluem todas as linhas fundamentais em geral e a psicologia infantil, o behaviorismo, a psicologia da Gestalt e a psicanálise.

meio cultural. Os problemas trazidos à tona em função da idade são extremamente complicados se comparados aos problemas do comportamento da criança em idade precoce. Nada pode ser explicado nesse caso pelo aumento do cérebro. E, assim, o plano de pesquisa se torna mais complexo. Surge a impressão de que a psicologia genética das funções superiores é gerada e criada pela psicologia do desenvolvimento cultural da criança e do adolescente (a nosso ver elas são sinônimos).

Um estudo cuidadoso mostra-nos que mesmo nesse caso ainda nos defrontamos com a mesma formulação básica do problema do desenvolvimento psicológico-cultural que conhecemos há muito tempo. Apenas a forma e alguns detalhes são novos, mas a essência é a mesma.

A abordagem naturalista própria da psicologia com orientação biológica está representada, nesse caso, pela teoria psicanalítica[16], e a abordagem metafísica, por uma psicologia interpretativa com orientação filosófica idealista. Para a primeira, o desenvolvimento das funções mentais superiores é apenas o estudo do instinto sexual, a metamorfose da atração erótica, o desenvolvimento sexual mascarado e sublimado. Para a segunda, o desenvolvimento das funções mentais superiores é um processo puro da mente, sobre o qual se pode dizer que cronologicamente coincide de certo modo com alguns processos de maturação do corpo, mas que não admite uma relação causal e que não necessita de elucidação, e sim de compreensão.

Para a psicanálise, todo o aspecto cultural na psicologia da personalidade é mais um aspecto relacionado ao sexo, uma revelação indireta das tendências. A exposição das tendências biológicas mascaradas, revelando o núcleo inato que está contido em todas as formas culturais de comportamento, decodificando sob o aspecto biológico as formações históricas na psicologia humana, escavando o subsolo inconsciente da cultura do indivíduo e da sociedade, reduzindo-as a formas primitivas, arcaicas, primordiais da vida mental, traduzindo a cultura em linguagem da natureza, procurando funções equivalentes da psicologia cultural, todos esses aspectos representam a essência da

---

[16] Teoria psicanalítica (psicanálise). Ver vol. 1, p. 462; vol. 2, p. 482.

abordagem psicanalítica para os problemas da psicologia cultural e, nos aspectos relacionados às funções mentais superiores, limita extremamente uma das duas tendências da psicologia moderna.

Naturalmente, a ignorância de aspectos específicos das funções superiores está combinada com o objetivo fundamental de uma interpretação biológica de todas as formações psicológicas geradas pela cultura.

Um objetivo desta pesquisa é tentar apresentar, de um ponto de vista psicológico, uma tragédia de Shakespeare, uma novela de Dostoievski ou uma pintura de Leonardo da Vinci como fatos da história do desenvolvimento sexual do autor e como aspectos artísticos codificados de um sonho sexual do leitor e do espectador. Desse ponto de vista, as formações culturais na psicologia humana parecem ser apenas sinais sexuais terciários produzidos pela mente. Se caracterizamos anteriormente a predominância geral do ponto de vista biológico nas questões da psicologia cultural como sendo de uma abordagem naturalista, então o ponto de vista dos psicanalistas com relação a esse problema pode justificadamente ser chamado de ultranaturalista.

A antítese total e o complemento paradoxal dessa teoria do desenvolvimento das funções mentais superiores é a psicologia interpretativa da idade de transição. Como foi enunciado pelo mais brilhante de seus representantes[17], ela apresenta uma contradição irreconciliável, assim como uma concordância parcial com ambos os aspectos.

Elas concordam porque ambas derivam metodologicamente das necessidades explicitadas por E. Spranger[18] em *Psychologica psychological*, necessidades que exigem que os fenômenos e fatos psicológicos devam ser compreendidos e explicados com base nos fatos psicológicos, isto é, psicologicamente. No próximo capítulo, ao discutir o método de

---

[17] Diz respeito a W. Dilthey.
[18] SPRANGER, Eduard (1822-1963). Filósofo idealista alemão, psicólogo e pedagogo. No trabalho filosófico básico *Die Lebensformen* [Formas de vida] (1914), ele desenvolveu a ideia de psicologia integral ("estrutural"), que diferenciou da "psicologia dos elementos" científico-natural. Autor de trabalhos sobre a teoria e a história da pedagogia *Juvenil Psychology* (1924; ver a tradução russa na coleção Juvenil Pedology, 1931) etc.

nosso estudo, retornaremos à crítica sobre essa posição metodológica e tentaremos revelar as duas ideias diferentes contidas nessa abordagem. Nesse momento, diremos apenas que para a psicanálise e para a psicologia interpretativa, em essência, o princípio de abordar a psicologia psicologicamente não significa exatamente o que está contido nessas duas palavras. Para ambas as teorias, isso significa mental-psicológico, isto é, que os fenômenos e fatos mentais devem ser explicados com base nos fenômenos mentais. Se compreendidas dessa forma, essa fórmula de duas palavras torna-se um instrumento da psicologia idealista. Spranger também cumprimenta S. Freud[19] por superar o materialismo fisiológico dos primórdios da psicologia.

No entanto, uma divergência muito séria entre as duas psicologias começa no momento em que surge o grave problema da elucidação em toda a psicologia empírica, quando a psicologia começa a se dividir em duas. É verdade que a psicanálise tenta explicar a mente a partir dos fenômenos mentais e, por isso, ela introduz o conceito de inconsciente e desse modo restabelece a consciência da vida mental, assegurando que não será necessário retornar aos conceitos fisiológicos. Mas, apesar disso, os psicanalistas não conseguem superar o forte aspecto biológico presente na psicologia. Para os psicanalistas, é central uma tendência orgânica: o sexo – o substrato biológico de toda a metamorfose subsequente. Para a psicanálise, o aspecto cultural na psicologia humana é um fenômeno derivado, secundário, sempre um produto e nunca um princípio.

Aqui, a teoria psicanalítica, como foi salientada por sua crítica, apresenta uma contradição interna irreconciliável. O freudismo explica o deslocamento das tendências e ideias sexuais, que residem na base de todos os ensinamentos psicanalíticos, pela ação dessas forças que, segundo essa teoria, surgem somente como resultado do deslocamento: motivos e necessidades culturais são ao mesmo tempo causa e resultado do deslocamento. Essa contradição é a base de toda a doutrina, um exemplo evidente produzido pela abordagem naturalista do pro-

---

[19] FREUD, Sigmund (1856-1939). Vol. 1, p. 462.

blema do desenvolvimento psicológico-cultural e a tentativa de explicar, a qualquer preço, todos os aspectos da psicologia humana com base em um único ponto de vista.

Para a psicologia interpretativa, a mente é o princípio. Mesmo os aspectos eróticos e sexuais, representados pela experiência e que são objeto de estudo da psicologia, nada têm em comum com a maturação das glândulas sexuais. Ambos coincidem apenas temporalmente. Em um ser ideal, independente, os aspectos naturais e culturais da personalidade iniciam seu desenvolvimento do mesmo modo.

Embora a psicologia interpretativa enfatize sobretudo a questão do desenvolvimento das funções mentais superiores, embora ela – dificilmente a primeira na história de nossa ciência – desenvolva o aspecto histórico e o concretize na pesquisa, desenvolvendo a psicologia da idade juvenil com base no aspecto histórico, de fato, escondida por trás das palavras, ela ainda permanece completamente sobre as velhas bases, sem diferenciar o aspecto inato e o aspecto cultural na psicologia do desenvolvimento infantil.

Ambos desaparecem no conceito de mente, que não diferencia os aspectos naturais e culturais. Seria mais correto dizer que essa psicologia permanece à margem da natureza e da história. Ela é metafísica. Uma boa ilustração desse fenômeno pode ser o fato de que essa teoria não reconhece a diferença – nem estrutural, nem funcional, nem genética – entre a psicologia das tendências sexuais e a psicologia da formação de conceitos ou funções éticas: ambas são reduzidas a um denominador comum, equalizadas na interpretação, aceitas como uma essência ideal.

Não pretendemos menosprezar o significado dessa teoria derivada da ideia do método histórico ou, *limine* (na análise final), rejeitá-la pelo fato de que ela contém ideias da psicologia interpretativa, essencialmente metafísica, em um sistema idealista. Acreditamos, no entanto, nessa ideia até o limite no qual a psicologia idealista conseguiu avançar na elaboração do problema das funções mentais superiores da criança. Queremos apenas ressaltar que essa grande ideia, séria, está apresentada metafisicamente na psicologia interpretativa, que apenas no aspecto lógico-formal, mas não em essência, não em conteúdo e real significado, ela aborda a ideia de evitar o biologismo estreito na psicologia, de introduzir a perspectiva histórica na pesquisa psicológica.

Essa teoria liberta a psicologia do poder das leis eternas da natureza colocando em seu lugar as leis eternas da mente. Como já dissemos, ela não conhece a diferença entre o aspecto natural e o cultural na psicologia humana porque permanece ao largo da natureza e da cultura. Ela é não social e, embora fale muito sobre a história, não reconhece a verdade simples de que o desenvolvimento histórico é o desenvolvimento da sociedade humana e não apenas da mente humana, que a mente se desenvolve com o desenvolvimento da sociedade. Suas posições e conclusões pertencem somente a um jovem alemão de determinado momento histórico e de determinada classe social: o jovem de uma classe educada, o jovem burguês do tipo histórico que surgiu nos últimos cem anos.

No entanto, ela não apresenta substancialmente o desenvolvimento mental de um jovem em um contexto histórico, uma vez que revela a história como o reino da mente. Em essência, trazer o aspecto histórico para a ciência psicológica da mesma forma que foi feito por Spranger não acrescenta nada de novo, nada de revolucionário. Provavelmente é uma simples tautologia, uma simples equiparação, no que se refere à mente, dos processos que são muito diferentes na fria realidade, como o desenvolvimento histórico da humanidade e o desenvolvimento mental dos jovens. Não apenas o crescimento do jovem em maturação em esferas diferentes da cultura – leis, ética, arte, religião, vida profissional –, mas também essas esferas culturais surgem devido exclusiva e puramente a um processo mental, interno, autossustentado. Tendo em mente essa compreensão da história, da cultura e da psicologia, dizer que a psicologia deve ser estudada do ponto de vista histórico significa fazer uma afirmação tautológica, definir *idem per idem*, isto é, em essência, que a mente deve ser reunida com a mente. E nada mais.

Por isso, aproximar formalmente a psicologia da história é ainda inadequado; devemos perguntar também *que tipo* de psicologia e *que tipo* de história colocaremos juntas. Metafisicamente, pode-se aproximar qualquer coisa que se queira. A seguinte circunstância pode ser uma boa evidência de que a psicologia interpretativa, mais do que qualquer outra abordagem em psicologia, está longe de uma solução adequada para o problema do desenvolvimento cultural entendido principalmente como um processo real, causalmente determinado, e não como uma equação abstrata da "matemática da mente". Essa psicologia não faz a distinção básica entre as categorias biológica e histórica na abordagem do desenvolvimento mental dos jovens: como foi dito antes, do ponto de vista psicológico, o instinto sexual e a formação de conceitos são considerados processos de mesma ordem: a diferença entre os jovens de tempos históricos, classes sociais e nacionalidades diferentes e as diferenças entre os jovens de sexo e idades diferentes, isto é, os determinantes biológicos e os determinantes históricos do desenvolvimento mental, pertencem a uma única categoria.

Podemos aplicar os resultados de nossa consideração crítica sobre a formulação do problema do desenvolvimento das funções mentais superiores nas principais linhas da psicologia moderna. Podemos resumir os resultados de nossa revisão e observar as conclusões. Mas antes devemos dizer que nossa revisão não seguiu apenas objetivos críticos. Fomos guiados somente pela tentativa de explicar o ponto de vista cuja rejeição foi o ponto de partida de nossa pesquisa. Tentamos revelar a situação contemporânea do problema do desenvolvimento das funções mentais superiores e os numerosos becos sem saída aos quais ele foi conduzido pelas abordagens dos principais sistemas psicológicos dos tempos modernos com o intuito de: primeiro, salientar em linhas gerais o conteúdo concreto e o objeto de nossa pesquisa, revelando o conteúdo do conceito de "desenvolvimento das funções mentais superiores" ou de "desenvolvimento cultural da criança"; segundo, estabelecer o problema do desenvolvimento das funções mentais superiores como um dos problemas básicos da psicologia infantil e mostrar que o destino de qualquer sistema novo, em desenvolvimento, na psicologia infantil, depende de soluções próprias para o problema; por fim, delinear de maneira esquemática a compreensão metodológica desse problema muito complexo e extremamente confuso e salientar a sua abordagem básica.

Tentamos abordar ambas as tarefas com as quais nos defrontamos como uma consideração crítica das várias metodologias de formulação do problema que nos interessa. Ao fazê-lo, observamos as dificuldades metodológicas básicas que se apresentam ao pesquisador e que tornam praticamente impossível apresentar uma formulação apropriada desse problema com base em todos os principais sistemas da psicologia contemporânea. A primeira condição indispensável para uma nova abordagem sobre a questão do desenvolvimento cultural da criança é superar essas dificuldades. Por essa razão, formulamos – de forma negativa, é verdade – os pontos metodológicos básicos que determinam o plano e a direção de toda a nossa pesquisa. De uma forma positiva, esses pontos devem encontrar sua expressão na própria pesquisa.

Consideramos apropriado exatamente esse tipo de descrição concreta das principais dificuldades metodológicas; vemos sua superação como a principal tarefa deste livro. Escolhemos esse caminho neste capítulo inicial, que é talvez menos direto, porque ele possibilita uma aproximação entre as partes experimental e metodológica de nossa pesquisa. Parece-nos mais apropriado, diante do estado atual desse tema, formular o problema determinando nossas tarefas pela comparação destas com a visão tradicional do problema do desenvolvimento cultural da criança.

Existem duas maneiras diferentes de formular o método de pesquisa psicológica concreta. Em uma delas, a metodologia de pesquisa se desenvolve em separado da própria pesquisa; na outra, a metodologia permeia toda a exposição. Podemos dar vários exemplos para ambas. Alguns animais – moluscos – têm esqueleto externo, como um caracol e sua concha; em outros, o esqueleto está dentro do organismo e forma uma estrutura interna. O segundo tipo de organização parece-nos superior não apenas para os animais, mas também para as monografias psicológicas. Selecionamos esse tipo justamente por tal motivo.

Retornando aos resultados de nossa revisão crítica, devemos inicialmente estabelecer o conteúdo concreto oculto por trás das palavras "desenvolvimento das funções mentais superiores" e, consequentemente, qual é o objeto imediato de nossa pesquisa. O conceito de "desenvolvimento das funções mentais superiores" e o objeto de nossa pesquisa abrangem dois grupos de fenômenos que parecem não estar relacionados, à primeira vista, mas que de fato representam dois ramos básicos, duas correntes do desenvolvimento das formas superiores de comportamento conectadas inseparavelmente, mas nunca fundidas. Esses são, primeiro, os processos de domínio dos instrumentos externos no desenvolvimento cultural e no pensamento: a linguagem, a escrita, a aritmética, o desenho; segundo: os processos de desenvolvimento das funções mentais superiores especiais não delimitadas e não determinadas com nenhum grau de precisão e denominadas, na psicologia tradicional, de atenção voluntária, memória lógica, formação de conceitos etc. Ambos em seu conjunto formam também o que, condicionalmente, chamamos de processo de desenvolvimento das formas superiores do comportamento infantil.

Como vimos, com essa percepção, o problema das formas superiores de comportamento realmente não foi reconhecido como um problema pela psicologia infantil. Ele está ausente do sistema contemporâneo de abordagem da psicologia infantil e é visto como uma área especial e diferenciada de pesquisa e estudo. Encontra-se disperso em várias partes da maioria dos capítulos sobre a psicologia infantil. Mas cada uma das duas partes básicas de nossos problemas consideradas em separado – o desenvolvimento da fala, da escrita e do desenho pela criança e o desenvolvimento das funções mentais superiores no sentido preciso da palavra – poderia não encontrar uma solução adequada na psicologia infantil, como vimos antes.

Basicamente, isso pode ser explicado da seguinte forma: a psicologia infantil não dominou ainda a verdade irrefutável de que duas linhas essencialmente distintas na vida mental da criança devem ser diferenciadas. No que se refere ao desenvolvimento do comportamento da criança, a psicologia infantil não conhece ainda essas duas linhas de desenvolvimento e coloca ambas juntas, assumindo essa mistura – o produto da compreensão científica não diferenciada de um processo complexo – como uma simplificação e uma unidade real do próprio processo. Simplificando, a psicologia infantil continua a considerar o processo de desenvolvimento do comportamento infantil como algo simples, mas que na realidade é muito complexo. Essa é sem dúvida a fonte de todos os principais erros, interpretações incorretas e formulações equivocadas sobre o problema do desenvolvimento das funções mentais superiores. Elucidar as duas linhas de desenvolvimento mental da criança é indispensável para todo o nosso trabalho de pesquisa e para as exposições futuras.

Se deixarmos de lado o problema da ontogênese e do desenvolvimento, o comportamento de um adulto culto e moderno será o resultado de dois processos de desenvolvimento mental diferentes. Por um lado, está o processo de evolução biológica das espécies animais levando ao aparecimento da espécie *Homo sapiens*; por outro, está o processo de desenvolvimento histórico por meio do qual o homem primitivo, primordial, tornou-se culto. Ambos os processos – os desenvolvimentos biológico e cultural do comportamento – estão representados na filogênese separadamente como linhas independentes e autônomas de desenvolvimento, abrangendo os fundamentos de disciplinas mentais autônomas e separadas.

Toda a originalidade, toda a dificuldade do problema do desenvolvimento das funções mentais superiores da criança consistem no fato de que ambas as linhas estão misturadas na ontogênese e realmente formam um processo complexo e único. Por essa razão em específico, a psicologia infantil ainda não está ciente da originalidade das formas superiores de comportamento enquanto a psicologia étnica (psicologia dos povos primitivos) e a psicologia comparada (psicologia biológica evolutiva), que lidam com uma das duas linhas de desenvolvimento filogenético do comportamento, conhecem ambas, há muito tempo, o seu objeto de estudo. Os representantes dessas ciências nunca poderiam pensar esses processos como sendo idênticos ou considerar o desenvolvimento do homem, de primitivo a cultural, como uma simples continuação do desenvolvimento dos animais até o homem ou reduzir o desenvolvimento cultural do comportamento ao desenvolvimento biológico. Isso é o que é feito especificamente em cada passo pela psicologia infantil.

Por isso, devemos retornar à filogênese, que não reconhece a união e a fusão de ambas as linhas, de modo a desatar o nó complicado que se formou na psicologia infantil. Devemos dizer que o estamos fazendo não apenas com o interesse em uma expressão mais precisa e completa sobre a ideia básica de nosso estudo, mas também com o interesse na pesquisa propriamente dita e no aprendizado sobre o desenvolvimento de todas as formas superiores de comportamento sob o aspecto ontogenético. A elucidação desses conceitos básicos, indispensável para a formulação adequada sobre o problema do desenvolvimento das funções mentais superiores na criança, deve se basear no conhecimento atual desse problema, em uma análise sobre o desenvolvimento da mente humana nos passos sequenciais de seu desenvolvimento histórico.

Compreende-se que depender desses dados não significa transferi-los diretamente em aprendizado sobre a ontogênese: não podemos nos esquecer, nem por um momento, da singularidade que resulta da mistura das duas diferentes linhas de desenvolvimento ontogenético. Esse é um fato central e determinante. Devemos ter sempre isso em mente, mesmo quando o deixamos de lado momentaneamente, a fim de discernir de modo mais claro entre as duas linhas na filogênese.

Não podemos nos ater nesse momento ao desenvolvimento biológico – do protozoário ao homem. A ideia evolutiva, e sua aplicação na psicologia, já foi suficientemente assimilada e tornou-se tão reconhecida que só necessitamos mencioná-la, e não a elucidar. O comportamento também evoluiu da mesma forma que a evolução das espécies animais; isso é suficiente para o assunto que nesse momento nos interessa. De fato, há muita coisa que não conhecemos ainda na área da psicologia comparada; muitos elos na cadeia evolutiva ainda são desconhecidos da ciência, em parte porque não foram suficientemente estudados para que se possa formar um quadro conclusivo sobre o desenvolvimento biológico do comportamento. No entanto, conhecemos as linhas básicas sobre esse assunto e, recentemente, devido ao estudo da atividade nervosa superior pelo método dos reflexos condicionados e à descoberta dos rudimentos do intelecto e do uso de instrumentos por símios antropoides, foram estabelecidas as raízes biológicas do comportamento humano e os pré-requisitos genéticos de uma perspectiva mais clara e nova.

O assunto se torna mais complicado porque outra linha no desenvolvimento do comportamento humano começa onde a linha da evolução biológica termina – a linha do desenvolvimento histórico ou cultural, que corresponde a todo o caminho histórico da humanidade desde o homem primordial, semianimal, até nossa cultura contemporânea. Não nos deteremos em esclarecer em detalhe ou completamente essa questão que poderia ser tão esclarecedora para nosso problema, porque isso poderia nos levar um pouco longe de nosso objeto real de estudo – para longe da infância –, e nos limitaremos somente a determinados pontos mais importantes que caracterizam o caminho e o tipo de desenvolvimento, novos e totalmente desconhecidos, da psicologia infantil.

A raiz e a principal diferença entre o desenvolvimento histórico da humanidade e a evolução biológica das espécies animais são suficientemente conhecidas e assim podemos nos limitar a apenas mencioná-las a fim de obter uma conclusão clara e irrefutável: na medida em que o desenvolvimento histórico da humanidade é diferente da evolução biológica das espécies animais, também, obviamente, os tipos culturais e biológicos de desenvolvimento do comportamento devem diferir, uma vez que cada processo representa uma parte de processos mais gerais – a história e a evolução. Assim, temos diante de nós um processo de desenvolvimento mental *sui generis*, um processo de um tipo especial.

A diferença básica e determinante entre esse processo e o processo evolutivo reside no fato de que o desenvolvimento das funções mentais superiores ocorre com uma mudança no tipo biológico humano, enquanto a mudança no tipo biológico é a base do desenvolvimento evolutivo. Essa característica, como já é conhecida e demonstrada, constitui também a diferença básica do desenvolvimento histórico humano. Nesse tipo diferente de adaptação humana, é de primordial importância o desenvolvimento de seus órgãos artificiais, os instrumentos, e não de seus órgãos e de sua estruturas do corpo.

Essa posição sobre o desenvolvimento sem alteração no tipo biológico adquire um significado excepcional e totalmente discriminativo na psicologia porque, por um lado, até o momento nada foi elucidado quanto à questão de qual é o tipo de dependência entre as formas superiores de comportamento, os processos mentais superiores e as estruturas e funções do sistema nervoso e, portanto, em que extensão e, mais importante, em que sentido uma mudança ou desenvolvimento das funções mentais superiores é possível sem uma correspondente alteração ou desenvolvimento do sistema nervoso ou do cérebro. Ao mesmo tempo, surge uma questão totalmente nova e séria para a psicologia: costumamos dizer que no homem, devido aos aspectos característicos de sua adaptação (uso de instrumentos, atividade de trabalho), o desenvolvimento dos órgãos artificiais substituiu o desenvolvimento dos órgãos naturais; mas, *o que* substituiu o desenvolvimento orgânico do sistema nervoso pelo desenvolvimento mental, o que estamos pensando quando dizemos que o desenvolvimento das funções mentais superiores ocorreu sem uma mudança no tipo biológico?

Sabemos que todas as espécies animais apresentam um tipo próprio de comportamento que as distingue e que corresponde às suas estruturas e funções orgânicas. Sabemos também que cada passo decisivo no desenvolvimento biológico do comportamento coincide com uma mudança na estrutura e na função do sistema nervoso. Além disso, sabemos que o desenvolvimento do cérebro ocorreu, em geral, pela construção de uma nova história a partir de uma velha história e que, portanto, o cérebro antigo em todos os animais inferiores foi arranjado da mesma maneira; e que cada novo degrau no desenvolvimento das funções mentais superiores ocorreu simultaneamente à construção de uma nova história no sistema nervoso central. É importante mencionar o papel e o significado do córtex nos hemisférios cerebrais como um órgão que completa os reflexos condicionados para ilustrarmos a conexão entre cada novo passo no desenvolvimento das funções mentais superiores e um novo estágio no desenvolvimento do cérebro. Este é o fato fundamental.

Mas o homem primitivo não revela nenhuma diferença substancial no tipo biológico, pois essa diferença poderia ser a responsável pela diferença completa observada no comportamento. Os novos estudos têm mostrado que esse tipo também diz respeito ao homem mais primitivo das tribos agora existentes, que, como apresentado por um pesquisador[20], também deve ser considerado como homem, e ao homem pré-histórico de um tempo próximo do nosso, que sabemos não exibir nenhuma diferença somática perceptível, o que justificaria colocá-lo em uma categoria inferior de humanidade. Em ambos os casos, isso diz respeito, nas palavras do mesmo pesquisador, a um tipo humano pleno, mas apenas mais primitivo.

Todos os estudos confirmam essa posição e indicam que não há diferença substancial no tipo biológico do homem primitivo que poderia ser responsável pela diferença no comportamento do homem primitivo e no do homem culto. Todas as funções fisiológicas e mentais elementares – percepções, movimentos, reações etc. – não mostram diferenças quando comparadas com o que conhecemos dessas mesmas funções no homem culto. Esse é um fato básico para a psicologia do homem primitivo, para a psicologia histórica, assim como a posição inversa está para a psicologia biológica.

Devemos descartar – sem considerá-las – duas hipóteses que surgem: uma claramente insustentável e rejeitada há muito tempo pela ciência e outra como estando geralmente fora dos limites da ciência. A primeira, como assumida pelos seguidores da psicologia associativa[21], que trabalham com os problemas da cultura primitiva, é que a mente humana é sempre a mesma, imutável, e que imutáveis são também as leis psicológicas básicas, leis de associação, e que o caráter único do comportamento e do pensamento do homem primitivo só pode ser explicado pela pobreza e pelas limitações de sua experiência. Como dissemos, essa opinião tem origem na suposição de que no processo de desenvolvimento histórico da humanidade as funções mentais não

---

[20] Provavelmente está se referindo a um dos primeiros estudos sobre o pensamento primitivo de L. Lévy-Bruhl.

[21] Psicologia associativa. Ver vol. 2, p. 481.

mudaram, que apenas o conteúdo da mente mudou, o conteúdo e a somatória das experiências, mas os métodos de pensamento e as funções dos processos mentais são idênticos no homem primitivo e no homem culto.

Em essência, essa hipótese continua a existir em uma forma oculta nos sistemas da psicologia infantil que não reconhecem a diferença entre o desenvolvimento cultural e o biológico do comportamento, isto é, em quase toda a psicologia infantil. Para a psicologia étnica, essa teoria agora tem apenas um significado histórico. Dois de seus principais erros são, primeiro, a tentativa de encontrar a base nas leis da psicologia individual (leis de associação) para a elucidação do desenvolvimento histórico do comportamento e do pensamento (ignorando a natureza social deste processo) e, segundo, uma cegueira com relação às mudanças profundas nas funções mentais superiores que realmente criam o conteúdo do desenvolvimento cultural do comportamento.

Assim como as funções psicológicas elementares não mudaram no processo de desenvolvimento histórico, na mesma medida as funções superiores (pensamento verbal, memória lógica, formação de conceitos, atenção voluntária, volição etc.) sofreram uma mudança completa e profunda.

A segunda hipótese escapa mais facilmente dessa situação, resolvendo o problema de modo mais simples. Ela praticamente elimina o problema científico transferindo sua solução para o domínio da mente. Da mesma forma que outros pesquisadores da cultura primordial, acredita-se que a cultura não é formada por fatos e fenômenos materiais, mas pelas forças que eliciam esses fenômenos – das capacidades da mente, das funções da consciência que se aperfeiçoam. Dessa perspectiva, o desenvolvimento mental sem a mudança no tipo biológico pode ser explicado pelo fato de que a mente humana se desenvolve por si. Ou, como um dos pesquisadores expressa essa ideia, a história da cultura pode ser reconhecida como a história da mente humana.

Podemos descartar ambas as hipóteses sem uma discussão mais aprofundada: uma elimina a questão na qual estamos interessados simplesmente rejeitando a existência do desenvolvimento cultural das funções mentais e a outra dilui a cultura e seu desenvolvimento na história da mente humana.

Defrontamo-nos novamente com o primeiro problema: como ocorre o desenvolvimento das funções mentais superiores sem uma mudança no tipo biológico?

Em primeiro lugar, gostaríamos de salientar que o conteúdo sobre o desenvolvimento das funções mentais superiores, como tentamos determinar antes, corresponde perfeitamente ao que conhecemos como a psicologia do homem primitivo. O campo do desenvolvimento das funções mentais superiores, que tentamos definir com base em características puramente negativas – as lacunas e os problemas da psicologia infantil que não foram resolvidos –, agora está delineado com suas fronteiras e delimitações bastante claras.

Segundo um dos mais sérios pesquisadores do pensamento primitivo[22], não é nova a ideia de que as funções mentais superiores não podem ser compreendidas sem um estudo sociológico, isto é, que elas são produto do desenvolvimento social do comportamento, e não do desenvolvimento biológico. Mas só nas décadas recentes esse pensamento foi sustentado em fatos reais, com os estudos da psicologia étnica, e agora podem ser considerados uma posição irrefutável da ciência.

De nosso ponto de vista, isso significa que o desenvolvimento das funções mentais superiores compreende um dos mais importantes aspectos relacionados ao desenvolvimento cultural do comportamento. Ele raramente necessita de provas especiais, e a ideia de que a segunda ramificação do desenvolvimento cultural, que salientamos antes, especificamente o domínio dos meios externos do pensamento e do comportamento cultural ou o desenvolvimento da linguagem, da aritmética, da escrita, do desenho etc., também encontrou uma confirmação irrefutável nos dados da psicologia étnica. Assim, podemos considerar o conceito de "desenvolvimento cultural do comportamento" como estando elucidado adequadamente como uma orientação preliminar.

---

[22] Provavelmente se refere a L. Lévy-Bruhl.

Nesse ponto, podemos interromper essa digressão necessária sobre outras áreas da psicologia genética, digressão essa que nos desviou por certo tempo de nosso objetivo principal, e retornar à ontogênese. Mas primeiro devemos formular brevemente a conclusão a que podemos chegar justificada com base em nossa digressão. A conclusão é a seguinte: a cultura cria formas especiais de comportamento, ela modifica a atividade das funções mentais, ela constrói novas superestruturas nos sistemas envolvidos no comportamento humano. Este é o fato fundamental que confirmamos em cada tópico da psicologia do homem primitivo, que estuda o desenvolvimento psicológico-cultural em sua forma pura e isolada. No processo do desenvolvimento histórico, o homem social muda os métodos e os instrumentos de seu comportamento, transforma os instintos e as funções naturais, e desenvolve e cria novas formas de comportamento – especificamente culturais.

Não definiremos nesse momento os padrões específicos de aparecimento e de funcionamento, nem as estruturas das formas superiores de comportamento. Devemos encontrar a resposta para essas questões em nossa pesquisa. Nesse momento, só podemos responder formalmente às duas questões colocadas acima: ao falar do desenvolvimento cultural da criança, temos em mente o processo de desenvolvimento mental que ocorre em função do desenvolvimento histórico da humanidade. Posteriormente, tentaremos responder a essas questões em detalhes na linguagem da pesquisa.

É difícil rejeitar *a priori* a ideia de que uma forma específica de adaptação do homem à natureza, que distingue radicalmente o homem dos animais e torna inviável a simples transferência das leis da vida animal (a luta pela sobrevivência) para uma ciência da sociedade humana, a ideia de que essa nova forma de adaptação, que reside nos fundamentos de toda a vida histórica humana, seria impossível sem as novas formas de comportamento, sem esse mecanismo fundamental que equilibre o organismo com o ambiente. As novas formas de relação com o ambiente que surgem na presença de determinadas condições biológicas, mas que se desenvolvem além dos limites da biologia, não poderiam trazer à vida um sistema de comportamento organizado de um modo diferente e qualitativamente distinto.

É difícil propor *a priori* que a sociedade não cria formas supraorgânicas de comportamento. É difícil esperar que o uso de instrumentos, que difere em princípio da adaptação orgânica, não conduza à formação de funções novas, de um novo comportamento. Mas esse novo comportamento, originando-se no período histórico da humanidade, esse comportamento que chamamos de comportamento superior como distinção daquelas formas desenvolvidas biologicamente, deve ter tido seu próprio processo de desenvolvimento, seus próprios caminhos e suas raízes.

Assim, retornaremos novamente à ontogênese. No desenvolvimento da criança, dois tipos de desenvolvimento mental estão representados (não repetidos) de modo isolado na filogênese: o desenvolvimento do comportamento biológico e o histórico, ou o natural e o cultural. Na ontogênese, ambos os processos têm seus análogos (não paralelos). Esse é o fato central e fundamental, o ponto de partida de nossa pesquisa: diferenciar as duas linhas de desenvolvimento mental da criança que correspondem às duas linhas de desenvolvimento filogenético do comportamento. Essa ideia, até onde sabemos, nunca foi expressa antes, apesar de nos parecer completamente óbvio à luz do conhecimento contemporâneo da psicologia genética, e de parecer incompreensível o fato de que ela até o momento tenha escapado totalmente da atenção dos pesquisadores.

Com isso, não queremos dizer que a ontogênese em qualquer forma ou grau repete ou reproduz a filogênese ou que é o seu paralelo. O que temos em mente é algo totalmente diferente e que apenas um pensamento preguiçoso poderia encarar como um retorno ao pensamento da lei biogenética. Ao planejar nossa pesquisa, retornaremos ocasionalmente ao propósito heurístico de utilizar os dados filogenéticos nos casos em que houver necessidade de uma determinação clara dos conceitos fundamentais do desenvolvimento cultural do comportamento. No capítulo seguinte, explicaremos em detalhe o significado de tal digressão. Nesse momento, é suficiente dizer que, ao falar sobre a natureza análoga das duas linhas filogenéticas, não incluiremos em nossa analogia a estrutura e o conteúdo de ambos os processos. Nós nos limitaremos somente a um ponto: a presença das duas linhas na filogênese e na ontogênese.

Mesmo com esse passo inicial somos obrigados a realizar o primeiro e radical descolamento da lei biogenética. Ambos os processos, que estão representados separadamente na filogênese e combinados em relação à continuidade e à sucessão, estão apresentados de modo misturado e de fato formam um processo único na ontogênese. Aqui reside a maior e mais fundamental especificidade do desenvolvimento mental da descendência humana, que, com relação à estrutura, torna o desenvolvimento incomparável com qualquer outro processo similar e é radicalmente diferente do paralelismo biogenético. Aqui reside a dificuldade básica de todo o problema.

Vamos esclarecer essa situação que é de central importância para nós. Se, como dissemos anteriormente, o desenvolvimento cultural da humanidade ocorreu sem uma correspondente alteração do tipo humano biológico, durante um período de relativa imobilidade e pausa no processo evolutivo, em condições de relativa estabilidade da espécie biológica *Homo sapiens*, o desenvolvimento cultural da criança se caracteriza ainda principalmente pelo fato de que ocorre em condições de alterações dinâmicas no tipo orgânico. Ele se sobrepõe aos processos de crescimento, maturação e desenvolvimento orgânico da criança e forma um simples conjunto com estes. Somente pela abstração podemos separar tais processos.

O crescimento da criança normal na civilização geralmente representa um único processo misturado com os processos de sua maturação orgânica. Ambos os planos de desenvolvimento – o natural e o cultural – coincidem e se misturam. Ambas as mudanças se interconectam e formam essencialmente uma única ordem de formação sociobiológica da personalidade da criança. Na medida em que o desenvolvimento orgânico ocorre em um ambiente cultural, ele se transforma em um processo biológico historicamente condicionado. Ao mesmo tempo, o desenvolvimento cultural adquire um caráter único e incomparável, uma vez que ocorre simultaneamente com a maturação orgânica, pois o que o conduz é o crescimento, a mudança, a maturação do organismo da criança. O desenvolvimento da fala na criança pode ser utilizado como um bom exemplo de tal combinação dos dois planos de desenvolvimento – o natural e o cultural.

A especificidade do desenvolvimento cultural sobreposta aos processos de desenvolvimento e maturação orgânicos pode ser elucidada com um exemplo simples e óbvio no campo das questões que nos interessam diretamente, um exemplo do desenvolvimento do uso de instrumentos durante a infância. H. Jennings introduziu o conceito de *sistemas de atividade* na psicologia. Ele usou esse termo para designar o fato de que os métodos e as formas de comportamento (atividades) que cada animal tem à sua disposição representam um *sistema* condicionado pelos órgãos e pela organização do animal. Por exemplo, uma ameba não pode nadar como um infusório, e um infusório não possui órgãos que o capacitem a voar.

Sem dúvida, baseado nesse conceito extremamente importante, os pesquisadores que estudam a psicologia do primeiro ano de vida estabeleceram um momento crítico no desenvolvimento da criança. O homem não representa uma exceção à lei de Jennings. Ele também apresenta um sistema de atividade que mantém a forma de seu comportamento dentro de certos limites. Nesse sistema, por exemplo, voar é impossível. Mas o homem ultrapassa os animais porque ele pode estender os seus limites de atividade indefinidamente pelo uso de instrumentos. Seu cérebro e suas mãos compõem esse sistema de atividade, isto é, o conjunto infinitamente extenso de formas de comportamento disponíveis e possíveis. Por isso, o momento decisivo no desenvolvimento da criança em que ocorre a determinação do espectro das formas de comportamento disponíveis para ela é seu primeiro passo no caminho de encontrar e de usar de modo independente os instrumentos, passo esse que a criança dá no fim do primeiro ano de idade.

Por isso, um inventário sobre as formas de comportamento infantil pode abranger somente o comportamento da criança até aquele momento decisivo em que ele deve parar, em que o inventário é compilado de acordo com o princípio do sistema de atividade. As pesquisas têm mostrado que mesmo uma criança de seis meses já apresenta um passo preliminar no desenvolvimento do uso de instrumentos; obviamente, isso não se refere ao uso de instrumentos no sentido real da palavra, mas já representa um passo básico além dos limites do sistema de atividade que é uma preparação para o primeiro uso de instrumentos; a criança age sobre um objeto com o uso de outro e faz tentativas de conseguir alguma coisa com o auxílio de algum objeto. Como algumas observações mostram, entre 10 e 12 meses, ela demonstra conhecer como usar instrumentos simples e como resolver problemas semelhantes aos que os chimpanzés resolvem. K. Bühler[23] propôs que essa idade seja chamada de idade similar à do chimpanzé, o que significa que a criança nessa idade pratica o uso de instrumentos que conhecemos do comportamento dos símios humanoides superiores.

O fato de que o uso de instrumentos cria uma condição fundamentalmente diferente no sistema de atividade humano não é novo, embora não tenha sido dada atenção suficiente à psicologia biológica a qual tentou construir um sistema de comportamento humano baseado na fórmula de Jennings. O que é novo e decisivo para o conjunto da psicologia da criança e da infância é a nova determinação sobre os momentos cruciais no desenvolvimento de um sistema de atividade que é desconhecido em animais condicionados pelo uso de instrumentos. Até recentemente, a psicologia infantil não observava esse fato fundamental e não percebia seu significado. O mérito dos novos estudos é que eles revelam e apresentam o processo genético crítico em toda a sua real complexidade enquanto a antiga psicologia abordava como um plano superficial ou propunha uma explicação intelectual em vez de um processo genético.

Mas mesmo os novos estudos não perceberam com clareza uma questão, pois eles ainda são escravos das velhas teorias intelectuais. Além disso, essa questão tem um significado central para todo o problema e é agora o objeto de nosso interesse.

---

[23] BÜHLER, Karl (1879-1963). Vol. 1, p. 465; vol. 2, p. 484.

Toda a especificidade da transição de um sistema de atividade (animal) para outro (humano) realizado por uma criança consiste no fato de que um sistema não substitui outro simplesmente, mas ambos os sistemas se desenvolvem simultaneamente e juntos: um fato que é diferente de qualquer outro na história do desenvolvimento dos animais ou na história do desenvolvimento do homem. A criança não muda para um novo sistema de atividade depois que o antigo sistema condicionado organicamente chega ao fim. Ela não se dirige para o uso de instrumentos como o homem primitivo, que terminou seu desenvolvimento orgânico. A criança transcende os limites do sistema de Jennings quando esse sistema está ainda em seu estágio inicial de desenvolvimento.

O cérebro e as mãos da criança, toda a extensão dos movimentos naturais disponíveis para ela, ainda não amadureceram quando ela ultrapassa os limites colocados. Uma criança de 6 meses é menos capaz que um pintinho e, aos 10 meses ela ainda não pode caminhar e se alimentar independentemente; durante esses meses, também, ela passa pela idade similar à do chimpanzé, fazendo uso de instrumentos pela primeira vez. Esse exemplo mostra claramente como a ordem geral do desenvolvimento filogenético é confundida na ontogênese. Não conhecemos uma refutação mais forte e mais poderosa da teoria do paralelismo biogenético do que a história do primeiro uso dos instrumentos.

Se no desenvolvimento humano biológico o sistema *orgânico* de atividade é dominante e no desenvolvimento histórico o sistema de atividade com o uso de *instrumentos* é dominante e se, em consequência, ambos os sistemas estão representados e desenvolvidos separadamente na filogênese, então na ontogênese, e apenas nesta, a redução de ambos os planos de desenvolvimento do comportamento, o animal e o humano, a um único torna a teoria da recapitulação biogenética insustentável – ambos os sistemas se desenvolvem simultaneamente e em conjunto. Isso significa que na ontogênese o desenvolvimento do sistema de atividade apresenta uma condicionalidade dual. A fórmula de Jennings continua a ter seus efeitos mesmo quando a criança já entrou no período de desenvolvimento em que as leis completamente novas são predominantes. Isso deveria ser chamado de paradoxo fundamental biológico-cultural do desenvolvimento da criança. Não apenas o uso de instrumentos está se desenvolvendo, mas também um sistema de movimentos e percepções, o cérebro e as mãos, o organismo da criança como um todo. Ambos os processos se combinam dando origem a um único e peculiar processo de desenvolvimento.

Consequentemente, o sistema de atividade da criança é determinado em cada passo pelo nível de seu desenvolvimento orgânico e pelo nível de seu domínio dos instrumentos. Os dois sistemas diferentes se desenvolvem de modo conjunto, formando, em essência, um terceiro sistema, um sistema novo e especial. Na filogênese, o sistema da atividade humana é determinado pelo desenvolvimento dos órgãos naturais ou artificiais. Na ontogênese, o sistema de atividade da criança é determinado por ambos simultaneamente.

Consideramos a fórmula de Jennings em detalhe porque esse exemplo revela ambos os aspectos básicos do desenvolvimento psicológico-cultural da criança: a principal diferença entre esse tipo de desenvolvimento e o desenvolvimento biológico e a combinação do desenvolvimento orgânico com o cultural em um processo único. O processo de desenvolvimento cultural do comportamento da criança como um todo, e do desenvolvimento de cada função mental em separado, é totalmente análogo ao exemplo dado no sentido de que cada função mental de determinada idade ultrapassa os limites do sistema orgânico de atividade ao qual pertence e inicia seu desenvolvimento cultural dentro dos limites de um sistema de atividade totalmente diferente, mas ambos os sistemas se desenvolvem em conjunto e se combinam formando um entrelaçamento de dois processos genéticos essencialmente diferentes.

O entrelaçamento desses dois processos deve ser diferenciado do deslocamento de ambas as linhas no desenvolvimento do comportamento, que, como falamos anteriormente, é um ponto que caracteriza e diferencia a velha psicologia. A velha psicologia não diferenciou os dois processos de desenvolvimento do comportamento infantil e aceitou o desenvolvimento da criança não só como um processo único, mas também como um processo simples. A nova perspectiva de estabelecer a real unidade do processo de desenvolvimento da criança não negligencia de modo algum a complexidade do processo. Se a velha psicologia considerou possível agrupar em uma única categoria todos os fenômenos do desenvolvimento infantil – o desenvolvimento da fala, assim como o do caminhar –, então a nova perspectiva entende o desenvolvimento da criança como uma unidade dialética de duas categorias essencialmente diferentes e encara o problema básico da pesquisa como o estudo das categorias em separado e o estudo das leis que regem sua combinação em cada faixa etária.

A pesquisa que aborda o desenvolvimento das funções mentais superiores dessa maneira sempre tenta entender esse processo como parte de um todo maior e mais complexo, relacionado ao desenvolvimento biológico do comportamento, em um contexto de entrelaçamento de ambos os processos. Por isso, o objeto de nossa pesquisa é o desenvolvimento que ocorre combinado com o processo de desenvolvimento biológico da criança. Por essa razão, diferenciamos um processo do outro, mas não os separamos. Em nossa pesquisa, consideramos o contexto biológico em que se desenrola o desenvolvimento cultural da criança e de que forma e em que nível ocorre essa combinação entre ambos os processos.

Assumimos – e toda nossa pesquisa sustenta essa suposição – que as formas diferentes de combinação de ambos os processos determinam a especificidade no desenvolvimento do comportamento de cada faixa etária e o tipo específico de desenvolvimento da criança. Por isso, podemos endossar as palavras de E. Kretschmer[24] de que o contraste entre "natureza" e "cultura" na psicologia humana só é correto do ponto de vista teórico. Ao contrário de Kretschmer, no entanto, assumimos que diferenciar uma da outra é pré-requisito indispensável de qualquer estudo aprofundado da psicologia humana.

Em relação a esse tema, surge um problema metodológico muito importante que consiste nas questões básicas para formular o proble-

---

[24] KRETSCHMER, Ernst (1888-1964). Vol. 2, p. 486.

ma que nos interessa: como podemos diferenciar, no processo de investigação, o desenvolvimento cultural do biológico e isolar o desenvolvimento cultural, que de fato não se encontra em uma forma pura e isolada? A necessidade de diferenciar ambos os processos contradiz o reconhecimento de sua combinação como um processo fundamental do desenvolvimento mental da criança, e essa combinação não representa um obstáculo para a compreensão dos aspectos específicos do desenvolvimento cultural da criança?

De outro ponto de vista, esse assunto parece ser assim, mas de fato tocamos apenas em uma dificuldade excepcionalmente séria, mas não na impossibilidade de estudar o desenvolvimento das funções mentais superiores da criança. A pesquisa utiliza dois métodos básicos para contornar essa dificuldade: primeiro, o exame genético; segundo, um método comparado de estudo. A combinação desses dois processos heterogêneos de desenvolvimento examinados em um aspecto genético representa uma quantidade variável. Em cada passo de desenvolvimento de ambos os processos, leis especiais são predominantes, formas especiais de combinações. Embora ambos ao longo de toda a infância estejam representados em uma síntese complexa, o caráter de combinar os dois processos, a lei de construir a síntese, não permanece única e imutável.

A história do desenvolvimento das funções mentais superiores é repleta de exemplos do que W. Wundt[25], referindo-se à fala, chamou de desenvolvimento prematuro. De fato, seria bom lembrar o exemplo já citado sobre a combinação entre o primeiro uso de instrumentos e a estrutura biológica imatura de uma criança de 6 ou 10 meses de idade ou o exemplo de Wundt para que seja completamente convincente: a psicologia infantil é rica em casos semelhantes de combinações prematuras inadequadas dos processos biológicos e culturais de desenvolvimento.

Em uma abordagem genética, a combinação por si exibe uma série de deslocamentos que, como fissuras geológicas, revelam os estratos diferentes de algumas formações complexas. O desenvolvimento das

---

[25] WUNDT, Wilhelm (1832-1920). Vol. 1, p. 461; vol. 2, p. 484.

formas superiores de comportamento requer certo grau de maturidade biológica, determinada estrutura como pré-requisito. Isso encerra o percurso para o desenvolvimento cultural mesmo para os animais evolutivamente mais próximos do homem. Na ausência ou com o desenvolvimento inadequado desse pré-requisito, origina-se uma combinação incompleta e inadequada dos dois sistemas de atividade, como um tipo de deslocamento ou de mudança de uma das formas. Como dissemos, em todo o curso da linha genética, mudam esses deslocamentos ou movimentos, essa combinação e correspondência incompleta dos dois sistemas, e como resultado teremos não uma linha fechada, contínua, completa, mas uma linha com junções que diferem em tipo, caráter e grau.

O segundo processo básico da pesquisa é o estudo comparado dos diferentes tipos de desenvolvimento cultural. Em relação ao nosso problema, um desvio do tipo normal, uma alteração patológica nos processos de desenvolvimento, representa – como em geral o faz, ou provavelmente em relação a todos os problemas da psicologia infantil – um tipo de experimento natural especialmente dirigido que revela e expõe, em geral muito fortemente, a verdadeira natureza e estrutura do processo que nos interessa.

Pode parecer um paradoxo que esperemos encontrar a chave para entender o desenvolvimento das funções mentais superiores na história do desenvolvimento da assim chamada criança deficiente, isto é, na criança biologicamente inferior. Uma explicação para esse paradoxo reside na natureza do desenvolvimento das formas superiores de comportamento da criança que apresenta alguma deficiência física.

Já desenvolvemos a ideia de que a especificidade do desenvolvimento infantil consiste na combinação dos processos culturais e biológicos de desenvolvimento. Em uma criança deficiente, essa combinação de ambos os tipos não é observada. Os dois planos de desenvolvimento geralmente se desviam mais ou menos de forma abrupta. A razão para esse desvio é um defeito orgânico. A cultura humana se formou e foi construída em condições de certa estabilidade e constância do tipo biológico humano. Por isso, seus instrumentos materiais e adaptações, suas instituições e aparatos psicológico-sociais foram planejados para uma organização psicofisiológica normal.

O uso de instrumentos e de aparelhos demanda, como pré-requisito obrigatório, a presença de órgãos e de funções próprias do homem. O crescimento de uma criança na civilização é condicionado pela maturação das funções e dos sistemas correspondentes. Em certo estágio do desenvolvimento biológico, a criança domina a linguagem e seu cérebro e seu aparelho de fonação se desenvolvem normalmente. Em outro estágio superior de desenvolvimento a criança domina o sistema decimal e a linguagem escrita e, mais tarde, as operações aritméticas básicas.

Essa conexão, representada pela coincidência temporal entre os estágios ou formas de desenvolvimento e determinados estágios de maturidade orgânica, ocorreu durante centenas e milhares de anos e levou a tal fusão de um processo com outro que a psicologia infantil deixou de diferenciar um processo de outro e convenceu-se de que o domínio das formas culturais de comportamento é apenas um sintoma natural da maturidade orgânica, assim como qualquer traço corporal.

Como resultado, os sintomas passaram a ser entendidos como o conteúdo do desenvolvimento orgânico. Pela primeira vez observou-se que um retardo no desenvolvimento da fala ou a incapacidade de dominar a linguagem escrita em certa idade costuma ser um sintoma de retardo mental. O fenômeno foi tomado como a substância do estado do qual ele poderia ser um sintoma em certas condições.

Toda a defectologia tradicional, todos os ensinamentos sobre o desenvolvimento e as peculiaridades da criança deficiente, mais ainda do que a psicologia infantil, foram permeados com a ideia de homogeneidade e unidade do processo de desenvolvimento infantil e classificados em uma classe única: os aspectos principais – biológicos – da criança deficiente e as complicações secundárias – culturais – da deficiência. Isso foi consequência basicamente da circunstância que mencionamos anteriormente: os passos e a sequência do processo de crescimento na civilização condicionados pelos passos do desenvolvimento orgânico.

A deficiência que cria um desvio do tipo biológico humano estável, que resulta na eliminação de funções separadas, uma inadequação ou danos a órgãos, uma reconstrução relativamente substancial de todo o desenvolvimento em novas bases, de acordo com um novo tipo, interrompe, por si, o curso normal do processo de crescimento da criança em um meio cultural. De fato, a cultura está adaptada ao homem normal típico, acomodada à sua constituição, e o desenvolvimento atípico devido a uma deficiência impede o crescimento direto e espontâneo no meio cultural do mesmo modo que uma criança normal.

A dificuldade que uma criança deficiente enfrenta no crescimento em um meio cultural será definida mais plenamente na esfera do que chamamos de campo próprio do desenvolvimento psicológico-cultural da criança: no campo das funções mentais superiores e do domínio dos meios e métodos culturais de comportamento. Para seu desenvolvimento, ambos os aspectos, mais do que quaisquer outros aspectos e formas de vida cultural, necessitam da integridade do aparato psicofisiológico da criança, uma vez que ambos representam formas especiais de comportamento que se originam no processo de desenvolvimento histórico da humanidade e das formas especiais produzidas pela cultura. Estas, por sua vez, representam certa continuidade cultural das funções psicofisiológicas naturais, do mesmo modo que os instrumentos representam certa extensão dos órgãos. Assim como o uso de instrumentos necessita, como pré-requisito biológico, do desenvolvimento das mãos e do cérebro, da mesma forma o desenvolvimento psicofisiológico da criança é uma precondição necessária para o desenvolvimento psicológico-cultural. Por isso, o desenvolvimento das funções mentais superiores de uma criança deficiente apresenta um curso completamente diferente. A defectologia tradicional não reconheceu a ideia de que uma deficiência cria dificuldades, um atraso e um desvio não somente na esfera do desenvolvimento biológico do comportamento, mas também na esfera do desenvolvimento cultural do comportamento. Em consequência, o desenvolvimento cultural da criança deficiente foi muito pouco estudado. Além disso, a prática defectológica, chamada de pediatria médica, não se desenvolveu com base no princípio mais importante produzido até o momento, que poderíamos descrever como a criação de *caminhos alternativos do desenvolvimento cultural da criança deficiente*.

Vamos exemplificar o que pensamos sobre os caminhos alternativos do desenvolvimento cultural. Uma criança cega não pode dominar a linguagem escrita porque ela é formada por um sistema de símbolos ou sinais gráficos que substituem os sons separadamente da linguagem falada. A escrita é baseada em um sistema de estímulos óticos inacessíveis ao cego. Essa forma de comportamento, essa função cultural, que tem um grande significado para o desenvolvimento da linguagem e do pensamento internos (leitura), para as formas culturais de memória etc. permaneceram inacessíveis à criança cega até a criação e a introdução de um novo caminho alternativo de desenvolvimento da linguagem escrita, a chamada linguagem Braille[26]. O alfabeto tátil substituiu o ótico, tornando a leitura e a linguagem escrita acessíveis para o cego. Mas para isso foi necessária a criação de um sistema particular, artificial, especial, auxiliar, adaptado às peculiaridades da criança cega. A pediatria médica é plena de exemplos desse tipo. Sem exagero, podemos dizer que o alfa e o ômega do desenvolvimento cultural residem na criação de caminhos alternativos.

De modo semelhante, juntamente com a linguagem verbal da humanidade, a linguagem dos gestos foi criada para os surdos-mudos, a datilologia, isto é, um alfabeto com as mãos que substitui a linguagem verbal pela linguagem escrita no ar. Os processos de domínio desses sistemas culturalmente auxiliares e seu uso diferem em sua especificidade excepcional quando comparados com o uso de materiais simples da cultura. A leitura feita com as mãos pela criança cega e a leitura feita com os olhos representam processos mentais diferentes, independentemente do fato de ambas cumprirem a mesma função cultural no comportamento da criança e de terem mecanismos fisiológicos semelhantes.

Assim como a cegueira tem como consequência um atraso no desenvolvimento da linguagem escrita e leva a uma via alternativa em seu desenvolvimento, a surdez torna impossível o domínio da linguagem

---

[26] BRAILLE, Louis (1809-1852). Professor francês de cegos, inventor do tipo de relevo táctil para cegos (1829).

verbal, criando uma das mais difíceis complicações de todo o desenvolvimento cultural. O desenvolvimento cultural da criança surda assumirá um curso diferente do da criança normal. A deficiência cria dificuldades para o desenvolvimento biológico que são totalmente diferentes daquelas do desenvolvimento cultural. Assim, a surdez não é uma inadequação séria e particularmente impeditiva do desenvolvimento orgânico. Um animal surdo está em geral mais bem adaptado que um animal cego. Mas, para o desenvolvimento cultural, a surdez é um dos mais sérios obstáculos. As vias alternativas para o desenvolvimento da linguagem resultam em formas novas, incomparáveis e excepcionais de comportamento.

Juntamente com o que dissemos acima sobre o desenvolvimento da criança normal, podemos dizer que a característica básica que diferencia o desenvolvimento mental de uma criança deficiente é a divergência e a não conformidade nos dois planos de desenvolvimento, cuja combinação é uma característica do desenvolvimento de uma criança normal. As duas linhas não coincidem, mas, ao contrário, divergem; elas não se combinam em um único processo. Lacunas e omissões em uma linha resultam em lacunas diferentes na outra linha e em situações diferentes. As vias alternativas do desenvolvimento cultural criam formas especiais de comportamento como se elas fossem construídas deliberadamente para os propósitos experimentais.

Por exemplo, ao observar como os rudimentos do desenvolvimento da fala na criança normal aos 6 meses de idade só aparecem em uma criança surda em idade escolar e de modo totalmente diferente, temos a oportunidade de estudar o desenvolvimento da fala de forma comparativa e, assim, obter uma chave para compreender a combinação entre o desenvolvimento biológico e o cultural da criança normal. Em um estudo comparativo, a divergência e a combinação se iluminam e elucidam mutuamente. Essa posição geral é verdadeira para todo o desenvolvimento cultural. Seguindo-a, estudaremos a história do desenvolvimento cultural da criança normal e deficiente como um mesmo processo, mas com percursos diferentes.

O conceito de *primitivismo infantil*, desenvolvido recentemente por comparação, cria uma ponte entre os dois processos. Independentemente do fato de que há ainda alguma controvérsia na definição desse conceito, parece que não resta hoje em dia nenhuma objeção ao isolar um tipo específico de desenvolvimento mental da criança, a *criança-primitiva*. O sentido do conceito consiste na oposição entre primitivismo e cultura. Assim como a deficiência é o oposto de talento, o primitivismo é, da mesma forma, o oposto do cultural. A criança-primitiva é uma criança que não foi submetida ao desenvolvimento cultural ou, mais precisamente, que está nos primórdios do desenvolvimento cultural.

Por muito tempo, o primitivismo da mente da criança foi considerado uma forma patológica de desenvolvimento e confundido com uma debilidade mental. De fato, as manifestações externas de ambas as formas são geralmente muito semelhantes. Ambas exibem sintomas idênticos. Mas, de fato, esses são tipos diferentes de fenômenos. A criança primitiva em certas circunstâncias exibe um desenvolvimento cultural normal, alcançando o nível intelectual de uma pessoa culta. Isso diferencia o primitivismo da deficiência mental. Essa última é o resultado de uma deficiência orgânica. O deficiente mental é limitado em seu desenvolvimento intelectual natural, no desenvolvimento de seu cérebro e, *em consequência*, o desenvolvimento cultural completo, como ocorre na criança normal, torna-se possível apenas pelos caminhos alternativos. No desenvolvimento natural, no entanto, o primitivo não se diferencia do normal; ele apenas permanece, por algum motivo, à margem do desenvolvimento cultural.

Observações clínicas ao isolar um tipo especial de subdesenvolvimento, primitivismo, da criança ressaltam que o primitivismo pode existir como um atraso isolado no desenvolvimento cultural. Mas ele pode estar combinado com outras formas variadas de anormalidade e de talento da criança. Tão importante quanto isolar um tipo puro de criança primitiva e observar como ela difere da criança retardada mentalmente, isto é, deficiente mental, é o próximo passo (demonstrando, sem dúvida, a existência de dois processos heterogêneos de desenvolvimento mental na infância do ponto de vista do subdesenvolvimento) que inevitavelmente será dado no estudo do primitivismo infantil, assim que o desenvolvimento da criança normal e da deficiente for estudado adequadamente.

Esse passo consiste no reconhecimento de que toda criança normal exibe, nas diferentes idades e em graus diferentes, todos os sintomas complexos de primitivismo, que o primitivismo é um estado comum e normal da criança que ainda não se tornou culturalmente desenvolvida. Essa posição se aplica mesmo para a criança deficiente cuja inadequação orgânica, como vimos, sempre resulta em um atraso no desenvolvimento cultural e, por consequência, no primitivismo. Um tipo puro de criança primitiva é simplesmente um estado de primitivismo de uma criança normal, anormalmente atrasado e persistente, concentrado e enfatizado.

Mais uma vez, podemos fechar o círculo, desta vez para finalizar. Começamos pela diferenciação de duas linhas de desenvolvimento mental na infância. O desdobramento subsequente dessa ideia nos levou a estabelecer dois tipos heterogêneos de subdesenvolvimento infantil – o retardo mental e o primitivismo, que são, de fato, um reflexo obscurecido de ambas as linhas do desenvolvimento normal. Mas, em ambos os casos – normal e patológico –, temos que estabelecer ainda outra posição simétrica, especificamente, a combinação, o entrelaçamento das duas linhas em ambos os planos: o desenvolvido e o subdesenvolvido. Os aspectos cultural e biológico em condições normais e patológicas representam formas específicas, peculiares, heterogêneas de desenvolvimento que não existiam em conjunto, mas que foram combinadas em uma síntese superior e complexa, mas única. A principal tarefa de nossa pesquisa consiste em estabelecer as leis fundamentais da estrutura e do desenvolvimento dessa síntese.

Como vimos, a psicologia infantil não conhecia o problema das funções mentais superiores ou, dito de outra forma, o problema do desenvolvimento cultural da criança. Por isso, o problema central e principal de todas as abordagens em psicologia, o problema da personalidade e de seu desenvolvimento, permanece ainda fechado. A psicologia infantil, segundo seus melhores representantes, chega à conclusão de que descrever a vida interior do homem pertence à arte do poeta ou ao historiador. De fato, isso implica um *testimonium pauperitatis* – uma evidência da insustentabilidade da psicologia infantil, admitindo a impossibilidade básica de estudar o problema da personalidade dentro dos limites das metodologias em que a psicologia se originou e se desenvolveu. Somente um avanço decisivo além dos limites metodológicos da psicologia infantil tradicional pode conduzir ao estudo do desenvolvimento daquela síntese mental superior que, com um fundamento sólido, pode ser chamada de personalidade da criança. A história do desenvolvimento cultural da criança nos conduz à história do desenvolvimento da personalidade.

Capítulo 2

O método de investigação

Para o estudo de qualquer nova área são necessários, em primeiro lugar, a pesquisa e o desenvolvimento de um novo método. De modo geral, poderíamos dizer que todas as novas abordagens de problemas científicos levam inevitavelmente a novos métodos e modos de pesquisa. Os objetos de estudo e as metodologias de pesquisa estão estreitamente relacionados. Por isso, a pesquisa adquire uma forma e um percurso completamente diferentes quando relacionada à descoberta de um método inédito adequado ao novo problema proposto; nesse caso, diferindo radicalmente daquelas em que o estudo apenas transpõe, para novas áreas, os métodos científicos já desenvolvidos e estabelecidos.

    Essa diferença pode ser comparada àquela que existe entre as equações com uma ou duas incógnitas. A pesquisa que temos em mente pode ser definida como uma equação com duas incógnitas. O desenvolvimento do problema e a metodologia definem-se, se não em paralelo, certamente movendo-se e avançando em conjunto. A tarefa mais importante do pesquisador é definir uma metodologia. A metodologia, nesse caso, é ao mesmo tempo pré-requisito e produto, o instrumento e o resultado da pesquisa. Se a abordagem descritiva da metodologia está centrada em introduzir, historicamente, o desenvolvimento cultural da criança, isso se deve sobretudo ao interesse por uma exposição sistemática. Por essa razão, neste capítulo nos limitaremos a uma descrição sistemática dos caminhos pelos quais nossa pesquisa será conduzida.

Uma descrição completa do método será o objetivo exposto no livro como um todo.

A metodologia deve se adequar ao objeto de estudo. Como afirmamos antes, a psicologia infantil não tem utilizado uma abordagem adequada para a questão dos processos mentais superiores. Isso significa que ela não tem um método de pesquisa. É óbvio que a peculiaridade desse processo de mudança do comportamento que denominamos desenvolvimento cultural necessita de métodos e modos de pesquisa próprios. Conhecer essa peculiaridade e iniciar a pesquisa por esse ponto de vista é condição necessária para adequar a metodologia ao problema proposto. Por isso, a questão do método é o princípio e a base, o alfa e o ômega de toda a história do desenvolvimento cultural da criança.

O conhecimento do método e de seus princípios é uma condição necessária para a análise adequada de todos os capítulos dessa história. Os fatos que encontraremos nesta exposição, as generalizações a que seremos conduzidos pelo nosso material factual, as leis que tentaremos estabelecer com base nessas generalizações – todos esses aspectos serão determinados por este método básico e substancial, ou seja: como são obtidos esses fatos, como podem ser generalizados e estar sujeitos às leis conhecidas. Por isso, basear-se, como no passado, em um método, entender suas relações com outros métodos, estabelecer seus pontos fortes e fracos, entender suas principais bases e desenvolver uma atitude correta com relação a eles em certo grau implica desenvolver uma abordagem correta e científica com relação a todas as formulações futuras dos mais importantes problemas da psicologia infantil a partir da visão histórica do desenvolvimento cultural.

Iniciaremos lançando as bases de nosso método de pesquisa e elucidando suas relações com outros métodos da psicologia e, então, faremos uma apresentação esquemática da metodologia concreta, isto é, a técnica e a organização do estudo experimental. O método concreto pode assumir várias formas, dependendo do conteúdo do problema em particular (um estudo sobre a memória, o pensamento etc.), da personalidade do sujeito (crianças de diferentes idades e tipos), das tarefas especiais de determinada pesquisa (análise, gênese de algum processo) e, finalmente, da natureza da pesquisa (experimental ou clínica). Não podemos, ainda, sistematizar ou estabelecer em definitivo todos os fatos e instrumentos básicos, espécies e tipos de metodologias concretas – acreditamos que essa variedade não é infinita –; mas tentaremos descrever sua forma básica e as variações mais importantes e, o que é essencial, as razões para a estrutura que define suas bases. Em capítulos separados, nos quais serão apresentados estudos particulares concretos, teremos oportunidade de retomar as considerações sobre as formas especiais de métodos e técnicas experimentais que utilizamos.

Todos os métodos psicológicos usados hoje em dia nos estudos experimentais, independentemente de sua grande variedade, são construídos com base em um princípio, segundo um tipo, de acordo com um esquema: estímulo e resposta. Não importa quão especial e complexa seja a configuração de um experimento psicológico, esse princípio universal sempre será facilmente observado. Independentemente do que é e de como o psicólogo realiza seu experimento, o que sempre será discutido é como isso afeta o sujeito, como apresentar determinado estímulo, como estimular seu comportamento ou sua experiência de um modo ou de outro e, então, estudar, analisar e descrever a resposta eliciada pelo estímulo correspondente.

Naturalmente, a definição tradicional de experimento consiste em um pesquisador artificialmente eliciar um fenômeno que estará em investigação, variando as condições de seu curso e modificando-o de acordo com propósitos particulares. Consequentemente, uma fonte muito importante e básica para o experimento psicológico ainda é a única forma possível da análise correlativa entre estímulo e resposta. No que se refere às tendências objetivas da psicologia, como o behaviorismo e a reflexologia, estas reconhecem o método estímulo-resposta (E-R) como o único aceito universalmente no estudo do comportamento. Se considerarmos a questão do método de modo mais amplo, incluindo todas as outras tendências da psicologia moderna, e mesmo a psicologia da atividade mental superior, a principal base do método permanece inalterada.

Todos os desvios de metodologia nas diversas tendências e escolas, toda a variedade de formas e metodologias concretas, todas as variedades de métodos estão ligados pela sua origem às ramificações posteriores dos métodos psicológicos básicos, a seus principais conceitos e aplicações concretas. Tudo começa além do limiar da hipótese básica. O princípio estímulo-resposta pode ser interpretado como raiz comum de todos os métodos psicológicos, como a origem comum ou o coeficiente comum colocado fora dos parênteses, e pode ser considerado uma característica comum do método na psicologia experimental contemporânea.

Se essa posição é óbvia com relação às tendências psicológicas objetivas, e, portanto, não requer consideração ou evidência adicional, com relação à sua aplicação na psicologia empírica e subjetiva necessita tal explicação adicional. Naturalmente, considera-se, em geral, a determinação do princípio estímulo-resposta como origem básica do método psicológico uma conquista especial da psicologia objetiva, uma distinção específica do método objetivo, em contraste com o método subjetivo da psicologia empírica. Já na psicologia empírica tem-se a impressão facilmente formada de que a situação é diferente, que ela conhece alguns tipos basicamente diferentes de experimentação.

Considerando com cuidado a questão, não é difícil ser convencido de que isso não é verdade. A impressão ilusória está baseada em características externas que levam ao erro. Primeiro, a impressão de que o método de resposta da psicologia tradicional é frequentemente considerado um dos métodos experimentais; em segundo lugar, que a formulação da ideia de estímulo-resposta como base do método foi criada à margem da psicologia empírica, pelas tendências competidoras, e que não foi reconhecida ou aceita por ela. Por fim, devido a uma propriedade interna, mas estranha e não relacionada aos fundamentos da questão: a verdadeira compreensão da relação e da natureza do conceito estímulo-resposta mudou de forma radical na nova psicologia, e esta, em certo sentido, mudou o conteúdo do conceito e, com a nova formulação verbal, criou a impressão de uma mudança e inovação no início formal do método experimental em psicologia.

Em essência, a antiga psicologia construiu o experimento como um aspecto formal, mas com os mesmos fundamentos, e considerou-o novo. Admitir esse fato significa no mínimo apagar os limites entre a antiga e a nova psicologia ou depreciar o significado mais importante das várias tendências e métodos psicológicos diferentes. Isso significa, apenas, que a introdução do método experimental na psicologia alimentou internamente a revolução na psicologia empírica, conduziu o método da psicologia para mais próximo do método e da concepção das ciências naturais e preparou historicamente a ascensão da psicologia objetiva. Isso significa, apenas, que, por força das circunstâncias, espontaneamente, mesmo os seguidores da antiga psicologia empírica, permanecendo parcialmente no árduo solo da ciência natural, compreenderam corretamente na experimentação o caráter reativo da vida mental.

No âmbito da psicofísica e da psicofisiologia, encontraremos inicialmente as raízes históricas da psicologia experimental e, no âmbito dos fenômenos mentais mais simples, menos ambíguos, conectados diretamente com os agentes externos e determinados por eles, foi delineado o começo comum do método experimental. Wundt atribui a essência do experimento psicológico à alteração do estímulo material, que induz uma mudança no processo mental a ele diretamente relacionado, e ao registro objetivo, tanto quanto possível, das manifestações externas do processo mental eliciado. Na essência, a ideia geral do método experimental já está contida nele, inteiramente e em uma forma completamente desenvolvida. De fato, nesse caso a resposta é entendida como um processo puramente mental e, na relação entre o processo mental que compreende o objeto real de estudo e suas manifestações externas detectadas no experimento, percebemos uma grande parte do dualismo que é a base de toda a psicologia empírica. Mas isso não altera de modo algum a estrutura formal do experimento. De uma visão realística, é um experimento construído de acordo com o padrão estímulo-resposta, mas interpretado de acordo com o espírito da psicologia empírica.

De fato, Wundt atribui um significado metodológico auxiliar e não primário tanto ao papel do estímulo como ao papel da resposta no experimento psicológico. Essa foi a estrutura que limitou os processos mentais. Nesta, o aspecto mais importante foi realizado internamente. A auto-observação permanece como aspecto central. Entretanto, ela adquiriu estabilidade dentro da estrutura da ação experimental e do registro das observações externas. Os estímulos e as respostas foram considerados essencialmente como condições para uma auto-observação confiável. Na opinião de Wundt, o experimento, enquanto controlado estritamente pela coerção dos efeitos fisiológicos, procura pela percepção interna livre da instabilidade que é a sua marca característica. Mas, mesmo para Wundt, não é segredo que em seu propósito esse experimento está ainda inteiramente dentro da estrutura da psicologia empírica e que na forma e na posição real das coisas sempre foi um experimento psicofísico, um experimento do tipo estímulo-resposta. O experimento psicológico contemporâneo, que historicamente é anterior a Wundt, difere também dos primeiros experimentos psicológicos que estavam mais substancialmente de acordo com a principal interpretação e compreensão dos valores que o compõem, segundo o tipo formal de estrutura.

Como resultado dessa incongruência entre a estrutura formal e a compreensão básica, o experimento psicológico de Wundt não entende a ideia na qual se baseia. Do ponto de vista da relação entre os processos mentais, por um lado, e os estímulos e as respostas, por outro, Wundt diferenciou três tipos de experimentos psicológicos a que reduziu toda a diversidade dos métodos psicológicos aplicados: o método da estimulação, o método da expressão e o método da resposta. É fácil ser convencido de que, em relação à estrutura formal, os três tipos podem ser reduzidos essencialmente a um tipo geral de experimento baseado no padrão estímulo-resposta.

Não precisamos falar sobre o último dos três tipos, o método de resposta, uma vez que ele exibe o esquema considerado de uma forma pura. Mas, mesmo os outros dois métodos, da estimulação e da expressão, são construídos essencialmente do mesmo modo. No método de estimulação, a mudança no estado mental eliciada pela estimulação de algum órgão sensorial é uma resposta mental ao estímulo que é estudada com base nas respostas do sujeito. Novamente vemos um padrão completo de um tipo que conhecemos. A única diferença é que nas respostas observadas se estuda só o aspecto mental, enquanto as respostas verbais do sujeito não representam material a ser estudado, mas, sim, sintomas de um processo mental.

No segundo método, o método da expressão, a situação parece ser aparentemente oposta, mas, de fato, é idêntica. Nesse caso, mais uma vez o método de pesquisa consiste em usar os estímulos carregados emocionalmente (substâncias com cheiro ou gosto prazerosos ou desagradáveis) para eliciar as experiências emocionais, e os movimentos expressivos ligados a elas são estudados com aparelhos especiais. Repete-se o mesmo padrão. A única diferença é que nesse caso os sintomas exteriorizados das respostas mentais consistem em alterações reflexas no pulso, respiração, pressão arterial, e não nas respostas verbais do sujeito.

Assim, uma rápida análise permite concluir com bases sólidas que mesmo a antiga psicologia experimental construiu experimentos baseados no princípio estímulo-resposta. Repetindo: as diferenças entre a antiga e a nova psicologia e entre as diferentes tendências da nova psicologia consistem na interpretação desse princípio, no conteúdo atribuído a essas palavras, no papel que o estímulo e a resposta têm no experimento. Alguns psicólogos veem a relação entre estímulo e resposta como o material imediato da pesquisa e entendem a resposta como um processo puramente objetivo análogo a outros processos pela sua natureza. Outros consideram o estímulo e a resposta uma estrutura externa que facilita as condições do experimento psicológico, encarando-os algumas vezes como sintomas do processo interno, e identificam plenamente a resposta, que é o objeto do estudo psicológico, com os processos mentais subjacentes à experiência.

De todo modo, com base no aspecto da estrutura formal, justifica-se considerar o princípio estímulo-resposta como uma base comum para os diversos tipos de experimentos psicológicos e retirá-lo dos parênteses como um coeficiente comum. Não se pode interpretar o significado dessa afirmação como todos os tipos de experimentos sendo construídos de acordo com um único padrão. Não devemos ignorar as enormes diferenças, principalmente básicas, no caráter metodológico das diferentes tendências às quais se aplica esse princípio. Especificamente, podemos indicar as compreensões objetiva, subjetiva e objetiva-subjetiva do processo próprio de resposta.

Além disso, é completamente justificável se referir, como é habitual, a dois tipos principais, e diferentes, de experimentos na psicologia empírica, dependendo do objetivo básico e do propósito metodológico da investigação como um todo: em um caso, o experimento tem a tarefa de eliciar e de apresentar o processo mental em estudo e, em outro, persegue os objetivos de revelar a ciência natural, causal e dinâmica, das causas reais ou das conexões genéticas de um processo ou de outro. No primeiro caso, a auto-observação tem o papel central; no segundo, o experimento em desenvolvimento pode, principalmente, esquivar-se por completo da auto-observação ou atribuir a ela um papel subordinado. Mas, por trás deste e também do outro tipo de experimento, permanece o mesmo padrão universal, em que o lugar da resposta é ocupado por vezes pela experiência, por vezes pela atividade.

Além disso, não podemos ignorar a divergência entre a compreensão mecanicista e estrutural das relações e as conexões entre estímulo e resposta. Em um caso, essas relações e conexões são consideradas associações de elementos unidos sumariamente devido a uma coincidência temporal externa; no outro caso, o mais importante é o estudo dessas conexões e relações como processos e formações completas ou estruturas que devem ser entendidas especificamente como a totalidade que determina o papel e o significado das partes.

A compreensão estrutural dos processos mentais, como veremos adiante, sem dúvida contém os rudimentos das formas experimentais totalmente inéditas. E já tem resultado em muitos estudos deste novo tipo. Especificamente, ela criou os pré-requisitos metodológicos especialmente necessários para esse tipo de experimento, que estamos propensos a considerar o método básico e adequado para estudar o desenvolvimento cultural da criança; revelar esse método será o objeto deste capítulo. Mas, com tudo isso, a reforma do experimento psicológico realizada pela psicologia estrutural, que tenta ultrapassar os limites e a parcialidade dos pontos de vista subjetivos e objetivos da psicologia, uni-los e sintetizá-los em uma abordagem integrada da mente e do comportamento, tem como enfoque o aspecto principal, mais do que a abordagem da estrutura formal do experimento psicológico.

A psicologia estrutural nem sequer enfrenta a tarefa de criar um tipo novo de experimentação lado a lado com sua tarefa básica, de uma nova interpretação dos dados experimentais. Especificamente, na esfera do desenvolvimento das funções mentais superiores, que apresentam esses tipos de problema, a nova psicologia não tem tentado desenvolver um método que seja adequado à natureza específica de determinado problema. De modo geral, entretanto, podemos dizer que, com as mudanças mais profundas na compreensão das relações entre estímulo e as respostas e tarefas do estudo, a nova psicologia como um todo preparou o caminho para o desenvolvimento posterior do esquema básico da experimentação psicológica, criou os pré-requisitos metodológicos necessários para ele, mas não deu o passo decisivo nessa direção e permaneceu assim completamente restrita à sua prática e metodologia experimentais que adotam a antiga base do estímulo-resposta.

Estamos propositalmente simplificando a questão a fim de isolar a característica mais essencial do método experimental em psicologia. Entende-se que o problema é muito mais complexo. Não apenas um estímulo, mas uma série completa de estímulos, às vezes grupos de estímulos construídos de modo complexo, e, de modo correspondente, não apenas uma resposta, mas uma longa cadeia de respostas em combinações complexas, caracterizam um experimento. Geralmente o sujeito é confrontado com uma tarefa mais ou menos complexa que requer um sistema coordenado de respostas com determinado objetivo e que devem ser chamadas de operações mentais, como um sujeito que tem que comparar, memorizar, interpretar, refletir, fazer uma escolha etc. Mas, mesmo nesse caso, o princípio da experimentação permanece inalterado. Vamos supor que uma série de estímulos seja apresentada – palavras, sílabas sem significado, figuras – e que eles devam ser memorizados e reproduzidos. Contudo, mesmo com essa complexidade o experimento permanece sem ser modificado.

Sem dúvida, esse método de pesquisa baseia-se na premissa básica, na lei psicológica básica segundo a qual os processos mentais são a essência das respostas ao estímulo que as eliciaram. Além disso, o padrão experimental básico, estímulo-resposta, é também a lei básica do comportamento. Na psicologia, todos os possíveis tipos de conexão, dependendo da variedade e das mudanças nos estímulos e nas respostas, têm sido estudados, mas não conhecemos nenhum tipo de estudo que tenha avançado além dos limites da lei essencial básica do comportamento. Todas as mudanças permaneceram em um padrão comum. Até mesmo o método dos reflexos condicionados se restringiu a esse plano, dentro do círculo comum. Mesmo sendo tão diferente de outros métodos em suas outras relações, nesse aspecto se mantém nesse núcleo comum.

A esse respeito, a psicologia não conhece a principal diferença entre o método de pesquisa dos processos e das funções superiores, complexos, e os inferiores e elementares. Assim, as principais pesquisas sobre a resposta simples e a resposta complexa foram construídas com o mesmo e único método. Os processos complexos – reconhecimento, diferenciação, seleção, associação e mesmo o julgamento – foram apresentados como processos que ocorrem entre o estímulo e a resposta e apareceram assim mesmo antes do experimentador. Mas o calcanhar de aquiles da psicologia experimental é especificamente o estudo dos processos mentais superiores. A mais aguda de todas as crises desenrolou-se especialmente com relação a esse tópico. Essa circunstância não é acidental; como esperado, trata-se do resultado da natureza do experimento psicológico tradicional e do instrumento básico da pesquisa psicológica.

Em essência, o experimento na forma como foi concebido por Wundt constituiu-se em uma maneira adequada para estudar os processos elementares, inferiores, de caráter psicofisiológico, conectados claramente com o estímulo externo. Muitos psicólogos têm expressado repetidamente a ideia de que a pesquisa experimental só é possível nesse âmbito. Os processos e as funções mentais superiores em geral não permitem tal método de pesquisa e permanecem sempre restritos à psicologia experimental. Com relação à psicologia infantil, em especial, tal visão foi expressa de forma categórica e segura. Se lembrarmos da posição de todo o problema dos processos superiores na psicologia infantil e sua tendência em concentrar o interesse nas formas elementares do comportamento, como observamos no capítulo anterior, tal decisão não será surpreendente ou inesperada para nós.

É verdade que Wundt delimitou as esferas de aplicação dos três tipos experimentais que delineou de acordo com o grau de complexidade. Somente com relação ao método da estimulação, propôs que é necessária a uniformidade da resposta e a conexão direta com o estímulo que a induziu. O método da expressão envolve o âmbito das respostas emocionais que são mais complexas, embora, sem dúvida, ainda em sua forma elementar. Finalmente, o método da resposta, que possibilita que exista uma relação condicional entre estímulo e resposta e uma construção artificial da tarefa enfrentada pelo sujeito, também inclui, como vimos, os métodos de estudo das associações e dos julgamentos, ou seja, os processos envolvidos no pensamento. Mas, no geral, mesmo para Wundt não era segredo que o experimento, na forma que ele considerou como sendo a base e a essência imutável, poderia realmente ser aplicado somente no âmbito da psicologia dos processos elementares.

De todo modo, as duas posições não deixam dúvida quanto à sua justeza, e estas também são importantes com relação ao que nos interessa. Primeiro: independentemente da visão de Wundt, a prática objetiva da pesquisa experimental e o desenvolvimento posterior da psicologia confirmam inteiramente que o experimento wundtiano poderia ser aplicado unicamente ao estudo das funções mentais inferiores. Em segundo lugar: Wundt, fundador da psicologia experimental e da psicologia étnica, tendo elaborado as questões do desenvolvimento cultural a partir de uma abordagem psicológica, separou esses dois âmbitos da pesquisa no que diz respeito à metodologia com limites intransponíveis. Os limites propostos por Wundt entre as áreas da psicologia étnica e experimental, histórica e psicológica estão totalmente de acordo com os limites que separam o estudo da linguagem e de outras formas cultural-psicológicas complexas do estudo dos processos mais elementares. Sobre uma base sólida, H. Werner qualificou esse fato como sendo tão paradoxal quanto significativo.

Se procurarmos novas evidências para confirmar a ideia de que a psicologia geral e experimental não reconhece a questão do desenvolvimento cultural e permite, basicamente, o estudo da mente e do comportamento somente sob um aspecto natural, raramente encontraríamos um exemplo mais convincente do que a partir dos processos naturais. Se acreditarmos que essa questão está suficientemente elucidada, não poderemos contornar o fato de que na área da psicologia cultural não há espaço, segundo Wundt, para a experimentação. Como se sabe, toda a psicologia étnica foi criada por Wundt pelo método da interpretação, isto é, interpretando as formações mentais objetivas, como a linguagem, a arte e os costumes.

O assunto não termina aqui, naturalmente. A experimentação foi introduzida na psicologia étnica e, assim, a psicologia geral e experimental e a psicologia étnica – cada uma com seu aspecto próprio – foram levadas a certa reconciliação pelo seu próprio desenvolvimento; com certeza, esse fato foi significativo e externo, mas, por outro lado, quebrou o principal limite metodológico entre elas. Entretanto, nenhuma das duas disciplinas ou ramos da psicologia reconheceu o principal significado dessa reconciliação, a enorme reconstrução metodológica que foi necessária para ambas as ciências. Isso pode ser visto facilmente pelo fato de que os mesmos métodos experimentais que foram desenvolvidos em laboratórios psicológicos para serem usados em pessoas adultas e cultas também foram usados para pessoas que se desenvolveram em condições culturalmente atrasadas.

A situação não é melhor na psicologia infantil, em que o experimento apenas recentemente começou a ter seu lugar. Até agora, a opinião dominante, inicial, que considerava a experimentação inaplicável à psicologia infantil não foi completamente superada. Um pré-requisito implícito de que o experimento psicológico só é possível como um experimento de auto-observação foi o responsável por isso. No entanto, recentemente fomos testemunhas de um desenvolvimento intenso e profícuo na psicologia experimental infantil. Mas, na medida em que retomamos a questão do método desse novo ramo da ciência, vemos que os experimentos utilizados na psicologia infantil podem ser divididos em três tipos ou grupos de acordo com sua origem e seu caráter. Como Karl Bühler afirma, corretamente, alguns deles são baseados em exemplos de experimentos com adultos, enquanto outros têm como base a psicologia infantil e são derivados de observações casuais de acontecimentos cotidianos na vida da criança.

Poderíamos rejeitar novamente a ideia de procurar evidências mais convincentes para o posicionamento de que na psicologia infantil não há método adequado para o estudo do desenvolvimento cultural, e que ela conhece apenas um método, que é a abordagem naturalista do problema; e que 2/3 da psicologia infantil utilizam a principal abordagem do comportamento dos animais e de pessoas adultas transferindo-o diretamente para o estudo da criança, e o 1/3 restante traduzindo as observações mais ou menos casuais em linguagem do experimento. Nessa situação, não há lugar para a questão do desenvolvimento cultural da criança. Se, independentemente disso, a psicologia infantil experimental alcançou grandes e indubitáveis sucessos, isso se deve exclusivamente ao fato de que a elucidação das conexões e dependências naturais descobertas nos estudos psicológicos e os métodos indicados foram totalmente adequados e legitimados.

H. Volkelt[1], em uma revisão sobre as realizações da psicologia infantil experimental, percebeu esse aspecto distintivo na maioria dos estudos: que eles foram construídos seguindo o exemplo dos experimentos zoopsicológicos e usaram métodos que eliminavam completamente a necessidade da fala. Ao admitir isso, que é totalmente fundamentado, estamos propensos a observar o verdadeiro aspecto diferenciador do estudo experimental do comportamento infantil. Mas admiti-lo é como dizer, em outras palavras, o mesmo que foi dito no capítulo anterior: a

---

[1] VOLKELT, Hans (1886-1964). Psicólogo idealista alemão.

psicologia infantil é total e completamente impregnada de uma abordagem puramente naturalista da criança; ela conhece e a estuda sobretudo como ser natural, mas não como ser social.

Mas deixaremos de lado as observações e as corroborações casuais sobre as posições desenvolvidas anteriormente. A questão da relação entre os diversos ramos da psicologia genética entre si e suas conexões com a psicologia geral e experimental aparecerá de novo no fim deste capítulo. Nesse momento, consolidaremos a conclusão que devemos alcançar em relação ao problema comum do método experimental. A conclusão pode ser expressa de modo bem lacônico: uma vez que o método experimental foi inserido na psicologia étnica e infantil, o mesmo princípio da estrutura do método, o princípio estímulo-resposta, predomina completamente.

Resta-nos avançar um pouco mais nessa mesma direção antes de concluir finalmente a elucidação do destino desse padrão universal e seguir em frente. Devemos perguntar qual é o destino do estudo dos processos superiores e qual é o princípio estrutural dos experimentos nessa área. Já vimos que, em parte, os processos superiores, considerados sob o aspecto do desenvolvimento cultural, foram removidos completamente do âmbito do efeito e da aplicação da experimentação e, em parte – sob o aspecto psicofisiológico –, foram estudados principalmente do mesmo modo que os processos elementares (por exemplo, a resposta complexa do julgamento).

Esse assunto não pode, obviamente, terminar aqui. As pesquisas confrontarão muito rapidamente o fato de que os processos superiores, e em particular o pensamento, não se adéquam ao padrão de experimentação wundtiano, que os processos do pensamento não são inequivocamente conectados a qualquer tipo de estímulo externo, como é o caso das sensações, e que, por consequência, o padrão de experimentação deve ser reestruturado. Isso ocorreu na pesquisa sobre os processos do pensamento na escola Würzburg[2], por O. Külpe[3] e seus colabo-

---

[2] Escola de Würzburg. Ver vol. 1, p. 460; vol. 2, p. 481.

[3] KÜLPE, Oswald (1862-1915). Fundador e diretor do primeiro laboratório experimental de psicologia do pensamento, localizado na Universidade de Würzburg. A principal

radores e por A. Binet[4] em Paris. Esses pesquisadores estenderam, mas não negaram, o padrão básico e principal da experimentação psicológica. Eles e outros pesquisadores inovadores procuraram um novo caminho na compreensão da relação estímulo-resposta e seu papel, mas não com o intento de ultrapassar o padrão básico. O conceito de estímulo foi o primeiro a mudar e, em seguida, o conceito de resposta. Mas a relação entre eles permaneceu inalterada.

Sobre esse assunto, Binet escreveu que não apenas as ações de nossos órgãos sensoriais no que se refere à forma material devem ser entendidas como estímulo, mas também qualquer mudança que os experimentadores evocam propositalmente na consciência do sujeito; assim, do ponto de vista de um psicólogo, a linguagem e a fala são consideradas estímulos, mais refinados e não menos definidos que um estímulo sensorial usual; a linguagem como um estímulo apresenta uma diversidade de possibilidades significativas para a experimentação psicológica.

Assim, a linguagem e o experimento, que Wundt considerou de modo separado e com um limite insuperável traçado há muito tempo entre a fisiologia e a história da mente, entre a psicologia humana natural e a cultural, foram aproximados nos novos estudos e com uma operação muito simples e de alto custo. A fala foi comparada – com relação a seu papel na experimentação psicológica – ao estímulo sensorial comum e colocada essencialmente no mesmo nível que ele. A abordagem naturalista da fala, considerada como um estímulo dos processos superiores de pensamento, uma abordagem unilateral baseada apenas no aspecto natural, como um estímulo sensorial comum, associou duas posições essencialmente opostas: a concepção idealista de pensamento derivada da escola de Würzburg e a concepção materialista mecanicista de pensamento, que surgiu no rastro do behaviorismo e da reflexologia. A tentativa de entender inteiramente a relação entre as abordagens metodológicas de ambas as concepções,

---

direção do trabalho de laboratório foi oposta ao conceito associativo tradicional do pensamento. N. Ach, K. Bühler, O. Zelts e outros fizeram parte desse grupo.

[4] BINET, Alfred (1857-1911). Ver vol. 1, p. 462; vol. 2, p. 490.

de extrema divergência, levou Bekhterev[5] a afirmar cruamente que os dados dos experimentos de Würzburg eram totalmente idênticos aos resultados da análise reflexológicas e que os termos subjetivos fossem apenas trocados pelos termos objetivos na descrição dos processos do pensamento.

Todas as concepções de pensamento subsequentes e baseadas em novos estudos já estavam contidas previamente nesses estudos, mas de uma forma distorcida. Pois, se a fala fosse simplesmente um estímulo sensorial comum ao lado de outros agentes que provocam uma mudança na consciência, se seu papel fosse limitado previamente por este e reduzido a um estímulo, uma causa material necessária para o aparecimento dos processos de pensamento, então poderíamos esperar que o que aconteceu poderia acontecer; no pensamento sem imagens desprovido de todos os traços sensoriais, não dependente da fala, os pesquisadores viram o *actus purus*, um ato puramente mental. Novamente nos encontramos no caminho das ideias que Külpe concluiu como resultado desses estudos.

Independentemente de quão paradoxal isso pareça à primeira vista, sobre as questões do pensamento, as concepções do behaviorismo e da reflexologia estão contidas também de modo distorcido nessa mesma definição. Mas Binet enveredou por um caminho diferente. Em seu desenvolvimento lógico ele pôde chegar às ideias de Bekhterev e J. Watson[6]. No que se refere ao pensamento sem imagens, sem palavras, Binet observou um processo inconsciente, uma série de unidades mentais, de natureza essencialmente motora, análoga aos processos fisiológicos, que ele denominou de mímica interna. Com maior refinamento dessa ideia, não foi difícil atingir a formulação de Watson, que afirma que o pensamento não é diferente de outras habilidades motoras, como nadar ou jogar golfe.

No capítulo anterior, conhecemos ambos os becos sem saída, que se movem em diferentes direções, mas que são igualmente cegos. Vi-

---

[5] BEKHTEREV, Vladimir Mikhailovich (1857-1927). Vol. 1, p. 459; vol. 2, p. 488.
[6] WATSON, John Broadus (1878-1958). Vol. 2, p. 483.

mos que, na ausência do problema do desenvolvimento cultural em termos de comportamento e das funções mentais superiores, a psicologia – a psicologia geral e a psicologia infantil – inevitavelmente choca-se com esses becos sem saída. Não repetiremos ou desenvolveremos o que foi falado anteriormente. Apenas diremos: se se aplicar nesse caso a premissa comum de que os métodos são conhecidos por seus trabalhos, isso significa que juntamente com a concepção de pensamento da escola de Würzburg seu método está também falido; significa que o veredito da história se aplica igual e simultaneamente à teoria e ao método.

Mas o método – e este é o que nos interessa –, tanto da escola de Würzburg quanto do behaviorismo, é ainda o mesmo método estímulo-resposta. Külpe e seus colaboradores entenderam o papel dos estímulos e das respostas de modo diferente do dos reflexologistas; eles determinaram de outra forma o objetivo e o material da pesquisa. Usando estímulos e respostas verbais e atribuindo-lhes um papel auxiliar e secundário, alguns reflexologistas estudaram as respostas mentais essencial e totalmente desconectadas dos estímulos e das respostas; outros tornaram os estímulos e as respostas o objeto da pesquisa, acreditando que nada ocorre por trás desses fenômenos a não ser os indícios e os fantasmas; mas ambos consideraram os estímulos e as respostas verbais – a fala – de um ponto de vista exclusivamente natural como um estímulo sensorial comum; ambos baseiam-se igualmente no princípio estímulo-resposta.

De fato, na instrução verbal, no comando verbal, considerados pela metodologia da pesquisa reflexológica um estímulo associativo totalmente análogo a outros, temos uma expressão extrema, levada ao limite, da abordagem behaviorista teórica da instrução verbal, que considera os sinais do sujeito como simples respostas motoras e leva a abordagem naturalista da resposta verbal ao limite extremo. Mas estamos propensos a afirmar que entre essas posições levadas ao extremo e o uso simples das instruções verbais como as considerações simples sobre os sinais do sujeito, na psicologia experimental, de certo modo, a diferença é mais de grau do que de essência. Obviamente, em um caso o aspecto mental é ignorado completamente e em outro é o único aspecto que interessa ao pesquisador. Nesse sentido, a velha psicologia e a reflexologia representam os polos. Mas, em certo aspecto, podemos novamente aproximá-las. Nem uma nem outra – uma em menor grau e a outra em maior – fazem alguma distinção básica entre a instrução verbal falada e qualquer tipo de estímulo sensorial natural.

Na psicologia experimental, a instrução verbal é a base de qualquer experimento. Com ela o experimentador cria a atitude necessária no sujeito, induz o processo a ser observado e estabelece conexões, mas nesse caso o papel psicológico da instrução é geralmente ignorado. O pesquisador lida então com as associações, os processos etc. criados e eliciados pela instrução como se eles tivessem aparecido por um desenvolvimento natural, e não em relação à instrução dada.

Geralmente o momento decisivo do experimento – a instrução – é deixado à parte da observação do pesquisador. Não é objeto de análise e é reduzido a um processo auxiliar e secundário. Os experimentos são geralmente considerados apenas após os processos que foram eliciados involuntariamente terem terminado. As primeiras experiências são geralmente descartadas, os processos são estudados *post mortem*, enquanto o efeito ativo da instrução foi deixado para trás, nas trevas. O pesquisador, esquecendo a origem do processo eliciado de modo artificial, com ingenuidade acreditou que o processo se desenvolveu exatamente da mesma forma que se não houvesse uma instrução. Essa particularidade do experimento psicológico, que não se pode comparar a nenhum outro, não foi levada em consideração. Os experimentos com respostas foram estudados, por exemplo, apenas como se as respostas do sujeito fossem induzidas realmente por um simulacro do estímulo, e não pela instrução dada.

Retornaremos novamente ao problema da instrução no experimento psicológico. Por isso, não temos a intenção de esgotá-lo com uma breve descrição. Mas, para uma avaliação apropriada da posição básica deste capítulo, uma análise do papel que foi atribuído à fala no experimento psicológico tem um significado decisivo. A fala foi tomada no mesmo nível de outros estímulos sensoriais. A instrução foi formulada dentro da estrutura do plano básico. De fato, os verdadeiros psicólogos, como N. Ach[7] e outros, tentaram abordar a análise psicológica da instrução, mas exclusivamente sob o aspecto de seus efeitos sobre o processo de auto-observação e de sua determinação. Indo além, podemos dizer que todo o problema de uma abordagem adequada das funções mentais superiores reside inteiramente dentro de um fato único e aparentemente especial.

A falha básica em diferenciar o papel da fala e o papel de outros estímulos sensoriais no experimento psicológico é consequência direta e inevitável da dominância unânime do padrão básico estímulo-resposta. Entende-se que a fala pode ser considerada legitimamente dessa maneira. De certo ponto de vista, ela pode ser vista de modo justificado como uma habilidade motora, entre outras habilidades. Nos processos de formação de conceitos e significados da fala, os mecanismos de associação e outros mecanismos ainda mais elementares têm seu papel também elementar. Finalmente, podemos estudar a estrutura natural da fala como um estímulo sensorial. Mas, especificamente, como o método E-R (estímulo-resposta) se aplica igualmente a todas as formas de comportamento, inferiores e superiores, ele é insuficiente para o estudo das funções psicológicas superiores, inadequado à sua natureza, pois se apropria apenas do que elas têm em comum com os processos inferiores e não da sua qualidade específica. Esse método aborda as formações culturais a partir do aspecto natural.

Curiosamente, a fisiologia da atividade nervosa superior para a qual tal abordagem teórica, nivelando as diferenças entre a fala e outros estímulos, é mais natural e compreensível, e uma abordagem sob o aspecto natural de todos os fenômenos do comportamento, incluindo o cultural, é absolutamente obrigatória, não repete esse erro. Mesmo no plano fisiológico, I. P. Pavlov[8] observou a peculiaridade que separa a "grandiosa sinalização da fala" de todo o restante da massa de estímulos-signos.

---

[7] ACH, Narciss (1871-1946). Vol. 1, p. 470; vol. 2, p. 483.

[8] PAVLOV, Ivan Petrovich (1848-1936). Vol. 1, p. 459; vol. 2, p. 484.

"Naturalmente, para o homem, a palavra é o mesmo estímulo condicionado real assim como todos os outros que têm em comum com os animais, mas, ao mesmo tempo, a fala, mais do que qualquer outro estímulo, é tão mais abrangente que não pode ser quantitativa ou qualitativamente comparada ao estímulo condicionado dos animais" (I. P. Pavlov, 1951, pp. 428-9).

A qualidade de abrangência da palavra a qual Pavlov apontou como um aspecto que a distingue, naturalmente, não esgota o aspecto único da palavra no plano fisiológico nem mesmo expressa o traço principal de sua singularidade. Mas o ponto mais importante é que a pesquisa biológica leva ao estabelecimento e à admissão dos aspectos quantitativo e qualitativo singulares da palavra e de sua incomparabilidade em relação ao estímulo condicionado dos animais.

É compreensível que a singularidade da fala nesse plano não seja estranha à psicologia também. Mas, em seu próprio plano, ela coloca todos os estímulos sensoriais, incluindo a palavra humana, no mesmo nível. Nesse sentido, ela se compara de fato à fisiologia em sua abordagem sobre o comportamento superior do homem. Uma e outra se unem pela abordagem metodológica baseada no padrão E-R. Em essência, o padrão forçou a psicologia experimental, segundo Binet, a igualar a palavra aos estímulos sensoriais comuns. É necessário rejeitar o padrão, rompê-lo, ou sujeitar tudo a ele.

Vimos que esse padrão reside na base do experimento psicológico, independentemente de qualquer diferença na forma que ele pode assumir nos diversos desenvolvimentos da pesquisa ou da área da psicologia que pode penetrar. Esse padrão abrange todas as tendências, da psicologia associativa à estrutural, todas as áreas de pesquisa, dos processos elementares aos superiores, todas as divisões da psicologia, da psicologia geral à psicologia infantil.

Essa situação, entretanto, apresenta um lado oposto que aparentemente deprecia o resultado da generalização a que chegamos, isto é, nossa conclusão básica. Parece assim, pelo menos à primeira vista. O lado oposto consiste no fato de que, à extensão em que nosso padrão foi generalizado e estendido a todas as amplas áreas da psicologia e em todos os sentidos, o conteúdo concreto do padrão se evaporou e se desintegrou na proporção direta desses processos. Vimos que ele poderia omitir as abordagens da mente e do comportamento humano que são mais variados, e mesmo polos separados, os principais propósitos e as tarefas da pesquisa, e, finalmente, as áreas da pesquisa distantes entre si. Uma questão surge: sendo esse o estado da arte, não seria o padrão uma forma sem significado, vazia, que não possui um conteúdo especifico e que, por essa razão, não seria a generalização que obtivemos desprovida de qualquer sentido?

Para responder a essa questão, devemos estabelecer o conteúdo positivo que está subjacente ao padrão E-R: qual é o significado de estar na base de todo método experimental psicológico ou, em outras palavras, o que as várias formas e aspectos do experimento psicológico têm em comum e qual é o padrão que forma sua base subjacente.

O que é comum, que une todos os tipos e formas de experimento psicológico e que está presente em todos eles em diferentes graus, pois se baseiam no princípio E-R, é a abordagem naturalista da psicologia humana; se ela não for revelada e ultrapassada, será impossível encontrar um método adequado para estudar o desenvolvimento cultural do comportamento. Em essência, essa visão nos parece estar relacionada à compreensão naturalista da história, a homogeneidade que, segundo F. Engels, consiste no fato de reconhecer "que somente a natureza afeta o homem e que somente as condições naturais determinam seu desenvolvimento histórico em qualquer lugar [...]" e esquece que mesmo o "homem por sua vez atua na natureza, transforma-a, cria novas condições de existência para si mesmo" (K. Marx e F. Engels, *Collected Works*, vol. 20, pp. 545-6).

A abordagem naturalista do comportamento como um todo, incluindo a abordagem das funções psicológicas superiores, que foi formada durante o período histórico do desenvolvimento do comportamento, não considera a diferença qualitativa entre a história do homem e a história dos animais. Em essência, o padrão é aplicado igualmente ao estudo do comportamento humano e do comportamento animal. Mesmo esse fato isolado contém em uma forma distorcida, mas plena, a ideia de que todas as diferenças qualitativas na história do homem, todas as mudanças na natureza humana, o novo tipo de adaptação humana – tudo isso não se reflete no comportamento humano nem evoca nele nenhuma mudança de caráter básico. Em essência, essa ideia implica o reconhecimento de que o comportamento humano se situa fora do desenvolvimento histórico da humanidade.

Não importa quão pouco válida ou mesmo entusiástica seja essa ideia em sua forma mais desnudada, pois em sua forma oculta ela continua a ser um pré-requisito silencioso, um princípio implícito da psicologia experimental. Não devemos assumir que o trabalho, que transforma radicalmente o caráter da adaptação humana à natureza, não está conectado à mudança no tipo do comportamento humano, se concordarmos com Engels que "um instrumento implica especificamente atividade humana, um efeito de transformação reversa do homem sobre a natureza – produção" (ibid., p. 357). É possível que, para a psicologia humana, o desenvolvimento do comportamento não tenha nada correspondente a essa diferença em relação à natureza, que distingue o homem dos animais, e que Engels tinha em mente quando disse que "um animal apenas *faz uso* do ambiente [...], o homem por outro lado [...] o *domina*", e que "todos os atos sistemáticos dos animais não têm como consequência a marca de seu desejo sobre a natureza. Isso somente o homem pode fazer" (ibid., p. 495).

Retornando ao exemplo citado antes, poderíamos perguntar: qual é o significado, para o experimento psicológico, da circunstância em que a fórmula de Jennings relativa à condição orgânica do *sistema de atividade* torna-se inaplicável ao homem no momento em que suas mãos seguram um instrumento pela primeira vez, isto é, no primeiro ano de vida? O padrão E-R e a abordagem naturalista da psicologia humana subjacente assumem como característica básica o caráter passivo do comportamento humano. Empregamos a palavra "passivo" no sentido literal em que costuma ser usada em referência ao caráter passivo da adaptação animal ao contrário da adaptação ativa do homem. No comportamento animal e no humano, perguntamos, há alguma correspondência com essa diferença nos dois tipos de adaptação?

Se prestarmos atenção a essas considerações puramente teóricas e acrescentarmos a impotência virtual da psicologia experimental, que consideramos anteriormente e que não apresenta controvérsias, ao aplicar o padrão E-R ao estudo das funções mentais superiores, torna-se claro que esse padrão não pode servir como base para a construção de um método adequado de pesquisa das formas especificamente humanas de comportamento. Na melhor das hipóteses, ele pode auxiliar na detecção da presença de formas secundárias, inferiores, subordinadas, que não esgotam a essência da forma principal. Aplicar um padrão universal e abrangente para todos os graus de desenvolvimento do comportamento pode levar somente ao estabelecimento de uma variação puramente quantitativa, um aumento da complexidade no padrão E-R humano comparado com os animais, mas não pode detectar uma qualidade nova no comportamento humano. Sobre essa qualidade, podemos citar as palavras de Hegel[9], de que alguma coisa é o que é devido à sua qualidade, e que, perdendo essa qualidade, deixa de ser o que é, e que o desenvolvimento do comportamento dos animais para o humano resultou no aparecimento de uma qualidade nova. Essa é a ideia principal. Esse desenvolvimento não se explica pelo simples aumento da complexidade das relações entre estímulo e respostas que já nos foram apresentadas na psicologia animal. Tampouco ele se desenvolve pelo aumento quantitativo e pelos desdobramentos dessas relações. No centro da questão está um salto dialético que conduz a uma mudança qualitativa da relação entre estímulo e resposta. Poderíamos formular nossa conclusão básica assim: o comportamento humano difere pelo mesmo tipo de singularidade qualitativa em comparação com o comportamento dos animais, assim como todo tipo de adaptação e desenvolvimento histórico do homem difere da adaptação e do desenvolvimento dos animais porque os processos de desenvolvimento mental no homem são parte de todo o processo histórico da humanidade. Desse modo, somos forçados a procurar e a encontrar uma nova formula metodológica para a experimentação psicológica.

---

[9] HEGEL, Georg Wilhelm (1770-1831). Vol. 1, p. 464.

Temos que avançar até a parte mais difícil de nossa exposição. Vamos nos confrontar, ao desenvolver nossas ideias, com a formulação sintética da base e da estrutura principais do método que usaremos para conduzir nossas pesquisas. Mas, devido à estreita relação entre o método e o material de nossa pesquisa, os quais mencionamos no início deste capítulo, apresentar uma fórmula significa revelar antecipadamente a ideia central de todo o estudo, antecipar em certa medida suas conclusões e os resultados que poderiam ser plenamente entendidos, de modo claro e convincente, somente no final desta exposição. Nesse momento, para fornecer uma base firme para o método, devemos estabelecer o que queremos desenvolver neste livro, que o começo e o final de nossa pesquisa estão fundidos inseparavelmente, o que representa o alfa e o ômega de toda a história do desenvolvimento das funções mentais superiores.

Decidimos apresentar a fórmula que constitui a base de nossa metodologia e desenvolver a ideia básica de nossa pesquisa, inicialmente, como uma hipótese de trabalho. Optando por essa forma de apresentá-la, podemos depender, nesse caso, das palavras de Engels que expressam precisamente o significado metodológico de nossa forma de pensar. Ele diz: "A forma de desenvolvimento da ciência natural, pressupondo que ela pensa, é a *hipótese*. A observação revela alguns fatos novos que invalidam o método anterior de explicar os fatos que pertencem a um grupo específico. A partir desse momento surge a necessidade de novos métodos de explicação baseados inicialmente apenas em uma quantidade limitada de fatos e observações. Dados experimentais obtidos posteriormente conduzem a um refinamento dessas hipóteses, eliminam algumas delas e corrigem outras, até, finalmente, se estabelecer uma lei em sua forma mais pura. Se desejarmos esperar até que os dados estejam prontos para a lei na sua *forma pura*, isso significaria interromper uma pesquisa séria e dessa forma, e apenas por esse motivo, nunca se atingirá a lei" (K. Marx e F. Engels, *Collected Works*, vol. 20, p. 555).

Iniciamos nossa pesquisa com a análise psicológica de várias formas de comportamento que são encontradas cotidianamente na vida comum, não com frequência, e que são, portanto, conhecidas de todos, mas que apresentam também um grande conteúdo das formações históricas complexas das épocas remotas do desenvolvimento mental do homem. Essas técnicas ou métodos de comportamento, surgindo de modo estereotipado em certas situações, representam as formas psicológicas cristalizadas, petrificadas, virtualmente solidificadas que surgiram em tempos remotos nos estágios mais primitivos do desenvolvimento cultural do homem e de modo extraordinário foram preservadas sob a forma de remanescentes históricos em estado vivo e petrificado no comportamento do homem moderno.

Sabemos que a escolha das técnicas como ponto inicial de toda pesquisa e como sujeito imediato de nossa análise, da qual esperamos deduzir a fórmula para construir uma nova metodologia, pode parecer inesperada e estranha. Essas formas de comportamento em geral não são encaradas seriamente mesmo na vida diária. Elas nunca chamaram a atenção dos psicólogos pesquisadores. A menção a elas deve-se quase sempre à curiosidade que despertam, como situações psicológicas singulares, que não merecem atenção especial. O investigador e o observador ignoram essas formas de comportamento, já que elas não cumprem, nem podem cumprir, nenhuma função importante no comportamento do homem contemporâneo, ficando à parte, isto é, fora dos seus sistemas fundamentais, à margem, na periferia, sem estarem ligadas de nenhum modo e a ninguém com as orientações e os padrões profundos. Mesmo quando o homem moderno as utiliza, recorre a elas, o faz sempre com um sorriso. Pode parecer que algo poderia ser dito sobre o comportamento humano com base nesses reminiscentes históricos sem significado, esses sobreviventes psicológicos de um passado remoto que penetram no tecido comum do comportamento em um corpo alienígena, tão atípico, impessoal, tendo perdido todo o significado na adaptação do homem moderno.

Esse veredito sem dúvida se baseia firmemente no valor vital, com pouca praticidade atribuída a esses fatos superficiais, insignificantes que não atraem a atenção de nenhum modo, um valor incondicionalmente válido e merecido. Por isso, seria a mais profunda falácia introduzir esses e outros fatos semelhantes, quase totalmente desprovidos de significado, como o centro desse estudo e atribuir a ele um significado e interesse em si mesmo. Eles por si só sem dúvida são a última tarefa a se considerar para uma explicação psicológica; mesmo um relato com pretensões de ser o mais abrangente e profundo pode fazê-lo sem eles. Por si sós, eles não são nada ou são mesmo menos que nada.

O valor essencial de qualquer fenômeno e seu valor cognitivo-científico nem sempre coincidem e, o que é mais importante, às vezes não podem coincidir imediata e diretamente quando determinado fenômeno é considerado uma prova indireta, uma evidência material insignificante, um traço ou sintoma de algum processo ou evento grande e importante que é reconstruído ou revelado baseado em pesquisa e estudo, análise e interpretação de seus fragmentos, remanescentes que se tornam um meio valioso para o conhecimento científico. O zoólogo reconstrói um esqueleto completo a partir de um fragmento insignificante de um osso animal obtido de uma escavação e até mesmo pode reconstruir um retrato de sua vida. Uma moeda antiga, que não tem valor como moeda, geralmente revela para o arqueólogo um problema histórico complexo. O historiador, decifrando hieróglifos riscados em uma pedra, penetra nas profundezas de culturas já desaparecidas. O médico diagnostica doenças a partir de sintomas insignificantes. Apenas recentemente a psicologia superou seu medo de realizar uma avaliação vital dos fenômenos e começou a aprender com ninharias – aquele material rejeitado do mundo dos fenômenos, se usarmos a expressão de S. Freud, que chamou a atenção para a psicologia da vida cotidiana – para analisar os documentos psicológicos que são frequentemente importantes.

Gostaríamos de trilhar o mesmo caminho e demonstrar, no campo dos problemas que nos interessam, como coisas grandes se manifestam em coisas muito pequenas, como afirmou Freud a esse respeito.

Com relação a esse tema, os "rejeitados do universo dos fenômenos", que coletamos para análise, representam um material excepcionalmente conveniente sob os mais diversos aspectos. No universo dos fenômenos psicológicos, eles ocupam um lugar totalmente excepcional, embora não tão evidente. Os dados experimentais e os dados da psicologia do homem primitivo, muito mais vitais, complexos e valiosos, não podem ser comparados a eles, no que diz respeito a desfazer o nó de nosso problema e encontrar o ponto inicial para a aplicação de nosso método.

Esses fenômenos, insignificantes e ao mesmo tempo profundamente cheios de significado, poderiam ser chamados justificadamente de funções mentais rudimentares de modo análogo aos órgãos rudimentares. Como sabemos, esses órgãos estão excepcionalmente difundidos e podem ser encontrados no universo orgânico em todos os níveis. Assim, I. I. Mechnikov[10] diz que podemos encontrar olhos vestigiais em seres vivos que vivem em ambientes escuros ou órgãos sexuais vestigiais em plantas e em animais incapazes de se reproduzir. Por isso, a expressão "função rudimentar" é em seu sentido literal essencialmente contraditória porque o aspecto básico dos órgãos rudimentares consiste exatamente no fato de que esses órgãos são inativos e não apresentam função, não têm nenhum papel na atividade geral vital do organismo. Em um sentido figurado, poderíamos designar da mesma forma as funções mentais que foram mantidas até o presente, mas que não têm papel essencial no comportamento de uma pessoa e são remanescentes de sistemas comportamentais antigos.

As funções rudimentares, como os órgãos rudimentares, são documentos sobre o desenvolvimento, testemunhos vivos de épocas remotas, provas claras das origens, dos mais importantes sintomas históricos. Exatamente com o mesmo sentido, a biologia e a teoria da evolução há muito tempo reconheceram o significado importante, na opinião de Mechnikov, dos órgãos rudimentares como documentos que podem servir para restabelecer a genealogia dos organismos. Esses órgãos, não funcionais, são remanescentes dos órgãos similares, mais desenvolvidos, que tiveram uma função em seus ancestrais. A quantidade excepcionalmente grande de órgãos rudimentares que existem

---

[10] MECHNIKOV, Ilya Ilich (1845-1916). Biólogo e patologista russo, um dos fundadores da embriologia evolutiva, criador da patologia comparada da inflamação e da teoria fagocitária da imunidade.

em humanos serve como uma evidência adicional de sua origem animal e fornece à ciência dados substanciais para a compreensão filosófica da natureza humana, conclui Mechnikov.

Tudo o que foi dito, palavra por palavra, pode ser repetido com apenas pequenas alterações, após Mechnikov, pelos psicólogos que estudam as funções rudimentares, com a diferença de que as funções inativas que temos em mente são remanescentes vivos não apenas da evolução biológica, mas também do desenvolvimento histórico do comportamento. Por esse motivo, o estudo das funções rudimentares deve ser o ponto de partida para expandir os horizontes da pesquisa psicológica. Nesse ponto, o passado e o presente estão inseparavelmente relacionados. O presente deve ser interpretado à luz da história e nós nos encontramos simultaneamente em dois planos: aquele que é e aquele que foi. É o final da linha que une o presente ao passado, os níveis superiores de desenvolvimento aos níveis elementares.

As funções rudimentares que observamos em qualquer sistema de comportamento, que representam remanescentes de funções similares mais desenvolvidas em outros sistemas psicológicos mais antigos, são a prova viva da origem dos sistemas superiores e de sua ligação histórica com os níveis mais antigos de desenvolvimento do comportamento. Assim, seu estudo pode nos revelar dados substanciais para a compreensão do comportamento humano, dados esses que são necessários para determinar a fórmula básica do método. Por isso, decidimos começar com os fatos pequenos e insignificantes e conduzir o seu estudo a um nível teórico mais elevado na tentativa de descobrir como um grande evento pode ser revelado a partir de um pequeno evento.

A análise dessas formas psicológicas mostra-nos quais eram anteriormente as funções mentais superiores integradas a elas em um sistema de comportamento e qual era o sistema no qual as funções rudimentares e as funções ativas coexistiam. Essa análise fornece-nos o ponto inicial de sua gênese, assim como o ponto inicial de todo o método. Somente o ponto inicial é entendido. Nada mais. Não podemos esquecer nem por um segundo as diferenças entre elas e as funções ativas. Conhecer a estrutura das funções rudimentares nem sempre nos revela a estrutura ou o caráter da atividade das funções vivas superiores nem tampouco todo o caminho de seu desenvolvimento. Essas funções são uma prova, mas não representam um aspecto integrado de todo o processo. Elas põem em nossas mãos o final da linha para uma pesquisa futura, mas não podem substituí-la nem torná-la desnecessária. Elas não representam nem mesmo um auxílio para esclarecer completamente todo o caminho do qual são o final. Elas apenas nos levam à pesquisa, mas não nos conduzem através dela. Mas isso é o que esperamos de nossa análise. Necessitamos de um método.

Como sabemos, a presença de órgãos rudimentares do sexo oposto encontrado em certas plantas e animais constitui uma evidência de que em algum momento do passado esses organismos foram hermafroditas. Isso, no entanto, não nos exime da necessidade de estudar as particularidades da estrutura e da função dos órgãos sexuais dos organismos modernos de sexos separados. Da mesma forma, a presença de funções culturais rudimentares no comportamento do homem moderno indica sem dúvida que determinado sistema de comportamento se desenvolveu a partir de sistemas primitivos ancestrais em que as funções modernas rudimentares representavam uma parte orgânica, integral e ativa. Mas isso não significa que o estudo de todas as particularidades de um sistema cultural superior não seja mais necessário. Os órgãos humanos rudimentares revelam as relações entre os homens e os símios, mas nem por isso deixaremos de observar as diferenças significativas entre as estruturas e as funções do organismo humano e o dos macacos. Do mesmo modo, as evidências obtidas a partir das funções rudimentares de que o comportamento do homem moderno se desenvolveu com base em sistemas mais primitivos não nos fará esquecer a existência de limites entre o homem cultural e o homem primitivo. Ninguém poderia pensar que o conhecimento de que uma galinha se desenvolveu a partir de um ovo poderia nos levar a identificar o ovo com a galinha.

Não há dúvida sobre uma questão que é de importância fundamental para o problema do método, que é de fato o que nos interessa. As funções rudimentares no sistema das formas culturais superiores de comportamento e análogos se desenvolvem e as funções ativas do mesmo tipo nos sistemas mais primitivos possibilitam o estabelecimento de conexões genéticas entre os sistemas superiores e os sistemas inferiores. Elas fornecem um suporte para uma abordagem histórica das funções mentais superiores e para estabelecer conexões entre a psicologia do homem primitivo e a psicologia superior do homem. Elas fornecem também uma escala para transferir os dados da psicologia étnica para a pesquisa psicológica experimental e uma medida da homogeneidade e similaridade dos processos mentais eliciados em um experimento genético e das funções mentais superiores. Sendo consideradas um elo, uma forma transitória entre as formas experimentais simplificadas de comportamento e a psicologia do homem primitivo, por um lado, e as funções mentais superiores, por outro, as formas rudimentares representam um tipo de nó que junta três áreas de estudo, um tipo de foco em que todas as linhas do desenvolvimento cultural se juntam e se cruzam, uma espécie de centro de todo o problema. Elas residem a meio caminho entre o que observamos em um experimento na psicologia infantil e na psicologia étnica e o que chamamos de funções mentais superiores que representam o elo final de todo o desenvolvimento cultural.

Não queremos dizer com isso que o princípio do trabalho das funções mentais superiores é o mesmo que o da estrutura das funções rudimentares ou que esta última revela plenamente a via e o mecanismo de desenvolvimento dos processos superiores de comportamento. Mas assumimos que os dois princípios são semelhantes e que estão próximos entre si e, por isso, nos auxiliam na abordagem das funções superiores, na construção de seu modelo experimental. Segundo nosso ponto de vista, as funções rudimentares e as funções superiores representam polos opostos de um mesmo sistema de comportamento, sendo os seus pontos mais alto e mais baixo os que definem os limites dentro dos quais todos os graus e formas de funções superiores estão localizados. Esses dois pontos em conjunto determinam o eixo histórico de todo o sistema do comportamento do indivíduo. Esse aspecto necessita ser mais bem elucidado.

Até o momento, muitos pesquisadores ainda estão inclinados a apresentar a ideia da psicologia histórica com uma falsa visão. Eles identificam a história com o passado. Para eles, estudar alguma coisa historicamente significa estudar necessariamente fatos do passado. Esta é uma concepção ingênua, que atribui um limite intransponível entre o estudo histórico e o estudo das formas atuais. Além disso, o estudo histórico significa simplesmente aplicar as categorias de desenvolvimento ao estudo dos fenômenos. Estudar alguma coisa historicamente significa estudá-la em movimento. Esse é precisamente o requerimento básico do método dialético. Abranger nas pesquisas o processo de desenvolvimento de alguma coisa em todas as suas fases e mudanças – desde o momento de seu aparecimento até sua morte – significa revelar sua natureza, conhecer sua essência, pois somente em movimento o corpo pode exibir o que ele de fato é. Assim, o estudo histórico do comportamento não é suplementar nem auxiliar do estudo teórico, e sim sua base.

De acordo com essa visão, podemos estudar historicamente tanto as formas disponíveis no presente como as formas passadas. A compreensão histórica se estende também para a psicologia geral. P. P. Blonskii[11] expressou esse ponto de vista na seguinte afirmação geral: o comportamento pode ser entendido somente como a história do comportamento. Este é um ponto de vista na psicologia essencialmente dialético. Se desenvolvida, essa concepção se estenderá inevitavelmente para a psicologia do presente. O resultado dessa concepção, que é a reunião da psicologia geral e da psicologia genética, a qual não foi prevista pelos antigos pesquisadores, mostra que o comportamento do adulto cultural contemporâneo não é homogêneo nem uniforme no

---

[11] BLONSKII, Pavel Petrovich (1884-1941). Vol. 1, p. 462; vol. 2, p. 486. Essa posição reflete a ideia geral expressa por P. P. Blonskii sobre a abordagem histórica do estudo do comportamento. Ele escreveu: "A psicologia deve tornar-se uma ciência natural, pois como uma ciência do comportamento dos seres vivos ela é, obviamente, somente uma parte da ciência natural. A psicologia estuda o comportamento da humanidade em função do tempo, isto é, ao usar uma terminologia apropriada, ela estuda o comportamento da humanidade geneticamente [...]. Assim, a psicologia científica é a primeira de todas as psicologias genéticas" (BLONSKII, P. P. *Collected Psychological Works* [Obras psicológicas reunidas], Moscou, 1964, pp. 43-4 [em russo]).

aspecto genético. Como Blonskii e Werner afirmaram, sua estrutura psicológica contém muitas camadas geneticamente diferentes.

Os indivíduos exibem, de modo solidificado no comportamento, as várias fases de desenvolvimento que já foram concluídas. A personalidade genética multifatorial que contém os níveis representativos de tempos históricos diferentes dá ao comportamento uma estrutura excepcionalmente complexa e ao mesmo tempo serve como um tipo de escada genética que une, por meio de uma série de formas transitórias, as funções superiores da personalidade com o comportamento primitivo tanto na filogênese como na ontogênese. A presença de funções rudimentares confirma a viabilidade da ideia de estrutura "geológica" da personalidade e introduz essa estrutura no contexto genético da história do comportamento.

As funções rudimentares tornam-se mais claras apenas como resultado do estudo do desenvolvimento psicológico-cultural. Deve-se à longa experimentação e interpretação dos resultados à luz dos dados da psicologia étnica o fato de sermos capazes de revelar seu mecanismo e estabelecer sua posição central no sistema de pesquisa sobre o desenvolvimento cultural do comportamento. A ordem cronológica das instâncias separadas de pesquisa nem sempre coincide plenamente com a ordem lógica das ideias, o que nos obriga a analisar essas funções bem no início, no momento que corresponde mais significativamente à natureza da pesquisa. A ordem cronológica nos ensina a criar um modelo das funções superiores em um experimento.

Como formações precoces que aparecem nos períodos iniciais do desenvolvimento cultural, as funções rudimentares na sua forma pura retêm o princípio da estrutura e da atividade, o protótipo de todas as outras formas culturais de comportamento. O que existe de modo oculto nos processos infinitamente mais complexos é apresentado aqui em uma forma totalmente aberta. Todos os vínculos que conectam essas formações com o sistema que os gerou se extinguiram, as bases que os geraram desapareceram, o plano de fundo de suas atividades se modificou, elas foram arrancadas de seu sistema e transportadas no dilúvio do desenvolvimento histórico para uma esfera totalmente diferente. Por isso, parece que elas não possuem raízes ou conexões, mas que existem autonomamente, representando um objeto para análise deliberadamente isolado e fascinante. Repetimos, então, que elas exibem o princípio de sua construção em uma forma pura, que adapta o problema dos processos superiores como uma chave na fechadura.

O fato de que as funções rudimentares permanecem isoladas como um alienígena sem raízes ou conexões, em um ambiente heterogêneo e não natural, dá a elas o caráter de modelos, padrões, exemplos que são aparentemente deliberadamente construídos. Elas contêm sua própria história. A análise de cada uma dessas formas requer uma monografia pequena e separada em uma página contida na monografia principal. Mas, ao contrário das construções *a priori*, dos exemplos e padrões criados artificialmente, as funções nas quais estamos interessados são formações reais que encontraram sua continuidade imediata e direta nos experimentos que reproduziram suas formas básicas e na pesquisa sobre o homem primitivo, revelando a sua história.

As funções rudimentares estão unidas às linhas mais importantes no desenvolvimento cultural do comportamento por um vínculo real, construído pela sua própria natureza e não por um vínculo artificial. Sua história é majestosa, mas na sua época elas foram rejeitadas pelo mundo dos fenômenos. Na sua época o aparecimento de cada forma nova anunciava uma nova vitória do homem sobre sua própria natureza, uma nova era na história das funções. Elas formam caminhos nodais reais ao longo dos quais a humanidade cruzou os limites da existência animal. Elas são monumentos reais dos principais achados da cultura que vivem uma existência miserável em uma época estranha a eles. Se alguém quisesse revelar a história de cada forma rudimentar, ele as descobriria em um dos grandes caminhos históricos da humanidade. Se quiséssemos revelá-la etnologicamente, veríamos um estágio universal da cultura no qual, em diferentes épocas e em diferentes formas, todas as pessoas surgiram.

Mas isso poderia complicar o assunto e retirar das formas rudimentares seu mérito mais importante. Elas são úteis especificamente sob a forma em que se apresentam. Naturalmente, elas nos interessam não por si mesmas. Ao olhar para elas, estamos procurando uma chave para o método. Elas apresentam duas vantagens que raramente encontramos de forma combinada. Por um lado, são antigas, primitivas, grosseiramente feitas, como um instrumento primitivo. Isso significa que são extremamente simples. Elas retêm a plasticidade, o significado primário, a qualidade primordial que obrigou W. Köhler[12] a retornar ao estudo dos antropoides na esperança de encontrar o primeiro uso dos instrumentos como um ponto inicial natural para a compreensão teórica da natureza do intelecto. Por outro, nós nos confrontamos com formas que estão concluídas, tendo completado plenamente seu desenvolvimento, desprovidas de traços de propriedades imaturas, traços de transição, mostrando completamente seu significado.

Nossos fósseis psicológicos mostram, de modo petrificado e interrompido, seu desenvolvimento interno. O início e o final do desenvolvimento estão unidos por eles. Eles realmente situam-se à parte do processo de desenvolvimento. Seu próprio desenvolvimento está terminado. A grande vantagem para a pesquisa reside nessa combinação de plasticidade e fossilização, os pontos inicial e final do desenvolvimento, a simplicidade e a integralidade, tornando-a um material incomparável para estudo. Elas são como que destinadas a tornar-se o ponto inicial, a porta de entrada, a base para o método.

Antes de estudar o desenvolvimento, devemos explicar *o que é* desenvolvimento. Uma análise preliminar das funções rudimentares é indispensável e deve responder a essa questão. O fato de que essas funções estão vivas e mortas ao mesmo tempo, movendo-se conjuntamente em um sistema biológico no qual elas estão incluídas e também fossilizadas, permite-nos encontrar o indispensável *o quê*, que nos interessa no processo de desenvolvimento. Esse *o quê* deve também estar na base da fórmula, do método que procuramos, deve formar sua base verdadeira e transformá-la em um análogo do processo real.

Uma análise das funções rudimentares que iniciaremos agora e o significado e a base metodológicos que tentamos mostrar em nossa

---

[12] KÖHLER, Wolfgang (1887-1967). Vol. 2, p. 485.

discussão prolongada são apresentados como uma forma de revelar a base real de nossa fórmula metodológica.

A primeira forma de comportamento na qual estamos interessados pode ser apresentada inicialmente em relação a uma situação específica em que ela geralmente aparece. Essa situação – em sua expressão extrema e simplificada – é geralmente chamada de situação do asno de Buridan[13] (em cujo trabalho esse exemplo não pode ser encontrado). Um asno estava faminto e encontrava-se à mesma distância de dois feixes de feno, um à esquerda e um à direita. O asno morre de fome, pois a motivação para comer era exatamente igual em valor e oposta em direção. Esta é uma anedota famosa que ilustra a ideia da determinação absoluta do comportamento, a ideia da não existência de livre-arbítrio. O que um homem faria em uma situação ideal semelhante? Alguns intelectuais dizem que o destino fatal do asno poderia recair sobre o homem. Outros pensariam que o homem seria como um asno envergonhado e não um ser pensante, *res cogitans*, se ele morresse em tal circunstância.

Em essência, essa é a questão básica de toda a psicologia humana. Nela, de modo ideal e extremamente simplificado, está apresentado todo o problema de nossa pesquisa, todo o problema do estímulo-resposta. Se dois estímulos atuam com a mesma força em direções opostas gerando simultaneamente duas respostas incompatíveis, ocorrerá a inibição completa com precisão mecânica, o comportamento cessa, não há escapatória. Aqueles que viram uma saída para o homem nessa situação, inescapável para o asno, atribuíram a solução do problema à mente, para a qual não existe materialidade e que pode ser soprada para onde quiser. Essa escolha filosófica entre "um e outro" correspon-

---

[13] BURIDAN, Jean (em torno de 1300-1358). Físico, filósofo e lógico francês. É atribuído a Buridan o exemplo do "asno de Buridan": o asno, estando a uma mesma distância de dois feixes de feno idênticos, morre de fome, pois, na presença de dois estímulos igualmente motivadores, ele não consegue decidir qual feixe de feno deve comer primeiro. Esse exemplo ilustra a visão de Buridan das inter-relações entre a mente e a volição. Quando a mente conclui que existem possibilidades de valores diferentes oferecidas a ela, então a volição torna-se inativa. Na literatura, foi expressa a opinião de que o exemplo do "asno de Buridan" é erroneamente atribuído a Buridan, pois mesmo Aristóteles e Dante já haviam descrito esse tipo de situação.

de precisamente à interpretação espiritualista ou mecanicista do comportamento humano em tal situação. Ambas as explicações são desenvolvidas na psicologia com a mesma clareza.

W. James[14] teve que tomar emprestada, de modo insignificante, é verdade, como um pragmático preferiria, a energia espiritual da *ordem divina* – deixe existir – pela qual o mundo foi criado e sem ajuda da qual ele não viu nenhuma possibilidade de explicar cientificamente o ato da vontade. O próximo behaviorista, se desejarmos permanecer fiéis ao sistema, teve que admitir que em uma análise de tal situação poderíamos perder o conceito de qualquer diferença entre o homem e o asno, poderíamos esquecer que o asno é um animal e que diante de nós há um homem, imaginário na verdade. Teremos a oportunidade de encerrar nossa pesquisa e retornar à perspectiva filosófica aberta a partir desse ponto de nosso problema e traduzir em uma linguagem filosófica o que gostaríamos de estabelecer agora em um plano diferente, no plano da pesquisa real empírica.

Para os filósofos essa situação fictícia, totalmente inventada, foi exclusivamente uma construção lógica artificial que tornou possível ilustrar em uma forma visual concreta uma solução ou outra do problema do livre-arbítrio. Realmente, este foi um modelo lógico de um problema ético. Agora, no entanto, estamos interessados em como o homem real e atual poderia atuar, como ele conduziria uma situação real do mesmo tipo. Quando a questão é colocada dessa maneira natural, a situação, o sujeito que reage e a pesquisa em desenvolvimento, todos esses aspectos se modificam. A partir do ideal tudo é transferido para o real com todas as suas imperfeições e todas as suas grandes vantagens.

Em primeiro lugar, de fato, tal situação ideal, obviamente, nunca será encontrada. Ao contrário, geralmente encontramos situações semelhantes àquela situação mencionada. Essas situações então tornam possíveis a pesquisa experimental ou as observações psicológicas.

Mesmo com relação aos animais, a pesquisa experimental mostrou que as colisões de processos neurais opostos, de tipos ligeiramen-

---

[14] JAMES, William (1842-1910). Vol. 1, p. 460; vol. 2, p. 487.

te diferentes, mas em geral da mesma ordem – excitação e inibição –, têm como resultado uma reação de um tipo completamente diferente da imobilidade mecânica. Pavlov disse que em um difícil encontro de processos neurais opostos ocorre um desvio mais ou menos prolongado da atividade cortical normal que geralmente não pode ser medido por qualquer uma de nossas escalas. Um cachorro responde a um difícil encontro de estímulos opostos com frustração, excitação ou inibição patológica, e torna-se neurótico.

Pavlov falou a respeito de um incidente em que um cachorro exibiu uma agitação: seu corpo todo se movia continuamente, ele gania e latia de modo insuportável e salivava sem parar. Sua reação foi semelhante ao que chamamos de movimento incontrolável, a reação de um animal que se encontra em uma situação desesperada. Em outros cães, a neurose assume uma característica diferente, assemelhando-se a uma reação biológica diferente de uma situação desesperada – o reflexo que mimetiza a morte, o torpor, a inibição difusa. Esses cães foram curados, nas palavras de Pavlov, com um agente terapêutico comprovado, o brometo. Assim, um cão em uma situação de Buridan apresentará a neurose mais rapidamente do que neutralizará mecanicamente os processos neurais opostos. Mas estamos interessados, nesse momento, em um homem na mesma situação. Começaremos, como dissemos anteriormente, com as funções rudimentares, com a observação dos fatos da vida cotidiana. Usaremos um exemplo literário. "Devo alistar-me no exército ou esperar?" Pierre perguntou-se sobre essa questão uma centena de vezes. Ele pegou um baralho de cartas que estava sobre a mesa e começou a jogar paciência. Se eu ganhar, disse consigo mesmo, embaralhando as cartas, segurando-as em suas mãos e admirando-as, se eu ganhar, significará... O que significará?...

"Independentemente do resultado do jogo, Pierre não entrou para o exército, mas permaneceu na Moscou abandonada, sempre com a mesma ansiedade, indecisão, medo [...]." (L. N. Tolstói, *Complete Collected Works*, Moscou, 1932, vol. 11, pp. 178-9 [em russo].)

O que apareceu em Pierre Bezukhov, o herói do romance de Tolstói *Guerra e Paz*, sob a forma de uma função rudimentar, passiva e o que deveria se expressar, no plano do autor, como uma forma ativa, gráfica, aquele estado de indecisão que se apossou de seu herói, abriu nossos olhos para a importância prioritária e capital de um fato psicológico. Sua análise é simples, mas significativa. Ele mostra que um homem que se encontra em uma situação Buridan procura por ajuda em estímulos ou motivos auxiliares introduzidos artificialmente. Um homem na posição do asno de Buridan poderia atirar uma moeda e dessa forma dominar a situação. O mesmo é comprovado simultaneamente pelas observações das formas rudimentares da função de seleção quando, como em nosso exemplo, ela aparece, mas não é efetivada, e pelas observações do comportamento do homem primitivo, assim como pelos estudos experimentais do comportamento da criança em que condições criadas artificialmente eliciam um comportamento semelhante em uma criança de determinada idade.

Discutiremos esses experimentos posteriormente. Nesse momento, o fato importante para nós é que uma função inativa apresenta uma história longa e altamente complexa. Na sua época, ela não foi uma ação sintomática e simples que produziu nosso estado interno, mas hoje em dia ela não tem significado no sistema de comportamento em que aparece, tendo perdido sua função inicial e se tornado inútil. Uma vez que esse é o limite que separa uma época de outra no desenvolvimento do comportamento, um desses limites de que falamos anteriormente, dizendo que neles a humanidade cruzou a linha da existência animal.

A sorte tem grande papel no comportamento das pessoas que se desenvolvem em condições de uma cultura atrasada. Como os pesquisadores dizem, em muitas tribos nenhuma grande decisão é tomada em circunstâncias difíceis sem lançar os ossos. Jogar ossos e sua queda de certo modo representam um estímulo auxiliar decisivo na briga dos motivos. L. Lévy-Bruhl[15] descreve muitos métodos de decidir entre uma alternativa ou outra usando um estímulo artificial que não tem relação com a situação e é introduzido pelo homem primitivo

---

[15] LÉVY-BRUHL, Lucien (1857-1939). Vol. 1, p. 464; vol. 2, p. 482.

exclusivamente como um meio de ajudar na seleção entre duas reações possíveis.

Lévy-Bruhl fala de tribos da África do Sul em que, quando um nativo encontrava uma dificuldade, ele simplesmente jogava ossos ou fazia como o líder de uma tribo que, se solicitado por um missionário que enviasse seu filho à escola, respondia: "Eu terei um sonho sobre isso".

Em bases sólidas, R. Thurnwald[16] vê nesses fatos o início do autocontrole consciente de suas próprias ações. E, realmente, o homem, que primeiro jogava ossos, deu um passo importante e decisivo em direção ao desenvolvimento cultural. Isso não se contradiz pelo fato de que uma ação semelhante inibe qualquer tentativa séria de usar a reflexão ou a experiência na vida real: por que alguém deveria estudar e pensar quando ele pode visualizar em um sonho ou jogar dados? Esse é o destino de todas as formas de comportamento mágico: rapidamente ele se transforma em impedimento ao desenvolvimento ulterior do pensamento, embora em certo estágio do desenvolvimento histórico do pensamento seja o embrião de certas tendências.

Não podemos nesse momento, no entanto, estar interessados nesse grande e complexo problema, não importa quão complexa e profunda seja a questão da explicação psicológica do aspecto mágico da sorte. Perceberemos somente que o caráter mágico da operação, enraizado nas profundezas do pensamento primitivo, como Lévy-Bruhl demonstrou, obriga-nos a rejeitar instantaneamente a ideia de que temos diante de nós um instrumento intelectualizado, puramente racional, da mente primitiva. A questão é muito mais complexa. Mas, com relação ao que nos interessa, o que não importa no momento é como ele aparece e em que medida ele é inconsciente e oculto, como subordina o papel que o princípio da psicologia básica tem no qual toda a operação é construída. O que nos interessa no momento é a forma pronta do comportamento, qual foi o caminho de seu desenvolvimento, o próprio princípio de construir a operação. É importante para nós mostrar que a função

---

[16] THURNWALD, Richard (1869-1954). Vol. 2, p. 486.

rudimentar representou um momento significativo e excepcionalmente importante no sistema de comportamento do homem primitivo.

Se isolarmos a forma pura do princípio da construção da operação de jogar dados, será fácil verificar que sua principal característica essencial consiste na relação nova e totalmente especial entre estímulo e resposta. Em nossos experimentos, criamos artificialmente, para crianças e adultos, uma situação intermediária entre a paciência de Pierre Bezukhov e o jogo dos ossos das tribos primitivas. Por um lado, procuramos uma operação que pudesse fazer sentido, ser um escape real de uma situação, e, por outro, excluímos qualquer efeito mágico complicador ligado ao jogo de dados. Nas condições artificiais de um experimento, procuramos por uma forma intermediária de operação entre as manifestações rudimentares e inicialmente mágicas. Queríamos estudar o princípio do projeto que reside na sua base em uma forma ativa, pura, não oculta, descomplicada.

Os experimentos serão discutidos no capítulo subsequente. Gostaríamos de apresentar, em poucas palavras, o princípio do comportamento formador que descobrimos analisando a operação de jogar dados. A discussão será esquemática. Em determinada situação, um homem é afetado por dois estímulos com forças diferentes e com direções opostas que eliciam uma reação A ou B. Se as ações simultâneas dos estímulos A e B têm como resultado uma complicação mecânica de seu efeito, isto é, uma ausência completa de qualquer reação, temos diante de nós o que, segundo a anedota, tinha que acontecer com o asno de Buridan. Essa é a maior e mais pura expressão do princípio estímulo-resposta no comportamento. A determinação completa do comportamento pelo estímulo e a possibilidade completa de estudar o comportamento segundo o padrão E-R estão apresentadas aqui em uma forma ideal e simplificada ao máximo.

Um homem nessa situação joga os dados. Ele introduz artificialmente na situação novos estímulos auxiliares e não relacionados a-A e b-B e os modifica. Se o resultado é a, ele escolhe o estímulo A; se o resultado é b, ele escolhe o estímulo B. O homem cria uma situação artificial e introduz um par auxiliar de estímulos. Ele determina seu comportamento, sua escolha, de antemão com o auxílio de um estímulo-instrumento. Vamos supor que, quando o dado é jogado, o resultado seja *a*. Assim, ganha o *A*. O estímulo *A* elicia a resposta correspondente, *X*. O estímulo *B* permanece inefetivo. Sua resposta correspondente, *Y*, não se expressa.

Analisemos o que aconteceu nessa situação. A resposta *X* foi eliciada pelo estímulo *A* obviamente. Sem ele, a resposta poderia não ter ocorrido. Mas *X* não foi eliciada apenas por *A*. *A* foi neutralizado pela ação de *B*. A resposta *X* foi eliciada também pelo estímulo *a*, que não tinha relação com ela e que foi introduzido artificialmente na situação. Assim, um estímulo criado pelo homem determinou sua resposta. Em consequência, podemos dizer que o homem determinou sua resposta com o auxílio de um estímulo artificial.

Um adepto do princípio E-R pode levantar justificadamente a objeção de que fomos iludidos. O que aconteceu pode também ser explicado pelo padrão E-R. De fato, nosso oponente diz, não vemos nada substancialmente diferente em nosso experimento do que foi apontado na anedota. Se no segundo caso – com o dado – ocorreu a resposta que tinha sido anteriormente inibida, isto aconteceu porque a situação mudou. O estímulo mudou. No primeiro caso, *A* e *B* foram atuantes; no segundo, foram *a-A* e *b-B*. O estímulo *A* foi sustentado por *a* e o *B* foi enfraquecido pela ausência de sucesso de *b*. No segundo caso, da mesma forma que no primeiro, o comportamento foi completamente determinado pelo princípio E-R. O oponente concluiu sua objeção: você está falando de um novo princípio que é a base da operação com o dado, sobre uma relação especial entre estímulo e resposta. Não vemos nenhum tipo de diferença básica entre a primeira e a segunda variante – com o dado e sem o dado. Você disse que o próprio homem determinou sua resposta. Desculpe-me, mas um segundo antes o homem não sabia como iria atuar, o que ele iria escolher. Não foi o homem que determinou seu comportamento, mas sim o dado. E o que representou o dado senão um estímulo? O estímulo *a* determinou a resposta *X* em determinada situação, e não o homem. A operação com o dado, mais do que a história do asno de Buridan, confirma que o mesmo princípio reside na base do comportamento humano assim como no comportamento animal. Somente a estimulação que determina o comportamento humano é mais rica e mais complexa. Isso é tudo.

Há uma coisa que pode concordar com a objeção levantada. O que aconteceu pode realmente ser explicado pelo padrão E-R. Completamente e sem sobras. De certo ponto de vista, especificamente do ponto de vista de nosso oponente, a diferença entre o comportamento em um caso e em outro é totalmente determinada pela diferença no estímulo. A análise de nosso oponente de seu ponto de vista está absolutamente correta. Mas o cerne do assunto é que especificamente esse ponto de vista foi considerado inaceitável no estudo da operação com dados e especificamente porque, em seu desenvolvimento subsequente, ele resulta em rejeição da diferença básica entre as duas variantes do comportamento. Isto é, em outras palavras, esse ponto de vista é incapaz de detectar o novo princípio estrutural do comportamento que a segunda variante revela quando comparada à primeira.

Isso significa que o velho ponto de vista é inadequado para o estudo do novo material, que são as novas formas superiores de comportamento. Ele detecta o que ele tem em comum com as formas inferiores – o antigo princípio preservado na nova forma de comportamento –, mas não detecta o que é único, que é a nova forma e que o distingue das formas inferiores, não detecta o novo princípio que aparece acima do mais antigo. Nesse sentido, a objeção de nosso oponente mostra ainda que o velho ponto de vista não pode revelar adequadamente a principal diferença entre o comportamento do homem e o do animal, não pode revelar adequadamente a estrutura das funções mentais superiores. Quem argumentaria sobre o fato de que é possível não perceber a especificidade das formas superiores e ignorá-las? Mesmo a fala humana pode ser considerada uma entre as respostas sonoras dos animais e de certo ponto de vista as principais diferenças podem ser ignoradas. É possível limitar-se a detectar a presença de formas inferiores, auxiliares, subordinadas contidas nas formas superiores de comportamento. Mas a questão toda é: qual é o valor científico-cognitivo de não enxergar o que é específico, único e superior no comportamento humano? Obviamente, pode-se fechar um olho, mas deve-se saber que nesse caso o campo visual inevitavelmente se estreitará.

A análise de nosso oponente é também uma análise monocular. Ele não detecta a dinâmica do que ocorreu em nosso exemplo, a transição de uma situação para outra, o aparecimento dos estímulos adicionais a e b, o significado funcional do estímulo-instrumento (dado), a estrutura da operação como um todo e, finalmente, o princípio que reside em sua base. Ele aborda toda a operação exclusivamente sob o aspecto de sua composição, decompondo-a analiticamente em seus componentes e certificando-se de que esses componentes – cada um em separado e todos em conjunto – estão sujeitos ao princípio estímulo-resposta. Ele decompõe ambas as situações estatisticamente e compara-as em uma forma petrificada, esquecendo que a segunda parte da operação, o lançamento dos dados, apareceu com base na primeira (a situação de Buridan), que uma se transformou na outra e que especificamente essa conversão é o cerne de todo o problema.

Poderíamos responder a nosso oponente dizendo que está totalmente correto que a resposta X de nosso exemplo foi determinada pelo estímulo a, mas esse estímulo não surgiu por si só e não era uma parte orgânica da situação. Além disso, ele não tem relação com os estímulos A e B que fazem parte da situação. Ele foi introduzido na situação pelo homem e a relação de a com o estímulo A foi também estabelecida pelo homem. É verdade que, na história toda, o comportamento como um todo é total e completamente determinado pelo grupo de estímulos, mas esse grupo de estímulos e a própria estimulação são criados pelo homem. Você diz que a situação no segundo caso mudou, pois novos estímulos a e b apareceram. Isso não é verdade: a situação foi mudada e pelo mesmo homem, que, como o asno de Buridan, estava forçosamente predestinado – em virtude da situação – à inatividade ou à frustração.

Em nossa análise, se pudermos concluir nossa resposta, você está ignorando o fato de que por trás do jogo estímulo-resposta o que realmente ocorreu foi a intervenção ativa do homem, seu papel ativo, seu comportamento que consistiu na introdução de um novo estímulo. E isso é exatamente o que engloba o novo princípio, a nova relação única entre o comportamento e o estímulo do qual falamos. Decompondo a operação em seus componentes, você perdeu sua parte mais importante: a atividade humana exclusiva no sentido de controlar o seu próprio comportamento. Dizer que, nesse caso, o estímulo a determinou o comportamento é o mesmo que dizer que uma vara pegou a fruta para o chimpanzé (nos experimentos de Köhler). Mas, de fato, a mão guiou a vara e o cérebro guiou a mão. A vara foi apenas um instrumento da atividade do chimpanzé. O mesmo deve ser dito sobre nossa situação. Subjacentes ao estímulo a estavam a mão e o cérebro humano. O aparecimento de um novo estímulo foi resultado da participação ativa do homem. Você deve ter se esquecido do homem; é aqui que reside seu erro.

Finalmente, e por último: você disse que o homem um segundo antes não sabia como poderia agir, o que ele escolheria. O estímulo a (o dado incorporado) forçou-o a agir de certa maneira. Mas o que deu a força impulsionadora ao estímulo a? A mão do homem guiou esse estímulo. Foi o homem que antecipadamente determinou o papel e a função do estímulo que por si só não poderia determinar o comportamento, assim como a vara não poderia sozinha derrubar a fruta. Nesse caso, o estímulo a foi o instrumento da atividade humana. Essa é a essência.

Mais uma vez, adiaremos para o final de nossa pesquisa uma consideração mais detalhada sobre a questão que não está imediatamente relacionada com o problema da liberdade do arbítrio humano. Então, quando nos depararmos com a forma definitiva superior de comportamento, construída sobre esse princípio, seremos capazes de avaliar plena e profundamente a essência e traçar uma perspectiva subjacente a ela. Nesse momento, gostaríamos apenas de consolidar a conclusão básica que podemos alcançar com nossa análise: em uma situação geral de uma operação com o jogo de dados, surge uma estrutura nova e única quando comparada com a situação do asno de Buridan; esta consiste no fato de que o homem cria o estímulo que determina sua resposta e usa esse estímulo como instrumento para controlar os processos de seu próprio comportamento. O homem determina por si seu comportamento com o auxílio do estímulo-instrumento criado artificialmente.

Vamos passar à análise da segunda função rudimentar que é tão comum e difundida como o lançamento de dados e também inoperante. Concordamos que a análise de tais funções inativas apresenta uma grande vantagem. Mas, no momento, temos à nossa frente uma forma rudimentar de memória cultural que, como o lançamento de dados, representa uma forma rudimentar de volição cultural.

Para a psicologia da vida cotidiana, fazer um nó para se lembrar de algo é exatamente o mesmo que jogar os dados. Um homem precisa se lembrar de algo; por exemplo, que precisa fazer alguma tarefa, pegar alguma coisa etc. Para não ter que confiar apenas na memória e não depender exclusivamente dela, ele faz um nó, geralmente em seu lenço, ou usa algum recurso semelhante, como colocar um pequeno pedaço de papel sob a tampa de seu relógio de bolso etc. O nó deve lembrá-lo posteriormente do que ele deve fazer. E, como todos sabem, em determinadas condições ele pode servir como uma maneira confiável de lembrá-lo.

Aqui, de novo, temos uma operação que é impensável e impossível para os animais. Podemos observar que a introdução de um instrumento artificial auxiliar para lembrar a criação ativa e o uso de um estímulo como instrumento de memória representa um traço de comportamento essencialmente novo e exclusivamente humano.

A história da operação de dar um nó é extremamente complexa e instrutiva. Seu aparecimento anunciou a aproximação da humanidade dos limites que separavam determinada época de outra, a barbárie da civilização. Thurnwald diz que a natureza não conhece limites difíceis. Mas, se pensarmos que a humanidade começou com o uso do fogo, então o surgimento da linguagem escrita deve ser considerado o limite que separa as formas inferiores das formas superiores da existência humana. Usar um nó para se lembrar de algo representou também uma das primeiras formas de palavra escrita. Essa forma teve um papel importante na história da cultura, na história do desenvolvimento da escrita.

O início do desenvolvimento da escrita baseou-se em instrumentos auxiliares de memória semelhantes, e por isso muitos pesquisadores denominam essa época inicial no desenvolvimento de escrita mnemotécnica. O primeiro nó realizado com o propósito de lembrar significou a concepção da palavra escrita sem a qual nenhuma civilização teria existido. Registros de nós muito desenvolvidos, os chamados quipus, eram usados no antigo Peru como forma de manter as informações e os dados da vida pessoal e governamental. Registros de nós semelhantes foram encontrados em formas variadas entre muitos povos antigos. Em povos primitivos, eles podem ser observados ainda em estado de desenvolvimento, em uma forma ativa. Como Thurnwald afirma, não é necessário atribuir trações de origem mágica ao uso desses instrumentos auxiliares de memória. As observações indicarão que os nós ou estímulos semelhantes para auxiliar na memorização apareceram de início como uma operação psicológica puramente prática que mais tarde se tornou uma cerimônia mágica. O mesmo autor conta-nos a respeito de um homem primitivo que estava em serviço durante uma expedição. Quando ele era enviado para levar mensagens ao acampamento principal, sempre levava consigo um instrumento semelhante para lembrá-lo das mensagens.

V. K. Arseniev[17], pesquisador bastante conhecido da região da Ussuriysk, conta-nos como na cidadezinha de Udeg, em que ele parou durante uma viagem, os habitantes locais pediram-lhe, em seu retorno para Vladivostok, que falasse às autoridades russas que o mercador Li Tanku os estava oprimindo. No dia seguinte, os habitantes vieram para acompanhar o viajante até as cercanias. Um homem idoso grisalho saiu da multidão, disse Arseniev, deu-lhe uma garra de um lince e disse-lhe para colocar no bolso para não esquecer a petição sobre Li Tanku. O homem por si só introduziu um estímulo artificial naquela situação, afetando ativamente os processos de memorização. Influenciar a memória de outra pessoa, observamos de passagem, é essencial-

---

[17] ARSENIEV, Vladimir Klavdievich (1872-1930). Pesquisador soviético do Extremo Oriente, etnógrafo e escritor. Durante as expedições, estudou a vida, os costumes, os trabalhos, as crenças religiosas e o folclore da população local.

mente o mesmo que afetar sua própria memória. A garra do lince pode determinar a memória e seu destino em outra pessoa. Há uma quantidade inesgotável de tais exemplos. Mas podemos citar uma quantidade equivalente de exemplos em que o homem realiza a mesma operação com relação a si mesmo. Limitar-nos-emos a citar uma.

Todos os pesquisadores percebem o grande desenvolvimento da memória inata, natural do homem primitivo. L. Lévy-Bruhl acredita que a base desse extraordinário traço do pensamento primitivo é a tendência de trocar a reflexão pela memorização. No entanto, mesmo no homem primitivo encontramos duas formas principais e diferentes em essência que ocorrem em estágios completamente diferentes de desenvolvimento. Com o desenvolvimento superior, talvez máximo da memória natural, encontram-se somente as formas mais elementares e toscas da memória cultural. Mas, quanto mais simples e primitiva a forma psicológica, mais claro é o princípio de sua estrutura, mais fácil sua análise. Como um exemplo, citamos a observação de Vangemann, contada por Lévy-Bruhl.

Um missionário pediu a um cafre* para dizer-lhe o que ele se lembrava do sermão que ouvira no domingo anterior. O cafre inicialmente hesitou, mas então reproduziu as principais ideias palavra por palavra. Depois de algumas semanas, o missionário viu o mesmo cafre durante seu sermão; dessa vez, ele estava sentado aparentemente sem prestar atenção ao que estava sendo dito, mas ocupado em entalhar um pedaço de madeira. Mais tarde ele repetiu todas as ideias, guiado pelos entalhes que havia feito.

Ao contrário de Lévy-Bruhl, que viu esse exemplo como instrutivo de como o homem primitivo pode recorrer a um recurso de memória para evitar a reflexão, nós vemos exatamente o oposto: um exemplo de como o intelecto humano conduz à formação de novas formas de memória. Quanto pensamento é necessário para registrar um discurso com entalhes em uma peça de madeira! Mas isso é uma ocorrência. O que nos interessa é a diferença entre os dois tipos de memorização.

---

* Do inglês *Kaffir*, que designa os homens pretos da África do Sul. [N. do T.]

Estamos prontos novamente para dizer que eles se baseiam em princípios diferentes. A situação nesse caso é muito mais clara do que no caso dos dados. No primeiro caso, o cafre fez seu relato somente da forma como se lembrou. No segundo, ele participou ativamente do processo de memorização criando um estímulo auxiliar sob a forma de entalhes, que relacionou com o conteúdo do discurso e que colocou a serviço de sua memória.

Se, no primeiro caso, a lembrança foi toda determinada pelo princípio estímulo-resposta, no segundo, a atividade humana de ouvir o discurso e memorizá-lo por meio de entalhes na madeira representa uma atividade única que consiste em criar um estímulo artificial e em controlar seu próprio processo através dos entalhes; ele se baseia em um princípio completamente diferente.

Já falamos sobre a relação dessa atividade com a escrita. Neste exemplo, a relação é particularmente evidente. O cafre registrou o discurso que ouviu. Mas também o nó atado para auxiliar na memória exibe uma relação funcional com a escrita. Já falamos também sobre a semelhança genética entre eles. Thurnwald afirma que instrumentos mnemotécnicos semelhantes servem principalmente à pessoa que os cria. Posteriormente, eles começam a servir como um instrumento para o contato pessoal – o discurso escrito –, devido ao fato de que são usados dentro de um único grupo de modo idêntico e são símbolos pré-arranjados. Várias considerações que serão desenvolvidas posteriormente nos obrigam a supor que a sequência real mais provável no desenvolvimento é o inverso da proposta por Thurnwald. Em qualquer caso, ressaltaremos uma coisa nesse momento, o caráter social da nova forma de comportamento especificamente, um modo idêntico em princípio de lidar com seu próprio comportamento e o comportamento do outro.

Para concluir a análise da operação de atar um nó, que, a propósito, transferimos para um experimento sobre o comportamento infantil (o experimento torna possível observar em uma forma pura o princípio estrutural no qual a operação se baseia), retornaremos novamente a uma consideração esquemática e generalizada do exemplo. Um homem tem que se lembrar de determinada mensagem. A situação será novamente representada por dois estímulos, A e B, entre os quais uma relação associativa deve ser estabelecida. Em um caso, estabelecer a relação e seu destino é determinado por vários fatores naturais (a força do estímulo, seu significado biológico, a repetição de sua combinação na mesma situação, uma constelação geral de outros estímulos); no outro caso, o homem por si determina as relações. Ele introduz um novo estímulo artificial, *a*, que não tem relação com a situação e, com a ajuda desse estímulo auxiliar, ele submete ao seu poder o desenvolvimento de todos os processos de lembrar e de revocar. Está justificado repetir: o homem por si próprio determina seu comportamento com o auxílio de estímulos-instrumentos criados artificialmente.

A terceira e última operação rudimentar dentro da série que selecionamos, que está preservada no presente, é encontrada com frequência no comportamento infantil e constitui um tipo necessário e observado geralmente no estágio inicial de desenvolvimento do pensamento aritmético. Esta é uma forma rudimentar de aritmética cultural: contar nos dedos.

A característica quantitativa de qualquer grupo de objetos é percebida inicialmente como uma das características qualitativas. Existe uma percepção imediata dos números que forma uma base real para a aritmética natural. Um grupo de dez objetos é percebido diferentemente de um grupo de três. A impressão visual imediata em ambos os casos será substancialmente diferente. Assim, uma característica quantitativa aparece entre várias outras características como um estímulo especial, mas completamente semelhante a outro estímulo. Por ser determinado por um estímulo desse tipo, o comportamento humano é completamente determinado pela lei estímulo-resposta. Repetimos, tudo tem uma natureza aritmética.

A aritmética do estímulo-resposta geralmente atinge um alto grau de desenvolvimento, particularmente no comportamento do homem primitivo, que pode à primeira vista detectar as diferenças quantitativas mais sutis em grupos muito grandes. Pesquisadores relatam que o homem primitivo, pela percepção direta dos números, geralmente percebe se em um grupo com dezenas ou mesmo centenas de objetos (uma matilha de cães, uma multidão ou um rebanho de animais etc.) está faltando algum objeto. De fato, independentemente da admiração que tal reação provoca entre os observadores, ela é diferente do que obtemos mais pelo grau do que pelo fundamento. Nós também determinamos os números visualmente. O homem primitivo difere de nós porque apresenta precisão e sutileza nessa reação. Sua reação é bem diferenciada. Ele detecta diferenças e graus extremamente sutis em um mesmo estímulo. Mas isso é total e completamente determinado pelas leis do desenvolvimento da resposta condicionada e da diferenciação do estímulo.

Essa questão muda radicalmente na medida em que o homem, ao reagir ao aspecto quantitativo de qualquer situação, recorre aos seus dedos como instrumento para auxiliar na operação de contar. Voltando à forma algébrica, esquemática, poderíamos dizer que o homem é afetado por vários estímulos: A, B, C, D. O homem introduz estímulos auxiliares. Com o auxílio desses estímulos-instrumentos, resolve o problema que lhe é apresentado.

A contagem nos dedos, em sua época, representou uma grande conquista cultural da humanidade. Ela serviu como uma ponte que foi cruzada pelo homem ligando a aritmética natural à aritmética cultural, a percepção imediata dos números à contagem dos mesmos. Contar nos dedos é a base de muitos sistemas de contagem. Mesmo atualmente ela é usada em muitas tribos primitivas. O homem primitivo, que geralmente não tem palavras para designar os números maiores que dois ou três, realiza a contagem às vezes até quarenta ou cinquenta, com o auxílio dos dedos das mãos e dos pés e de outras partes do corpo. Assim, os habitantes de Nova Guiné, Papua e muitas tribos primitivas da América do Norte começam a contar a partir do dedo mínimo da mão esquerda, continuando com o restante dos dedos, o pulso, o ombro etc.; então, em ordem inversa começam a partir da parte superior do lado direito e terminam com o dedo mínimo da mão direita. Quando os dedos não são suficientes, eles utilizam geralmente os dedos de outra pessoa ou os dedos do pé ou gravetos, conchas ou outros objetos pequenos e móveis. Estudando os sistemas primitivos de contagem, podemos observar sob uma forma ativa e desenvolvida a mesma coisa que encontraremos sob uma forma rudimentar no desenvolvimento do pensamento aritmético da criança e, em certos casos, do comportamento adulto.

Mas a essência da forma do comportamento em que estamos interessados permanece a mesma em todos os casos. A essência consiste na transição da percepção imediata dos números e da resposta imediata a um estímulo quantitativo para a criação de estímulos auxiliares que determinam ativamente o comportamento da própria pessoa com sua própria ajuda. O estímulo artificial criado pelo homem que não tem relação com a situação real e é incorporado para servir a uma adaptação ativa parece novamente ser um aspecto característico das formas superiores de comportamento.

Podemos concluir a análise dos exemplos concretos. Outras considerações poderiam nos levar inevitavelmente a repetir a característica básica que escolhemos em novas formas e manifestações. Em geral, não estamos interessados nas formas psicológicas mortas e rudimentares por si mesmas, mas nas formas culturais ou superiores de comportamento que nelas estão ocultas e nas quais podemos penetrar com o auxílio do estudo das funções inativas. Estamos procurando a essência do comportamento superior.

Achamos que a tínhamos encontrado no princípio estrutural das formas psicológicas que analisamos. Aqui é onde reside o significado do estudo das funções rudimentares. Como já dissemos, a estrutura das formas superiores é perceptível nos fósseis psicológicos, nos remanescentes vivos de épocas remotas. As funções rudimentares revelam-nos o que eram antigamente os processos mentais superiores e a que tipo de organização elas pertenciam.

Mencionaremos novamente o significado metodológico de nossa análise. Este nos parece ser o meio de revelar o princípio estrutural que é a base do comportamento superior em uma forma pura e abstrata. A tarefa para a pesquisa posterior será demonstrar a estrutura e o desenvolvimento de uma variedade enorme de formas concretas separadas de comportamento superior em toda a complexidade real desses processos e traçar o movimento histórico real do princípio que encontramos. Poderíamos mencionar o exemplo notável citado por Engels como evidência do fato de que, na medida em que as alegações introduzidas têm uma base sólida, elas são a única ou talvez a forma básica de descoberta científica.

Ele disse: "A máquina a vapor foi a evidência mais convincente de que o movimento mecânico pode ser obtido a partir do calor. Uma centena de milhares de máquinas a vapor não prova esse fato de modo mais convincente do que apenas uma maquina a vapor [...]" (K. Marx e F. Engels, *Collected Works*, vol. 20, p. 543). Contudo, a análise mostrou que em uma máquina a vapor o processo básico não aparece em uma forma *pura*, mas está oculto por todos os tipos de processos periféricos. Quando as circunstâncias periféricas ao processo principal foram eliminadas e uma máquina a vapor ideal foi construída, isso colocou o pesquisador face a face com o equivalente mecânico do calor. Esta é a força da abstração: ela representa o processo em consideração em uma forma pura, independente, desvendada.

Se desejarmos apresentar o processo que nos interessa em uma forma desvendada, independente, pura e, dessa forma, apresentar os resultados de nossa análise das funções rudimentares, poderíamos dizer que esse processo consiste na transição de uma forma de comportamento – a inferior – para outra, que arbitrariamente chamaremos de superior, como sendo mais complexa nos aspectos funcionais e genéticos. A linha que separa as duas formas é a relação estímulo-resposta. Para uma forma, uma característica essencial será a determinação plena – em princípio – do comportamento pelo estímulo. Para a outra, a mesma característica essencial é a autoestimulação, a criação e o uso de um estímulo-instrumento artificial e a determinação de seu comportamento com a ajuda desse instrumento.

Em todos os três casos que consideramos, o comportamento humano não foi determinado pelo estímulo apresentado, mas por uma situação psicológica nova criada pelo próprio homem. Criar e usar estímulos artificiais como instrumentos auxiliares para controlar suas próprias reações serve também como base para uma nova forma de determinação do comportamento que distingue o comportamento superior do elementar. A presença de estímulos *criados* juntamente com os estímulos *apresentados* parece ser a característica que distingue a psicologia humana.

Denominamos estímulos-instrumentos artificiais introduzidos pelo homem na situação psicológica quando eles preenchem a função de "signos" de autoestimulação, atribuindo a esse termo um sentido ao mesmo tempo mais amplo e mais preciso do que no uso comum. Segundo nossa determinação, todos os estímulos condicionados criados artificialmente pelo homem como uma forma de controle do comportamento – de outra pessoa ou de seu próprio comportamento – representam um signo. Portanto, dois pontos são essenciais para o conceito de signo: sua origem e sua função. Consideraremos posteriormente ambos em todos os detalhes.

Sabemos que, como disse Pavlov, "[...] as bases mais gerais da atividade nervosa superior são atribuídas aos grandes hemisférios, tanto em animais superiores como nas pessoas, e por isso mesmo os fenômenos elementares dessa atividade devem ser idênticos em ambos, tanto em casos normais como patológicos" (1951, p. 15).

De fato, isso não pode ser questionado. Mas, na medida em que nos dirigimos dos fenômenos elementares da atividade nervosa superior para os fenômenos mais complexos e superiores – no sentido psicológico – da atividade superior, então duas vias metodológicas diferentes se abrem para o estudo da especificidade do comportamento superior humano.

Uma dessas vias é o estudo da complexidade, da diferenciação e do enriquecimento do mesmo fenômeno que o estudo experimental aborda com relação aos animais. Nesse caso, uma grande restrição deve ser observada. Ao transferir informações sobre a atividade nervosa superior dos animais para a atividade superior humana, devemos checar constantemente as semelhanças reais na função dos órgãos no homem e nos animais, mas, em geral, o princípio da pesquisa permanece o mesmo, como no estudo dos animais. Esse é o caminho do estudo fisiológico.

Essa circunstância é de grande importância no campo do estudo fisiológico do comportamento, pois em um estudo comparado entre o homem e os animais não se deve colocar no mesmo plano a atividade nervosa superior e as funções do coração, do estômago e de outros órgãos que são semelhantes entre o homem e os animais. Nas palavras de I. P. Pavlov: "É especificamente essa atividade que diferencia o homem do restante dos animais, que coloca o homem consideravelmente acima de todo o mundo animal" (ibid., p. 414). Podemos esperar que ao longo do caminho da pesquisa científica vamos encontrar uma diferença qualitativa específica na atividade humana. Relembremos as palavras de Pavlov citadas anteriormente sobre a incomparabilidade quantitativa e qualitativa da palavra com o estímulo condicionado dos animais. Mesmo no plano da consideração fisiológica, "a grandiosa sinalização da fala" permanece à parte de todos os outros conjuntos de estímulos, as "múltiplas capacidades da palavra" a colocam em uma posição única.

O outro caminho é o da pesquisa psicológica. Desde o início ela se propôs a buscar a especificidade do comportamento humano que nos leva além do ponto inicial. A especificidade é considerada não somente em sua complexidade e em seu desenvolvimento, no refinamento quantitativo e qualitativo dos hemisférios cerebrais, mas principalmente na natureza social do homem e em um novo método de adaptação, que, quando comparado aos animais, coloca o homem à parte. A principal diferença entre o comportamento humano e o dos animais não consiste apenas no fato de que o cérebro humano é muito mais desenvolvido que o do cão e de que a atividade nervosa superior "tão impressionantemente coloca o homem à parte dos outros animais", mas porque é o cérebro de um ser social e porque as leis da atividade nervosa superior humana se manifestam e atuam na personalidade humana.

Retornemos novamente às "bases mais gerais da atividade nervosa superior, relacionada aos hemisférios cerebrais", que é idêntica nos animais superiores e no homem. É nesse aspecto que poderemos revelar com clareza definitiva a diferença da qual falamos. A base mais geral do comportamento, idêntica no homem e nos animais, é a *sinalização*. Pavlov disse: "A atividade básica e mais geral dos hemisférios cerebrais é a sinalização utilizando um número infinito de signos e com uma sinalização mutável" (ibid., p. 30). Como se sabe, esta é a formulação mais geral sobre toda a ideia dos reflexos condicionados que reside na base da fisiologia da atividade nervosa superior.

Mas o comportamento humano se distingue exatamente porque ele cria um estímulo-signo artificial, em particular a grandiosa sinalização da fala, e desse modo controla a atividade de sinalização dos hemisférios cerebrais. Se a atividade básica e mais geral dos hemisférios cerebrais dos animais e do homem é a sinalização, então a atividade básica e mais geral do homem que o diferencia dos animais é em primeiro lugar, do ponto de vista da psicologia, a *significação*, isto é, a criação e a utilização de signos. Usamos essa palavra no seu sentido mais literal e com um significado preciso. Significação é a criação e o uso de signos, isto é, sinais artificiais.

Consideraremos em mais detalhes este novo princípio da atividade. Ele não deve ser contrastado com o princípio da sinalização. A sinalização mutável que resulta na formação de conexões especiais, temporárias e condicionais entre o organismo e o ambiente é um pré-requisito biológico indispensável da atividade superior que arbitrariamente chamamos de significação e que é a sua base. O sistema de conexões que se estabelece no cérebro de um animal é uma cópia ou reflexo das conexões naturais entre "todos os tipos de agentes da natureza" que sinalizam a chegada de fenômenos imediatamente favoráveis ou destrutivos.

É obvio que tal sinalização – o reflexo da conexão natural do fenômeno, totalmente criado pelas condições naturais – não pode ser uma base adequada para o comportamento humano. Para a adaptação humana, é essencial haver uma *mudança ativa em sua natureza*. É a base de toda a história humana. Ela pressupõe necessariamente uma mudança ativa no comportamento do homem. "Afetando o ambiente com seu movimento e mudando-o, ele muda sua própria natureza ao mesmo tempo", disse Marx. "Ele desenvolve as forças que estavam adormecidas e sujeita o jogo dessas forças à sua própria vontade" (K. Marx e F. Engels, *Collected Works*, vol. 23, pp. 188-9).

Cada estágio específico no controle das forças da natureza corresponde necessariamente a certo estágio no controle do comportamento, na sujeição dos processos mentais à vontade humana. A adaptação ativa do homem ao ambiente, a mudança da natureza pelo homem, não pode se basear na sinalização, refletindo passivamente as conexões naturais de todos os tipos de agente. Ela requer o encerramento ativo das conexões que não poderia ocorrer sob a condição de um tipo puramente natural de comportamento, isto é, do comportamento baseado na associação natural dos agentes. O homem introduz o estímulo artificial, atribui significação ao comportamento e, com os signos, atuando externamente, cria novas conexões no cérebro. Assumindo esse pressuposto, tentaremos introduzir em nossa pesquisa um novo princípio regulatório do comportamento, um novo conceito sobre os determinantes da reação humana que consiste no fato de que o homem cria as conexões no cérebro a partir do exterior, ele controla o cérebro e, através dele, seu próprio corpo.

Surge naturalmente a seguinte questão: como ocorre, em geral, a criação de conexões externas e a regulação do comportamento do tipo que pensamos ser possível? Isso é possível pela coincidência de dois pontos. Como uma inferência na premissa, a possibilidade de tal princípio regulatório está contida na estrutura do reflexo condicionado. A base de todo o ensinamento sobre os reflexos condicionados é o conceito de que a principal diferença entre o reflexo condicionado e o incondicionado está contida não em seu mecanismo, mas no desenvolvimento do mecanismo do reflexo. Pavlov disse: "A diferença é que, em um caso, há uma via de transmissão imediata e, no outro, o encerramento prévio é necessário; em um caso, o mecanismo da conexão está completamente pronto e, no outro, o mecanismo é expandido para completar a prontidão" (vol. IV, p. 38). Consequentemente, o reflexo condicionado consiste em um mecanismo criado *de novo* pela coincidência de dois estímulos, isto é, criado externamente.

O segundo ponto que explica a possibilidade do aparecimento de um novo princípio regulatório do comportamento consiste na vida social e na interação entre as pessoas. No processo da vida social o homem criou e desenvolveu sistemas mais complexos de conexões psicológicas sem as quais a atividade de trabalho e toda a vida social seriam impossíveis. Os instrumentos para a formação das conexões psicológicas em sua natureza e em sua função essencial são os signos, isto é, os estímulos criados artificialmente para alterar o comportamento por meio do desenvolvimento de novas conexões condicionadas no cérebro humano.

Ambos os pontos em conjunto levam-nos à compreensão da possibilidade de desenvolvimento de um novo princípio regulatório. A vida social cria a necessidade de sujeitar o comportamento do indivíduo às necessidades sociais e também cria sistemas de sinalização complexos, meios de comunicação que guiam e regulam o desenvolvimento das conexões condicionadas no cérebro de cada indivíduo. A organização da atividade nervosa superior cria os pré-requisitos necessários, cria a possibilidade da regulação externa do comportamento.

A inadequação do princípio do reflexo condicionado para explicar o comportamento humano do ponto de vista psicológico, como foi dito, consiste no fato de que, com o auxílio desse mecanismo, podemos entender apenas como as conexões naturais e inatas regulam a formação das conexões no cérebro e no comportamento humano, isto é, entender o comportamento em um sentido puramente natural, mas não no sentido histórico. Resumindo o significado principal do princípio regulatório do reflexo condicionado, Pavlov disse que a massa infinita de fenômenos naturais está constantemente determinando o desenvolvimento, às vezes positivo, às vezes negativo, dos reflexos condicionados, por meio do aparato dos hemisférios cerebrais, e, através desse mecanismo, sintonizando finamente toda a atividade do animal e todo o seu comportamento diário. A ideia de que as conexões condicionadas são determinadas pelas conexões naturais não poderia ser expressa com maior clareza: a natureza determina o comportamento. Esse princípio regulatório corresponde inteiramente ao tipo passivo de adaptação animal.

Mas a adaptação ativa à natureza, em que o homem a modifica, não pode ser entendida com base nas conexões naturais. Só pode ser entendida com base na natureza social do homem. De outro modo, retornaríamos à convicção naturalista de que somente a natureza modifica o homem. Citando Engels: "Tanto a ciência natural como a filosofia tiveram até o presente uma pesquisa desrespeitosa a respeito da influência da atividade humana sobre o pensamento. Por um lado, elas conhecem apenas a natureza; por outro, apenas o pensamento. Mas uma base mais substancial e próxima do pensamento humano é justamente aquela do *homem mudando a natureza*, e não a natureza de modo isolado, e de que a mente humana se desenvolveu de acordo com o aprendizado em transformar a natureza" (K. Marx e F. Engels, *Collected Works*, vol. 20, p. 545).

Um novo princípio regulatório do comportamento deve corresponder necessariamente a um novo tipo de comportamento. Podemos observá-lo na determinação social do comportamento realizada com o auxílio de signos. A fala possui um significado central entre todos os sistemas de relações sociais. Pavlov disse: "Devido a toda a vida precedente de um adulto, a fala está conectada a todos os estímulos externos e internos que penetram nos hemisférios cerebrais, os hemisférios os sinalizam, modificam-nos e por isso podem eliciar todas as ações e reações do organismo que esses estímulos governam" (vol. IV, p. 429).

Desse modo, o homem criou um sistema de sinalização, um sistema de estímulos condicionados artificiais por meio do qual ele é capaz de criar conexões artificiais e produzir as reações necessárias do organismo. Se, segundo Pavlov, compararmos o córtex cerebral com um grande quadro de signos, poderemos dizer que o homem criou a *chave* daquele quadro – a grandiosa sinalização da fala. Por meio dessa chave, ele controla externamente a atividade do córtex e manipula o comportamento. Nenhum animal possui algo similar. Além disso, não é difícil verificar que juntamente com esse mecanismo é criado um princípio regulatório, quase inteiramente novo, de controle externo do comportamento, assim como um novo plano de desenvolvimento mental diferente daquele dos animais – a evolução dos signos e dos modos de comportamento e, relacionados a eles, a sujeição do comportamento à vontade humana.

Dando continuidade à comparação que fizemos anteriormente, poderíamos dizer que o desenvolvimento mental humano ocorre na filogênese e na ontogênese não apenas no que se refere ao desenvolvimento e à complexidade do grandioso quadro de signos, isto é, da estrutura e das funções do sistema nervoso, mas também ao longo da linha de desenvolvimento e aquisição da correspondente sinalização grandiosa da fala que é a chave desse quadro.

Até o momento, a discussão parece perfeitamente clara. Existe um sistema produzido pelo delineamento de conexões temporárias e, também, uma chave para esse sistema que, com essas conexões formadas pela ação de agentes naturais, possibilita a formação de novos delineamentos artificiais que estão sujeitos à vontade humana e a suas escolhas. Esse sistema e sua chave são encontrados em indivíduos diferentes. O homem por si só afeta o outro por meio da fala. Mas a complexidade da questão torna-se óbvia quando combinamos o sistema e a chave em um mesmo indivíduo, quando fazemos a transição para entender a autoestimulação e o autocontrole. Nesse caso, surgem conexões psicológicas de um tipo novo em um mesmo sistema de comportamento.

Colocaremos como o centro de nossa pesquisa a questão da transição da ação social externa ao indivíduo para uma ação social interna a ele e tentaremos elucidar os pontos mais importantes que constituem o processo de tal transição. Nesse momento, no decorrer da análise, duas situações nos interessam. Uma consiste no fato de que mesmo no primeiro caso, quando o sistema e a chave pertencem a indivíduos diferentes, isto é, há uma ação social entre indivíduos por meio de signos, a questão não é tão simples como pode parecer de início e contém realmente em uma forma oculta o mesmo problema com o qual nos defrontamos de forma explícita quando consideramos a autoestimulação.

É possível, claro, assumir que na ação da fala de uma pessoa com outra todo o processo está plenamente contido no padrão de um reflexo condicionado, o que possibilita uma explicação para ele exaustiva e adequada. Assim procedem os reflexologistas ao considerar o papel de comando da fala na pesquisa experimental da mesma forma como consideram qualquer outro estímulo. Pavlov disse: "Para o homem, a palavra é um estímulo condicionado tão real como todos os outros comuns a ele e aos animais [...]" (ibid., pp. 428-9). Caso contrário, ela não poderia ser considerada um signo, isto é, um estímulo que tem uma função específica. Mas, se concordarmos com essa visão e não persistirmos na já mencionada incomparabilidade da palavra com outros estímulos, ficaremos em uma posição sem saída com relação à explicação de vários fatos de significado fundamental.

A formação de conexões passivas a partir de estímulos sonoros, a que fica reduzido o processo da fala nesse tipo de abordagem, elucida apenas a "compreensão" da fala humana pelos animais e o estágio análogo no desenvolvimento da fala da criança, pelo qual ela passa rapidamente, que é caracterizado pela realização de certas ações de acordo com um signo sonoro. Mas, obviamente, esse processo, que muitas vezes é chamado de *fala de compreensão*, é maior e de certa forma diferente da reação a um signo sonoro. Apenas os animais domésticos, de fato, são um exemplo verdadeiro de formação *puramente passiva* de conexões artificiais.

Como diz a bela expressão de Thurnwald sobre esse assunto, o homem foi o primeiro animal doméstico. As formações de conexões passivas precederam genética e funcionalmente as conexões ativas, mas isso não explica ou esgota a questão. Mesmo os romanos diferenciavam um escravo, um animal doméstico e um instrumento pela sua habilidade em falar, estabelecendo não apenas dois, mas três graus com relação à fala de controle: *instrumentum mutum*, mudo, um instrumento inanimado; *instrumentum semivocale*, tendo a semifala como instrumento (no caso dos animais domésticos); e *vocale*, tendo a fala como instrumento (o escravo). A concepção de fala que temos em mente neste momento corresponde à *semifala*, uma forma puramente passiva de desenvolver conexões artificiais característica dos animais. Para os antigos, o escravo era um instrumento autocontrolado, um mecanismo regulado de um tipo especial.

De fato, mesmo na ação da fala externa o homem não utiliza a semifala, e sim a fala plena. Entender a fala, como as pesquisas posteriores mostraram, implica seu uso ativo.

O segundo ponto que nos interessa em relação à fala ativa e à passiva combinadas em um mesmo indivíduo consiste simplesmente em estabelecer a presença dessa forma de comportamento, enfatizando o movimento para o primeiro plano que já foi observado na análise das funções rudimentares. O homem que amarra um nó para auxiliar na memória ou lança os dados é, de fato, um exemplo de tal combinação de chave e sistema em um único indivíduo. Esse comportamento é um processo real do tipo sobre o qual estamos falando. Ele existe.

O problema se baseia na personalidade e em sua relação com o comportamento. As funções mentais superiores se caracterizam pela relação especial com a personalidade. Elas representam uma forma ativa em suas manifestações. Se usarmos a distinção introduzida por E. Kretschmer, as reações do indivíduo que se desenvolvem com uma participação consciente e intensa de toda a personalidade são diferentes das reações primitivas que não incluem a plena participação da personalidade como um todo, mas são formadas como reações imediatas por um caminho secundário e mais elementar de acordo com o padrão estímulo-resposta. Como Kretschmer observou, encontramos estas últimas principalmente nos estágios iniciais de desenvolvimento das pessoas, nas crianças e nos animais. Em uma pessoa adulta e culturalmente desenvolvida, elas aparecem no comportamento primário, quando a personalidade não está completa nem plenamente desenvolvida ou está paralisada por um estímulo extremamente forte.

As formas culturais de comportamento representam reações específicas da personalidade. Ao estudá-las, estamos lidando com processos separados tomados *in abstracto* e originados da personalidade, mas da personalidade como um todo, a personalidade superior, de acordo com a expressão de Kretschmer. Ao traçar o desenvolvimento cultural das funções mentais, traçamos a via do desenvolvimento da personalidade da criança. A tendência que impulsiona toda a nossa pesquisa para a psicologia do desenvolvimento humano está aqui caracterizada. A psicologia está humanizada.

A essência da mudança que tal ponto de vista introduz na psicologia ao contrastar o homem com os processos consiste, de acordo com certa definição de G. Polizer[18], em sermos capazes de abordar o homem como um ser que trabalha, e não como um músculo que se contrai, como uma transição do estado natural para o estado humano, substituindo o conceito de "não humano" (*inhumain*) por "humano" (*humain*). O princípio regulatório, que sempre temos em mente quando falamos da nova forma de determinação do comportamento humano, obriga-nos a passar de um nível para outro e a colocar o homem na posição central. Em um sentido ligeiramente diferente, podemos concordar com Polizer que o conceito de determinismo se torna *humanizado*. A psicologia procura por essas formas humanas específicas de determinismo, de regulação do comportamento, que não podem ser simplesmente reduzidas ou identificadas com a determinação do comportamento animal. Não é a natureza, mas a sociedade que deve ser considerada, em primeiro lugar, como um fator determinante do comportamento humano. Essa é a ideia geral sobre o desenvolvimento cultural da criança.

Na psicologia, a questão da abordagem dos processos mentais tem sido repetidamente colocada – de forma pessoal ou impessoal. "*Es denkt sollte man sagen, so wie man sagt*", escreveu G. K. Lichtenberg[19]. "Dizer *cogito* é um pouco exagerado, pois ele é traduzido como 'Eu penso'." De fato, um filósofo concordaria em dizer: Eu conduzo a excitação ao longo do nervo. A. Bastian[20] expressou a mesma posição: "*Nicht wir denken, es denkt in uns*". Nessa controvérsia essencialmente sintática, K. Zigvart[21] destaca o problema psicológico mais importante. Podemos apreender os processos mentais da mesma forma que o senso comum interpreta uma tempestade como uma série de fenômenos descritos desta forma: a tempestade se enfurece, troveja, relampeja, derrama-se

---

[18] POLIZER, Georg (1903-1942). Filósofo e psicólogo francês que abordou os problemas da psicologia da perspectiva do marxismo.

[19] LICHTENBERG, Georg Kristof (1742-1799). Vol. 1, p. 471.

[20] BASTIAN, Adolph (1826-1905). Psicólogo naturalista, predecessor de William James na apreciação do papel significativo da percepção cinestésica na regulação do comportamento.

[21] ZIGVART, Kristof (1830-1904). Filósofo e lógico alemão, seguiu a tendência psicológica na lógica.

etc.? Zigvart pergunta: devemos falar exatamente da mesma forma em sentenças impessoais quando desejamos nos expressar cientificamente, usando expressões como: parece que, acredita-se, espera-se? Em outras palavras: a psicologia de processos individuais, segundo a expressão de Zigvart, pode conviver com a psicologia pessoal e impessoal?

Não estamos interessados nesse momento em uma análise dos dados diretos da consciência em relação a uma ou outra forma de expressão, nem mesmo na questão lógica sobre qual das duas formas se aplica à psicologia científica. Interessa-nos apenas comparar dois pontos de vista possíveis e que existem de fato e em delimitar seus limites. Desejamos dizer que essa diferença está totalmente de acordo com a linha divisória entre as formas ativas e passivas de adaptação. Pode-se dizer sobre um animal que ele é atraído pela comida, mas não se pode dizer que uma vara "levou" o símio pela mão para apanhar a fruta que está além do muro. Podemos nos referir exatamente do mesmo modo a um homem que amarra um nó para lembrar que o nó o "lembrou" de determinado recado.

O desenvolvimento da personalidade e o desenvolvimento da reação da personalidade são, em essência, dois aspectos de um único processo.

Se considerarmos seriamente o fato de que com o nó amarrado para lembrar o homem constrói externamente um processo para ajudá-lo – um objeto externo o força a se lembrar, isto é, ele se lembra por meio de um objeto externo e, dessa forma, executa um processo de lembrar pela conversão a uma atividade externa –, esse fato pode nos revelar a profunda especificidade das formas superiores de comportamento. Em um caso, alguma coisa é lembrada e, em outro, o homem se lembra de alguma coisa. Em um caso, uma conexão temporal é estabelecida devido a uma coincidência entre dois estímulos que atuam simultaneamente sobre o organismo; em outro, o homem cria a conexão temporal em seu cérebro usando uma combinação artificial entre os estímulos.

A essência da memória humana consiste em que o homem se lembre ativamente com o auxílio de signos. Em geral, pode-se dizer o seguinte sobre o comportamento humano: em primeiro lugar, sua individualidade se deve ao fato de que o homem participa ativamente de suas relações com o ambiente e por meio do ambiente ele muda seu comportamento, sujeitando-o ao seu controle. Um psicólogo diz que a essência da civilização consiste no fato de que erguemos monumentos e estátuas com o propósito de não nos esquecermos[22]. No nó e no monumento, aparecem os aspectos mais profundos, mais característicos, mais importantes que distinguem a memória humana da memória animal.

Podemos concluir nossa elucidação sobre o conceito de significação como um novo princípio regulatório do comportamento humano. Estabelecendo diferenças e semelhanças entre os reflexos condicionado e incondicionado como respostas baseadas em vários princípios regulatórios, Pavlov citou o exemplo da comunicação por telefone. Uma situação possível – a comunicação por telefone conecta dois pontos diretamente com um condutor especial. Isso corresponde a um reflexo incondicionado. No segundo caso, a comunicação por telefone é executada por uma central telefônica com o auxílio de conexões temporárias, infinitamente variáveis que se adéquam a uma necessidade temporária. O córtex como o órgão que completa os reflexos condicionados tem o papel dessa central telefônica.

O mais importante que podemos concluir dessa análise e que é a base da significação pode ser expresso com a ajuda do mesmo exemplo se de certa forma o ampliarmos. Vamos considerar o caso do nó feito para auxiliar na memorização e no lançamento dos dados. Sem dúvida, em ambos os casos é estabelecida uma conexão condicionada tempo-

---

[22] Aqui e subsequentemente, Vigotski tinha em mente uma das características específicas do pensamento reflexológico do homem, como observado por John Dewey em seu livro *The Psychology and Pedagogics of Thinking* [A psicologia e pedagogia do pensamento]: "Por meio do pensamento, o homem também desenvolveu e criou os signos artificiais que o avisavam antecipadamente das consequências e dos modos de aliviá-los ou evitá-los. Como essa característica (interpretação – A. M. [A. M. Matyushkin, ed.]) diferencia o homem selvagem do animal, do mesmo modo, ela diferencia o homem cultural do selvagem [...]. A verdadeira essência da civilização consiste no fato de que nós erguemos monumentos e memoriais propositadamente para não nos esquecermos [...]. Todas as formas de adaptação artificial representam modificações deliberadas dos objetos naturais de modo que eles podem servir para indicar o que está oculto, o que está ausente e remoto, melhor do que em seu estado natural" (DEWEY, John. *The Psychology and Pedagogics of Thinking*, Berlim, 1922, pp. 21-2).

rária, uma conexão do segundo tipo, o típico reflexo condicionado. Mas, se compreendermos o que realmente ocorre em seu aspecto mais essencial, como se apenas se encaixasse na pesquisa científica, nossa explicação sobre a conexão que surgiu terá que necessariamente levar em consideração não apenas a atividade do aparelho telefônico, mas também o trabalho do operador do telefone que efetuou o encerramento necessário. Em nosso exemplo, o homem fez o fechamento necessário pela amarração do nó. Esse é o caráter específico da forma superior em comparação com a forma inferior. Nela temos a base para a atividade específica que chamamos de significação, diferente mas correspondente à sinalização.

Pelo fato de que a significação nos leva para um campo dos instrumentos artificiais, surge uma questão sobre sua relação com outras formas de instrumentos artificiais, do lugar que ocupa no sistema geral da adaptação humana. *Em determinada relação específica*, o uso dos signos apresenta certa analogia com o uso das ferramentas. Como em qualquer analogia, esta não pode ser levada às últimas consequências, até uma coincidência parcial ou total das características mais essenciais dos conceitos que estão sendo comparados. Por isso, não devemos nos antecipar em encontrar muita semelhança entre as ferramentas de trabalho e esses instrumentos que chamamos de signos. Além disso, devemos averiguar as diferenças essenciais características de determinada relação – o contraste – juntamente com as características semelhantes e comuns a ambas as atividades.

A invenção e o uso de signos como instrumentos auxiliares para resolver um problema psicológico desafiador para o homem (lembrar, comparar coisas, comunicar, selecionar etc.) são, de *um ponto de vista psicológico, sob determinado aspecto*, análogos à invenção e ao uso das ferramentas. Um aspecto essencial dos dois conceitos que estão sendo comparados é considerar o papel dos instrumentos no comportamento como análogo ao papel das ferramentas no trabalho, isto é, *a função instrumental do signo*. Levamos em consideração a função estímulo-instrumento representada pelo signo em relação às operações psicológicas, que ele é um instrumento da atividade humana.

Nesse sentido, com base no sentido figurado, convencional do termo, geralmente falamos de instrumentos quando pensamos na função mediadora de algum objeto ou intermediário de alguma atividade. Algumas expressões como "linguagem é um instrumento do pensamento", "instrumentos auxiliares da memória" (*aide-mémoires*), "técnica interna", "ferramenta auxiliar técnica" ou simplesmente instrumentos auxiliares relacionados a uma operação psicológica (*Geistestechnik* – "técnica espiritual", "instrumentos intelectuais" e muitos outros) são encontradas abundantemente entre os psicólogos, são desprovidas de qualquer conteúdo específico e quase não têm significado além de uma expressão metafórica, pitoresca do fato de que alguns objetos ou operações ou outros possuem um papel auxiliar na atividade mental humana.

Além disso, não faltam tentativas de atribuir um sentido literal a signos semelhantes, igualando o signo e a ferramenta, apagando as profundas diferenças entre ambos, dissolvendo nas determinações psicológicas gerais as características distintivas específicas de cada tipo de atividade. Assim, J. Dewey[23], um dos mais importantes representantes do pragmatismo no desenvolvimento das ideias da lógica instrumental e da teoria do conhecimento, define a linguagem como a ferramenta das ferramentas, transferindo a definição de Aristóteles[24] das mãos para a fala.

E. Kapp vai além em sua conhecida filosofia da tecnologia; ele evidencia o fato de que o conceito de ferramenta é muito comumente usado em um sentido figurado e gráfico e em muitos casos dificulta a compreensão real e séria de seu verdadeiro significado. Kapp continua: quando Wundt define linguagem como um instrumento conveniente e uma ferramenta importante do pensamento e Whitney diz que o homem inventa a linguagem, que é um órgão da atividade men-

---

[23] DEWEY, John (1859-1952). Vol. 1, p. 463.

[24] Aristóteles (374-322 a.C.). Filósofo e enciclopedista acadêmico na Grécia Antiga, fundador da ciência da lógica, um dos fundadores da psicologia teórica, quem primeiro apresentou os dados científicos e filosóficos em seu tratado *Da alma*. Ele foi educado na escola de Platão (em Atenas). Posteriormente, opôs-se à teoria de Platão das "formas incorporadas".

tal, como um instrumento mecânico que ele usa para facilitar o trabalho manual, ambos entendem a palavra *ferramenta* no sentido literal. Kapp adere plenamente a essa compreensão considerando a fala "um material em movimento", uma ferramenta.

Com o mesmo rigor, separamos a analogia que fizemos de ambas as interpretações. O sentido indeterminado e vago que geralmente está associado com o uso figurado da palavra *ferramenta* não torna mais fácil a tarefa do pesquisador interessado no aspecto real, e não no pitoresco, que existe entre o comportamento e seus instrumentos auxiliares. Além disso, tais designações obstruem o caminho da pesquisa. Nenhum pesquisador decifrou ainda o significado real de tais metáforas. Devemos interpretar o pensamento e a memória como análogos da atividade externa ou os instrumentos devem ter um papel central dando suporte e auxílio aos processos mentais? Em que consiste esse suporte? O que, geralmente, significa ser um meio para o pensamento e a memória? Não encontramos respostas a essas questões entre os psicólogos que escolhem usar essas expressões indefinidas.

As interpretações dadas por aqueles que entendem tais expressões em um sentido literal são ainda mais imprecisas. Os fenômenos que possuem um aspecto psicológico, mas que em essência não pertencem ao campo psicológico, como a tecnologia, são, de modo ilegítimo, tornados completamente psicológicos. A base para essa identificação é ignorar a essência de ambas as formas de atividade e as diferenças em seu papel e em sua natureza históricos. As ferramentas como instrumentos do trabalho, instrumentos para apreender os processos da natureza, e a linguagem como instrumento para o contato social e a comunicação dissipam-se no conceito geral de artefatos ou instrumentos artificiais.

Nossa intenção é submeter o papel dos signos e do comportamento em toda a sua especificidade real à pesquisa empírica, precisa. Por isso, para continuar essa apresentação em maior detalhe, iremos ocasionalmente considerar como ambas as funções estão unidas e diferenciadas no processo do desenvolvimento cultural da criança. Mas, nesse momento, como ponto de partida, podemos estabelecer três questões que nos parecem estar adequadamente elucidadas pelo que dissemos até agora e que são suficientemente importantes para a compreensão do método de pesquisa que escolhemos. A primeira questão diz respeito à analogia e aos pontos de continuidade entre ambos os tipos de atividade, a segunda elucida os pontos básicos de divergência e a terceira tem a intenção de indicar a conexão psicológica real entre uma e outra ou pelo menos sugeri-la.

Como dissemos, a base para a analogia entre o signo e o instrumento é a função de mediação de ambos. Com base no aspecto psicológico, eles podem por esse motivo ser classificados na mesma categoria. Na Figura 1, apresentamos um diagrama na tentativa de mostrar a relação entre o uso de signos e o uso de instrumentos; de um ponto de vista lógico, ambos podem ser considerados conceitos coordenados que estão incluídos em um conceito mais geral de atividade mediadora.

ATIVIDADE MEDIADORA
/   \
USO DE INSTRUMENTOS   USO DE SIGNOS

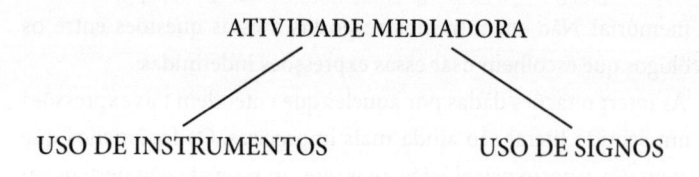

Figura 1

Hegel, justificadamente, usou o conceito de mediação em seu sentido mais geral, atribuindo-lhe o significado da propriedade mais característica da mente. Ele disse que a mente é tão engenhosa como poderosa. Geralmente, a engenhosidade consiste em mediar a atividade que, enquanto permite que os objetos atuem entre si de acordo com sua natureza e se esgotem nessa atividade, não interfere no processo, mas executa apenas *seu próprio papel*. Marx se refere a essa definição quando fala das ferramentas de trabalho e ressalta que o homem "faz uso das propriedades mecânicas, físicas e químicas dos objetos, transformando-os em instrumentos que atuem sobre outros objetos segundo seu propósito" (K. Marx e F. Engels, *Collected Works*, vol. 234, p. 190).

Parece-nos que, com base nesse conceito, o uso dos signos deve ser classificado como uma atividade mediadora, pois sua essência é que o homem atua sobre o comportamento por meio de signos, isto é, de estímulos, deixando-os atuar de acordo com sua natureza psicológica. Em ambos os casos, a função mediadora é de primeira ordem. Não definiremos a relação entre esses conceitos coordenados ou com o conceito genérico comum de modo mais preciso. Desejamos apenas ressaltar que nenhum deles pode ser considerado equivalente em significado, nem tem o mesmo valor na realização das funções, nem, finalmente, em esgotar toda a *amplitude* do conceito de atividade mediadora. Além desses poderíamos ter enumerado algumas atividades mediadoras, pois a atividade da mente não se esgota com o uso de ferramentas e signos.

Devemos enfatizar também que nosso diagrama pretende apresentar a relação lógica entre os conceitos, mas não as relações genéticas ou funcionais (em geral, verdadeiras) entre os fenômenos. Gostaríamos de ressaltar a relação entre os conceitos, mas de modo algum sua origem ou raiz verdadeira. Assim, de modo condicional, mas ao mesmo tempo em um esquema puramente lógico das relações entre os conceitos, esse diagrama apresenta ambos os tipos de instrumento como linhas que *divergem* da atividade mediadora. A segunda questão que desenvolvemos consiste nesse ponto. A diferença mais substancial entre o signo e o instrumento e a base da divergência real entre as duas linhas são os propósitos diferentes de ambos. O instrumento serve para convergir a atividade do homem em direção ao objeto dessa atividade, é dirigido externamente, deve resultar em alguma mudança no objeto, é o meio pelo qual a atividade externa humana é conduzida para subjugar a natureza. O signo não muda nada no objeto da operação psicológica, ele é um meio de ação psicológica sobre o comportamento, da própria pessoa ou de outro, é um meio de atividade interna com o objetivo de controlar o próprio homem; o signo é dirigido internamente. Essas atividades são tão diferentes que mesmo a natureza dos instrumentos usados não pode ser única e a mesma em ambos os casos.

Por fim, a terceira questão, que desenvolveremos adiante com as duas primeiras, leva em consideração a conexão real entre essas atividades e, obviamente, a conexão real entre seu desenvolvimento filogenético e ontogenético. O domínio da natureza e o domínio do comportamento estão conectados mutuamente porque quando o homem muda a natureza ele muda sua natureza humana também. Na filogênese, podemos recuperar essa conexão segundo traços documentais, fragmentados, separados, que não deixam espaço para dúvida; na ontogênese, podemos traçá-la experimentalmente.

Mesmo agora não há dúvida sobre uma questão. Da mesma forma que o primeiro uso de um instrumento muda instantaneamente a fórmula de Jennings com relação a um sistema organicamente dependente da atividade da criança, também o primeiro uso de signos significa ir além dos limites de um sistema orgânico de atividade existente para cada função mental. O uso de instrumentos auxiliares, a transição para a atividade mediada reconstrói radicalmente toda a operação mental, assim como o uso de um instrumento modifica a atividade natural dos órgãos e amplia incomensuravelmente o sistema de atividade das funções mentais. Designamos ambos, em conjunto, pelo termo *função mental superior* ou comportamento superior.

Após um longo desvio de nosso caminho, podemos retornar a uma via direta. Podemos considerar que explicamos basicamente o princípio necessário para toda a nossa pesquisa e podemos tentar definir a fórmula principal de nosso método, que deve ser um análogo do princípio estrutural das formas superiores de comportamento que encontramos.

Capítulo 3

Análise das funções mentais superiores

Como dissemos anteriormente, as duas abordagens de nossa pesquisa consistem na análise das formas superiores de comportamento, mas, devido ao atual estágio da psicologia moderna, devemos de início, antes de analisar essa questão, abordar a própria questão da análise.

Na psicologia moderna, como consequência da crise que afeta seus fundamentos, estão ocorrendo mudanças visíveis de metodologia. Assim, na psicologia ocorrem determinadas situações que não são encontradas nas ciências mais desenvolvidas. Quando falamos de análise química, todos entendem o que temos em mente. Mas na análise psicológica a situação é totalmente diferente. O próprio conceito de análise psicológica apresenta uma variedade muito grande de significados, incluindo definições que muitas vezes não apresentam identificação entre si e às vezes são até diametralmente opostas. Assim, nos últimos dez anos, o conceito de análise psicológica como um movimento básico da psicologia descritiva se desenvolveu extensamente. A psicologia descritiva algumas vezes tem sido chamada de analítica e, por isso, seus conceitos contrastam com os conceitos da psicologia científica moderna. De fato, o método analítico se aproxima do método fenomenológico e por isso a questão da pesquisa psicológica foi reduzida à dissociação da estrutura complexa das experiências ou dos dados diretos da consciência em seus elementos componentes. De acordo com essa compreensão, a análise coincide com a decomposição das experiências e, em essência, se opõe ao conceito da psicologia explicativa.

Em um sentido ligeiramente diferente, a análise domina a psicologia tradicional, que é frequentemente chamada de associativa. De fato, ela se baseia em uma concepção atomística dos processos superiores e na síntese de certos elementos separados; a tarefa do pesquisador novamente foi reduzida a apresentar os processos superiores, de certa forma, como a somatória dos elementos associados mais simples. De fato, essa é a psicologia dos elementos e, embora ela aborde problemas um pouco diferentes, incluindo a explicação dos fenômenos, ainda assim existe um vínculo estreito entre essa compreensão da análise e a predominância do ponto de vista fenomenológico na psicologia. K. Lewin[1] observou que, como regra, o fundamento de tal compreensão está na abordagem dos processos mentais superiores como fenômenos complexos ou compostos, que apresentam maior quantidade de elementos e suas combinações do que os processos mentais inferiores. Os pesquisadores tentaram decompor os processos complexos nos processos independentes que os compõem e em seus vínculos associativos. A predominância do ponto de vista atomístico levou, por sua vez, à ênfase dos problemas puramente fenomenológicos, que, como observou Lewin, sem dúvida teve um significado importante, mas que ocultou um problema dinâmico-causal mais profundo da antiga psicologia.

Assim, a análise nessas duas formas básicas, familiares à antiga psicologia, se opôs à explicação (na psicologia descritiva) ou, de fato, conduziu exclusivamente à descrição e à decomposição das experiências e foi incapaz de revelar a conexão e a relação dinâmico-causal de quaisquer processos complexos.

O desenvolvimento da psicologia moderna mudou o significado da análise de modo radical. A tendência de estudar os processos globalmente, de revelar as estruturas fundamentais do fenômeno psicológico é o oposto da antiga análise, que se baseia em uma concepção atomizada da mente. É justo pensarmos que a grande diferença na psicologia estrutural é a reação à psicologia dos elementos e a importância da análise dos elementos para a teoria. A nova psicologia se opõe

---

[1] LEWIN, Kurt (1890-1947). Vol. 2, p. 487.

conscientemente à psicologia dos elementos e sua principal característica é a psicologia dos processos em sua totalidade.

Por um lado, o grande desenvolvimento da psicologia comportamental em todos os seus aspectos é, sem dúvida, uma reação à predominância de tendências puramente fenomenológicas na antiga psicologia. Em alguns tipos de psicologia comportamental, foram feitas tentativas de mudança da análise descritiva para a explicativa. Assim, se quisermos resumir o percurso desse problema até o estado atual, poderíamos dizer que as duas posições representadas na antiga psicologia, que estão muito distantes da nova psicologia, resultaram em uma separação das duas tendências básicas na nova psicologia.

Por outro lado, algumas tendências psicológicas estão se desenvolvendo na tentativa de incluir a análise explicativa como fundamento do método psicológico. Assim, por exemplo, há certas tendências na psicologia comportamental que, em essência, preservaram o caráter atomizado da antiga psicologia e consideram todos os processos superiores como somatórias ou cadeias dos processos ou reações mais elementares. Por exemplo, a psicologia da Gestalt[2], que constitui uma tendência substancial na psicologia contemporânea, enfatizando o significado do todo e de suas propriedades específicas, rejeita a análise desse todo e assim é forçada a permanecer dentro dos limites da psicologia descritiva. Em anos recentes, muitas tendências psicológicas de caráter sintético estão tentando separar os dois tipos.

Estamos vendo se desenvolver também uma nova compreensão da análise psicológica. Primeiro, a teoria mais clara desse novo método de análise se originou com M. Y. Basov[3], que tentou unir duas linhas de pesquisa em uma análise estrutural – a linha de análise e a linha da abordagem holística da personalidade. A tentativa de unir a análise e a

---

[2] Psicologia da Gestalt. Vol. 1, p. 460; vol. 2, p. 490.

[3] BASOV, Mikhail Yakovlevich (1892-1931). Psicólogo e pedagogo soviético especialista na área da psicologia pedagógica e geral, trabalhou no Instituto Psiconeurológico em Petrogrado, sob a direção de A. L. Lazurski, onde realizou o estudo sobre a atividade motora voluntária. Seu abrangente trabalho, *General Fundamentals of Pedagogy* (1928) contém vários capítulos sobre o problema da psicologia pedagógica infantil e é uma revisão séria sobre o problema do desenvolvimento mental da criança.

abordagem holística distingue vantajosamente o método de Basov das duas outras tendências que geralmente seguem apenas um dos pontos de vista indicados. Por um lado, temos o exemplo do behaviorismo extremo, que com base em uma premissa correta, "tudo depende do reflexo", chega a uma conclusão errônea de que "tudo é reflexo". Por outro, temos o exemplo da psicologia holística contemporânea, que vê uma propriedade universal na estrutura, que aceita os processos mentais globais como ponto de partida e, dessa forma, assumindo a outra linha extrema, nunca encontra um modo de análise e de estudo genético, tampouco, portanto, um modo de construir um fundamento científico para o desenvolvimento do comportamento.

Acreditamos que é necessário considerar mais de perto a nova forma de análise psicológica a partir da qual se desenvolveu o método de pesquisa que usamos. Basov isolou o elemento real, objetivo desse processo, e o diferenciou. Ele acreditava que esse fenômeno é independente, que tem uma existência independente, mas ele procurou por suas partes componentes somente para se certificar de que cada uma delas preserva as propriedades do todo. Assim, em uma análise da água, a molécula H_2O é o elemento real, objetivo da água, embora seja infinitamente pequeno em tamanho, mas homogêneo em sua composição. Por isso, as partículas de água devem, de acordo com sua separação, ser consideradas elementos essenciais da formação em questão.

A análise estrutural deve ser feita com esses elementos reais, objetivos, considerando seu objetivo não apenas isolá-los, mas também explicar as conexões e as relações entre eles e determinar a estrutura da composição e o tipo de atividade que se origina da combinação dinâmica desses elementos.

Recentemente, mesmo a psicologia holística está chegando à mesma conclusão. Assim, H. Volkelt observou que uma característica fundamental da pesquisa psicológica contemporânea é que ela está voltada para o estudo da totalidade. Entretanto, os problemas de análise persistem no mesmo nível que antes e, em geral, devem persistir pelo tempo que a psicologia continuar existindo. Volkelt distingue duas linhas de tal análise. A primeira pode ser chamada de análise holística, que enfoca o caráter holístico do objeto de estudo, e a segunda, a análise elementar, cuja essência consiste em isolar e estudar os elementos em separado. Até o momento, especificamente na psicologia, a segunda linha tem sido predominante. Muitos pensam que a nova psicologia rejeita a análise de um modo geral. De fato, ela apenas modifica o significado e as tarefas de análise; ela aborda a análise em seu sentido original.

Obviamente, o verdadeiro significado da análise deve ser mudado de forma radical. Sua principal tarefa não é desmembrar a totalidade psicológica em suas partes ou em pedaços, mas isolar determinadas características e exemplos em cada completude psicológica que conserva os aspectos importantes do todo. Observamos aqui uma expressão totalmente clara da ideia de unir as abordagens estrutural e analítica na psicologia. Pode-se observar facilmente, no entanto, que ao evitar um dos erros da antiga psicologia, em particular o atomismo, a nova análise incorre em outro erro e de fato está muito distante de explicar e revelar as verdadeiras conexões e relações que compõem determinado fenômeno. Essa análise, como disse Volkelt, se baseia no isolamento descritivo das propriedades holísticas de um processo, pois qualquer descrição sempre isola determinadas características especificas, coloca-as como prioridade e tenta compreendê-las.

Podemos observar, portanto, que está realmente incompleta a eliminação dos erros da antiga psicologia e muitas teorias que tentaram evitar o atomismo da antiga psicologia adotaram um padrão de pesquisa exclusivamente descritivo. Este é o destino da teoria estrutural.

Há outro grupo de psicólogos que, com o intuito de ultrapassar os limites da psicologia puramente descritiva, adotou uma concepção atomizada do comportamento. No entanto, está sendo construída, diante de nossos olhos, uma base para os primeiros fundamentos de um conceito unificador, sintetizador da primeira e da segunda teorias. A análise está mudando seu caráter para a psicologia. De fato, por trás das várias formas de interpretação e aplicação da análise estão escondidas várias concepções do fator psicológico. Não é difícil observar que a concepção da análise para a psicologia descritiva se relaciona diretamente ao princípio básico dessa psicologia, especificamente a impossibilidade de uma explicação científica natural dos processos mentais. Do mesmo modo, a análise para a psicologia dos elementos está relacionada a uma determinada interpretação do fato psicológico, especificamente de que todos os processos superiores se originam da combinação associativa de séries de processos elementares.

A teoria psicológica muda a concepção da análise dependendo da abordagem principal geral do problema psicológico. Por trás de uma ou de outra aplicação da análise reside determinada concepção do fato que está sendo analisado. Isso ocorre porque, com uma mudança nos fundamentos da abordagem metodológica da pesquisa psicológica, muda necessariamente o caráter da análise psicológica.

Observamos três pontos específicos em que se baseiam as formas superiores de comportamento e que servem como fundamentos de nossa pesquisa. O primeiro ponto nos leva à distinção entre a análise de fatos e a análise de processos. Até o momento a análise psicológica quase sempre analisou o processo como um fato específico. As formações mentais foram entendidas como fatos sólidos e estáveis e o problema da análise foi reduzido, essencialmente, ao desmembramento de suas partes. Por isso, têm sido predominantes até o momento, na análise psicológica, os corpos sólidos e lógicos. O processo mental foi estudado e analisado, na expressão de K. Koffka[4], principalmente como um mosaico de partes duras e imutáveis.

A análise dos fatos deveria ser o oposto da análise do processo, que realmente leva a um desdobramento dinâmico dos principais pontos constituintes do percurso histórico de determinado processo. Nesse sentido, somos levados a uma nova compreensão da análise, não pela psicologia experimental, mas pela psicologia genética. Se quiséssemos indicar a alteração mais importante que a psicologia genética introduziu na psicologia geral, teríamos que admitir, ao lado de H. Werner, que essa alteração levou à introdução do ponto de vista genético na psicologia experimental. O próprio processo mental, se nos referirmos ao desenvolvimento da linguagem ou da volição, é um processo que sofre

---

[4] KOFFKA, Kurt (1886-1941). Vol. 1, p. 484.

visivelmente determinadas mudanças. O desenvolvimento pode estar limitado, por exemplo, nas percepções normais, a alguns segundos ou a uma fração de segundo. Pode também, como nos processos do pensamento, se estender por muitos dias ou semanas. É possível traçar esse desenvolvimento sob certas condições. Werner dá um exemplo de como o ponto de vista genético pode ser aplicado à pesquisa experimental. Por isso, podemos produzir experimentalmente, em laboratório, um determinado desenvolvimento que é um processo que está completado há muito tempo no homem moderno.

Dissemos anteriormente que o método que usamos pode ser denominado genético-experimental, com o sentido de que ele produz e cria artificialmente um processo genético do desenvolvimento mental. Agora podemos dizer que o problema básico da análise dinâmica que temos em mente também está contido nesse processo. Se substituirmos a análise dos fatos pela análise de processos, então o problema básico a ser considerado torna-se naturalmente a restauração genética de todas as ocorrências no desenvolvimento de determinado processo. Nesse caso, a principal tarefa da análise é restaurar o processo em seu estágio inicial ou, em outras palavras, converter um fato em processo. Esse tipo de experimento tenta dissolver cada forma psicológica petrificada e congelada, convertendo-a em um fluxo em movimento de ocorrências separadas que substituem uma à outra. Resumindo, o problema de tal análise pode ser reduzido a abordar cada forma superior de comportamento não como um fato, mas como um processo, e colocá-lo em movimento avançando não com base em um fato e suas partes, mas sim em um processo de suas ocorrências individuais.

O segundo ponto do qual depende nossa compreensão sobre a análise consiste em opor os problemas descritivos e explicativos da análise. Vimos que o conceito de análise na antiga psicologia coincidiu essencialmente com o conceito de descrição em oposição à explicação dos fenômenos. Além disso, o desafio real da análise em qualquer ciência é revelar especificamente as verdadeiras relações e conexões dinâmico-causais que são a base de qualquer fenômeno. Assim, em essência, a análise é uma explicação científica do fenômeno em estudo e não apenas uma descrição dele sob o aspecto singular. Com relação a isso, a separação dos dois pontos de vista sobre os processos mentais que Lewin introduziu na psicologia contemporânea parece-nos extremamente importante. Na sua época, esse tipo de separação realmente alçou todas as ciências biológicas a um nível superior, ou, mais precisamente, essa separação transformou-a de uma descrição empírica simples do fenômeno em ciência, no verdadeiro sentido da palavra, isto é, em um estudo explicativo dos fenômenos.

Como Lewin corretamente observou, em sua época todas as ciências fizeram a transição da abordagem descritiva para a abordagem explicativa, o que atualmente é a característica mais básica da crise que a psicologia está atravessando. O estudo histórico mostra que a tentativa de limitar a análise a tarefas puramente descritivas não é um aspecto particular da psicologia. Em trabalhos antigos da biologia, foram feitas afirmações de que esta, ao contrário da física, pode ser acima de tudo apenas uma ciência descritiva. Atualmente, todos admitem que essa visão não se justifica.

Alguém poderia perguntar: não seria a transição da abordagem descritiva para a explicativa um processo de maturação típico de todas as ciências? Várias ciências poderiam ver seus aspectos particulares no caráter descritivo da pesquisa. W. Dilthey define o objetivo da psicologia dessa maneira. A transição do conceito descritivo para o explicativo é alcançada não apenas pela simples substituição de alguns conceitos. Estendendo a definição descritiva, podemos também incluir a transição para determinada conexão genética e, com o desenvolvimento, a ciência torna-se explicativa. Lewin cita muitos conceitos biológicos básicos que fizeram a transição da categoria descritiva para a explicativa por estender e suplementar seu conteúdo com uma conexão genética.

Como vimos, essa é a forma como a ciência realmente amadurece.

Em essência, antes de Darwin a biologia era uma ciência puramente descritiva, que se baseava na análise descritiva das propriedades exteriores dos organismos, sem o conhecimento de sua origem e, consequentemente, sem a explicação para sua formação. A teoria botânica, por exemplo, colocava as plantas em grupos específicos de acordo com a forma das folhas e flores, segundo suas propriedades fenotípicas. Ela acrescentou, entretanto, que uma mesma planta pode ter uma aparência externa diferente dependendo de seu desenvolvimento em altas ou baixas altitudes. Assim, um mesmo organismo, dependendo das condições do meio, exibe diferenças externas importantes e, por outro lado, organismos com origens muito diferentes em ambientes semelhantes adquirem certa semelhança exterior, mas em essência permanecem como fenômenos diferentes de acordo com sua natureza.

Para a biologia, superar o ponto de vista fenotípico descritivo estava relacionado com as descobertas de Darwin. A origem das espécies, que ele postulou, lançou os fundamentos para uma nova classificação dos organismos de acordo com um tipo totalmente novo de formação das características científicas, que Lewin chamou de genético-condicional, em contraste com o tipo fenomenológico baseado nas manifestações externas. O fenômeno passa a ser definido não com base na sua aparência externa, mas com base em sua verdadeira origem. A diferença entre esses dois pontos de vista pode ser explicada com qualquer exemplo biológico. Assim, do ponto de vista das características externas, uma *baleia* é sem dúvida mais próxima de um peixe do que dos *mamíferos*, mas de acordo com sua natureza biológica ela está mais próxima da vaca e do veado do que do lúcio ou do tubarão.

A análise descritiva ou fenomenológica atribui a determinado fenômeno suas características externas e parte do pressuposto ingênuo de que há uma coincidência entre a aparência externa ou a manifestação material e a relação dinâmico-causal, real, verdadeira que está subjacente a ela. A análise genético-condicional avança com a revelação das relações verdadeiras que estão subjacentes às manifestações externas de qualquer processo. Essa última análise pergunta sobre a origem e o desaparecimento, sobre as razões e condições, e sobre todas as reais relações que são a base de qualquer fenômeno. Nesse sentido, podemos, de acordo com Lewin, nos reportar a uma psicologia que separa os pontos de vista fenotípico e genotípico. Considerando o problema do ponto de vista genético, entenderemos a revelação de sua gênese, suas bases dinâmico-causais. Do ponto de vista fenotípico, entenderemos a análise que está baseada nas características apresentadas diretamente e as manifestações externas do objeto.

Podemos citar vários exemplos de erros sérios na psicologia devido à confusão entre esses dois pontos de vista. Na pesquisa sobre o desenvolvimento da linguagem, teremos a oportunidade de considerar dois exemplos básicos desse tipo. Assim, sob o aspecto descritivo e exterior, a primeira manifestação da linguagem semelhante àquela de um adulto aparece na criança com aproximadamente um ano e meio de idade, e, por isso, pesquisadores sérios, como W. Stern[5], baseados nessas similaridades, chegaram à conclusão de que mesmo nessa idade a criança reconhece a relação entre o signo e o significado, isto é, ela aborda fenômenos que do ponto de vista genético não têm nada em comum.

Um fenômeno como a fala egocêntrica, que é diferente externamente da fala interna – e, como mostra a nossa pesquisa, difere em um aspecto fundamental –, do ponto de vista genético se aproxima da fala interna.

Estamos chegando ao ponto básico que Lewin ressalta: dois processos fenotípicos simples ou complexos podem parecer extremamente diferentes sob o aspecto dinâmico-causal e, de modo inverso, dois processos que são extremamente próximos sob o aspecto dinâmico-causal podem parecer diferentes sob o aspecto fenotípico. Podemos encontrar tais fenômenos em cada passo e, como veremos, uma série completa de posições e conquistas estabelecidas pela antiga psicologia aparece de modo totalmente diferente quando fazemos a transição da consideração fenotípica para a genética.

Assim, o fundamento para o ponto de vista fenotípico é a combinação dos processos baseados em uma semelhança externa. Marx dis-

---

[5] STERN, William (1871-1938). Psicólogo alemão e filósofo idealista, autor de trabalhos clássicos sobre a psicologia infantil (*Psychology of Early Childhood*, 1914; tradução russa, 1915), deu especial atenção às crianças superdotadas. Suas obras abrangem um amplo espectro de problemas da psicologia geral, genética e aplicada, incluindo a psicologia diferencial. Stern, um dos primeiros a aderir ao estudo sistemático das diferenças individuais, começou o uso de testes e introduziu o coeficiente de inteligência (QI).

se a mesma coisa de maneira mais geral, confirmando que, "se a forma da manifestação e a essência das coisas coincidissem diretamente, então toda a ciência seria supérflua" (K. Marx e F. Engels, *Collected Works*, vol. 25, cap. II, p. 384). Realmente, se algum fato é o mesmo do aspecto fenotípico assim como do genotípico, isto é, se a manifestação externa de algum fato como ele é visto cotidianamente expressa as verdadeiras relações desse fato, então a ciência seria supérflua, e a observação simples, a experiência simples cotidiana, o simples registro do fato poderia substituir plenamente a análise científica. Tudo o que podemos perceber de forma direta abrangeria o objeto de nosso conhecimento científico.

De fato, a psicologia nos ensina a cada passo que duas ações podem ocorrer de modo semelhante sob o aspecto exterior, mas podem diferir profundamente na gênese, na essência e na natureza. Em tais casos, é necessário um significado especial da análise científica para revelar as diferenças internas que estão subjacentes à aparência externa do processo, sua natureza, sua gênese. Toda a dificuldade da análise científica consiste em que a essência das coisas, isto é, sua relação real e verdadeira, não coincide diretamente com sua manifestação externa; por isso, os processos devem ser analisados e, mediante a análise, deve ser revelada a verdadeira relação que reside na base desses processos, além da sua expressão exterior.

A análise tem a tarefa de revelar essas relações. A análise psicológica científica genuína difere radicalmente da análise subjetiva, introspectiva, que pela sua natureza não pode ir além dos limites de uma pura descrição. Em nossa compreensão, a análise é possível somente como análise objetiva; por isso, ela procura revelar não o que aparenta, mas o que é de fato. Estamos interessados, por exemplo, não na experiência direta da vontade, que a análise introspectiva nos mostra, mas na real conexão e relação do exterior com o interior que está na base dessa forma superior de comportamento.

Desse modo, a análise psicológica, em nosso entendimento, está em oposição direta ao método analítico no sentido antigo da palavra. Se a análise antiga se definia como oposta à explicação, então a nova análise é o meio fundamental da explicação científica. Se a antiga análise permanecia principalmente dentro dos limites do estudo fenomenológico, então a nova análise tem como objetivo revelar as verdadeiras relações dinâmico-causais. Mas, na psicologia, a explicação por si torna-se possível na medida em que o novo ponto de vista não ignora a manifestação exterior dos fatos, não se limita às considerações genéticas, mas obrigatoriamente abrange também a explicação científica e a manifestação exterior e as características do processo em estudo. Ela o faz por meio da abordagem genético-condicional.

Assim, a análise não se limita à abordagem genética, mas considera, necessariamente, um determinado processo dentro de um círculo de possibilidades que somente em certas condições complexas ou em certas situações resulta na formação de certo fenótipo. Então, o novo ponto de vista não elimina, não coloca à parte a explicação dos caracteres fenotípicos do processo, mas coloca-os em uma posição subordinada com relação à sua verdadeira gênese.

Finalmente, o terceiro ponto básico consiste no fato de que na psicologia somos frequentemente confrontados com processos que já se tornaram solidificados, isto é, passaram por um longo desenvolvimento histórico e foram convertidos em uma espécie de fóssil. Fósseis comportamentais geralmente são encontrados nos chamados processos mentais automáticos ou mecânicos. Esses processos, que foram aperfeiçoados na milionésima repetição como resultado de um longo funcionamento, tornaram-se automáticos e perderam sua forma inicial e não revelam nada de sua natureza interior em sua aparência externa; eles aparentemente perderam todas as características de sua gênese. Devido a esse tipo de automatização, eles criam grandes dificuldades para a análise psicológica.

Daremos um exemplo simples que mostra fundamentalmente como processos diferentes adquirem um aspecto semelhante devido a esse tipo de automatização. Vamos considerar dois processos chamados de atenção voluntária e involuntária na psicologia tradicional. Esses processos diferem profundamente sob o aspecto genético; além disso, na psicologia experimental, o fato que está representado na lei de

E. Titchener⁶ pode ser considerado um fato estabelecido: a atenção voluntária, uma vez suscitada, funciona como a atenção involuntária. Segundo a expressão do autor, a atenção secundária se transforma continuamente em atenção primária. Por isso, desenvolve-se um grau superior de complexidade que, à primeira vista, esconde as conexões e relações genéticas básicas que controlam o desenvolvimento de todos os processos mentais. Ao descrever ambas as formas de atenção e contrastá-las nitidamente entre si, Titchener diz que, entretanto, ainda há um terceiro estágio de desenvolvimento da atenção que consiste em nada mais do que um retorno ao primeiro estágio.

Assim, o último estágio superior no desenvolvimento de todos os processos exibe uma similaridade fenotípica com o primeiro estágio inferior, e na abordagem fenotípica perdemos consequentemente a possibilidade de distinguir a forma superior da inferior. Por isso, o pesquisador é confrontado com o mesmo problema básico do qual falamos anteriormente – converter um fato em um movimento e um fóssil em um processo. Não temos outra maneira de estudar esse terceiro estágio superior de desenvolvimento da atenção e de compreender todas as suas particularidades, diferentemente do primeiro estágio, a não ser por um desdobramento dinâmico do processo, pela observação de sua gênese. Consequentemente, o que nos interessa não é o resultado acabado nem a soma ou o produto do desenvolvimento, mas o verdadeiro processo de gênese ou estabelecimento da forma superior

---

[6] TITCHENER, Edward (1867-1927). Vol. 1, p. 471. Citando as posições de Titchener como leis, Vigotski tinha em mente os três estágios do desenvolvimento da atenção identificados por Titchener. Anteriormente, a psicologia tinha identificado somente duas formas de atenção: voluntária e involuntária. Titchener estabeleceu a posição de que, apesar de terem sido observadas apenas duas formas de atenção, ela passa por três fases em seu desenvolvimento: na primeira, ela funciona como involuntária, na segunda, como voluntária, e, na terceira, ela é realizada com os mecanismos de atenção involuntária. As posições observadas foram apresentadas por Titchener no seguinte contexto: "A atenção em seu significado popular apresenta duas formas. Ela pode ser passiva e involuntária ou ela pode ser ativa e voluntária. Essas duas formas de atenção são de fato características dos diferentes estágios de desenvolvimento mental; elas diferem entre si somente em sua complexidade como formas precoces e tardias [...]. Entretanto, há ainda outro estágio de desenvolvimento da atenção, e ele consiste em nada mais do que um retorno ao primeiro estágio [...]" (Titchener, E. *Psychology Text*, cap. I, Moscou, 1914, pp. 226-31).

captado em seu aspecto dinâmico. Por isso, o pesquisador deve frequentemente transformar o caráter automático, mecânico e fossilizado da forma superior e voltar para seu desenvolvimento histórico, retornar experimentalmente à forma inicial que nos interessa, a fim de tornar possível traçar o processo de sua gênese. Mas, como dissemos, isso é o que envolve o problema da análise dinâmica.

Podemos assim resumir o que dissemos sobre os problemas da análise psicológica e enumerar em uma única frase todos os três pontos determinantes que formam seus fundamentos: a análise do processo, e não do fato, a análise que revela a verdadeira conexão e relação dinâmico-causal, mas não elimina os traços externos do processo e que é, consequentemente, uma análise explicativa e não descritiva, e, finalmente, a análise genética, que retorna ao ponto inicial e restabelece todos os processos de desenvolvimento de qualquer tipo e que é de certo modo um fóssil psicológico. Os três pontos em conjunto são baseados em uma nova compreensão da forma psicológica superior que não é apenas uma formação mental, como assume a psicologia descritiva, nem uma somatória simples dos processos elementares, como acredita a psicologia associativa, mas uma forma qualitativamente especial, uma forma verdadeiramente nova que surge no processo de desenvolvimento.

Os três pontos que tornam possível contrastar com toda a clareza a nova análise psicológica com a antiga podem ser encontrados em qualquer estudo das formas complexas e superiores de comportamento. Nós nos conduziremos no mesmo caminho em que começamos, especificamente, no caminho do contraste, pois esse é o caminho mais fácil para revelar os aspectos básicos e essenciais dos novos estudos sobre as mudanças básicas ou radicais na gênese, origem e estrutura das formas superiores de comportamento. Por isso, para passarmos de uma consideração metodológica para uma análise concreta, que possibilitará esclarecer a forma geral da lei que é o fundamento da forma superior de comportamento, passaremos a considerar a análise experimental de uma resposta mental complexa. Essa pesquisa apresenta vantagens em muitos aspectos. Em primeiro lugar, ela tem uma longa história e dessa forma permite estabelecer um contraste bastante claro entre as novas formas de análise e as antigas. Em segundo lugar, em relação às condições especiais do experimento psicológico, essa pesquisa possibilita a formulação de uma forma pura e abstrata dos pontos fundamentais contidos na análise das formas superiores de comportamento.

Se abordarmos a análise de uma resposta complexa do mesmo modo como era abordada pela antiga psicologia, encontraremos facilmente, de modo clássico e acabado, os três aspectos distintivos que foram contestados como ponto de partida de nossa pesquisa. Primeiro, a análise se baseia no que N. Ach chamava de esquematismo gráfico e que pode realmente ser chamado de análise do fato. Em nenhum lugar está abordado o caráter atomizado da psicologia dos elementos, sua lógica dos corpos sólidos, sua tentativa de considerar os processos mentais como um mosaico dos elementos sólidos e imutáveis, sua concepção de que o que é superior é de fato apenas algo cumulativo – em nenhum lugar está tão claro, com um verdadeiro esquematismo gráfico, como no capítulo mais desenvolvido da antiga psicologia, que é a análise experimental de uma resposta complexa.

Se analisarmos o problema de como a psicologia representa a gênese de uma resposta superior ou complexa, veremos que ela representa o processo que nos interessa de um modo elementar e simplificado, mas em um nível mais elevado. Segundo essa concepção, uma resposta superior e complexa difere de uma resposta simples principalmente pela complexidade do estímulo apresentado. Se em geral há um estímulo em uma resposta simples, em uma resposta complexa há vários estímulos. Frequentemente, a resposta complexa se caracteriza pelo fato de que o sujeito é submetido a uma série de estímulos, em vez de a um único. Esses estímulos complexos geram processos mentais complexos que são o substrato da resposta. Mais essencial ainda é o fato de que tornar mais complexo o aspecto interior da resposta é análogo a tornar mais complexo o estímulo.

É fácil entender esse aspecto se analisarmos as fórmulas mais comumente usadas na análise experimental de uma resposta complexa. Assim, a resposta de fazer uma distinção é consequência de o sujeito, antes de reagir ao estímulo apresentado, distinguir entre dois ou mais estímulos. Nesse caso, podemos computar o tempo exato para a distinção de acordo com uma fórmula simples: $P = p + P_1$, em que P é o tempo para a resposta complexa de fazer a distinção, P_1 é o tempo de uma resposta simples e p é o tempo exato para realizar a distinção.

Do mesmo modo, há muitas complicações na elaboração de uma resposta de escolha. Quando um sujeito deve fazer uma escolha entre vários movimentos, temos uma complicação da reação, que consiste em um momento para fazer a distinção e o momento de escolher e, por isso, a fórmula clássica da segunda resposta pode ser expressa como: $P = P_1 + p + B$, em que B é o tempo exato para a escolha e P é o tempo de resposta ou de fazer a distinção.

Se esclarecermos a concepção de uma resposta complexa, que é a base dessas fórmulas, é fácil notar que, em essência, ela pode ser formulada do seguinte modo: a resposta de fazer uma distinção é uma resposta simples mais a distinção; uma resposta de escolha é uma resposta simples mais a distinção mais a escolha. Assim, uma resposta superior ou complexa se constitui na soma dos processos elementares que estão subjacentes na pura soma aritmética. Realmente, é apropriado definir a realização de uma distinção e de uma escolha simplesmente fazendo a subtração: resposta complexa menos resposta simples e, então, pela mesma razão, afirmar que uma resposta complexa é uma resposta simples mais um novo elemento porque toda subtração é o inverso da adição, e, se quisermos apresentar as mesmas fórmulas em sua forma inicial, teríamos que substituí-las pela soma dos elementos que as compõem.

De fato, na psicologia experimental o problema da pouca consistência da operação de subtrair as formas superiores das formas inferiores tem sido abordado inúmeras vezes. Assim, Titchener estabeleceu que uma resposta complexa não se constitui no acréscimo de elementos a uma resposta simples, que as reações de diferenciação e reconhecimento não são reações sensoriais às quais se acrescenta o tempo para diferenciação e para reconhecimento. Em outras palavras, o tempo para diferenciação não deve ser obtido subtraindo-se o tempo da resposta sensorial do tempo da resposta de diferenciação. O tempo para escolha não deve ser obtido subtraindo-se o tempo de resposta para diferenciação do tempo de resposta para escolha.

Nos livros-texto isso geralmente é feito da seguinte forma: o tempo para diferenciação, o tempo para reconhecimento e o tempo para escolha são indicados, mas de fato o conceito em que se baseiam não é correto, pois considera uma resposta como uma cadeia de processos separados aos quais se pode arbitrariamente adicionar ou subtrair os elos de modo isolado. A resposta é um processo simples que, devido ao hábito, depende como um todo de seus elos de instrução. Talvez se possa deduzir que na resposta associativa é possível recorrer à subtração e que se pode determinar, com certo grau de confiabilidade, o tempo necessário para a associação subtraindo o tempo de uma resposta sensorial simples do tempo de uma resposta associativa simples; mas os fatos indicam o contrário. A instrução que determina a associação controla todo o curso do reconhecimento e, por isso, as duas reações específicas não são comparáveis.

O fato fundamental estabelecido experimentalmente que derruba completamente a fórmula clássica mencionada acima para a análise de uma resposta complexa pela simples computação aritmética dos elementos separados é o conceito de Titchener de que o tempo para preparar cuidadosamente a resposta de escolha pode ser igual ao tempo de uma resposta sensorial simples. Sabemos que a lei básica de uma resposta complexa estabelecida pela psicologia clássica está numa posição exatamente oposta. Especificamente, os antigos experimentos estabeleceram que o tempo para uma resposta complexa excede o tempo para uma resposta simples, e que o tempo para uma resposta complexa aumenta em proporção direta com o número de estímulos entre os quais uma distinção deve ser realizada e com o número de movimentos reativos entre os quais deve ser feita uma escolha. Os novos experimentos demostram que essas leis nem sempre asseguram que uma resposta seletiva preparada possa ocorrer com a mesma velocidade que uma resposta simples e, consequentemente, quando seu tamanho concreto é computado, a fórmula analítica dada acima pode ter um resultado absurdo. Essa fórmula mostrará que o tempo de escolha é igual a zero e desse modo revelará a inconsistência básica, factual desse conceito de resposta complexa.

A impossibilidade desse tipo de análise baseada na subtração aritmética foi revelada também por muitos outros pesquisadores. Nesse momento não consideraremos todas as objeções que foram levantadas contra essa operação em vários aspectos; apenas indicaremos que Ach chegou a essa conclusão em sua pesquisa. Ele indica, com sólidos fundamentos, que a inconsistência dessa operação é evidente, entre outras coisas, porque como resultado de subtrações semelhantes alguns pesquisadores obtiveram resultados negativos. Da mesma maneira que Ach, pensamos que a antiga psicologia cometeu também esse erro quando utilizou a mesma análise para os processos superiores. Assim, L. Quetlet[7] afirma que, se subtrairmos o tempo necessário para explicar, traduzir para uma língua diferente e nomear a palavra, obteremos o tempo exato da tradução. Assim, desse ponto de vista, mesmo os processos superiores de compreensão da linguagem são combinados entre si pela simples soma e podem ser isolados e analisados por uma subtração simples. Se entender uma palavra e nomeá-la for subtraído da tradução de determinada palavra para uma língua estrangeira, teremos exatamente o processo que é a base da tradução de um idioma para outro. É difícil imaginar uma compreensão mais mecanicista das formas complexas e superiores de comportamento.

O segundo aspecto da compreensão sobre a abordagem das reações na antiga psicologia é a atribuição de uma importância fundamental à análise puramente descritiva. Se o primeiro estágio clássico dessa compreensão foi caracterizado pela análise dos fatos em vez de pela análise dos processos, então o novo ponto de vista, representado por Titchener, Ach e outros, que compreenderam a inconsistência das abordagens anteriores, se limita a uma análise introspectiva e puramente descritiva das reações. A única diferença é que a análise meca-

---

[7] QUETLET, Lambert Adolph Jacques (1796-1874). Matemático belga, um dos fundadores da estatística moderna, aplicou-a à análise das formas sociais de comportamento.

nicista dos estímulos é substituída por uma análise introspectiva da experiência. A descrição das relações externas é substituída pela descrição das experiências internas, mas em ambos os casos é preservada a abordagem fenotípica do objeto.

E. Titchener observou[8] que todas as instruções que se referem ao primeiro tipo de resposta de seleção podem ser muito diferentes. E ele completa: é mesmo duvidoso se uma dessas instruções elicia um processo autêntico de seleção. Nessa área, infelizmente, os pesquisadores estavam mais preocupados em determinar o tempo de resposta do que em analisar os processos de resposta. Por isso, são raros os dados das análises psicológicas. A análise introspectiva já mostrou que, em termos práticos, o processo de seleção não é considerado na resposta de seleção. Podemos considerar plenamente estabelecido que, do ponto de vista psicológico, a seleção da resposta não inclui de nenhum modo os processos de seleção e, por isso, podemos considerar um ótimo exemplo de como o aspecto externo de qualquer processo pode diferir completamente de sua verdadeira natureza psicológica. Ach disse que, nesse tipo de resposta, não podemos falar de seleção. A mesma ideia foi formulada por Titchener: devemos ter em mente que os conceitos usados para uma resposta complexa (resposta simples, resposta de dife-

---

[8] Temos em mente aqui o seguinte contexto geral de análise das respostas complexas em que Titchener, como na análise da atenção voluntária, enfatizou que as respostas complexas podem adquirir a forma de respostas simples. "Deve ser firmemente lembrado que os termos atribuídos a essas respostas complexas – resposta de diferenciação, resposta de reconhecimento, resposta de escolha – são apenas condicionais. A diferenciação e a seleção se referem às condições externas do experimento e somente a elas; na resposta de diferenciação, não diferenciamos, na resposta de escolha, podemos produzir várias operações, mas não selecionamos; o reconhecimento, a compreensão direta está incluída em todas as respostas, simples e complexas; mesmo em uma resposta muscular, nós reconhecemos 'algo diferente' [...]." Devemos acrescentar que, ao realizar as instruções, o fato de que elas sejam adequadamente entendidas depende dos hábitos; se a coordenação entre o estímulo e o movimento é adequadamente dominada, o tempo de preparação cuidadosa da resposta de escolha pode ser igual ao tempo de uma resposta sensorial simples. Com base nesses dados, pode-se concluir que as respostas complexas não são constituídas de partes de respostas simples; as respostas de diferenciação e de reconhecimento não são respostas sensoriais nas quais os tempos de diferenciação e de reconhecimento foram somados; as respostas de escolha não são respostas de diferenciação às quais o tempo de seleção foi adicionado (Titchener, E. *Psychology Text*, cap. II, Moscou, 1914, p. 129).

renciação e resposta de seleção) são apenas condicionais. Diferenciação e seleção se referem somente às condições externas de um experimento. A hipótese de Titchener é que na resposta de diferenciação não há diferenciação, e que na resposta de seleção podem ser geradas operações, mas não há seleção das respostas. Os conceitos foram atribuídos por um constructo teórico durante o desenvolvimento da psicologia quando os experimentos eram pouco conhecidos e a análise ainda representava algo para o futuro. Esses conceitos e alguns outros se tornaram obsoletos com o tempo. Por isso, os observadores deveriam considerar esses conceitos relativos às respostas simplesmente como indicadores de certos tipos históricos de experimentos, e não como fatos psicológicos reais.

Assim, vimos que na análise mecanicista da psicologia clássica as relações reais que representam a base dos processos das respostas complexas foram substituídas pelas relações entre os estímulos. Esta foi a manifestação comum do intelectualismo na psicologia que tentou revelar a natureza do processo mental tornando lógicas as condições do experimento.

E desse modo esse processo, cujo aspecto externo é a seleção, não fornece qualquer subsídio para abordar a seleção. Nesse sentido, a análise pela psicologia introspectiva deu um passo à frente em relação à antiga análise, mas não avançou o suficiente. Ela é, podemos dizer, uma análise puramente descritiva da experiência, que com uma precisão escrupulosa transmite a experiência do sujeito durante a resposta; porém, como a experiência não representa todo o processo de resposta, ou mesmo sua base principal, mas abrange apenas um aspecto do processo e requer também uma explicação, então é natural que a auto-observação, que não consegue nem mesmo produzir uma descrição correta, também não explique o aspecto subjetivo da resposta. Isso explica as discrepâncias substanciais nas descrições de autores diferentes sobre o mesmo processo. Mesmo essa análise pode não apresentar uma explicação dinâmico-causal verdadeira do processo, pois ela requer necessariamente a rejeição do ponto de vista fenotípico e a substituição pelo ponto de vista genético.

O terceiro aspecto consiste no fato de que a antiga psicologia abordava o estudo do processo de uma resposta complexa na sua forma acabada e morta. Titchener disse que a atenção dos pesquisadores foi direcionada para o tempo de resposta, e não para o processo de preparação e o conteúdo da resposta. Por isso, foi criado um precedente histórico para considerar a resposta sem sua preparação psicológica. Lembramos que a resposta de seleção bem preparada ocorre tão rapidamente como uma resposta simples. Toda a atenção da antiga psicologia se dirigiu para o estudo do processo da resposta complexa em sua forma automatizada, isto é, quando o processo de desenvolvimento já está concluído. Podemos dizer que a psicologia começou a estudar a resposta complexa *post mortem*. Ela nunca a abordou em sua forma viva; configurou-a em experimentos testes e desse modo o exemplo interessante de criar e estabelecer as conexões da resposta, o momento de sua gênese, foi negligenciado, e o estudo se iniciou apenas após a resposta ter sido estabelecida, seu desenvolvimento concluído, e ela estar representada em sua forma finalizada, tornada automática, e totalmente idêntica sob diferentes condições.

Muitos pesquisadores geralmente rejeitam os primeiros experimentos, isto é, quando ocorre o processo de estabelecimento da resposta. Titchener recomendou a rejeição dos dois primeiros experimentos de cada série durante os quais ocorre esse processo. Outros pesquisadores em geral rejeitam o primeiro experimento quando ele difere acentuadamente dos experimentos subsequentes no tempo de resposta. Muitos pesquisadores ressaltam que, em condições experimentais complexas, especialmente nas respostas de escolha, eles rejeitam todas as sessões iniciais em seus estudos.

Não é difícil ver que essa abordagem básica da antiga psicologia – que estudava uma reação complexa em uma forma morta, como algo terminado, quando seu processo de desenvolvimento estava concluído – evidencia-se na prática técnica de descartar os primeiros estágios do estabelecimento da resposta de seleção e então estudá-la. Por isso, a compreensão da resposta como um processo de desenvolvimento foi totalmente estranha para esses psicólogos; o que fez com que eles frequentemente se enganassem pela semelhança externa entre as respostas simples e as respostas complexas.

Novamente chamaremos a atenção para o fato de que uma resposta de escolha preparada cuidadosamente pode demandar o mesmo tempo que uma resposta simples. Relacionaremos esse fato com a circunstância que abordamos anteriormente de modo superficial de que no processo de desenvolvimento as formas superiores geralmente se assemelham às formas inferiores quanto às suas características externas. Poderíamos enumerar uma série de diferenças psicológicas das respostas complexas, começando com o reflexo simples, mas ressaltaremos apenas um: como sabemos, uma resposta complexa é mais longa do que um reflexo. Entretanto, já foi estabelecido por Wundt que o tempo de resposta pode ser reduzido quando a resposta é repetida e, como resultado, o tempo de resposta se assemelha àquele do reflexo simples.

Como regra geral, podemos dizer que as principais diferenças entre uma resposta e um reflexo são mais evidentes especificamente no processo inicial de formação da resposta e, se a resposta for repetida, as diferenças regredirão progressivamente. As diferenças entre as duas formas de comportamento devem ser analisadas em seu aspecto genético, isto é, no modo como são geradas, em sua verdadeira condicionalidade. Quando uma resposta é repetida, suas diferenças em relação ao reflexo tendem a ser minimizadas ou mesmo desaparecerem. Se uma resposta é repetida, ela tem a tendência de se converter em um reflexo mais simples. Ensaios experimentais estabelecidos com uma metodologia experimental, que muitas vezes incluíram inúmeras sessões que foram desconsideradas, conduziram a uma situação em que o início do estudo sobre o processo de desenvolvimento foi encerrado e os pesquisadores passaram a lidar com reações mecânicas preestabelecidas, que não apresentavam diferenças genéticas com relação ao reflexo e que adquiriram uma semelhança fenotípica com ele. Em outras palavras, no experimento psicológico a resposta foi estudada após ter sofrido um processo de declínio e ter sido convertida numa forma cristalizada.

Ao descrever os pontos básicos da análise tradicional de uma resposta complexa, podemos determinar também, mesmo que sob um aspecto negativo, os principais problemas com os quais nos defrontamos. Obviamente, o problema da análise dinâmica é conseguir apreender o processo de gênese da resposta.

O aspecto central que nos interessa se deslocou para outro ponto. Os experimentos em que há o estabelecimento de uma resposta e que foram rejeitados pelos antigos pesquisadores são de interesse central para nós, para a análise dinâmica, pois explicar alguma coisa significa explicar sua verdadeira gênese, sua conexão dinâmico-causal e sua relação com outros processos que determinaram seu desenvolvimento. Consequentemente, a questão da análise consiste em fazer retornar a resposta ao seu momento inicial, às condições de sua conclusão e, dessa forma, entender por meio da pesquisa objetiva o processo como um todo, e não apenas seu aspecto interno ou externo. Ao contrário, não nos interessa a resposta já estabelecida, repetida de modo estereotipado, a não ser como uma forma concluída, como um meio de estabelecer o ponto de término ao qual o processo de desenvolvimento conduziu.

Estamos interessados no momento da gênese, do estabelecimento e da conclusão da resposta e os desdobramentos dinâmicos de todo o processo de desenvolvimento. É necessário observar toda a resposta complexa. Com essa finalidade, em um experimento, devemos transformar a forma automática de resposta em um processo vivo e determinar a partir de onde surgiu e seu desenvolvimento. Se isso define a questão em estudo sob um aspecto formal, então surge um problema com relação ao conteúdo de nossa pesquisa. Como dissemos anteriormente, os estudos prévios conduziram o trabalho crítico e de ruptura com os antigos ensinamentos sobre as respostas mentais de escolha. Eles demonstraram que na resposta de escolha não pode haver a explicitação da escolha; que na base do conceito de uma resposta complexa há uma concepção puramente intelectualizada que substitui as relações e as conexões psicológicas entre os processos pelas relações lógicas entre os elementos da condição externa do problema. Além disso, a fórmula lógica da resposta complexa foi complementada pela análise das experiências observadas pelo sujeito no processo de resposta. Esses pesquisadores tentaram substituir a relação lógica das coisas pelas relações fenomenológicas das experiências. Mas eles colocaram um problema com muita clareza e disseram: na resposta de escolha realizamos as mais variadas operações, mas não escolhemos. A questão é a seguinte: o que de fato ocorre na resposta de seleção? Se considerarmos a melhor representação das experiências do sujeito como Ach e Titchener colocaram de forma sistemática, veremos que eles não vão além de uma pura descrição, que não podem explicar a resposta de escolha sob um aspecto dinâmico-causal. Em consequência, poderíamos abordar da seguinte forma a questão básica com a qual nos defrontamos: qual é a verdadeira natureza dinâmico-causal de uma resposta complexa?

Se considerarmos os experimentos sobre as respostas complexas, será fácil observar que eles geralmente diferem entre os vários pesquisadores em um aspecto geral. O aspecto geral consiste na ausência de significado das conexões estabelecidas entre os estímulos isolados e as respostas, que ocorrem no processo de experimentação. Muitos pesquisadores veem nessa ausência de significado e na arbitrariedade das conexões, que são a base das respostas, o aspecto mais essencial de determinado experimento. Foi apresentada ao sujeito uma série de estímulos aos quais ele deve responder com vários movimentos; nesse caso, nem a conexão entre o estímulo e os movimentos nem a ordem de apresentação do estímulo e dos movimentos fazem sentido para o sujeito.

Os sujeitos podem reagir a qualquer estímulo com um movimento qualquer e com igual sucesso. Principalmente a combinação mecânica de certo estímulo com determinada resposta coloca esse experimento na mesma ordem dos estudos clássicos de relembrar usando sílabas sem significado.

De fato, tentativas isoladas foram feitas para transformar as conexões sem significado em respostas de escolha com conexões com significado. Por exemplo, nos experimentos de H. Münsterberg, era solicitada aos sujeitos uma resposta com determinado dedo de uma mão a cinco estímulos acústicos variados, e a cada vez o signo era uma simples contagem de um a cinco e a resposta devia ser dada em um teclado elétrico que coincidia com a ordem natural da contagem. Com a palavra *um* o sujeito tinha que levantar o polegar, com a palavra *dois* o dedo indicador etc. F. Merkel[9] estudou a resposta de escolha com estímulos visuais de modo semelhante.

Vemos então que há dois diferentes processos pelos quais a resposta de escolha é estabelecida. Em um caso, é estabelecida simplesmente pela conexão mecânica entre o estímulo e a resposta, cujo fator principal é a repetição. Embora nenhum pesquisador considere a análise dos ensaios experimentais em detalhes – isto é, o processo de formação da resposta de escolha –, há um fundamento forte para assumir que a repetição da instrução ou sua apresentação sob a forma escrita e pela repetição de sua leitura juntamente com a repetição dos experimentos são o principal meio para o estabelecimento das conexões necessárias. O modo mais simples de colocar essa questão é dizer que a resposta é aprendida pelo sujeito do mesmo modo que ele aprende duas sílabas sem significado. No segundo caso, estamos lidando com um processo de uma ordem diferente em que há uma conexão compreensível entre o estímulo e a resposta, portanto a dificuldade de memorização está excluída. Mas nesse caso estamos lidando com o uso de conexões que já estão estabelecidas. Em outras palavras, esse experimento psicológico pode ser considerado uma explicação ou um método mecânico de ajustar as conexões ou de usar as conexões que já estão prontas, mas no desenvolvimento de nossa pesquisa o que nos interessa é o processo de compreensão, o processo de fazer ajustes e estabelecer conexões que são a base da resposta de escolha.

Desde o início nos colocamos a questão de encontrar o que distingue uma resposta complexa de uma resposta simples, de um reflexo. Para isso, recorremos a duas técnicas básicas que usamos frequentemente. Primeiro, abordamos o problema de impedir a resposta de

---

[9] MERKEL, F. (?). Histologista alemão, foi o primeiro a descrever (1875) as células receptoras epiteliais nas camadas profundas da epiderme da pele de mamíferos e de humanos.

modo a prevenir a suspensão automática do fechamento da conexão, que poderia obstruir a observação. Como dissemos, a verdadeira tarefa de análise é o desdobramento dinâmico completo de todos os exemplos de determinado processo, mas isso sempre necessita de certa lentificação de seu progresso e é ainda melhor quando o desenvolvimento do processo é impedido. Segundo, de acordo com nossa metodologia, temos que munir o sujeito dos meios externos com os quais ele pode resolver os problemas que lhe são apresentados. Ao tentar usar um método objetivo de pesquisa, devemos relacionar a conexão estabelecida a uma atividade exterior. Introduziremos inicialmente o primeiro aspecto complicador dos experimentos de escolha, antes de colocarmos os meios de controle nas mãos do próprio sujeito. A complicação consiste em eliminar os experimentos para ensaio e proceder diretamente à pesquisa básica com o sujeito. A instrução é para uma resposta de escolha de diferentes dedos a cinco ou mais tipos de estímulo diferentes. Estamos interessados em observar como o sujeito se orienta quando não sabe como lidar com o problema. Sem entrar em detalhes, e de modo geral, podemos dizer que o comportamento do sujeito sempre apresenta as mesmas características. Quando a reação do sujeito estava incorreta ou ele se encontrava em dificuldades, sem saber qual movimento deveria escolher para responder a determinado estímulo, ele procurava pela conexão necessária. Isso se expressava na forma de questões dirigidas ao experimentador sobre como ele deveria reagir ou lembrar, se externa ou internamente. Podemos dizer que, quando o problema ia além da capacidade do sujeito, a dificuldade residia em lembrar e reproduzir a instrução.

O segundo passo de nosso experimento foi a introdução de materiais que o sujeito poderia usar para estabelecer suas próprias relações.

Inicialmente, vamos considerar os experimentos com crianças de dois anos e meio porque nesses experimentos ambas as formas de respostas de escolha estavam completamente visíveis e ocorriam quase em paralelo. Apresentando à criança vários estímulos, dissemos que levantasse a mão direita em um caso e a mão esquerda em outro (por exemplo, levantar a mão direita quando foi apresentado um lápis e a esquerda quando foi mostrado um relógio). Essa resposta foi estabelecida de imediato e no geral ocorreu normalmente, sem atraso significativo. Em casos de erro ou em que não se sabia qual mão levantar, houve a procura pela conexão correta, o que ficou evidenciado de duas maneiras. A criança perguntava ao experimentador, ou tentava se lembrar falando ou mesmo silenciosamente, ou ensaiava movimentos esperando uma confirmação do experimentador. Essa última forma é a mais interessante, pois ela difere profundamente da resposta no verdadeiro significado da palavra. Nesses casos, em geral a mão não era levantada na altura habitual, apenas movimentos iniciais eram realizados e todo o comportamento da criança tinha o caráter de um teste cauteloso. Se deixarmos de lado o fato de procurar estabelecer uma conexão, podemos dizer que na criança a resposta de escolha com dois estímulos ocorre de um modo usual estabelecendo uma conexão simples.

Com as mesmas crianças, estabelecemos uma resposta de escolha de modo diferente. Em vez de repetir a instrução ou a resposta nos ensaios, colocávamos alguns objetos no lado direito e no lado esquerdo das crianças. Elas podiam facilmente estabelecer relações entre os objetos e os estímulos. Em nosso exemplo, do lado direito colocamos uma folha de papel com a intenção de lembrar a criança que ela deveria associar ao lápis sua mão direita; no esquerdo colocamos um termômetro para que ela lembrasse que deveria responder ao relógio com a mão esquerda. Esse tipo de resposta acontecia sem erros, mas nesse caso o comportamento da criança mudou substancialmente.

Devemos ressaltar que a conexão entre estímulo-objeto e estímulo-meio foi extremamente simples e acessível à criança; algumas vezes nos referimos à conexão e a estabelecemos nós mesmos, outras vezes, no curso de uma série de experimentos, deixamos a criança perceber por si mesma. Nesse último caso, não houve sucesso, mas nos dois primeiros casos a criança usou facilmente a conexão. Nosso principal interesse foi comparar ambos os componentes da resposta de escolha. Se o primeiro corresponde ao estabelecimento de uma conexão direta entre o estímulo e a resposta, então o segundo apresenta um caráter de mediação. Não há conexão direta entre o estímulo e a resposta. A criança deve encontrar essa conexão cada uma das vezes; ela a encontra com o auxílio de um estímulo-meio externo que a lembra da conexão necessária.

Neste caso, a atividade da criança transcorre como em duas manifestações. O processo geral da resposta de escolha é nitidamente composto de duas fases. Imediatamente após perceber o estímulo, a conexão necessária é estabelecida, e somente depois a resposta correspondente é executada. Ao olhar para o lápis a criança olhará para o papel e então ela responderá com a mão direita.

Com base nesse experimento descrito, vamos nesse momento descrever um experimento com crianças mais velhas. Estamos interessados em observar como ambas as formas de resposta de escolha se desenvolvem e, principalmente, em encontrar o modo como a criança estabelece a conexão apropriada sem a ajuda de um adulto. Os experimentos com as crianças mais velhas foram organizados do seguinte modo: foi apresentada à criança uma série de estímulos e de instruções para que ela respondesse levantando e abaixando vários dedos da mão direita e esquerda. Usamos palavras, desenhos, figuras coloridas, luzes coloridas etc. como estímulos. Não houve uma conexão evidente entre estímulo e resposta em nenhum dos casos.

Durante o experimento os dedos da criança estavam sobre um teclado de um piano de brinquedo ou sobre uma chave elétrica múltipla. Junto a cada chave em um aparelho de madeira especial, colocamos vários quadros ou cartões com palavras impressas. As crianças mais velhas da pré-escola e as crianças dos níveis iniciais da escola (alunos mais novos) percebiam que era impossível realizar a tarefa pela simples lembrança e usavam o estímulo auxiliar como instrumento para lembrar a instrução, colocando-o abaixo da chave apropriada e conectando-o ao estímulo correspondente. Desse modo, criava-se um tipo de extensão externa da instrução, uma via externa ligando o estímulo à resposta, dando à criança um meio de lembrar e reproduzir a instrução. Nesse caso, a resposta se dividiu claramente em duas fases: na primeira, houve a procura por um estímulo-ferramenta; na segunda, a resposta se seguiu diretamente ao estímulo.

Mesmo sem uma análise detalhada do experimento, faremos uma consideração esquemática do que ocorreu nesse caso. No diagrama a seguir (Figura 2) estão apresentados dois pontos arbitrários, A e B; uma conexão deve ser estabelecida entre esses dois pontos. A característica do experimento consiste no fato de que não existia essa conexão e que estamos investigando a natureza de sua formação. O estímulo A produz a resposta que consiste em encontrar o estímulo X, que por sua vez atua sobre o ponto B. Assim, a conexão entre os pontos A e B não é direta, mas sim mediada. Esta é a peculiaridade da resposta de escolha e de todas as formas superiores de comportamento.

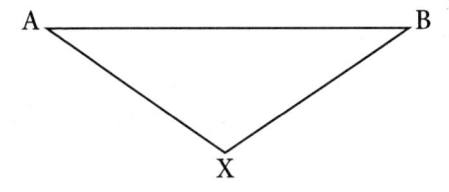

Figura 2

Consideraremos o triângulo separadamente. Se compararmos os dois métodos para a formação das conexões entre os dois pontos, veremos que a relação entre as duas formas pode ser expressa visualmente com o triângulo esquemático. Com a formação neutra de uma conexão, uma conexão reflexo-condicionada se estabelece entre os dois pontos A e B. Com o estabelecimento de uma conexão mediada são formadas duas conexões que conduzem ao mesmo resultado, mas de modo diferente. O triângulo esclarece a relação existente entre a forma superior de comportamento e os processos elementares que o compõem. Formulamos essa relação em um aspecto mais geral, mostrando que todas as formas superiores de comportamento podem sempre ser decompostas em seus processos neuromentais elementares e naturais, assim como o trabalho de uma máquina pode ser reduzido a um sistema definido de processos físico-químicos. Por isso, a primeira tarefa dos estudos científicos ao abordar qualquer forma cultural de comportamento é realizar uma análise da forma e revelar suas partes componentes. Uma análise do comportamento sempre leva a um único resultado; especificamente, ela demonstra que não há um aparato superior e complexo de comportamento cultural que não consista em seus múltiplos processos básicos e elementares de comportamento.

Observamos que na criança uma conexão associativa é substituída por duas outras. Cada uma das conexões em separado representa o mesmo processo do reflexo condicionado que termina no córtex cerebral, assim como a conexão associativa direta. O que é novo é que uma conexão é substituída por duas outras; é a construção ou a combinação das conexões nervosas; é a direção do processo específico de fechamento da conexão com um signo; os elementos não são novos, mas sim a estrutura de todo o processo de resposta.

As relações existentes entre as formas inferiores e superiores de comportamento não representam algo especial e peculiar de determinada forma. É provável que estejamos lidando com problemas mais gerais das relações entre as formas inferiores e superiores, que podem ser aplicadas a toda a psicologia e que estão conectadas diretamente com posições metodológicas mais gerais. O esforço incondicional, tão generalizado no momento, que exclui do dicionário de psicologia o conceito de processos elementares, incluindo a associação, parece-nos inapropriado. Kretschmer disse que a indispensabilidade do conceito de associação está demonstrada não somente no que se refere à agnosia e à apraxia, mas também ao abordar problemas muito mais complicados da psicologia, como a psicologia do pensamento infantil e do pensamento incipiente e o fluxo das ideias. A teoria da construção da vida mental superior sem uma infraestrutura associativa é totalmente impensável para Kretschmer.

Neste sentido, H. Høffding[10] admitiu na sua época a relação entre o processo de pensamento e a lei da associação. Ele disse: no sentido

---

[10] HØFFDING, Harold (1843-1931). Filósofo idealista dinamarquês, historiador da filosofia. Sob a influência do método histórico-filosófico de Hegel, ele tentou considerar a filosofia e suas conexões com a ciência e comparar no aspecto teórico o conhecimento de filósofos de épocas diferentes, levando em conta seus ensinamentos como estágios de desenvolvimento do pensamento integrado. Nos estudos psicológicos, Høffding tentou

verdadeiro, o pensamento não tem significado e forma que já não estivessem presentes durante o processo involuntário de representação. A circunstância em que a associação da representação se torna sujeito de um interesse especial e de escolha consciente não pode, entretanto, mudar as leis de associação da representação. É impossível o pensamento, no seu verdadeiro significado, livrar-se das leis, assim como é impossível eliminar as leis de natureza interna de uma máquina artificial. Mas a lei psicológica, assim como a lei fisiológica, pode ser direcionada para servir aos nossos propósitos.

Em outro momento de sua obra, Høffding retoma a ideia quando aborda a questão da vontade. Ele diz que a atividade involuntária constitui a base e o conteúdo da atividade voluntária. A vontade não cria, mas apenas modifica e seleciona. O desenvolvimento da recordação e da representação está sujeito a determinadas leis. Quando lembramos ou esquecemos deliberadamente certas representações, nós o fazemos segundo as mesmas leis, exatamente do mesmo modo como as vemos, mudamos e usamos para nossos propósitos de acordo com as leis da natureza exterior. Segundo Høffding, se precisarmos adiar ou descartar uma representação, nós o faremos indiretamente segundo as leis do esquecimento. Parece-nos que em determinado caso a relação entre as formas inferiores e superiores pode ser mais bem expressa admitindo-se, como é chamado na dialética, a supressão. Podemos dizer que os processos e padrões elementares e inferiores que as direcionam representam uma categoria suprimida. Hegel disse que devemos atentar para o sentido dual da expressão alemã "suprimir". Entendemos essa palavra, primeiro, como "remoção", rejeição", e por isso podemos dizer que as leis são revogadas, "canceladas", mas a mesma palavra significa "preservada", e dizemos então que a vontade "preserva" alguma coisa. O significado dual do termo "suprimir" costuma ser traduzido muito

---

unificar as representações introspectivas com as ideias e os métodos do darwinismo na biologia: ele tratou a consciência como uma forma superior de desenvolvimento biológico. O criticismo de Høffding teve um papel positivo na história no que se refere à consciência como um agregado de elementos independentes – sensações e conceitos. Com isso ele diferenciou "a lei das relações": as propriedades de cada elemento separado são determinadas pelas relações e conexões agregadas em que eles estão incluídos.

bem em russo pela palavra *skhoronit* (sepultar, esconder), que também possui significado positivo e negativo – destruição e preservação.

Usando essa palavra podemos dizer que os processos elementares e os padrões que os governam estão ocultos nas formas superiores de comportamento, isto é, eles estão nelas contidos sob uma forma subordinada e oculta. Justamente por isso muitos pesquisadores analisam e fragmentam em partes as formas superiores, reduzindo-as completamente a uma série de processos elementares, considerando esta a tarefa básica da pesquisa científica. De fato, esse é apenas um aspecto da pesquisa científica que auxilia a estabelecer a conexão e o padrão do surgimento de qualquer forma superior de comportamento a partir de uma forma inferior. Nesse sentido, essa análise supera o método metafísico de pensamento o qual considera as formas superiores e inferiores como essencialmente diferentes e fossilizadas, sem conexão entre si e não havendo a possibilidade de conversão entre elas.

A análise nos mostra que a forma inferior é o fundamento e o conteúdo da forma superior, que a forma superior aparece apenas em determinado estágio de desenvolvimento e que esta se transforma continuamente em forma inferior. Entretanto, o problema não se limita a essa questão, pois, se quisermos nos limitar exclusivamente a analisar ou a reduzir a forma superior à forma inferior, nunca seremos capazes de desenvolver uma representação adequada de todos os aspectos específicos da forma superior e daqueles padrões aos quais ela se subordina. Nesse caso, a psicologia não representa uma exceção dentro do conjunto das diversas áreas do conhecimento científico. Movimento e utilização da matéria – isso modifica o objeto. Engels se opõe às tentativas de reduzir qualquer coisa a seu movimento mecânico, de reduzir todas as propriedades da matéria ao movimento e desse modo obscurecer o caráter específico de outras formas de movimento.

Isso não implica rejeitar o fato de que cada forma superior de movimento está sempre conectada de modo essencial com o movimento molecular ou externo, real ou mecânico, assim como é impossível produzir uma forma superior de movimento sem uma alteração na temperatura, ou é impossível uma mudança na vida orgânica sem mudanças mecânicas, moleculares, químicas, térmicas, elétricas etc. Mas a presença de formas secundárias em todos os casos não exaure a essência da forma principal. Engels escreveu: "Na experimentação, sem dúvida, às vezes 'reduzimos' o pensamento aos movimentos moleculares e químicos do cérebro, mas isso esgota a essência do pensamento?" (K. Marx e F. Engels, *Collected Works*, vol. 20, p. 563).

A necessidade de estudar a forma principal com as formas secundárias e a afirmação de que a essência do pensamento não pode ser exaurida pelas formas inferiores que são seu fundamento constituem uma base para afirmar o seguinte: se considerarmos o movimento em um sentido mais geral, isto é, como uma alteração nos objetos, podemos dizer que pensamento é movimento. "O movimento considerado em um sentido mais geral da palavra, isto é, como um método de existência da matéria, como um atributo internamente inerente da matéria, inclui em si todas as alterações e processos que ocorrem no universo desde um simples deslocamento até o pensamento. Entende-se que um estudo sobre a natureza do movimento deve ser derivado de suas formas inferiores e mais simples e devemos aprender a entendê-las antes que possamos produzir qualquer coisa a respeito das formas superiores e mais complexas" (ibid., p. 391). Podemos transferir essa posição geral, que se refere a todas as áreas do conhecimento científico, para a questão que nos interessa e dizer que a relação entre os processos superiores e inferiores na resposta de escolha também é semelhante. Nenhuma forma superior de comportamento é possível sem a existência das formas inferiores, mas a presença das formas inferiores ou secundárias não exaure a essência da forma principal.

A tarefa de nossa pesquisa é também a determinação da essência da forma principal. O próximo capítulo deve dar a resposta a essa questão.

Capítulo 4

A estrutura das funções mentais superiores

O conceito de análise psicológica que tentamos desenvolver no capítulo anterior nos conduz a novas interpretações dos processos mentais como um todo e de sua natureza. A mudança mais importante que aconteceu recentemente na psicologia foi a substituição da abordagem analítica dos processos mentais por uma abordagem holística ou estrutural. Os representantes mais influentes da psicologia moderna avançaram na concepção holística e a situaram como o fundamento de todas as abordagens psicológicas. A essência desse novo ponto de vista é a importância atribuída à totalidade, com suas propriedades específicas, que determina as propriedades e as funções das partes que a constituem. Ao contrário da antiga psicologia, que representava o processo de gênese das formas complexas de comportamento como uma soma mecânica dos elementos componentes, a nova psicologia coloca como ponto central o estudo da totalidade e de suas propriedades, que não podem ser apreendidas a partir da soma das partes. Esse novo ponto de vista acumulou muitas evidências que confirmaram sua correção.

Para o pensamento dialético não há nada novo na posição de que a totalidade não surge mecanicamente pela soma de suas partes, mas apresenta propriedades e qualidades específicas que não podem ser deduzidas a partir da simples combinação das qualidades de suas partes.

Na história do desenvolvimento cultural da criança há o conceito de estrutura dupla. Primeiro, esse conceito nasce nos primórdios da história do desenvolvimento cultural da criança e constituiu o momento inicial da origem de todo o processo; segundo, o processo de desenvolvimento cultural deve ser entendido como uma mudança na estrutura básica original e como o desenvolvimento de novas estruturas básicas caracterizadas por novas relações entre seus elementos componentes. Chamaremos a primeira estrutura de estrutura primitiva; esta representa a psicologia natural que depende principalmente dos aspectos biológicos da mente. A segunda, que chamaremos de estrutura superior, tem origem no processo de desenvolvimento cultural, representa uma forma superior de comportamento e é geneticamente mais complexa.

O principal aspecto das estruturas primitivas é o fato de que as respostas de um sujeito e os estímulos pertencem ao mesmo nível e ao mesmo complexo dinâmico que, como a pesquisa demonstra, apresenta um matiz afetivo extremamente claro. Muitos autores atribuem a maior capacidade da mente à primazia da totalidade e não das partes, ao caráter holístico das formas primitivas de comportamento da criança, com seus matizes afetivos. A forma tradicional de representação da totalidade pelas suas partes será refutada aqui e muitos pesquisadores demonstram experimentalmente que a totalidade da percepção e da ação, que não diferencia as partes componentes, é geneticamente primária, mais elementar e simples. A totalidade e suas partes se desenvolvem em paralelo e em conjunto. Por isso, muitos autores assumem que os problemas dos estudos psicológicos mudaram radicalmente, em especial no que se refere às explicações sobre as formas superiores de comportamento.

Ao contrário de Wundt, que acreditava que para explicar as formas superiores deve-se assumir a existência de uma síntese criativa que une os elementos em um processo único e qualitativamente novo, Werner avançou sobre outro ponto de vista, de que a análise criativa, e não a síntese criativa, é o verdadeiro caminho para a formação das formas superiores de comportamento. Os processos globais novos não provêm dos elementos de uma mente complexa, mas, ao contrário, eles provêm da decomposição da totalidade dinâmica, que desde os primórdios existe como totalidade, e as partes e as conexões e suas inter-relações que estão se desenvolvendo com base nessa totalidade devem ser analisadas e compreendidas. A psicologia deve desenvolver-se a partir das unidades vivas e, por meio da análise, fazer a transição para as unidades inferiores.

As estruturas primitivas, no entanto, que se caracterizam pela combinação da situação como um todo e das respostas em um único complexo, representam apenas um ponto de partida. Com base nelas, iniciam-se a desconstrução e a reconstrução das estruturas primitivas e a transição para uma forma superior. A tentativa de aplicar o novo princípio a qualquer área nova da psicologia passa a atribuir um significado universal ao conceito de estrutura. Esse conceito, que é metafísico em sua essência, passa a significar algo indivisível que compreende uma lei eterna da natureza. Não foi em vão que Volkelt, ao se referir às estruturas primárias como o aspecto mais importante da mente primitiva da criança, chamou-as de "perpetuamente infantis". De fato, as pesquisas mostram que a "criança perpétua" representa uma fase instantânea, efêmera, e que se autodestrói, e uma transição para uma forma superior, assim como todas as outras formas de comportamento primitivo.

As novas estruturas, ao contrário das estruturas primitivas ou inferiores, rompem com a fusão entre os estímulos e as respostas em um único complexo. Se analisarmos as formas especiais de comportamento que tivemos a oportunidade de observar na resposta de escolha, notaremos que, no comportamento, está ocorrendo uma estratificação aparente da estrutura primitiva. Entre o estímulo e a resposta comportamental há um novo componente intermediário e toda a atividade assume um caráter de um ato mediado. Assim, a análise desenvolve um novo ponto de vista sobre a relação entre o ato comportamental e o fenômeno externo. Podemos distinguir claramente dois tipos de estímulo, sendo um deles caracterizado como estímulo-objeto e o outro como estímulo-meio; cada um desses tipos de estímulo de acordo com suas relações específicas vai determinar e direcionar o comportamento. A especificidade da nova estrutura é a presença de estímulos de ambos os tipos.

Em nossos experimentos podemos observar como a estrutura de todo o processo se altera dependendo de uma mudança na posição do estímulo mediador (o signo) – a estrutura de todo o processo muda o comportamento. O uso de palavras como uma forma de lembrar foi suficiente para mudar todo o processo ligado à lembrança de uma instrução. Mas, se apenas as palavras fossem substituídas por figuras geométricas sem significado, então todo o processo assumiria uma direção diferente. Como realizamos experimentos mais simples, acreditamos que seja possível assumir o seguinte como regra geral: *na estrutura superior, os signos e os métodos que ela utiliza representam o determinante funcional ou o objetivo de todo o processo.*

Assim como o uso de certo instrumento determina todo o mecanismo de uma operação de trabalho, o caráter de um signo utilizado é a base de todo o processo. A mesma relação funcional que é o fundamento da estrutura superior é a forma de organização de todo o processo; este consiste na construção do processo envolvendo certos estímulos artificiais que desempenham o papel de signos. Assim, os papéis funcionalmente distintos de dois estímulos e suas conexões recíprocas servem de fundamento para as ligações e as relações que constituem o próprio processo.

O envolvimento de um estímulo secundário em determinada situação adquire um significado funcional que pode ser observado mais facilmente nos experimentos em que a criança realiza a transição de uma operação direta para o uso de signos. Em nossos estudos experimentais a criança foi colocada em uma situação em que deveria lembrar, comparar ou selecionar alguma coisa. Se o problema não excedeu a capacidade natural da criança, ela lidou com ele de forma direta ou com o método primitivo. Nesses casos, a estrutura de seu comportamento se assemelha ao diagrama feito por Volkelt. A característica essencial do diagrama é que a resposta constitui uma parte e está incluída na estrutura da situação em sua totalidade. Essa totalidade dominante, à qual Volkelt se refere, predetermina a direção do movimento de preensão da criança. Mas a situação de nossos experimentos foi predominantemente diferente dessa. O problema colocado para a criança geralmente ia além dos limites de sua capacidade e parecia muito difícil de resolver com esse tipo de método primitivo. Ao mesmo tempo, além da criança, havia geralmente algum tipo de objeto que era totalmente neutro em relação à situação geral e, nesse caso, sob certas condições, quando foi apresentado à criança um problema que ela não conseguia resolver, pudemos observar como o estímulo neutro deixou de ser neutro e foi incorporado no processo comportamental, adquirindo a função de um signo.

Apresentamos esse processo em paralelo ao processo descrito por Köhler. Como sabemos, os símios, que em determinada situação usaram um graveto como instrumento, começaram mais tarde a usar como instrumento qualquer objeto semelhante ao graveto. Köhler disse que, se assumimos que o graveto que chamou a atenção do chimpanzé adquiriu determinado significado funcional em certas circunstâncias e que esse significado foi expandido para outros objetos, qualquer fosse ele, então chegamos diretamente à única visão que coincide com o comportamento observado nos animais.

Podemos dizer que, quando surge um obstáculo, o estímulo neutro adquire a função de signo e a partir daí a estrutura da operação assume um caráter essencialmente diferente.

Fizemos assim a transição para o outro lado do problema conectado estreitamente a ele. Como sabemos, na natureza orgânica, a função e a estrutura estão intimamente ligadas. Elas são uma unidade e se explicam mutuamente. Os fenômenos fisiológicos e morfológicos, a forma e a função, são interdependentes. De modo mais geral, podemos definir a direção em que a estrutura se modifica: ela se modifica na direção de uma maior diferenciação das partes. A estrutura superior difere da inferior principalmente porque ela é um todo diferenciado em que as partes isoladas cumprem diferentes funções e em que a combinação das partes na totalidade do processo ocorre com base nas conexões e inter-relações mútuas entre as funções. Werner cita as palavras de Goethe,[1] que disse que a diferença entre os organismos supe-

---

[1] GOETHE, Johann Wolfgang (1749-1832). Vol. 1, p. 464.

riores e inferiores consiste na maior diferenciação dos organismos superiores. Quanto mais desenvolvido um organismo, menor a semelhança entre suas partes. Em um caso, o todo e as partes são semelhantes entre si; no outro, o todo difere substancialmente das partes. Quanto maior a semelhança entre as partes, menos elas se subordinam umas às outras. A subordinação significa a existência de uma relação mais complexa entre as partes de um organismo. Assim, Werner observa a verdadeira essência do processo de desenvolvimento na diferenciação e centralização progressivas.

Com relação à estrutura, podemos dizer que ela é especificamente a diferenciação do todo primitivo e a nítida separação dos dois níveis (estímulo-signo e estímulo-objeto) que são a característica da estrutura superior. Mas a diferenciação apresenta outra característica, que consiste no fato de que a operação total adquire um novo caráter e significado. Não podemos descrever melhor o novo significado da operação total do que dizer que ela representa o *domínio do próprio processo comportamental*.

De fato, se compararmos o diagrama da resposta de escolha como está desenhado no capítulo anterior com o diagrama de Volkelt, veremos que a diferença mais importante entre os dois reside no caráter da determinação do comportamento em sua totalidade. No segundo caso, a atividade do organismo é determinada pela complexidade total da situação, pela lógica da estrutura e, no primeiro, o próprio homem cria a conexão e os meios para sua resposta; ele reconstrói a estrutura natural; com o auxílio dos signos ele subordina à sua vontade os processos de seu próprio comportamento.

É surpreendente que a psicologia tradicional não tenha percebido esse fenômeno que chamamos de domínio do próprio comportamento. Na tentativa de explicar a "vontade", a psicologia recorreu ao milagre, à intervenção de um fator espiritual no desenvolvimento dos processos neurais e, desse modo, tentou explicar o efeito pelo caminho mais difícil, como o fez James, por exemplo, ao desenvolver a pedagogia do caráter criativo da vontade.

A estrutura das funções mentais superiores | 163

Mesmo na psicologia atual, que começou a introduzir gradualmente o conceito de domínio do próprio comportamento nos conceitos da psicologia, não há ainda a clareza necessária sobre o conceito nem uma avaliação adequada de seu verdadeiro significado. Lewin justifica-se ao destacar que o fenômeno do domínio do próprio comportamento ainda não foi explicitado com clareza na análise psicológica sobre a vontade. Ao contrário, na pedagogia, os problemas do domínio do comportamento foram considerados por muito tempo um problema básico da educação. Na educação contemporânea, a vontade substituiu a posição da ação deliberada. No lugar da disciplina externa, do treinamento compulsório, propõe-se o domínio do comportamento de modo autônomo, o que não significa suprimir as inclinações naturais da criança, mas valorizar o controle de suas próprias ações.

Em relação ao que foi dito, a obediência e as boas intenções são relegadas ao segundo plano e a questão do domínio de si mesmo assume o primeiro plano. Essa questão tem de fato um significado maior, porque temos em mente a intenção que controla o comportamento da criança. O recuo para um segundo plano do problema da intenção em relação ao problema do autodomínio manifesta-se na obediência da criança pequena. A criança deve aprender a obedecer por meio do autocontrole. O autocontrole não se constrói com base na obediência e na intenção, mas, ao contrário, a obediência e a intenção desenvolvem-se com base no autocontrole. Mudanças na abordagem da psicologia da volição semelhantes às que conhecemos na pedagogia da volição são indispensáveis.

Ao lado do ato de decisão ou intenção, é imprescindível colocar em primeiro plano, e com muito maior força, o problema do domínio do comportamento em relação ao problema dinâmico-causal da vontade. Entretanto, independentemente do fato de atribuirmos esse significado fundamental ao domínio do comportamento, não encontramos em Lewin uma definição clara ou mesmo um estudo sobre esse processo. Ele retorna muitas vezes a essa questão e, como resultado de suas pesquisas, distingue duas formas básicas de comportamento. Consideraremos as observações de Lewin em maior detalhe, pois a distinção feita por ele coincide com a distinção que fizemos desde o início entre a estrutura primitiva e a estrutura superior.

No interesse de uma formação científica mais pura dos conceitos, concordamos com Lewin em desistir do termo "vontade" e em substituí-lo introduzindo os termos "ações dependentes" e "ações independentes", ou ações que têm origem diretamente nas motivações da própria situação. O último caso parece-nos especialmente importante. Segundo Lewin, é compreensível que as ações controladas estejam também sujeitas às forças determinantes da situação global, mas com esse tipo de ação o ser humano geralmente não sente que está envolvido em toda a sua personalidade naquela situação; de certo modo, ele permanece fora da situação e por isso controla firmemente a ação. A delimitação dos sistemas psicológicos, nesse caso, é diferente do que em uma ação simples devido à maior dependência ou maior dominação do sistema "Eu".

Independentemente dessa formulação confusa de todo o problema, Lewin estabelece que a formação de tais ligações, estabelecidas com a ajuda de uma ação auxiliar, é um aspecto do homem cultural ou, em outras palavras, é o produto do desenvolvimento cultural. Lewin observa que o problema básico está relacionado ao fato de poder ser formada "qualquer intenção". É notável o fato de que o homem tem uma liberdade excepcional no sentido de realizar qualquer ação intencional, mesmo uma ação sem sentido. Essa liberdade é própria do homem civilizado. Está presente na criança e provavelmente em menor grau no homem primitivo e é o que distingue, provavelmente, o homem dos animais mais próximos a ele, muito mais do que o intelecto superior. A diferença, consequentemente, se reduz à possibilidade do domínio pelo homem do seu próprio comportamento.

Ao contrário de Lewin, tentamos atribuir ao conceito de domínio de seu próprio comportamento um conteúdo claro e preciso. Partimos do fato de que os processos comportamentais representam um mesmo processo natural sujeito às leis da natureza como todos os outros processos. Nem o homem e seu comportamento, submetendo os processos da natureza à sua vontade e interferindo no desenvolvimento desses processos, representa uma exceção. Mas uma questão fundamental e muito importante surge: como ele deveria representar o domínio de seu comportamento para si mesmo? Dois aspectos fundamentais foram reconhecidos pela antiga psicologia. Por um lado, ela reconheceu a existência de uma relação hierárquica entre os centros inferiores e superiores por meio dos quais alguns processos regulam o desenvolvimento de outros; por outro, a psicologia, abordando do ponto de vista espiritualista a questão da vontade, fez avançar a ideia de que as forças mentais atuam sobre o cérebro e através dele sobre todo o corpo.

A estrutura que estamos considerando difere substancialmente do primeiro e do segundo caso. As diferenças são que apresentamos o problema dos meios através dos quais o comportamento é controlado. Da mesma forma que a dominação de um ou outro processo da natureza, o domínio do próprio comportamento pressupõe não uma mudança nas leis básicas que controlam esse fenômeno, mas a submissão a elas. Sabemos que a lei fundamental do comportamento é a lei estímulo-resposta; por isso, não podemos dominar nosso comportamento a não ser por meio do estímulo adequado. A chave para o domínio do comportamento é o controle do estímulo. Assim, *o domínio do comportamento é um processo mediado* que é realizado usando sempre determinados estímulos auxiliares. Tentamos revelar o papel do estímulo--signo em nossos experimentos sobre a resposta de escolha.

Recentemente, na psicologia infantil, a ideia de estudar aspectos específicos do comportamento humano se desenvolveu bastante. Assim, M. Ya. Basov desenvolveu o conceito de ser humano como um agente ativo em seu ambiente, contrastando seu comportamento com a forma passiva de adaptação típica dos animais. Esse autor sustenta que, como objeto de estudo da psicologia, o ser humano é um organismo que atua como agente em seu ambiente e que exibe sua atividade em interação com o ambiente por meio de várias formas e processos comportamentais.

Entretanto, mesmo Basov, que chegou mais perto da questão da especificidade do comportamento humano, não distinguiu em sua pesquisa as formas ativas e passivas de adaptação.

Poderíamos resumir nossas considerações comparativas entre as formas inferiores e superiores de comportamento dessa maneira: a unidade de todos os processos que constituem a forma superior é formada com base em dois exemplos: primeiro, a unidade do problema enfrentado pelo homem e, segundo, como dissemos, os meios que determinam toda a estrutura do processo comportamental.

Como exemplo, que possibilitará distinguir claramente as características das formas inferiores e superiores e ao mesmo tempo revelar os principais exemplos dessa diferença, podemos usar as estruturas primitivas e culturais da fala da criança.

Como sabemos, a primeira palavra pronunciada pela criança tem o significado de uma frase completa. E, mais ainda, às vezes é uma fala complexa. Assim, a expressão externa de desenvolvimento da fala sob o aspecto fenotípico pode ser enganosa. De fato, se considerarmos a manifestação exterior, devemos concluir que a criança inicialmente pronuncia sons isolados, depois palavras isoladas e posteriormente começa a juntar duas ou três palavras, fazendo a transição para uma frase simples que mais tarde se desenvolve em uma frase complexa e em um sistema completo de frases.

Esse aspecto externo, como dissemos, é enganoso. As pesquisas têm mostrado que, certamente, a forma original ou primária da fala da criança apresenta uma estrutura complexa, afetiva e não diferenciada. Quando a criança pronuncia o primeiro "Ma", como diz Stern, essa palavra não pode ser traduzida na linguagem dos adultos como "Mamãe", mas deve ser traduzida por uma frase completa como "Mamãe, me põe na cadeira" etc. Gostaríamos de acrescentar que não apenas a palavra "Ma" isoladamente deve ser traduzida de forma estendida, mas a situação como um todo: a criança quer ser colocada em uma cadeira, ela quer pegar o brinquedo, sua tentativa sem sucesso, a proximidade da mãe que está observando seu comportamento e, finalmente, sua primeira exclamação – tudo isso, combinado com um conjunto complexo total, pode ser representado pelo diagrama de Volkelt.

Vamos comparar essa estrutura primitiva não diferenciada com as estruturas da fala da criança aos 3 anos de idade quando ela expressa o mesmo desejo em uma forma mais desenvolvida, como uma frase simples. Perguntamos: como a nova estrutura difere da primeira? Vemos que a nova estrutura é diferenciada. Nesse caso, a palavra "Ma" se transforma em quatro palavras separadas em que cada uma indica e significa precisamente um objeto de ação que constitui a operação e a relação gramatical correspondente, que contêm a relação com o objeto real.

Assim, a diferenciação e a subordinação dos membros isolados do conjunto distinguem o desenvolvimento dessa estrutura da fala da estrutura primitiva. Mas a diferença mais essencial é que ela não representa uma ação dirigida para a situação. Ao contrário da exclamação inicial, que é parte integral no complexo total da situação, a fala atual da criança perdeu a conexão direta com a ação sobre os objetos. Agora ela representa apenas uma influência sobre outra pessoa. E assim essas funções de influenciar o comportamento que estão separadas aqui em duas pessoas, a criança e a mãe, na estrutura de comportamento complexa estão unidas em um todo. A criança aplica para si mesma aquelas formas de comportamento que os adultos normalmente utilizam com relação a si próprios e este é o aspecto central do domínio de seu próprio comportamento, que é a questão que nos interessa.

Ainda é necessário elucidar a questão mencionada anteriormente sobre as características que distinguem determinada estrutura de um tipo mais geral de estrutura, que, juntamente com Köhler, chamamos de estruturas colaterais. Para Köhler, esse termo significa uma ação que se desenvolve quando existe um impedimento para atingir certo objetivo por uma via direta. Köhler pensou em duas formas concretas básicas em que tais estruturas colaterais aparecem. A primeira são os desvios em um sentido literal da palavra em que alguma barreira física se interpõe entre o animal e seu objetivo e o animal ultrapassa esse obstáculo de forma indireta. A segunda forma concreta consiste no uso de instrumentos que, em um sentido figurado, pode também ser chamado de desvio ou caminho indireto: quando um animal não pode controlar alguma coisa diretamente, não pode pegar algo com as próprias mãos, o animal aproxima o objeto com determinada ação e consegue seu objetivo de modo indireto.

De fato, a estrutura que estamos considerando pertence a uma série de desvios semelhantes. No entanto, existe uma diferença substancial que nos obriga a considerá-la uma estrutura especial. A diferença reside no sentido da atividade geral e no caráter do desvio. Enquanto um instrumento ou um desvio verdadeiro são usados para provocar uma mudança em alguma situação externa, a função de um signo consiste principalmente em mudar algo na própria resposta ou no comportamento humano. O signo não muda o objeto em si, mas apenas redireciona ou reconstrói a operação mental.

Assim, um instrumento dirigido ao exterior e um signo dirigido ao interior preenchem tecnicamente funções mentais diferentes. Por isso, o verdadeiro caráter do desvio difere em um aspecto essencial. No primeiro caso, há determinados desvios objetivos que consistem em objetos materiais; no segundo, o desvio das operações mentais. Essas circunstâncias indicam semelhanças e diferenças entre as estruturas que estamos considerando e as estruturas colaterais.

Com base no que foi falado podemos abordar outra questão essencial. Atualmente, avaliamos que está totalmente elucidada a questão inicial sobre a necessidade de isolar um terceiro estágio no desenvolvimento do comportamento, isto é, em situar as respostas intelectuais em uma categoria à parte com base nos aspectos genéticos, funcionais e estruturais que evitem que consideremos essas respostas simplesmente como hábitos complexos. Se concordarmos com Bühler que as ações mencionadas mantêm o caráter de "ensaios", então os ensaios adquirem um caráter completamente diferente. Eles não têm mais relação direta com o objeto; eles se relacionam ao aspecto interno do processo, tornando-se extremamente complexos e assim indicam um novo estágio no desenvolvimento do comportamento. De fato, esse novo estágio não pode ser considerado uma ruptura em relação ao segundo estágio que o precede.

A conexão entre os dois estágios é a mesma que existe ao longo de todo o desenvolvimento. As formas inferiores não são destruídas, mas são incorporadas nas formas superiores e continuam a existir em uma forma subordinada. Por isso, acreditamos que, em relação aos três estágios de desenvolvimento do comportamento proposto por Bühler, é justificado que Koffka diga que as áreas do comportamento não devem ser consideradas fixas, congeladas, separadas entre si por um muro intransponível. Ao contrário, elas devem ser consideradas formas de comportamento especiais em suas relações estruturais e funcionais que apresentam uma interdependência extremamente complexa e que se apresentam como diferentes relações no mesmo processo comportamental.

Nesse caso, estamos interessados em outra questão, oposta em certo sentido àquela que estamos considerando. Para nós, o primeiro requisito para o pesquisador é sem dúvida abordar os três estágios no desenvolvimento do comportamento. Mas avançaremos mais: podemos nos limitar aos três estágios de desenvolvimento do comportamento sem cometer o mesmo erro que Bühler tentou evitar quando separou o segundo e o terceiro estágios; essa abordagem não contém uma simplificação das formas superiores de comportamento; e o estado atual da ciência não nos obriga a considerar ainda outro estágio, o quarto estágio no desenvolvimento do comportamento que caracteriza as formas superiores de comportamento humano?

Ao introduzir o conceito de terceiro estágio, Bühler argumenta que é necessário reduzir a um denominador comum tanto as formas de pensamento humano quanto as formas mais primitivas com as quais estamos familiarizados através do comportamento infantil e do chimpanzé e que teoricamente apresentam as mesmas bases. O problema da ciência é legítimo: compreender o que é comum, o que unifica as formas superiores com as inferiores, pois as formas inferiores contêm a semente das formas superiores. Mas justamente a redução a um denominador comum das formas superiores e primitivas é que caracteriza um erro grosseiro baseado em um estudo inadequado delas, em estudos apenas das formas primitivas.

De fato, se apreendermos só o que é idêntico nas formas superiores e inferiores de comportamento, teremos realizado metade da tarefa. Nesse caso, nunca seremos capazes de descrever adequadamente as formas superiores com suas qualidades específicas que as tornam diferenciadas. Por isso, o denominador comum que Bühler observa no comportamento intencional realizado com um objeto sem ensaios repetidos não revela ainda o que é essencial nas formas superiores de comportamento.

Podemos dizer de imediato: os três estágios de desenvolvimento do comportamento abordam esquematicamente toda a variedade de comportamentos no mundo animal; com relação ao comportamento humano, eles revelam o que é semelhante ao comportamento animal; por isso, o diagrama de três estágios abrange, quase por completo, somente o que é comum no desenvolvimento biológico do comportamento. Mas ele não aborda o que é mais essencial, especialmente as formas específicas de desenvolvimento mental que distinguem o que é humano. E se quisermos ser consistentes na realização da tendência que chamamos de tendência para a psicologia da humanização, se pretendemos separar o caráter humano no desenvolvimento infantil, devemos então ir além dos limites do diagrama.

De fato, o denominador comum assume que todas as diferenças entre as formas específicas de comportamento humano e de comportamento animal devem ser removidas. O fato de que o homem constrói novas formas de ação, como previamente em pensamento e no papel, a encenação de batalhas em mapas, o trabalho com modelos mentais, em outras palavras, tudo o que no comportamento humano está relacionado com o uso de meios artificiais de pensamento, com o desenvolvimento social do comportamento e, especificamente, com o uso de signos é mantido além dos limites do diagrama. Por isso, além do diagrama de três estágios, devemos isolar um novo estágio especial no desenvolvimento do comportamento construído além dele, um estágio que poderia ser chamado incorretamente de quarto estágio, pois ele apresenta uma relação com o terceiro estágio diferente da que existe entre o terceiro e o segundo estágios, mas de todo modo seria mais correto falarmos, mudando dos números ordinais para os cardinais, não em três, mas em quatro estágios no desenvolvimento do comportamento.

Um fato importante está oculto nessa posição. Devemos nos lembrar quanta discussão foi gerada pela descoberta e pelo reconhecimento do terceiro estágio no desenvolvimento do comportamento para entender o significado que terá na perspectiva da psicologia genética o acréscimo de um quarto estágio.

Como sabemos, reconhecer as respostas intelectuais como um tipo especial de resposta suscita objeções de dois lados. Alguns pensam que a introdução de um novo conceito é supérflua e tentam demonstrar que as respostas intelectuais não apresentam nada de novo ao se comparar com o hábito, que elas podem ser plena e adequadamente descritas sob o conceito de respostas condicionadas, que todo o comportamento pode ser completamente explicado com o diagrama de dois estágios que diferencia as reações inatas e as reações adquiridas.

Os defensores dessa ideia expressam a desconfiança de que, ao reconhecer o terceiro estágio, que ainda não está suficientemente estudado e esclarecido, um conceito metafísico e especulativo poderá ser mais uma vez introduzido na abordagem psicológica; que por trás dos novos termos reside de novo uma abordagem puramente espiritualista; que a transferência antropomórfica dos métodos humanos de comportamento para os animais pode de novo deturpar totalmente a perspectiva genética da psicologia. Observamos por acaso que a desconfiança está de certa forma justificada. No entanto, isso não nos parece uma evidência de que os autores estão corretos; partindo da posição de que um objeto pode ser utilizado como um objeto de abuso, isso não significa que este objeto não deva ser usado.

Se os seguidores dessa visão assumem que a introdução de um terceiro estágio é supérflua e criticam o novo conceito sob o aspecto biológico, então ele também se defrontou com ataques também agressivos da psicologia subjetiva, que temia que com a introdução do novo conceito os direitos da intelectualidade humana pudessem ser depreciados, que do mesmo modo como ocorreu com Darwin, a natureza divina humana pudesse ser de novo relacionada geneticamente ao chimpanzé. Psicólogos da escola de Wurzburg, ocupados com o estudo do pensamento e considerando-o um ato puramente mental, declararam que a psicologia contemporânea está de novo no caminho das ideias platônicas. Para esse pensamento idealista, a descoberta de Köhler representou um duro golpe ao mostrar como o uso primitivo de instrumentos pelo chimpanzé está na origem do pensamento humano.

Parece-nos que esta situação em desenvolvimento é bem característica, pois a descoberta do terceiro estágio de desenvolvimento do comportamento evocou ataques duros de cima e de baixo.

Uma situação análoga foi também criada quando tentamos introduzir uma maior complexidade na abordagem psicológica e mencionar não apenas três, mas quatro estágios no desenvolvimento do comportamento. Esse é o problema básico e central da psicologia genética e devemos esperar antecipadamente que o novo diagrama se defrontará com uma oposição amarga, seja por parte da psicologia biológica, que tenta reduzir o pensamento humano baseado no uso de signos e o pensamento primitivo do chimpanzé a um denominador comum, seja por parte da psicologia espiritualista, que deve ver no novo diagrama uma tentativa de expor as formas superiores de comportamento e de apresentá-las como uma formação histórica e natural e desse modo violar as ideias platônicas.

Conforta-nos somente o fato de que o criticismo vindo de cima e o criticismo vindo de baixo se cancelam mutuamente, se neutralizam, que a complicação do diagrama inicial mais simples por si não parece ser justificada e que outros o acharão uma simplificação artificial.

De fato, admitimos que em nossa tentativa corremos o perigo de uma simplificação ou de uma complicação extraordinária, pois somente foram dados os primeiros passos. Sem dúvida, consciente e inconscientemente, simplificamos o problema ao tentar apresentá-lo de modo esquemático e mais uma vez reduzindo a um denominador comum tudo o que consideramos como comportamento superior. É evidente que novas pesquisas sobre o comportamento humano poderão distinguir as épocas e os passos mais recentes quando nossos esforços também não parecerão metodologicamente definitivos; eles parecerão de fato uma simplificação do problema e uma redução de coisas heterogêneas a um denominador comum. Mas no presente estamos falando de adquirir um novo conceito para a ciência. Estamos falando de mudar a abordagem psicológica de sua dominação biológica para uma abordagem psicológica humana histórica.

Assim, nossa posição inicial é o reconhecimento de um quarto e novo estágio no desenvolvimento do comportamento. Já dissemos que seria incorreto chamá-lo de quarto estágio e há um fundamento para isso. O novo estágio não é construído sobre os três precedentes diferentemente da forma como os estágios precedentes se constroem entre eles. Isso significa uma mudança de direção no desenvolvimento do comportamento e que corresponde ao caráter histórico de desenvolvimento da humanidade. É verdade que quando consideramos sua relação com os primeiros três estágios, que podemos chamar de estágios naturais no desenvolvimento do comportamento, essa relação parece semelhante àquela já mencionada anteriormente. E aqui observamos uma geologia especial nas camadas genéticas do comportamento. De modo semelhante aos instintos que não são eliminados, mas que se misturam com os reflexos condicionados ou aos hábitos que continuam a existir em uma resposta intelectual, as funções naturais também continuam a existir dentro das culturas.

Como vimos em nossa análise, todas as formas superiores de comportamento se revelam diretamente como um determinado conjunto de processos naturais, elementares, inferiores. A cultura não cria nada, ela apenas usa o que é dado pela natureza, modifica-o e o coloca a serviço do homem. Se usarmos os termos da velha psicologia, de modo análogo ao intelecto, podemos denominar o quarto estágio de desenvolvimento do comportamento de volição, porque, no capítulo sobre volição especificamente, a antiga psicologia se ocupou principalmente com o estudo dos verdadeiros fundamentos das formas superiores de comportamento que são o objeto de nossa pesquisa.

Seria um erro pensar que, também devam ser descartados ao lado das representações espiritualistas da vontade, aqueles fenômenos e formas inquestionáveis de comportamento que a antiga psicologia interpretou erroneamente e descreveu algumas vezes. Em relação a essa questão, Høffding disse que a atividade involuntária constitui a base e o conteúdo da atividade voluntária. A vontade não cria nada, mas apenas muda e seleciona. Ele disse que a vontade interfere no curso de outros processos mentais somente segundo as mesmas leis que estão presentes no próprio processo. Assim, a antiga psicologia tem os fundamentos para distinguir não apenas a atividade voluntária da involuntária, mas também a memória involuntária da voluntária e o fluxo de ideias voluntário e involuntário; Høffding também afirma que a ação da vontade não é primordial em evocar ideias apropriadas. Para ele, a vontade representa um primeiro impulso e os buracos, que quando abertos permitem que o fluxo de água passe através deles, com sua própria força, e então o que nos resta é comparar o que estamos buscando com o que foi estabelecido.

Pensando em seu sentido verdadeiro, a formação de conceitos, julgamentos e conclusões está baseada na intervenção da vontade na representação. Mas, como essas palavras contêm tantos significados que não fornecem uma representação clara da relação básica entre o quarto estágio do comportamento e outros estágios, preferimos usar um termo diferente para essa nova área de desenvolvimento que continuaremos abordando. Usando a comparação de Bühler, podemos dizer que observamos outra área de desenvolvimento que, ao contrário das três primeiras, não está sujeita às leis biológicas da seleção. Nela, a seleção deixa de ser a principal lei de adaptação social e nessa área do comportamento todas as formas neutras de comportamento já foram socializadas. Admitindo uma comparação condicional, podemos dizer que a nova área se relaciona com as outras três áreas, assim como o processo de desenvolvimento histórico da humanidade no seu conjunto se relaciona com a evolução biológica.

Nos capítulos anteriores observamos a especificidade dessa área de desenvolvimento. Agora resta-nos considerar brevemente o próprio caráter do desenvolvimento.

Devemos dizer que para a psicologia contemporânea o conceito de desenvolvimento cultural não foi assimilado. Mesmo atualmente os psicólogos apresentam uma tendência a considerar as mudanças culturais em nosso comportamento sob seu aspecto natural e pensá-las como formação de hábitos ou como respostas intelectuais em um contexto cultural. A psicologia é deficiente com relação à compreensão do padrão específico e independente de desenvolvimento das formas de comportamento. Além disso, alguns estudos mostram que a estrutura das formas superiores de comportamento não se mantém inalterada; ela tem sua história interna, que contém toda a história do desenvolvimento do comportamento em seu conjunto. Os instrumentos culturais do comportamento não parecem simplesmente hábitos externos; eles são uma parte inalienável da própria personalidade, enraizados em suas novas relações, criando um sistema próprio e completamente novo.

Considerando essas mudanças, às quais estão sujeitas as novas formas de comportamento, podemos em todos os casos revelar com precisão todos os aspectos do desenvolvimento no verdadeiro sentido da palavra. Esse desenvolvimento, sem dúvida, é extremamente específico quando comparado ao desenvolvimento orgânico. Sua especificidade impossibilitou os psicólogos de identificar esses processos como um tipo especial de desenvolvimento, atribuindo-lhes um plano completamente novo na história do comportamento. A. Binet descobriu o fato de que a lembrança baseada em signos leva a um aumento de função, que a técnica mnemônica pode conseguir melhores resultados do que a mais excepcional memória natural. A esse fenômeno Binet denominou simulação da memória excepcional. Como sabemos, com isso ele queria expressar a ideia de que toda operação mental pode ser simulada, isto é, substituída por outras operações que levam aos mesmos resultados, mas por caminhos totalmente diferentes.

A determinação de Binet dificilmente pode ser chamada de sorte. Ele observa com precisão que em operações semelhantes externamente algumas delas, em essência, simulam outras. Se a designação de Binet tem em vista somente a especificidade do segundo tipo de desenvolvimento de memória, esta não poderia ser questionada, mas, se ela apresenta a ideia de que a simulação, isto é, a ilusão, está ocorrendo nesse caso, ela levará a um erro. Esse ponto de vista prático é sugerido pelas condições específicas de uma exibição em um palco e por isso apresenta uma tendência à ilusão. É provavelmente o ponto de vista de uma corte de julgamento e não de um psicólogo. Mas, de fato, como Binet também reconhece, tal simulação não é uma ilusão. Cada pessoa tem sua própria técnica mnemônica e esta, na opinião do autor, deveria ser ensinada nas escolas com o cálculo mental. O autor não quis dizer com isso que a arte da simulação deveria ser ensinada nas escolas.

Nomear de fictício o tipo de desenvolvimento que estamos considerando, isto é, que conduz somente a uma ficção do desenvolvimento orgânico, nos parece inapropriado. De novo, o aspecto negativo desse assunto está expresso de maneira correta, especificamente, que no desenvolvimento cultural o conceito de função em um nível superior, promovendo sua atividade, não se baseia no desenvolvimento orgânico, mas sim no desenvolvimento cultural, isto é, no desenvolvimento do próprio instrumento.

No entanto, o último termo oculta o verdadeiro significado de que nesse caso não há um desenvolvimento fictício, mas um desenvolvimento real de um tipo especial que rege os padrões especiais. Por isso, preferimos falar de desenvolvimento cultural do comportamento como algo distinto do desenvolvimento natural ou biológico.

Abordaremos agora o problema da elucidação da origem das formas culturais de comportamento. Apresentaremos um breve esboço desse processo como foi observado em nossos estudos experimentais. Tentaremos mostrar que o desenvolvimento cultural da criança avança se confiarmos nas condições artificiais do experimento, em quatro fases ou estágios básicos que se substituem sucessivamente e que se desenvolvem um a partir do outro. Tomados como um todo, esses estágios descrevem o ciclo do desenvolvimento cultural de todas as funções mentais. Os dados obtidos não a partir da experimentação coincidem plenamente com o padrão observado, acomodam-se perfeitamente, adquirindo seu próprio significado e sua explicação hipotética.

Delinearemos de forma resumida os quatro estágios do desenvolvimento cultural da criança, pois eles se substituem sequencialmente durante o processo de um experimento simples. Entende-se que as fases identificadas no desenvolvimento cultural infantil não representam mais do que um delineamento abstrato que deve ser preenchido com um conteúdo concreto nos capítulos subsequentes da história do desenvolvimento cultural infantil. Nesse momento, no entanto, acreditamos ser necessário enfatizar um problema geral fundamental, sem o qual seria impossível fazer a transição do delineamento abstrato para a história concreta das funções mentais isoladas.

Gostaríamos de dizer que não se pode considerar, obviamente, esse delineamento que desenvolvemos no processo dos estudos experimentais reflita acuradamente o processo real de desenvolvimento em toda a sua complexidade. Na melhor das hipóteses, tendo desenvolvido o processo de determinada forma de comportamento, isso ajuda a observar, de modo resumido, os exemplos mais importantes de desenvolvimento cultural e suas inter-relações. Mas seria um erro considerar nossa representação diagramática, desenvolvida com base nas condições artificiais de um experimento, como algo além de um esboço. A maior dificuldade na análise genética consiste em usar os processos comportamentais induzidos experimentalmente e organizados artificialmente para tentar entender os processos naturais, reais de desenvolvimento.

Em outras palavras, o grande problema de transferir o esboço experimental para a vida real está sempre colocado para a pesquisa genética. Se o experimento revela-nos uma sequência de padrões ou um tipo específico, não podemos ficar limitados a este e devemos nos perguntar como o processo em estudo ocorre nas condições da vida real, quem faz o papel do pesquisador que evoca o processo deliberadamente no laboratório. Os dados obtidos não experimentalmente representam um dos maiores suportes para a transferência dos delineamentos experimentais para a realidade. Já ressaltamos que esses dados representam uma confirmação válida da justeza de nossos delineamentos.

No entanto, isso não acontece sempre assim. Na verdadeira pesquisa ainda é necessário traçar o caminho do desenvolvimento das formas culturais de comportamento. Aqui novamente a dificuldade básica consiste em superar o preconceito tradicional ligado estreitamente ao intelectualismo que ainda permanece com sua dominância velada na psicologia infantil. O fundamento dessa visão intelectualista do processo de desenvolvimento é a suposição de que o desenvolvimento ocorre como uma operação lógica. A resposta da teoria intelectualista à questão de como o uso consciente da fala se desenvolve na criança é que a criança descobre o significado da fala. Ela tenta substituir uma operação lógica simples pelo processo complexo de desenvolvimento, sem perceber que tal abordagem é muito difícil, pois assume como já determinado algo que ainda necessita ser explicado.

Tentamos mostrar a insustentabilidade desse ponto de vista usando como exemplo o desenvolvimento da linguagem. De fato, seria impossível encontrar um exemplo mais contundente sobre o fato de que o desenvolvimento cultural não se constitui em uma operação lógica simples.

Não negaremos o fato de que o intelecto, o pensamento, a invenção e a descoberta, no verdadeiro sentido das palavras, têm um papel fundamental no processo de desenvolvimento cultural. Mas o problema da pesquisa genética não é explicar a origem das formas novas de comportamento por meio da descoberta, mas, ao contrário, é de demonstrar geneticamente a ascensão desse desenvolvimento, do papel que devemos lhe atribuir no processo do comportamento infantil e dos outros fatores que promovem seu aparecimento e sua ação.

O papel da inteligência no desenvolvimento é mais facilmente elucidado se apontarmos outro preconceito que está também bastante enraizado na psicologia. Se Stern tentou explicar o desenvolvimento da linguagem infantil como uma descoberta, então a reflexologia contemporânea gostaria de apresentar esse processo exclusivamente como o desenvolvimento de hábitos sem considerar que ela se destaca e distingue dos demais hábitos. É lógico que o processo de desenvolvimento da linguagem envolve o desenvolvimento de uma habilidade motora e que todos os padrões presentes na formação de um reflexo condicionado simples podem sem dúvida ser encontrados também no desenvolvimento da linguagem. Mas isso apenas significa que as funções inatas e naturais estão presentes na linguagem e que ainda estamos distantes de uma descrição adequada do próprio processo.

Assim, devemos superar tanto a visão intelectualista, que vê a cultura isolada da atividade humana intelectual, como a visão mecanicista, que considera as formas superiores de comportamento exclusivamente do ponto de vista de seu mecanismo funcional. Superando ambos os erros, iremos diretamente ao ponto em que poderemos identificar condicionalmente a *história natural dos signos*. A história natural dos signos nos revela que as formas culturais de comportamento têm raízes nas formas naturais, que estão relacionadas a elas por milhares de conexões, que elas se originam a partir das formas naturais. Onde os pesquisadores veem um processo simples de formação e um hábito, um estudo verdadeiro revela um processo de desenvolvimento complexo.

Poderíamos elevar ao primeiro plano o significado de uma das vias fundamentais de desenvolvimento cultural infantil, que podemos chamar genericamente pela palavra *imitação*. Pode parecer que, ao falar de imitação como uma das vias básicas de desenvolvimento cultural infantil, estejamos retornando novamente aos preconceitos de que falamos. Um partidário da teoria dos hábitos poderia dizer que a imitação é, obviamente, uma transferência mecânica de uma forma já desenvolvida de comportamento para outra, que é um processo de formação de um hábito que conhecemos bem no desenvolvimento animal. Contra tal visão, poderíamos apontar a ruptura que ocorre na psicologia contemporânea da imitação.

De fato, a psicologia até agora não tem uma ideia intelectual clara sobre o processo de imitação. Na verdade, parece que os processos de imitação são muito mais complexos do que poderia parecer inicialmente. Assim, parece que a aptidão para a imitação é estritamente limitada em diferentes animais e pessoas de modo que, resumindo a nova posição da psicologia nessa área, podemos dizer que *o círculo da imitação disponível coincide com o círculo das possibilidades de desenvolvimento real do animal*.

Por exemplo, foi ressaltado há muito tempo que o desenvolvimento da linguagem na criança não pode ser explicado pela imitação do adulto. É verdade que um animal escuta o som da voz humana e, desde que possua um aparelho vocal com determinada estrutura, ele pode imitá-la, mas sabemos a partir de experimentos com animais domésticos até que ponto é limitado o círculo de sua imitação humana. Um cachorro, o animal mais domesticado com possibilidades quase ilimitadas de treinamento, não pode imitar as emoções do comportamento humano, nenhum pesquisador conseguiu demonstrar algo além da imitação instintiva.

Devemos fazer mais uma ressalva: não queremos dizer que a imitação não tem um papel decisivo no desenvolvimento da linguagem infantil. O que queremos dizer é o oposto: a imitação é um dos caminhos básicos no desenvolvimento cultural da criança em geral. Queremos apenas salientar que a imitação não pode explicar o desenvolvimento da linguagem e que a imitação por si necessita de explicação. Köhler, ao considerar as objeções que podem ser feitas ao atribuir um comportamento inteligente a um chimpanzé, enfatiza especialmente a questão da imitação. Surge a seguinte pergunta: o chimpanzé não poderia em certos experimentos encontrar soluções semelhantes às humanas e não poderia ele simplesmente imitar as ações humanas? Köhler diz que essa objeção poderia ser uma forte censura se assumíssemos a existência de uma imitação simples sem nenhuma participação inteligente, uma transferência mecânica do comportamento de um homem para outro. Não há dúvida de que tal imitação puramente reflexa existe; entretanto, devemos estabelecer seus verdadeiros limites.

Se assumirmos que está ocorrendo nesse caso uma imitação de outro tipo, não apenas uma transferência mecânica de um para outro, mas relacionada a certa compreensão da situação, então podemos assumir uma nova interpretação do comportamento realmente inteligente dos animais. De fato, ninguém ainda observou que as ações complexas poderiam ser reproduzidas pela simples imitação reflexa. O processo de imitação assume certa compreensão do significado da ação de outrem. Na verdade, a criança que pode entender não pode imitar a escrita de um adulto. A psicologia animal confirma que a questão da imitação nos animais está na mesma situação. Os estudos de autores americanos mostraram, ao contrário dos resultados de E. Thorndike[2], que a imitação também ocorre nos vertebrados supe-

---

[2] THORNDIKE, Edward (1874-1949). Vol. 2, p. 485.

riores, embora com dificuldades e limitadas em alcance. Essa descoberta coincide com a hipótese de que a imitação é um processo complexo que necessita de uma compreensão preliminar.

Para qualquer pessoa que esteja engajada na pesquisa animal, Köhler diria: se um animal que observa um problema ser resolvido pode chegar à solução pela imitação, então devemos atribuir a esse animal a nota mais alta. Infelizmente, é raro nos deparamos com esses casos nos chimpanzés e, o mais importante, apenas quando uma situação e solução adequadas são encontradas dentro das limitações do chimpanzé e de suas ações espontâneas. A imitação simples é encontrada nos chimpanzés como nos humanos, isto é, quando o comportamento produzido pela imitação já é comum e compreensível. Köhler assume que as condições para a imitação são as mesmas nos animais e nos seres humanos; o homem não pode imitar simplesmente se ele não entender o processo ou o curso das ideias suficientemente bem.

Gostaríamos de limitar a posição de Köhler à área da imitação natural. Com relação às formas superiores ou especiais de imitação, poderíamos dizer que elas seguem o mesmo caminho do desenvolvimento cultural como todas as outras funções. Köhler diz, especificamente, que sob condições naturais o chimpanzé é capaz de imitar o comportamento humano e por isso ele atribui inteligência a seu comportamento. Köhler afirmou que, como regra, o chimpanzé não imita o comportamento humano. Isso está incorreto. Há casos em que mesmo o maior cético teria que admitir que o chimpanzé imita novos métodos de ação não apenas semelhantes ao seu, mas também aos dos humanos.

Podemos expressar essa nova avaliação da imitação de outro modo dizendo que a imitação é possível somente na extensão e naquelas formas em que ela é acompanhada pela compreensão. É fácil observar o enorme significado que a imitação adquire como método de pesquisa que torna possível estabelecer o limite e o nível das ações acessíveis ao intelecto do animal e da criança. *Grosso modo*, ao testar os limites da imitação possível, testamos os limites da inteligência de determinado animal. Por isso, a imitação é um instrumento metodologicamente conveniente para a pesquisa, em particular para a área genética. Se quisermos descobrir o quanto um intelecto amadureceu para realizar determinada função, podemos testar por meio da imitação e considero um experimento com imitação que desenvolvemos como uma das formas básicas de experimento genético: se uma criança presencia outra resolver um problema adequado, então ela consegue resolver o mesmo problema.

Essas considerações nos impulsionam a rejeitar a posição que reduz a essência da imitação à simples formação de hábitos e reconhece a imitação como um fator substancial no desenvolvimento das formas superiores do comportamento humano.

Capítulo 5

A gênese das funções mentais superiores

O terceiro nível de nossa pesquisa está próximo do método histórico que adotamos ao considerar as formas superiores de comportamento. A análise e a estrutura dos processos mentais superiores levam-nos diretamente a revelar a questão básica de toda a história do desenvolvimento cultural da criança, a elucidar a gênese das formas superiores de comportamento, isto é, a origem e o desenvolvimento dos processos mentais que são objeto de nosso estudo.

Usando a expressão de S. Hall[1], a psicologia coloca a explicação genética acima da explicação lógica. Ela está interessada no problema de onde e para onde, isto é, de onde provém esse fenômeno e em que ele está tentando se transformar.

A abordagem histórica de elucidação parece para o psicólogo-geneticista ser superior a qualquer outra forma possível. Para ele, responder à questão do que representa determinada forma de comportamento significa revelar sua origem e a história de seu desenvolvimento até o momento. Nesse sentido, como dissemos anteriormente, nas palavras de P. P. Blonskii, o comportamento pode ser entendido somente como a história do comportamento.

Mas, antes de abordarmos a gênese das formas superiores de comportamento, devemos elucidar o conceito de desenvolvimento, assim como fizemos nos capítulos sobre a análise e a estrutura dos processos

---

[1] HALL, Stanley (1844-1924). Vol. 1, p. 470.

mentais superiores. O fato importante é que, para a psicologia, devido à sua profunda crise, todos os conceitos adquiriram múltiplos significados e tornaram-se confusos; eles mudam dependendo do ponto de vista básico sobre o objeto escolhido pelos pesquisadores. Em sistemas diferentes da psicologia, relacionados a diferentes princípios metodológicos, todas as categorias básicas de pesquisa, incluindo a categoria da gênese, adquirem vários significados.

Outra consideração que nos obriga a enfatizar o problema da gênese é que a especificidade do processo de desenvolvimento das formas superiores de comportamento que compreende o objeto de nossa pesquisa não está reconhecida de modo adequado pela psicologia contemporânea. O desenvolvimento cultural da criança, como tentamos estabelecer anteriormente, representa um nível totalmente novo de desenvolvimento infantil que não está adequadamente estudado e não foi sequer destacado pela psicologia infantil.

Se retornarmos ao conceito de desenvolvimento como está representado na psicologia contemporânea, veremos que há muitas coisas que a pesquisa contemporânea deve superar. A primeira, a triste sobrevivência do pensamento pré-científico na psicologia, representa a pré-formação[2] residual oculta na teoria do desenvolvimento infantil. As teorias errôneas e as antigas representações, desaparecendo da ciência, deixaram traços, resíduos na forma de hábitos de pensamento. Independentemente do fato de que a visão segundo a qual a criança difere do adulto somente na proporção de seu corpo, somente em escala, somente nas dimensões, foi há muito tempo descartada na formulação geral dos escritos sobre a criança; essa representação continua a existir em uma forma subjacente na psicologia infantil. Nenhum trabalho sobre a psicologia infantil pode agora abertamente repetir as afirmações já refutadas de que a criança é um adulto em miniatura, mas essa visão continua a existir mesmo atualmente em uma forma oculta e é encontrada em quase todos os estudos psicológicos.

---

[2] Pré-formação ou pré-formismo é o estudo da presença de células sexuais das estruturas do organismo materno que predeterminam o desenvolvimento do embrião e as características que são formadas em seu organismo.

É suficiente dizer que a abordagem dos tópicos mais importantes pela psicologia infantil (memória, atenção e pensamento) está começando a sair desse beco sem saída e a reconhecer o processo de desenvolvimento mental em toda a sua complexidade. Mas, na maioria dos casos, os estudos científicos mantêm, de modo subjacente, a visão que explica o desenvolvimento infantil como um fenômeno puramente quantitativo.

Essa visão permaneceu com relação à embriologia. As teorias baseadas nesse ponto de vista foram chamadas de pré-formismo ou teoria da pré-formação. Em essência, ela defende que o embrião contém um organismo já completamente formado e finalizado, somente em tamanho menor. A semente do carvalho, segundo essa teoria, por exemplo, contém o futuro carvalho completo com suas raízes, tronco e ramos, mas em miniatura. O embrião humano contém o organismo humano formado, mas em tamanho extremamente reduzido.

Desse ponto de vista, todo o processo de desenvolvimento pode ser representado de modo extremamente simples: ele consiste em um aumento puramente quantitativo no tamanho de algo que já está presente desde os primórdios do embrião; o embrião aumenta gradualmente de tamanho, cresce e transforma-se em um organismo maduro. Essa visão foi abandonada há muito tempo pela embriologia e tem apenas interesse histórico. Mas na psicologia essa visão continua a existir na prática, embora na teoria já tenha sido descartada.

Teoricamente, a psicologia rejeitou a ideia de que o desenvolvimento infantil é um processo puramente quantitativo. Há uma concordância de que se trata de um processo muito mais complexo, um processo que não se explica por mudanças apenas quantitativas. Mas, na prática, a psicologia se defronta com a tarefa de revelar esse processo complexo de desenvolvimento em todas as suas camadas e de detectar as alterações e transformações qualitativas que remodelam o comportamento da criança.

E. Claparède[3], em sua introdução aos estudos de J. Piaget[4], afirma justificadamente que o problema do pensamento infantil geralmente

---

[3] CLAPARÈDE, Edward (1873-1940). Vol. 2, p. 482.

[4] PIAGET, Jean (1896-1980). Vol. 2, p. 482. Estamos nos referindo a um livro de Piaget, *Speech and Thinking of the Child* [A linguagem e o pensamento da criança], editado com uma introdução de L. S. Vigotski (Moscou-Leningrado, 1932).

foi abordado pela psicologia como uma questão puramente quantitativa e apenas os novos trabalhos o tratam como um problema de qualidade. Frequentemente, diz Claparède, o que era atribuído ao desenvolvimento do intelecto infantil era o resultado de adições e subtrações, um incremento de novas experiências e a superação de certos erros. Os estudos contemporâneos nos revelam que o intelecto infantil muda gradualmente em seu próprio caráter.

Se quisermos caracterizar com uma única afirmação quais são, para a pesquisa contemporânea, os requisitos básicos a respeito da questão do desenvolvimento, poderíamos dizer que esse requisito consiste em estudar a especificidade dos aspectos positivos do comportamento infantil. Isso necessita de alguma explicação.

Todos os métodos psicológicos utilizados até o momento para estudar o comportamento da criança normal e da criança com deficiência, independentemente da grande variedade e das diferenças entre elas, apresentam uma característica que os relaciona em certos aspectos. Essa característica é a descrição negativa da criança que é o resultado da metodologia existente. Todos os métodos falam do que a criança não possui, o que ela não apresenta em relação ao adulto e o que a criança com deficiência não tem quando comparada à criança normal. O que vemos é sempre um aspecto negativo da personalidade da criança. Essa abordagem não nos diz nada sobre o caráter específico positivo que diferencia a criança do adulto e da criança com deficiência.

Atualmente, a questão colocada para a psicologia é detectar a singularidade do comportamento infantil em toda a plenitude e riqueza de sua expressão real e apresentar um aspecto positivo da personalidade infantil. Mas um aspecto positivo só é possível se mudarmos radicalmente nossa representação do desenvolvimento infantil e considerá-lo um processo dialético complexo caracterizado por uma periodicidade complexa, uma desproporção no desenvolvimento de funções diferentes, a metamorfose ou transformação qualitativa de certas formas em outras, uma combinação complexa dos processos evolutivos e regressivos, um cruzamento complexo de fatores internos e externos, um processo complexo de superar dificuldades e adaptações.

Outro aspecto que deve ser superado para deixar livre o caminho para a pesquisa genética contemporânea é o evolucionismo oculto, que até o momento dominou a psicologia infantil. A evolução ou o desenvolvimento pelo acúmulo lento e gradual de alterações isoladas continua a ser vista como a única forma de desenvolvimento infantil que esgota todos os processos que sabemos compor esse conceito geral. Em essência, nas discussões sobre o desenvolvimento infantil surge uma analogia com o processo de crescimento das plantas.

A psicologia infantil não se interessa por conhecer as mudanças revolucionárias, críticas e espasmódicas que ocorrem abundantemente na história do desenvolvimento infantil e que são observadas frequentemente na história do desenvolvimento cultural. Para uma mente ingênua, revolução e evolução parecem incompatíveis. Para o ingênuo, o desenvolvimento histórico continua somente se se desenvolver linearmente. Quando ocorre uma virada, uma ruptura do tecido histórico, um salto, a consciência ingênua enxerga somente catástrofe, fracasso, ruptura. Para o ingênuo, a história para nesse ponto e recomeça quando assume um caminho tranquilo e direto.

A consciência científica, por outro lado, considera a revolução e a evolução como duas formas de desenvolvimento mutuamente conectadas e estreitamente inter-relacionadas. A mente científica toma o salto que ocorre no desenvolvimento da criança durante tais mudanças como um ponto específico em toda a linha de desenvolvimento.

Essa posição tem um significado especialmente importante para a história do desenvolvimento cultural porque, como veremos, a história do desenvolvimento cultural consiste em grande parte nessas mudanças cruciais e espasmódicas que ocorrem no desenvolvimento infantil. A essência do desenvolvimento cultural consiste no confronto entre as formas culturais desenvolvidas de comportamento que desafiam a criança e as formas primitivas que caracterizam seu próprio comportamento.

A consequência mais óbvia do que foi dito é a mudança no ponto de vista geralmente aceito sobre os processos de desenvolvimento mental da criança e a representação sobre a natureza da estrutura e do desenvolvimento desses processos. Geralmente todos os processos de desenvolvimento infantil são representados como processos que ocorrem de modo estereotipado. A imagem do desenvolvimento, aparentemente o modelo com o qual outras formas são comparadas, é considerada como desenvolvimento embrionário. Esse tipo de desenvolvimento depende pouco do ambiente e a palavra "desenvolvimento" pode ser aplicada no sentido literal, isto é, como um desdobramento das possibilidades que já estão contidas no embrião em uma forma condensada. O desenvolvimento embrionário também não pode ser considerado um modelo para qualquer processo de desenvolvimento no sentido estrito da palavra. Em vez disso, ele pode ser visto como seu resultado. É um processo que terminou, que está concluído e que evolui de modo quase estereotipado.

Precisamos apenas comparar o processo de desenvolvimento embrionário com o processo evolutivo das espécies animais, a verdadeira origem das espécies como revelada por Darwin, para observar a diferença radical entre um tipo e outro de desenvolvimento. As espécies surgiram e se extinguiram, as espécies se transformaram e se desenvolveram na luta pela sobrevivência, no processo de adaptação ao ambiente. Se quisermos fazer uma analogia entre o processo de desenvolvimento infantil e qualquer outro tipo de processo de desenvolvimento, teríamos que escolher a evolução das espécies animais em vez do desenvolvimento embrionário.

Tampouco o desenvolvimento infantil se assemelha a um processo estereotipado protegido das influências externas; o desenvolvimento da criança acontece como uma adaptação ativa ao ambiente. Mesmo formas mais novas surgem nesse processo e não apenas elos de uma cadeia produzida previamente de modo estereotipado. Cada novo estágio de desenvolvimento do embrião já presente potencialmente em um estágio precedente ocorre devido ao desenvolvimento do potencial interno; não é tanto um processo de desenvolvimento, mas um processo de crescimento e maturação. Essa forma, esse tipo, está também representada no desenvolvimento mental da criança; mas na história do desenvolvimento cultural outra forma, outro tipo, ocupa um lugar mais importante; este consiste em um novo estágio que não surge do potencial já contido no estágio precedente, mas de um confronto real entre o organismo e o ambiente e de uma adaptação ativa ao ambiente.

Na psicologia infantil contemporânea, temos dois pontos de vista sobre o processo de desenvolvimento infantil. Um deles se remete a J.-B. Lamarck[5] e o outro a Darwin. Bühler disse acertadamente que é necessário olhar no livro de K. Koffka[6] sobre o desenvolvimento psicológico infantil para tentar atribuir à ideia de Lamarck uma expressão psicológica contemporânea.

A essência do ponto de vista de Koffka é que o princípio que é geralmente usado para explicar as formas superiores de comportamento é adotado também para explicar as formas inferiores de comportamento, enquanto até agora, ao contrário, o princípio que o psicólogo utilizou para explicar o comportamento primitivo foi empregado para as formas superiores. Mas segundo Koffka esse método não tem nada em comum com o antropomorfismo. Uma das conquistas metodológicas importantes da psicologia contemporânea foi a de estabelecer a diferença mais importante entre o antropomorfismo ingênuo e o crítico.

Enquanto a teoria ingênua é parte do pressuposto da semelhança entre as funções em vários estágios do desenvolvimento, o antropomorfismo crítico é derivado das formas superiores que conhecemos no homem e estuda o desenvolvimento da estrutura psicológica, descendo os degraus do desenvolvimento mental. Os trabalhos de Köhler e de Koffka se aproximam dessa última teoria. Mas, independentemente dessa correção importante, essas teorias transferem o princípio da elucidação encontrado nos estudos das formas superiores de comportamento para o estudo das formas inferiores.

Bühler, ao contrário, relaciona a construção da psicologia infantil como uma tentativa de dar continuidade às ideias de Darwin. Se Darwin conhecia apenas uma área do desenvolvimento, Bühler destaca duas novas áreas que, em sua opinião, encontram justificativa e confir-

---

[5] LAMARCK, Jean-Baptiste (1744-1829). Biólogo francês.
[6] Estamos nos referindo ao livro de K. Koffka *Grundlagen der psychischen Entwickung* [Fundamentos do desenvolvimento mental] (Berlim, 1925).

mação com base no princípio da seleção de Darwin. De fato, Bühler tentou unir os pontos de vista de Darwin e de Lamarck usando os argumentos de E. Hering[7], de que um único aspecto geral da história do desenvolvimento de todos os seres vivos pode ser gerado com base nas duas teorias, de Lamarck e de Darwin, apresentadas com uma brilhante parcialidade. O que aconteceu com ele é o mesmo que acontece a alguém que faz uma observação com um estereoscópio: inicialmente ele vê duas imagens que se misturam e brigam entre si, até que de repente elas se unem em uma imagem nítida e tridimensional.

Continuando essa comparação, Bühler afirma que o neodarwinismo sem Lamarck é cego e estático, mas Lamarck sem Darwin não é maduro o suficiente para descrever a rica diversidade das formas de vida. A teoria do desenvolvimento na psicologia infantil evoluirá quando as relações entre esses dois pesquisadores forem elucidadas.

Assim, vemos que o conceito de desenvolvimento infantil não é o mesmo para diferentes pesquisadores.

Na teoria de Bühler, suas ideias a respeito das diferentes esferas de desenvolvimento parecem ser extremamente frutíferas. Ele afirma que Darwin conhecia apenas uma esfera, enquanto Bühler ressalta três esferas distintas. Segundo Bühler, o desenvolvimento do comportamento passa por três estágios básicos e o processo de desenvolvimento do comportamento consiste na mudança do lugar da seleção. A adaptação darwiniana é realizada pela eliminação dos indivíduos menos adaptados; trata-se de vida e morte. A adaptação pelo treinamento é realizada pelo indivíduo; ele abandona antigos comportamentos e cria novos. O local de sua ação está localizado dentro dos limites da atividade de seu corpo e seu preço não é a vida, mas o movimento corporal produzido e dissipado do mesmo modo como na natureza.

Bühler observa que há outras possibilidades de desenvolvimento. Se os movimentos do corpo ainda são muito difíceis ou são insuficientes, então o local em que ocorre a seleção deve ser mudado, transferido para a área das representações e do pensamento.

---

[7] HERING, Ewald (1834-1918). Vol. 1, p. 466; vol 2, p. 490.

Bühler afirmou que é necessário reduzir as formas superiores da inventividade e descoberta humana e as formas mais primitivas, cujos exemplos observamos na criança e no chimpanzé, a um denominador comum e entender teoricamente suas semelhanças. Desse modo, o conceito de teste ou ensaio interno do pensamento, que é equivalente ao ensaio com um objeto, possibilitou a Bühler estender a fórmula de seleção darwiniana para todas as áreas da psicologia humana. A origem das três diferentes esferas (instinto, treinamento, intelecto), que compõem o princípio da seleção, em três diferentes locais de ação, pode ser explicada com base em um princípio único. Essa ideia, na opinião do autor, é uma continuação sequencial da teoria contemporânea do desenvolvimento com tendência darwiniana.

Gostaríamos de considerar mais detalhadamente a teoria dos três estágios no desenvolvimento do comportamento. A teoria abrange todas as principais formas de comportamento, classificando-as nos três estágios da escala evolutiva. O primeiro estágio é formado pelo instinto, ou repertório inato, herdado de formas de comportamento. Acima deste está o segundo estágio, que pode ser chamado de estágio de treinamento, como foi denominado por Bühler, ou, em outras palavras, o estágio dos hábitos ou dos reflexos condicionados, isto é, aqueles aprendidos e adquiridos pela experiência pessoal ou por respostas condicionadas. E, finalmente, o terceiro estágio, mais acima, que é o estágio do intelecto ou das respostas inteligentes que têm a função e a adaptação a novas condições e representam, nas palavras de Thorndike, uma hierarquia organizada de hábitos para a solução de novos problemas.

O terceiro estágio permanece discutível, menos estudado, e é mais complexo. Muitos autores tentam restringir os limites do desenvolvimento a apenas dois estágios, acreditando que as respostas intelectuais não devam ser colocadas em uma classe especial, mas que devem ser consideradas hábitos especialmente complexos. Consideramos que a pesquisa experimental contemporânea provê uma base sólida para que avaliemos esse debate como resolvido e favorável a aceitar um terceiro estágio. A resposta intelectual, que difere em muitas características essenciais em sua origem e função, não pode ser colocada no mesmo nível da formação mecânica de hábitos, que surgem por tentativa e erro, mesmo no campo do comportamento animal, como demonstraram os estudos de Köhler.

De fato, não devemos esquecer que o estágio das respostas intelectuais está estreitamente relacionado com o segundo estágio de desenvolvimento do comportamento e nele se baseia. Mas esse é um fenômeno comum que se aplica também ao segundo estágio de desenvolvimento do comportamento.

Do ponto de vista teórico, acreditamos que uma das ideias mais frutíferas na psicologia genética é a de que a estrutura de desenvolvimento do comportamento se assemelha em muitos aspectos à estrutura geológica da crosta da Terra. As pesquisas mostraram a presença de estratos genéticos diferentes no comportamento humano. Nesse sentido, a "geologia" do comportamento humano é, sem dúvida, um reflexo da origem e do desenvolvimento "geológicos" do cérebro.

Se retornarmos à história do desenvolvimento do cérebro, observaremos o que Kretschmer denominou a lei da estratificação. Com o desenvolvimento dos centros superiores, os centros inferiores mais antigos na história do desenvolvimento não são deixados de lado, mas continuam a trabalhar em união, subordinados à direção dos centros superiores de tal modo que eles não podem ser definidos separadamente no sistema nervoso íntegro.

O segundo padrão de desenvolvimento do cérebro consiste no que chamamos de transição das funções para um nível superior. Os centros subordinados não mantêm plenamente seu tipo inicial de funcionamento na história do desenvolvimento, mas entregam uma parte substancial das funções anteriores aos novos centros que são formados acima deles. Como Kretschmer afirmou, somente em casos de lesão dos centros superiores ou sua perda funcional os níveis subordinados tornam-se independentes e exibem os elementos característicos dos modos mais antigos de funcionamento.

Assim, vemos que, com o desenvolvimento dos centros superiores, os centros inferiores são preservados em níveis subordinados e que o desenvolvimento do cérebro ocorre segundo as leis de estratificação e de superestrutura dos novos níveis sobre os velhos. O estágio antigo não desaparece quando aparecem os novos, mas é deslocado pelo novo, é dialeticamente negado por ele, fazendo a transição para ele e nele existindo. É assim precisamente que o instinto não é abolido, mas é substituído pelo reflexo condicionado como uma função do cérebro antigo entre as funções do novo cérebro. Dessa maneira também, o reflexo condicionado é substituído por um ato intelectual, e nele existe e não existe ao mesmo tempo. Dois problemas igualmente defensáveis desafiam a ciência: revelar o inferior no superior e revelar o desenvolvimento do superior a partir do inferior.

Recentemente, Werner expressou a ideia de que o comportamento de um adulto contemporâneo cultural pode ser entendido apenas "geologicamente", pois diferentes estratos genéticos foram preservados no comportamento que refletem todos os estágios de desenvolvimento mental pelos quais o homem passou. Werner afirma que a estrutura psicológica se caracteriza não por um mas por muitos estratos genéticos superpostos uns sobre os outros. Por isso, mesmo um indivíduo isolado exibe em seu comportamento, do ponto de vista genético, determinadas fases no processo de desenvolvimento que geneticamente já estavam terminadas. Somente a psicologia dos elementos representa o comportamento humano como uma única esfera fechada. Ao contrário, a nova psicologia estabelece que o homem exibe diferentes estágios genéticos em seu comportamento. Werner ressalta que o principal problema da pesquisa contemporânea é revelar a qualidade das múltiplas camadas genéticas do comportamento.

O livro de Blonskii, *Psychological Essays* [Ensaios psicológicos], é constituído da análise genética do comportamento humano. A nova ideia que ele contém é que o comportamento humano cotidiano pode ser entendido somente se forem revelados os quatro estágios básicos genéticos pelos quais se dá o desenvolvimento do comportamento. Blonskii distingue a vida adormecida como um estágio primitivo da vida, a vigília primitiva, a vida de vigília incompleta e a vida de vigília plena. Esse padrão genético especial engloba o comportamento cotidiano humano e os milhares de anos de história de seu desenvolvimento ou considera, mais precisamente, o comportamento cotidiano humano do ponto de vista de sua história de muitos milhares de anos e apresenta uma bela imagem de como o ponto de vista histórico pode ser aplicado à psicologia geral e à análise do homem contemporâneo.

A história do desenvolvimento de signos, entretanto, leva-nos à lei geral que controla o comportamento. P. Janet[8] chama-a de lei fundamental da psicologia. A essência dessa lei é que, no processo de desenvolvimento, a criança começa a exibir os mesmos comportamentos que outras pessoas utilizaram com ela anteriormente. A criança assimila as formas sociais de comportamento e transfere-as para si mesma. Aplicando essa lei à área que nos interessa, podemos dizer que ela cabe melhor ao uso de signos.

Inicialmente, o signo é sempre um meio de relação social, um meio de influenciar outras pessoas, e, somente mais tarde, ele se transforma em um meio de influenciar a si mesmo. Muitas relações e dependências reais que são formadas dessa maneira têm sido explicadas pela psicologia. Por exemplo, podemos apontar a circunstância observada por J. Baldwin[9], que foi desenvolvida nos estudos de Piaget. As

---

[8] JANET, Pierre (1859-1947). Psicólogo e psicopatologista francês. Dando continuidade ao trabalho do médico francês J. Charcot, desenvolveu o conceito psicológico de neurose baseado, segundo Janet, nos distúrbios das funções sintéticas da consciência. A esfera da inconsciência é limitada por ele às formas mais simples de automatismos mentais. Nos anos 1920 e 1930, Janet desenvolveu uma teoria psicológica geral com base em uma compreensão sobre a psicologia como uma ciência do comportamento. Diferentemente do behaviorismo, Janet não reduziu o comportamento a atos elementares, incluindo no sistema a psicologia da consciência. Fundamentado nessa concepção, desenvolveu um sistema hierárquico complexo dos tipos de comportamento, desde um ato reflexo simples até as ações intelectuais superiores. Janet desenvolveu uma abordagem histórica da mente humana, enfatizando especialmente o nível social do comportamento e seus derivados: a volição, a memória, o pensamento e a autoconsciência. Ele considerou o pensamento geneticamente como a substituição da ação real, funcionando sob a forma de uma linguagem interior.

[9] BALDWIN, James Mark (1861-1934). Psicólogo, sociólogo e historiador americano, foi um dos fundadores da psicologia social americana; na visão filosófica, ele foi um idealista. Baldwin pensava que a tarefa da psicologia geral era o estudo das diferenças individuais. Ele tentou introduzir o princípio do evolucionismo na psicologia e considerou o desenvolvimento mental da criança sob a ótica da biogenética. Na pedagogia, Baldwin tentou substanciar a necessidade de uma abordagem individual para o estudante baseada nos dados da psicologia experimental.

pesquisas têm demonstrado que, sem dúvida, há uma relação genética entre os argumentos da criança e suas reflexões. A lógica infantil confirma o fundamento dessa relação. As conclusões aparecem inicialmente nas argumentações entre as crianças e somente mais tarde elas são internalizadas pela criança, relacionadas à sua personalidade.

Somente com o aumento da socialização da linguagem infantil e de toda a experiência da criança é que ocorre o desenvolvimento da lógica infantil. É interessante notar que no desenvolvimento do comportamento infantil o papel genético do grupo muda, as funções superiores de pensamento se manifestam inicialmente na vida da criança em grupo, como discussões, e somente mais tarde levam ao desenvolvimento da reflexão, internalizada no comportamento da própria criança.

Piaget demonstrou que é exatamente a ruptura que ocorre na transição da idade pré-escolar para a idade escolar que resultará em uma mudança na forma de atividade em grupo. Por isso, o pensamento da criança muda. Piaget disse que a reflexão pode ser considerada um argumento interno. Para que a aplicação dessa lei à história do desenvolvimento cultural infantil seja absolutamente clara, necessitamos apenas relembrar que a linguagem representa inicialmente um meio de socialização com as pessoas que convivem com a criança e que somente mais tarde, na forma da fala interna, ela se transforma em pensamento.

Mas diríamos muito pouco sobre o significado da lei que controla o comportamento se não fôssemos capazes de demonstrar as formas concretas em que ela se manifesta na área do desenvolvimento cultural. Podemos conectar o efeito dessa lei com os quatro estágios de desenvolvimento do comportamento que mencionamos anteriormente. Se considerarmos essa lei, torna-se absolutamente claro por que tudo o que é interior nas funções mentais superiores foi anteriormente externo. Se for verdade que o signo é a princípio um meio de socialização, e só mais tarde torna-se uma forma de comportamento do indivíduo, então está absolutamente claro que o desenvolvimento cultural se baseia no uso de signos e que a sua inclusão no sistema global do comportamento ocorreu a princípio em um contexto social, externo.

Em geral, podemos dizer que as relações entre as funções mentais superiores foram em algum momento relações reais entre as pessoas. Eu me relaciono comigo mesmo da mesma forma que as pessoas se relacionam comigo. Assim como o pensamento verbal representa uma internalização da linguagem, a reflexão é uma internalização da discussão, e do mesmo modo ocorre com a função mental da palavra, a qual, segundo Janet, não pode ser explicada de outro modo a menos que consideremos na explicação um sistema mais extenso do que o humano. A abordagem psicológica original sobre a função da palavra é a função social e, se quisermos investigar o papel da palavra no comportamento do indivíduo, devemos considerar seu papel anterior no comportamento social das pessoas.

Neste momento, resolveremos primeiro o problema do quão verdadeira é, em essência, a teoria da linguagem proposta por Janet. Gostaríamos de dizer que o método de pesquisa que ele propõe é completamente indiscutível do ponto de vista da história do desenvolvimento cultural infantil. Segundo Janet, a palavra foi a princípio um comando para outras pessoas, então ela se tornou uma história complexa de imitações, mudanças de função etc., e só gradualmente separou-se da ação. Segundo Janet, a palavra é sempre um comando porque é um meio fundamental de controle do comportamento. Por isso, se quisermos explicar geneticamente como se desenvolveu a função volitiva da palavra, por que a palavra subordina a resposta motora, qual é a origem do poder da palavra sobre o comportamento na ontogênese e na filogênese, chegaremos inevitavelmente à verdadeira função de comando. Janet disse que o poder da palavra sobre a função mental se baseia no verdadeiro poder do superior sobre o subordinado; a relação das funções mentais deve ser atribuída geneticamente às relações reais entre as pessoas. Regular o comportamento de outra pessoa por meio da palavra leva gradualmente ao desenvolvimento do comportamento verbalizado do próprio indivíduo.

Mas, obviamente, a linguagem tem uma função central na relação social e no comportamento cultural do indivíduo. Por isso, a história do indivíduo é especialmente instrutiva para entender a transição do exterior para o interior, da função social para a individual, e se manifesta aqui com uma clareza particular. Não foi em vão que Watson viu uma diferença substancial entre a linguagem interior e a exterior, pois a primeira serve ao indivíduo, e não para a adaptação social.

Se olharmos para as formas de relações sociais, vemos que mesmo as relações entre as pessoas apresentam uma natureza dual. Podem ocorrer relações diretas e mediadas entre as pessoas. As diretas se baseiam nas formas instintivas de movimento e ações expressivas. Quando Köhler descreve a situação em que um chimpanzé quer que outro chimpanzé o acompanhe, como ele olha nos olhos do outro chimpanzé, empurra-o, inicia uma ação para persuadir o outro a fazer o que ele quer, esse é um exemplo clássico de uma relação direta que apresenta caráter social. Nas descrições sobre o comportamento social de um chimpanzé, há muitos exemplos em que um animal influencia o outro por suas ações ou fazendo movimentos expressivos automáticos e instintivos. O contato é estabelecido mediante um toque, um grito ou um olhar. A história completa das primeiras formas de contato social da criança está cheia de exemplos semelhantes, e também nesse caso observamos o contato através do grito, de puxar a manga ou de um olhar.

Em um nível superior de desenvolvimento, no entanto, aparecem as relações mediadas entre as pessoas; uma característica essencial de tal relação é a presença do signo por meio do qual o contato social é estabelecido. Entende-se que a forma superior de socialização mediada por um signo provém das formas naturais de socialização direta; no entanto, ambas diferem substancialmente entre si.

Assim, a imitação e a separação de funções entre as pessoas representam o mecanismo básico de modificação e transformação da função do próprio indivíduo. Se considerarmos as formas iniciais de atividade de trabalho, observamos que desempenhar as funções de execução e as funções de direção ocorriam separadamente. Um passo importante na evolução do trabalho é o seguinte: o que o supervisor executa e o que o subalterno faz estão unificados na mesma pessoa. Este é o mecanismo básico, como veremos em seguida, da atenção voluntária e do trabalho.

Todo o desenvolvimento cultural da criança passa por três estágios básicos que podem ser descritos da seguinte maneira, usando a análise de Hegel.

Como exemplo, consideraremos a história do desenvolvimento do gesto de apontar, que, como veremos, tem um papel excepcionalmente importante no desenvolvimento da linguagem da criança e é, em grande medida, o fundamento ancestral para todas as formas superiores de comportamento. Inicialmente, o gesto de apontar representa um simples movimento de agarrar um objeto sem sucesso e que denota uma ação futura. A criança tenta agarrar um objeto que está muito longe, suas mãos estendidas em direção ao objeto ficam penduradas no ar, os dedos fazem movimentos de apontar. Essa situação descreve o ponto de partida para o desenvolvimento posterior. O movimento de apontar nesse caso, que podemos chamar arbitrariamente de gesto de apontar, aparece pela primeira vez. Esse é o movimento da criança que indica objetivamente um objeto e somente um objeto.

Quando a mãe vem para ajudar a criança e reconhece seu movimento de apontar, a situação muda substancialmente. O gesto de apontar torna-se um gesto para a outra pessoa. Em resposta ao movimento da criança de pegar um objeto sem sucesso, surge uma resposta proveniente não do objeto, mas da outra pessoa. Desse modo, outra pessoa realiza a ideia inicial daquele movimento de agarrar um objeto sem sucesso. E somente depois, devido ao fato de que a criança relaciona o movimento de agarrar sem sucesso com a situação objetiva, ela começa a considerar esse movimento como um movimento direcional.

Nesse caso a função do movimento muda: de movimento direcionado em relação ao objeto, torna-se movimento direcionado para outra pessoa por meio de uma conexão: o agarrar se converte em uma direção. Por isso, o movimento é reduzido, é contraído e se desenvolve naquele gesto de apontar que pode ser chamado acertadamente de gesto para si. Mas o fato de o movimento tornar-se um gesto para si próprio não representa outra coisa senão uma direção para si; o movimento tem objetivamente todas as funções necessárias para que seja um gesto e direcionamento para a outra pessoa, ou seja, que seja pensado e entendido pela pessoa que está próxima como um direcionamento.

Desse modo, a criança é a última a reconhecer esse gesto. Seu significado e sua função são inicialmente constituídos pela situação objetiva e depois pela pessoa próxima da criança. O gesto de apontar provavelmente começa a significar o que é entendido pela outra pessoa e apenas mais tarde torna-se uma direção para a própria criança. Assim, poderíamos dizer que por intermédio dos outros nos tornamos nós mesmos, e essa regra não se refere apenas ao indivíduo, mas também à história de cada função em separado. Isso também representa a essência do processo de desenvolvimento cultural expressa de uma forma puramente lógica. O indivíduo torna-se para si mesmo o que ele é por meio do que ele manifesta para outras pessoas. Esse é também o processo de formação do indivíduo. Para a psicologia, o problema da relação entre as funções mentais internas e externas é colocado dessa forma pela primeira vez com seu significado pleno. Nesse caso, como já foi dito, torna-se claro por que todos os processos internos nas formas superiores eram necessariamente externos, isto é, significaram para outras pessoas o que significam agora para ele próprio. Todas as funções mentais superiores passam necessariamente por um estágio externo de desenvolvimento, uma vez que a função principal é social. Essa é a questão central de todo o problema do comportamento interno e externo. Muitos autores têm ressaltado há muito tempo o problema da interiorização, da internalização do comportamento. Kretschmer observa esse processo na lei da atividade nervosa. Bühler reduz toda a evolução do comportamento ao fato de que com relação à seleção das ações positivas há uma transferência de fora para dentro.

Mas temos algo a mais em mente quando falamos do estágio externo na história do desenvolvimento cultural da criança. Para nós, chamar de processo "externo" significa chamá-lo de "social". Todas as funções mentais superiores foram externas porque foram sociais antes de se tornarem funções mentais internas; elas constituíram-se inicialmente em uma relação social entre duas pessoas. O meio de atuar sobre si mesmo é inicialmente um meio de atuar sobre outras pessoas ou um meio de outras pessoas atuarem sobre o indivíduo.

O percurso das três formas básicas de desenvolvimento das funções de linguagem pode ser traçado passo a passo na criança. Acima de tudo, a palavra deve ter significado, isto é, ela deve se relacionar com alguma coisa, deve existir uma conexão objetiva entre a palavra e seu significado. Se não existir, um desenvolvimento adicional da palavra será impossível. Além disso, a conexão objetiva entre a palavra e o objeto deve ser usada funcionalmente pelos adultos como um meio de socialização com a criança. Só assim a palavra terá significado para a criança também. Desse modo, o significado da palavra existe objetivamente em primeiro lugar para outras pessoas e somente mais tarde começa a existir para a criança. Todas as formas básicas de relações sociais entre o adulto e a criança tornam-se posteriormente funções mentais.

Podemos formular a lei genética geral do desenvolvimento cultural como se segue: todas as funções no desenvolvimento cultural da criança aparecem em dois estágios, em dois planos, primeiro o social e depois o psicológico; primeiro entre as pessoas como uma categoria interpsicológica, e depois interna à criança, como uma categoria intrapsicológica. Isso faz parte do mesmo modo da atenção voluntária, da memória lógica, da formação de conceitos e do desenvolvimento da volição. É justo considerar a tese apresentada como uma lei, mas é compreensível que a transição do exterior para o interior transforme o próprio processo, mude sua estrutura e sua função. Do ponto de vista genético, as relações sociais, as verdadeiras relações entre as pessoas, estão subjacentes a todas as funções superiores e a suas relações. Por isso, um dos princípios básicos de nossa vontade é o princípio da divisão das funções entre as pessoas, a separação em dois do que agora se tornou um só, o desdobramento experimental do processo mental superior no drama que acontece entre as pessoas.

Por isso, podemos denominar o resultado básico, ao qual a história do desenvolvimento cultural da criança nos levou, de sociogênese das formas superiores de comportamento.

A palavra "social", como foi aplicada ao nosso objeto de estudo, tem um significado amplo. Primeiro, em um sentido mais amplo, significa que qualquer processo cultural é um processo social. A cultura é um produto da vida social e da atividade social humana e, por isso, a verdadeira formulação do problema do desenvolvimento cultural do comportamento já nos conduz diretamente ao plano social de desenvolvimento. Além disso, podemos salientar o fato de que o signo observado externamente ao organismo, como uma ferramenta, está separado do indivíduo e serve essencialmente como um órgão social ou meio social.

Indo além, podemos dizer que todas as funções superiores não foram formadas na biologia, não são formadas na filogênese, mas o mecanismo que é a base das funções mentais superiores é copiado do processo social. Todas as funções mentais superiores são a essência das relações sociais internalizadas, a base para uma estrutura social do indivíduo. Sua composição, sua estrutura genética, o método de ação – em uma palavra, sua natureza completa – são sociais; mesmo transformadas em processos mentais elas permanecem pseudosociais. O homem como indivíduo mantém as funções de socialização.

Adaptando a conhecida tese de Marx, podemos dizer que a natureza psicológica humana representa a totalidade das relações sociais internalizadas, realizadas em função do indivíduo e que formam sua estrutura. Isso não significa que seja esse especificamente o significado da tese de Marx, mas observamos nessa tese a mais completa expressão da história do desenvolvimento cultural.

Em relação a essas ideias, que apresentaram resumidamente os padrões básicos que observamos na história do desenvolvimento cultural e que se relacionam diretamente com o problema dos grupos infantis, vimos que as funções mentais superiores, por exemplo, a função da palavra, foram inicialmente separadas e distribuídas entre as pessoas e então se tornaram funções do próprio indivíduo. No comportamento, entendido como comportamento do indivíduo, seria impossível esperar qualquer coisa semelhante. Inicialmente, os psicólogos tentaram derivar o comportamento social a partir do comportamento do indivíduo. Eles estudaram as respostas individuais observadas no laboratório e então estudaram como a resposta do indivíduo se modifica em uma situação de grupo.

Formular o problema dessa maneira é, obviamente, totalmente legítimo, mas envolve um estrato geneticamente secundário no desenvolvimento do comportamento. A primeira tarefa da análise é mostrar como a resposta do indivíduo se desenvolve a partir das formas de vida em grupo. Ao contrário de Piaget, acreditamos que o desenvolvimento acontece não em direção a uma socialização, mas para a conversão das relações sociais em funções mentais. Por isso, toda a psicologia de grupo no desenvolvimento infantil está apresentada segundo uma nova visão. A questão usual é como uma ou outra criança se comporta em grupo. Perguntamo-nos como o grupo cria as funções mentais superiores em uma ou outra criança.

Inicialmente, assumimos que a função existe no indivíduo em uma forma rudimentar, semipronta ou pronta e no grupo ela se desenvolve, torna-se complexa, avança, é enriquecida ou, ao contrário, é inibida, suprimida etc. No presente, há um fundamento para assumir que, com relação às funções mentais superiores, o assunto deve ser apresentado como o oposto. As funções, inicialmente, são formadas no grupo, nas relações entre as crianças, então elas se tornam funções mentais do indivíduo. Especificamente, primeiro se pensou que todas as crianças eram capazes de reflexão, de tirar conclusões, de provar e encontrar argumentos para qualquer posição e que, do choque de tais reflexões, eram geradas as discussões. Mas o que ocorre é, de fato, o contrário. Os estudos mostram que a reflexão é gerada a partir da discussão. O estudo de todas as outras funções mentais nos leva à mesma conclusão.

Ao considerar a formulação de nosso problema e o desenvolvimento de nosso método de pesquisa, já tivemos a oportunidade de elucidar o grande significado do método comparado de estudar a criança normal e a criança com deficiência para a compreensão da história do desenvolvimento cultural. Vimos que este é o instrumento básico de pesquisa que a psicologia genética contemporânea tem disponível e que torna possível comparar a convergência das linhas natural e cultural no desenvolvimento da criança normal com a divergência das mesmas duas linhas no desenvolvimento da criança com deficiência. Consideraremos em maior detalhe o significado das posições fundamentais que encontramos com relação à análise, à estrutura e à gênese das formas culturais de comportamento para a psicologia da criança com deficiência.

Começaremos de uma posição básica que estabelecemos na análise das funções mentais superiores e que consiste em reconhecer o fundamento natural das formas culturais de comportamento. A cultura não cria nada, somente modifica os dados naturais para adaptá-los aos objetivos humanos. Por isso, é completamente natural que a história do desenvolvimento cultural da criança deficiente seja permeada com as influências das deficiências ou inadequações básicas da criança. Seus recursos naturais, aqueles processos elementares possíveis a partir dos quais os elementos culturais superiores devem ser construídos, são insignificantes e pobres e, por isso, a possibilidade de desenvolvimento completo das formas superiores de comportamento geralmente parece estar fechada para essa criança, devido, especificamente, à pobreza do material que é a base de outras formas culturais de comportamento.

O aspecto assinalado é observado na criança com retardo geral no desenvolvimento, isto é, com deficiência mental. Como sabemos, nas formas culturais de comportamento ocorre certo desvio que consiste em conexões elementares mais simples. Essa expressão puramente associativa das formas superiores de comportamento, a base sobre a qual ela se origina, o substrato do qual ela se nutre, está enfraquecida, desde o início, na criança com deficiência.

Outra questão que encontramos na análise acrescenta um aspecto substancial no que dissemos, mais especificamente, que no processo de desenvolvimento cultural ocorre a substituição de algumas funções na criança, a construção de vias colaterais, abrindo novas possibilidades no desenvolvimento da criança com deficiência. Se essa criança não pode conseguir algo diretamente, então o desenvolvimento de vias colaterais torna-se a base para sua compensação. A criança consegue o que deseja por vias indiretas, pois não poderia consegui-lo diretamente. A substituição de funções é de fato a base de todo o desenvolvimento cultural da criança com deficiência e a pedagogia terapêutica é plena de exemplos de tais vias colaterais e de casos de compensação no desenvolvimento cultural.

A terceira posição que mencionamos afirma que a base estrutural das formas culturais de comportamento é composta da atividade mediada, do uso de signos externos como um meio para o desenvolvimento do comportamento. Assim, o isolamento de uma função e o uso de signos apresentam significados especialmente importantes em todo o desenvolvimento cultural. As observações sobre as crianças com deficiência mostram que, sempre que essas funções estão preservadas adequadamente, ocorre o desenvolvimento compensatório favorável da criança; quando elas estão inibidas ou prejudicadas, o desenvolvimento da criança também é prejudicado. Baseado nesses experimentos, W. Eliasberg desenvolveu a ideia geral de que a utilização de um meio auxiliar pode servir como critério confiável para o diagnóstico diferencial que torna possível distinguir entre a insanidade e qualquer forma de enfraquecimento, subdesenvolvimento, interrupção e retardo da atividade intelectual. A capacidade de usar os signos como meio auxiliar de comportamento é perdida, evidentemente, apenas com o início da insanidade.

Finalmente, a quarta e última posição revela uma nova perspectiva na história do desenvolvimento cultural da criança com deficiência. Trata-se, nesse caso, do que chamamos de domínio superior de seu próprio comportamento. Com relação à criança com deficiência pode-se dizer que é necessário distinguir os graus de desenvolvimento de uma ou outra função e o grau de desenvolvimento do controle dessa função. É sabido que há uma grande diferença no desenvolvimento das funções superiores e inferiores na criança com deficiência. No caso de um retardamento leve, este não se caracteriza por um decréscimo regular, geral, de todas as funções, mas sim de uma redução no desenvolvimento especificamente das funções superiores associada a um desenvolvimento relativamente favorável das funções elementares. Por isso, devemos estudar não apenas como é a memória de uma criança com deficiência, mas também como e quanto ela é capaz de usar sua memória. O subdesenvolvimento de uma criança com deficiência também consiste, principalmente, no subdesenvolvimento das formas superiores de comportamento, na incapacidade de dominar e usar seus próprios processos comportamentais.

Em certa medida, estamos retornando à ideia desenvolvida por E. Seguin[10], de que a essência do retardo metal parece ser o subdesenvolvimento da volição. Se entendermos volição no sentido de domínio de si mesmo, tenderíamos a compartilhar essa opinião e dizer que é especificamente no defeito no domínio de seu próprio comportamento que reside o principal problema do subdesenvolvimento da criança com deficiência mental. J. Lindworsky expressou a mesma ideia de modo um pouco paradoxal ao tentar reduzir os fundamentos da atividade intelectual à percepção das relações, e afirmou que com esse sentido o intelecto é tão inerente à pessoa com retardo mental quanto a Goethe, e que a enorme diferença entre um e outro consiste nos processos mentais superiores, e não no ato mencionado.

A partir do que vimos, podemos tirar uma conclusão básica com a qual fecharemos nossas observações sobre as peculiaridades do desenvolvimento cultural da criança com deficiência. Podemos dizer que uma complicação secundária do retardo mental é sempre, em primeiro lugar, o primitivismo como um subdesenvolvimento cultural geral baseado no subdesenvolvimento orgânico do cérebro, e, em segundo lugar, o subdesenvolvimento da volição, uma parada no estágio infantil dos processos comportamentais e do domínio de seu próprio comportamento. Finalmente, em terceiro e último lugar, devemos listar as complicações básicas do retardo mental, o subdesenvolvimento geral da personalidade infantil.

---

[10] SEGUIN, Edouard (1812-1880). Médico e pedagogo, foi um dos fundadores da oligofrenopedagogia e autor de um sistema médico-pedagógico de educação e ensino das crianças com sérias deficiências mentais. Seguin acreditava que era possível educar e ensinar todas as crianças com deficiência. Ele entendia a deficiência mental como uma desordem do sistema nervoso em que ocorrem a ausência completa de vontade e a inércia. A tarefa do educador era tirar a criança com deficiência desse estado inerte e fazê-la capaz de trabalhar.

Consideraremos, nesse momento, determinados problemas concretos do desenvolvimento das funções mentais superiores que possibilitarão abordar mais de perto os dados fundamentais sobre a psicologia pedagógica e a psicologia infantil.

O conceito de desenvolvimento se aplica àquelas mudanças de que estamos falando? Entendemos como desenvolvimento um processo muito complexo composto de uma série de características.

A primeira característica consiste no fato de que qualquer mudança apresenta o mesmo substrato subjacente ao fenômeno em desenvolvimento. A segunda característica imediata consiste no fato de que qualquer mudança possui em certa medida um caráter interno; não denominamos desenvolvimento as mudanças que não se relacionam a processos internos que ocorram no organismo ou com a atividade que estamos estudando. A unidade e a constância de todo o processo de desenvolvimento, a relação interna entre o estágio de desenvolvimento passado e o subsequente – esta é a segunda característica fundamental que compõe o conceito de desenvolvimento.

Devemos assinalar que, desse ponto de vista, a experiência cultural da criança como um ato de desenvolvimento não foi levada em consideração por muito tempo pela psicologia infantil. O que foi considerado como desenvolvimento era o que tinha uma origem interna; o que provinha do exterior era o treinamento e a educação, porque nenhuma criança poderia amadurecer naturalmente suas habilidades aritméticas, mas assim que a criança atinge a idade escolar, ou um pouco mais cedo, ela adquire os conceitos aritméticos e as operações subsequentes a partir de experiências externas de pessoas próximas a ela. Assim, não podemos dizer que a aquisição da adição e da subtração aos 8 anos e da multiplicação e da divisão aos 9 anos é o resultado natural do desenvolvimento da criança; essas são apenas mudanças externas que provêm do ambiente e não podemos considerá-las um processo de desenvolvimento interno.

No entanto, um estudo mais aprofundado de como a criança acumula experiência cultural mostra que o que temos é uma série de características que são pré-requisitos importantes quando aplicamos o conceito de desenvolvimento a determinadas mudanças.

A primeira característica consiste no fato de que todas as novas experiências culturais não são simplesmente externas, sem relação com o estado do organismo em dado momento do desenvolvimento, mas o organismo, assimilando as influências externas, assimila também um novo conjunto de comportamentos e de acordo com seu nível de desenvolvimento mental. O que ocorre é semelhante ao que chamamos de nutrição com relação ao crescimento corporal, isto é, a assimilação de certas substâncias externas, materiais externos, que são processados e assimilados pelo organismo.

Imaginemos uma criança que não conheça os conceitos culturais de aritmética e que frequente a escola e comece a estudar as quatro funções aritméticas. Surge a seguinte questão: é possível demonstrar que a aquisição das quatro funções ocorre como um processo de desenvolvimento, isto é, que é determinada pela presença de conhecimento prévio de aritmética antes de ingressar na escola? Isso ocorre exatamente dessa maneira e representa o fundamento para o ensino de aritmética para crianças de determinada idade, e não para determinado estágio educacional. Isso pode ser explicado porque com 7 ou 8 anos de idade torna-se possível pela primeira vez assimilar esse tipo de operação, pois nessa idade já ocorreu o desenvolvimento do conhecimento sobre aritmética. Considerando as crianças de 1º a 3º ano, observamos que, no curso de dois a três anos, elas ainda apresentam traços da aritmética natural, da pré-escola, que elas possuíam antes de ingressar na escola.

Do mesmo modo, parece que, quando a criança aprende outras operações na escola por meios puramente externos, a aquisição de qualquer operação nova é o resultado do processo de desenvolvimento. Tentaremos mostrar essa ideia no final do capítulo em que analisaremos os conceitos de assimilação, inventividade e imitação, isto é, de todos os métodos usados para a aquisição de novas formas de comportamento. Tentaremos mostrar que, mesmo quando o novo comportamento é adquirido pela pura imitação, não se exclui a possibilidade de que ele surgiu como resultado do desenvolvimento, e não apenas pela imitação.

Para nos certificarmos desse fato, é suficiente demonstrarmos experimentalmente que todas as novas formas de comportamento, mesmo aquelas assimiladas a partir de influências externas, apresentam qualidades específicas diferentes. Naturalmente, elas são construídas sobre as bases que existiam anteriormente, e só assim podem ser construídas, tendo como base o que já existia previamente. Se pudéssemos demonstrar experimentalmente a possibilidade de dominar alguma operação cultural de imediato em sua forma mais desenvolvida, teríamos então que provar que não estamos nos referindo ao desenvolvimento, mas a uma aquisição externa, isto é, alguma mudança devida exclusivamente a influências externas. Mas a experimentação nos mostra o contrário, que cada ação externa é o resultado de um padrão genético interno. Com base na experimentação podemos dizer que uma criança culta e mesmo uma criança prodígio não podem dominar de uma só vez o último estágio do desenvolvimento de uma operação antes de passar pelo primeiro e segundo estágios. Em outras palavras, a verdadeira introdução de uma nova operação cultural está dividida em uma série de elos, em uma série de estágios, relacionados internamente entre si e que se sucedem.

Uma vez demonstrado esse fato pela experimentação, temos todos os fundamentos para aplicar o conceito de desenvolvimento ao processo de acumulação de experiência interna, e essa é a essência da segunda característica que mencionamos.

Mas é evidente que o desenvolvimento que estamos considerando é completamente diferente do desenvolvimento das funções elementares da criança. Esta é uma diferença muito substancial e é muito importante observarmos esse fato, pois esta é também uma de suas características fundamentais.

Sabemos que nas formas básicas de adaptação humana, da luta do homem com a natureza, o desenvolvimento zoológico difere substancialmente do desenvolvimento histórico. No primeiro, ocorrem alterações anatômicas no organismo, e o desenvolvimento biológico ocorre por alterações orgânicas na estrutura, enquanto na história humana o desenvolvimento intenso das formas de adaptação do homem à natureza ocorre sem tais alterações orgânicas substanciais.

Finalmente, devemos ressaltar que a relação entre o desenvolvimento natural, o comportamento da criança baseado na maturação de seus aparatos orgânicos, e os tipos de desenvolvimento que estamos considerando não é evolutiva, mas sim revolucionária; o desenvolvimento não ocorre por mudanças lentas e graduais e por acúmulo de pequenas mudanças que, como resultado, causam uma alteração substancial. Nesse caso, desde o início, observamos o desenvolvimento de um tipo revolucionário, em outras palavras, mudanças fundamentais e rápidas no próprio tipo de desenvolvimento, nas próprias forças que impulsionam o processo; e sabe-se que esse tipo de característica poderia excluir a possibilidade de aplicar a esse processo o conceito de desenvolvimento.

Prosseguiremos com a consideração dos exemplos de tais mudanças no tipo de desenvolvimento.

Sabemos que na psicologia contemporânea infantil existem duas teorias geralmente aceitas de gênese: uma diferencia dois estágios fundamentais no desenvolvimento do comportamento; a outra diferencia três estágios. A primeira ressalta que todo comportamento em desenvolvimento passa por dois estágios básicos: o estágio do instinto, ou, como foi chamado, o estágio do reflexo incondicionado, uma função inata ou hereditária do comportamento; e o estágio de aquisição das respostas baseadas em experiências pessoais, ou dos reflexos condicionados, o estágio de adestramento como aplicado aos animais.

A outra teoria divide o estágio das respostas adquiridas pela experiência pessoal e o diferencia no estágio dos reflexos condicionados ou hábitos e no estágio das respostas intelectuais.

Como o terceiro estágio se diferencia do segundo?

Em resumo, podemos dizer que a diferença essencial está, por um lado, no método pelo qual as respostas se originam e, por outro, no caráter da função, isto é, na função biológica da resposta que, ao contrário do hábito, surge como resultado de tentativa e erro ou como resultado de estímulos que atuam em uma direção. Nas respostas intelectuais, a resposta surge como uma expressão de determinada imagem obtida, obviamente, como resultado de um tipo de curto-circuito, isto é, de um processo interno complexo formado com base na excitação de uma série de centros cooperativos que criam uma nova via. Consequentemente, trata-se de uma reação de um tipo explosivo, excepcionalmente complexa pela natureza de sua origem, cujos mecanismos são ainda desconhecidos, pois nosso conhecimento sobre os processos cerebrais está ainda no estágio inicial de desenvolvimento.

Se a função da resposta instintiva difere da função do hábito, da mesma forma esta última difere da função intelectual. Naturalmente, se a função biológica do hábito é a adaptação às condições individuais de existência que são mais ou menos claras e simples, então a função do comportamento intelectual é a adaptação às condições mutáveis do ambiente e às circunstâncias mutáveis sob essas novas condições. Sobre essa questão há muitas discussões entre os psicólogos. Os autores que não consideram o intelecto um nível especial na natureza disseram que ele é somente uma subcategoria especial pertencente à mesma categoria que a aquisição de um hábito. Parece-me que, assumindo a responsabilidade da cautela científica, devemos considerar somente duas classes de desenvolvimento do comportamento infantil: o herdado e o adquirido pela experiência, e, contidos neste último, poderemos encontrar não apenas dois estágios, mas muitos mais, à medida que avança nosso conhecimento.

Consequentemente, seria apropriado, como nos parece no estado atual de conhecimento, adotar o ponto de vista do psicólogo americano Thorndike, que diferencia dois estágios: o herdado e o individual, ou interno e adquirido, e, no comportamento, ele diferencia dois estágios ou dois grupos de respostas: por um lado, os hábitos herdados para adaptação a condições mais ou menos de longo prazo da existência individual e, por outro, toda uma hierarquia de hábitos, com o objetivo de resolver problemas novos com os quais os organismos se defrontam ou, em outras palavras, aquela qualidade de respostas a que estávamos nos referindo.

Para entender a relação entre os níveis de desenvolvimento da psicologia infantil que nos interessam, devemos considerar brevemente o tipo de relação entre eles. As relações possuem um caráter dialético.

Cada estágio subsequente no desenvolvimento do comportamento nega o estágio precedente, nega-o no sentido de que são eliminadas, removidas, as propriedades que se apresentavam no primeiro estágio do comportamento e às vezes são convertidas para um estágio superior e oposto. Por exemplo, descreveremos o que acontece quando um reflexo é transformado de incondicionado para condicionado. Veremos que várias propriedades relacionadas com as características hereditárias (qualidade estereotipada etc.) são negadas no reflexo condicionado por este ser um processo flexível, temporário e sujeito a estímulos externos; além disso, é inerente apenas a um determinado indivíduo, não pela natureza ou pela hereditariedade, mas adquirido devido às condições do experimento. Assim, cada estágio subsequente modifica ou nega as propriedades do estágio precedente.

No entanto, o estágio precedente existe dentro do subsequente, o qual manifesta o estágio do reflexo condicionado. Suas propriedades são as mesmas do reflexo condicionado; é o mesmo instinto, mas que se manifesta e existe em uma forma diferente e com expressão diferente.

A psicologia dinâmica contemporânea esforça-se para estudar a base energética de várias formas de comportamento. Por exemplo, baseados nas alterações dos instintos, os psicólogos observam o desenvolvimento da linguagem infantil e seus efeitos sobre o comportamento, que nos é de grande interesse com relação à questão da volição. Retornaremos a esse assunto posteriormente. Entendemos que os psicólogos colocam os problemas básicos de modo claro e compreensível. Por exemplo, o homem moderno come em um restaurante, enquanto um animal com o mesmo instinto inato caça o alimento necessário para se alimentar. O comportamento animal se baseia inteiramente em uma resposta instintiva, enquanto o homem, ao sentir a mesma fome, usa um método de comportamento baseado em respostas condicionadas completamente diferentes. No primeiro caso, ocorre um reflexo natural em que uma resposta se segue a outra e, no segundo, ocorre uma série de mudanças condicionadas. No entanto, se observarmos o comportamento cultural humano, veremos que a força motriz desse comportamento, a base energética, o estímulo, é o mesmo instinto ou a mesma necessidade material do organismo que impulsiona o animal, mas o instinto nem sempre é necessário no reflexo condicionado. No homem, o instinto existe em uma forma oculta e o comportamento está necessariamente relacionado com várias mudanças nas propriedades do instinto.

Temos exatamente a mesma relação dialética da negação do estágio precedente, mantendo-o em uma forma oculta com relação ao reflexo condicionado e à resposta intelectual. No exemplo bem conhecido de Thorndike sobre os problemas aritméticos, é necessário que a criança resolva o problema sem utilizar outras respostas a não ser aquelas que ela adquiriu pelo hábito ou pela combinação de hábitos utilizados para resolver um novo problema. Assim, mesmo nesse caso, a resposta intelectual nega os hábitos, que são uma resposta oculta dirigida para a solução de problemas enfrentados pelos organismos, e algumas propriedades dos hábitos são eliminadas. No entanto, ao mesmo tempo, a resposta intelectual parece ser essencialmente reduzida a um sistema de hábitos e esse sistema ou organização de sistemas é, por si o próprio, substrato do intelecto.

Se considerarmos esse tipo de sequência de estágios no desenvolvimento natural do comportamento, então poderemos nos referir de modo semelhante ao quarto estágio de desenvolvimento do comportamento, no qual estamos interessados. É possível que tenhamos que admitir que os processos superiores de comportamento, que discutiremos a seguir, também pertencem ao comportamento natural em que cada estágio, dentro desse comportamento natural, possui determinadas relações com o estágio precedente: de certa forma, ele nega o estágio do comportamento primitivo e contém o comportamento natural em uma forma oculta.

Como exemplo, usaremos uma operação tal como lembrar com o auxílio de signos. Veremos que, por um lado, a lembrança ocorre nesse caso de modo diferente da lembrança simples que ocorre no estabelecimento dos hábitos; a lembrança que envolve a resposta intelectual apresenta certas propriedades que não estão presentes no primeiro caso. Mas, se separarmos o processo de lembrança que depende dos signos em suas partes componentes, poderemos facilmente notar que na análise final esse processo contém as mesmas respostas que são características da lembrança natural, mas em uma nova combinação. A nova combinação é o objeto de nossos estudos sobre a psicologia infantil.

No que consistem as mudanças básicas? Elas consistem no fato de que, no estágio superior de desenvolvimento, o homem começa a controlar seu próprio comportamento, a sujeitar suas respostas a seu próprio controle. Assim como ele controla as ações das forças externas da natureza, ele também controla seus próprios processos comportamentais com base em leis naturais do comportamento. Uma vez que os fundamentos dessas leis naturais são leis estímulo-resposta, uma resposta não poderá ser controlada se o estímulo não for controlado. Em consequência, uma criança controla seu próprio comportamento, mas a chave para isso está no controle do sistema de estímulos. A criança controla as operações aritméticas uma vez que tenha dominado o sistema de estímulos aritméticos.

É desse modo precisamente que a criança controla todas as outras formas de comportamento, uma vez que tenha controlado o estímulo, mas o sistema de estímulos é uma força social externa apresentada à criança.

A fim de esclarecer o que está sendo dito, seguiremos aos estágios pelos quais passa a criança no desenvolvimento das operações de controle de seu próprio comportamento. Citamos o exemplo experimental que usamos anteriormente ao falar da resposta de escolha. É importante falarmos brevemente como essa resposta se modifica no processo de lembrança e por que definimos as propriedades de desenvolvimento por essas modificações.

Como se desenvolve a resposta de escolha na criança? Para a investigação escolhemos cinco a oito estímulos e solicitamos à criança que responda a cada estímulo com uma resposta diferente, como à cor azul deve responder com certo dedo, à cor vermelha com outro e à amarela com um terceiro. Com base nos dados da antiga psicologia experimental, sabemos que a resposta de escolha pela criança se estabelece aos 6 anos de idade. Foi estabelecido também que no adulto a resposta de escolha complexa se forma com muito mais dificuldade e um esforço especial é necessário para escolher as respostas correspondentes a cada estímulo a partir de uma grande quantidade de respostas possíveis.

Por exemplo, se solicitamos ao sujeito que responda ao vermelho com a mão esquerda e ao azul com a mão direita, a seleção é estabelecida rapidamente e a resposta será mais fácil do que se apresentarmos uma seleção de três, quatro, cinco ou seis cores. A análise de antigos experimentos, como observamos antes, levou os psicólogos a concluir que na resposta de escolha nós não escolhemos de fato; ocorre um processo de um caráter diferente que pode ser considerado como escolha apenas do ponto de vista da aparência externa. Na realidade, outra coisa está ocorrendo. Vários estudos justificam a proposta de que há uma forma de comportamento muito complexa que sustenta a resposta de escolha, de que devemos diferenciar entre os estímulos que aparecem sem uma ordem e os estímulos organizados, de que nessas repostas ocorre o encerramento das conexões condicionadas ou, na linguagem da antiga psicologia, há uma fixação das instruções. Se usarmos técnicas mnemônicas para lembrar a instrução, o que geralmente é característico da memória, então poderemos facilitar o estabelecimento de uma escolha correta da resposta.

Procedemos do seguinte modo: apresentamos a uma criança de 6 anos e depois a crianças de 7 e 8 anos uma série de estímulos, isto é, uma série de desenhos, e solicitamos a cada criança que respondesse a cada desenho com um movimento diferente, ou que pressionasse uma chave correspondente, ou que movesse um dedo. Demos ao sujeito a chance de usar meios externos para resolver essa operação interna e tentamos observar como a criança se comportava em tal situação.

É interessante notar que a criança sempre realizou a tarefa proposta e não se recusou a fazê-la. Ela conhece tão pouco de seu poder mental que a tarefa não lhe parece impossível, ao contrário de um adulto, que, como demonstra a experimentação, sempre se recusa e diz: "Não, eu não me lembrarei e eu não posso fazer isso". E, de fato, se dermos a um adulto tal instrução, ele questiona várias vezes, retorna à cor precedente, procura mais informações precisas sobre a quais cores deve dar uma resposta e com que dedo. Uma criança, por sua vez, focaliza a tarefa, escuta a instrução e tenta executá-la.

O experimento se inicia. Em geral, as crianças se defrontam com a dificuldade quase de imediato e 90% cometem erros. Mas, mesmo as crianças mais velhas, tendo dominado uma ou duas respostas relacionadas aos estímulos, perguntam ingenuamente que dedo devem usar para pressionar a chave e com relação a qual cor. Na criança, consideramos esse estágio inicial como um estágio primitivo de desenvolvimento da resposta.

É claro para nós por que é primitivo, natural. É comum a todas as crianças e, na maioria dos casos, a criança se comporta exatamente desse modo para muitas respostas; é primitivo porque o comportamento da criança nesse caso é determinado por seu potencial para uma impressão direta, o estado natural de seu aparato cerebral. E, de fato, se a criança tenta dominar a resposta de escolha com dez estímulos, isso pode ser explicado pelo fato de que ela ainda não conhece suas limitações e opera com o que é complexo como opera algo simples. Em outras palavras, ela tenta responder a uma estrutura complexa com meios primitivos.

Depois, o experimento é configurado como descrito a seguir. Ao ver que a criança não consegue lidar com a tarefa utilizando meios primitivos, modificamos o experimento em certa medida e introduzimos uma segunda série de estímulos. Esse é o método básico que costuma ser adotado nos estudos sobre o comportamento cultural infantil.

Além do estímulo que foi usado para eliciar uma resposta de escolha ou outra, damos à criança uma série de estímulos adicionais, como desenhos colados nas diferentes chaves, e sugerimos que o sujeito conecte certo desenho a determinada chave. Por exemplo, quando é apresentado o desenho de um cavalo, a chave com um trenó deve ser pressionada. Tendo sido instruída, a criança percebe que deve pressionar a chave com o "trenó" quando for apresentado o desenho do "cavalo" e a chave com o desenho de uma faca quando for apresentado o "pão". Até aqui a resposta prossegue bem; ela já foi além dos limites do estágio primitivo porque a resposta da criança não depende apenas das condições primitivas; ela entende a regra para resolver o problema e faz a escolha com a ajuda de uma resposta generalizada. Ao selecionar entre dez estímulos, as propriedades das respostas mudam. Nesse caso, a regra de aumentar a duração do estudo de acordo com o número de estímulos não funciona mais; se quatro ou oito, cinco ou dez estímulos são apresentados, a qualidade da resposta ao estímulo não muda.

Mas seria errado pensar que a criança dominou completamente determinada forma de comportamento. Se tomarmos os mesmos desenhos e rearranjá-los, deixarão de existir as conexões anteriores. Se, em vez da chave marcada "trenó", houver uma chave marcada "faca", e se for dito à criança para pressionar a chave "faca" em resposta ao desenho do "cavalo", ela talvez não perceba de imediato que os desenhos auxiliares foram trocados. Se lhe solicitarmos que se lembre, a criança responderá que pode, sem dúvida alguma.

A criança escuta a instrução, mas quando mudamos a posição dos desenhos ela não responde com a escolha correta. Esse estágio ocorre de formas variadas em crianças diferentes, mas, basicamente, o comportamento de todas as crianças consiste em lidar com os desenhos sem entender como funciona o desenho, embora ela lembre que de alguma forma o "cavalo" ajuda a encontrar o "trenó". Quase sempre a criança considera a relação complexa interna de um modo puramente externo; ela sente que por associação o desenho deve ajudá-la na escolha, embora ela não possa explicar em que se baseia a conexão interna.

Um exemplo simples desse estágio de desenvolvimento da operação infantil é o de um experimento conduzido com uma menina pequena. A mãe fornece à criança uma instrução semelhante à do teste de Binet – ir à próxima sala e fazer três pequenas operações. Ao dar a instrução, a mãe a repete várias vezes ou o faz apenas uma vez. A menina percebe que quando a mãe repete várias vezes ela tem sucesso; a menina se lembra e entende que a mãe deve repetir a instrução várias vezes. Quando a mãe dá uma nova instrução, a menina diz: "Diga mais uma vez", mas, sem a ouvir, ela sai correndo. A menina percebeu a relação entre a repetição e o sucesso da tarefa, mas não entendeu que a repetição por si não a ajuda e que a repetição deve ser ouvida, assimilada claramente e só assim será mais fácil executar a instrução.

Esse tipo de operação, consequentemente, se caracteriza pela conexão externa entre o estímulo e o meio, mas não por uma conexão psicológica interna. É interessante que um fenômeno semelhante observado no homem primitivo costuma ser denominado de pensamento mágico. Ele surge baseado no conhecimento insuficiente das leis próprias da natureza e no fato de que o homem primitivo supõe que a relação entre pensamentos é uma relação entre os objetos.

Eis um exemplo típico de pensamento mágico: para causar danos a uma pessoa, um homem primitivo pratica atos de bruxaria, tenta conseguir o cabelo ou um retrato de uma pessoa e queima-o, achando que, desse modo, tal pessoa será punida. Nesse caso, a relação mecânica entre pensamentos é substituída pela relação entre os objetos. Como o homem primitivo faz chover? Ele tenta consegui-lo com uma cerimônia mágica. Inicialmente sopra através de seus dedos imitando o vento, então ele faz com que a água caia sobre a areia e se a areia fica molhada isso significa que a cerimônia trará chuva. A conexão que existe em pensamento é transformada em uma relação material.

Na criança, na fase de que estamos falando, ocorre o contrário – a relação entre os objetos é assumida como uma relação entre pensamentos, uma conexão entre imagens é assumida como uma conexão mental. Em outras palavras, o que está acontecendo não é o uso autêntico de determinada lei, mas o uso com um caráter associativo, externo. Esse estágio pode ser chamado o estágio da psicologia ingênua. O termo "psicologia ingênua" é usado em analogia ao termo "física ingênua" introduzido por O. Lipmann e H. Bogen, e também por Köhler. Esse termo significa que, enquanto alguns animais têm uma experiência ingênua com o uso prático das ferramentas, o homem faz um uso ingênuo com relação às suas operações mentais. Em ambos os casos, a experiência é ingênua porque é adquirida por via ingênua, direta. Mas, porque a experiência ingênua tem seus limites, a física ingênua do macaco leva a uma série de fenômenos interessantes. O macaco tem pouco conhecimento sobre as propriedades físicas de seu corpo, então constrói sua física ingênua baseado na experiência ótica, e o resultado é o fato bem conhecido descrito por Köhler: se o macaco aprendeu a usar um bastão para pegar uma fruta e se ele não tem um bastão disponível ele usará uma palha para tentar pegar a fruta. Como tal erro é possível? Porque oticamente o bastão se assemelha a uma palha e o macaco não conhece as propriedades físicas de um bastão. O macaco lida da mesma forma com um sapato, com a aba de um chapéu de palha, com uma toalha ou qualquer outro objeto.

Mais interessantes ainda são as inadequações da física ingênua que o macaco exibe quando quer pegar uma fruta que está muito alta: ele tenta colocar uma caixa inclinada apoiada na parede e fica furioso quando a caixa cai. Outro macaco encosta a caixa na parede na altura de seu corpo esperando que a caixa se mantenha nessa posição. As ações dos macacos podem ser explicadas de modo muito simples com base na vida natural na floresta, onde os animais adquirem uma experiência física ingênua. O macaco pode se sustentar nos ramos dos troncos de uma árvore exatamente na mesma direção que ele quer colocar a caixa na parede. As tentativas errôneas são o resultado do conhecimento inadequado do macaco sobre as propriedades físicas de seu próprio corpo e de outros corpos.

Essa experiência transferida para as crianças demonstra que o uso de instrumentos por uma criança pequena pode também ser explicado por sua física ingênua, isto é, pelo fato de que, na medida em que ela adquire qualquer experiência, ela é capaz de usar determinadas propriedades dos objetos e deduzir algumas relações entre eles. De modo análogo, como resultado do uso prático dos signos, a experiência adquirida é ainda uma experiência psicológica ingênua.

Para entender que é mais fácil lembrar após as repetições, deve-se ter alguma experiência com a memorização. Tem-se observado na experimentação como ocorre esse processo e é compreensível que ele ocorra mais fortemente com a repetição. A criança que entende a relação entre a repetição e a memorização não tem experiência psicológica suficiente sobre as condições reais em que ela ocorre e usa essa experiência ingenuamente.

A experiência psicológica ingênua pode ser adquirida? Sem dúvida ela é adquirida, como uma experiência física ingênua é adquirida devido ao fato de que a criança lida com objetos, realiza movimentos, domina algumas propriedades ou outros objetos e aprende a lidar com eles. É exatamente dessa maneira, no processo de adaptação, que a criança memoriza e executa diversas instruções. Executando-as, ela acumula e adquire certa experiência psicológica ingênua e começa a entender como deve se lembrar, o que está envolvido na memorização, e quando ela entende esse processo ela passa a utilizar um signo ou outro corretamente.

Desse modo, no estágio do uso mágico dos signos, a criança os usa de acordo com uma similaridade unicamente externa. Mas esse estágio dura um período curto. Ela se convence de que, com o auxílio de determinada distribuição dos desenhos, lembrará da resposta de escolha, mas com uma distribuição diferente ela não se lembrará. Assim, ela descobre o caráter especial de sua memorização e diz: "Não, coloque a figura aqui". Quando lhe dizem que para a figura do "cavalo" ela deve pressionar a tecla "pão", ela diz: "Não, eu vou pressionar esta tecla com a figura do trenó". Assim, de forma gradual, a criança começa a acumular experiência com relação ao processo de memorização.

Tendo dominado ingenuamente o processo de memorização, a criança passará ao próximo estágio. Se lhe dermos as figuras ao acaso, ela as colocará na ordem solicitada e estabelecerá determinada relação; ela não lidará mais com os signos com um caráter externo, mas sabe que a presença desses signos ajudará a realizar uma tarefa específica, isto é, memorizar com o uso de signos.

Usando a conexão já preparada e tendo estabelecido a relação em sua experiência prévia (cavalo-trenó, pão-faca), a criança muito rapidamente criará uma conexão por si mesma. Ela não apresenta mais dificuldade em realizar e lembrar-se de relações semelhantes. Em outras palavras, o próximo estágio se caracteriza pelo fato de que a criança, usando uma relação que ensinamos a ela, faz uma transição para criar uma nova relação. Esse estágio pode ser denominado de estágio do uso de signos externos. Este se caracteriza pelo fato de que, ao usar os signos em uma tarefa interna, novas relações começam a ser formadas pela criança de modo independente. E esta é a característica mais importante que queremos salientar. A criança organiza os estímulos para dar sua resposta.

Nesse estágio, observamos nitidamente a manifestação das leis genéticas básicas segundo as quais se organiza o comportamento da criança. Este consiste em uma resposta que a criança deseja realizar por certo caminho. Ela organiza os estímulos que são externos e usa-os para realizar a tarefa que foi apresentada. Esse estágio dura um curto tempo antes que a criança passe para o próximo modo de organizar sua atividade.

Após o sujeito ter realizado o mesmo experimento várias vezes, o pesquisador começa a observar uma redução no tempo de resposta: se anteriormente a resposta levava 0,5 segundo ou mais, agora ela demora apenas 0,2 segundo; isso significa que a resposta foi acelerada 2,5 vezes. A mudança mais importante é que na operação interna de memorizar a criança usa meios externos; ao tentar dominar sua resposta, ela domina o estímulo; mas então a criança elimina gradualmente o estímulo externo e deixa de prestar atenção a ele. Ao realizar a resposta de escolha, a criança atua como atuou antes, mas agora sem os estímulos. A diferença reside no fato de que a resposta externa se transforma em resposta interna; a resposta que antes era impossível quando um grande número de estímulos era apresentado, agora se torna possível.

Vamos tentar imaginar o que aconteceu: toda operação externa tem, como dissemos, uma representação interna. O que isso significa? Fizemos determinado movimento, apresentamos alguns estímulos, um aqui, outro lá. Existe um processo cerebral interno correspondente; como resultado de muitas experiências com a transição de uma operação externa para uma operação interna, todos os estímulos intermediários tornam-se menos necessários e a operação passa a ser realizada sem estímulos mediadores. Em outras palavras, o que acontece é o que chamamos um processo de enraizamento. Se a operação antes externa se transforma em interna, então ela foi enraizada internamente ou fez a transição de externa para interna.

Com base nesses experimentos, podemos observar três tipos básicos de enraizamento, isto é, da transição de uma operação externa para uma operação interna. Descreveremos esses tipos e tentaremos mostrar o quão típicos são nossos resultados em geral para as crianças cultas e, especificamente, quanto ao desenvolvimento aritmético, da linguagem e da memória.

O primeiro tipo de enraizamento, ou passagem de uma operação externa para uma operação interna, é o que chamamos convencionalmente de enraizamento do tipo sutura. Sabemos que há um enraizamento do tecido vivo. Tomamos dois pedaços de um tecido rasgado e costuramos com linha. Assim, as duas pontas do tecido são unidas e emendadas. Depois, a linha que foi introduzida pode ser retirada e, em vez de uma conexão artificial, teremos uma união sem a linha.

Quando a criança combina seu estímulo com uma resposta, inicialmente ela combina um determinado estímulo com uma resposta por meio de uma linha. Para lembrar que a figura do "cavalo" corresponde à tecla "trenó", a criança interpõe um objeto intermediário entre a tecla e a figura, especificamente, a figura do "trenó"; esta é a linha que conecta certo estímulo com a resposta. A linha desaparece gradualmente e uma conexão direta se forma entre o estímulo e a resposta. Se a linha for eliminada, então, naturalmente, a resposta é acelerada e uma operação que antes necessitava de 0,5 segundo passa a ser realizada em apenas 0,15 segundo porque a via do estímulo até a resposta tornou-se mais curta. A operação foi convertida de uma operação mediada para uma operação direta.

O segundo tipo de enraizamento é o enraizamento completo. Imaginemos que a criança responde à mesma figura muitas vezes com o auxílio de desenhos que representam os mesmos objetos que ela conhece. Se a criança responde 30 vezes da mesma maneira, então, naturalmente, podemos dizer que a criança lembrará que para determinada figura ("cavalo") ela deve pressionar a tecla "trenó" ou, em outras palavras, ela transfere a série completa de estímulos externos, internamente, como um todo. Esta é a interiorização de toda a série; nesse caso, a passagem da operação no sentido da internalização se caracteriza pela suavização da diferença entre os estímulos externos e os estímulos internos.

Finalmente, o terceiro e mais importante tipo de transição de uma operação externa para interna é aquele em que a criança assimila a própria estrutura do processo, assimila as regras para o uso de signos externos; e, por ter mais estímulos internos e poder lidar com eles mais facilmente do que com os estímulos externos e por conhecer a própria estrutura, a criança passa rapidamente a utilizá-la como uma operação interna. A criança diz: "Eu não preciso mais da figura, eu posso fazê-lo sozinha" e, desse modo, passa a usar o estímulo verbal.

Vamos descrever esse estágio usando o exemplo de desenvolvimento de uma área tão importante do conhecimento da criança, que é o conhecimento de aritmética.

No estágio natural ou primitivo, a criança resolve um problema por meios diretos. Após resolver problemas muito simples ela passa ao estágio de uso de signos sem ter consciência de como atuam. Segue-se o estágio de uso de signos externos e, finalmente, o estágio dos signos internos.

Todo o desenvolvimento aritmético da criança deve passar inicialmente por um estágio natural ou primitivo. Uma criança de 3 anos de idade, apenas olhando dois grupos de maçãs, com três ou sete maçãs, consegue dizer qual é maior? Consegue. Mas, se solicitarmos uma diferenciação mais complexa, ela consegue nos dizer corretamente, por exemplo, qual grupo contém 16 e qual grupo contém 19 maçãs? Não. Em outras palavras, o que veremos a princípio é um estágio natural definido por leis puramente naturais quando a criança compara as quantidades apenas pela observação. No entanto, sabemos que a criança passa rapidamente e de modo quase imperceptível desse estágio para outro, e, quando ela precisa reconhecer onde há mais objetos, então, como a maioria das crianças em meios cultos, ela começa a contar. Elas contam: um, dois, três... uma série completa, embora ainda não conheçam o verdadeiro cálculo.

Para comprovar que as crianças começam a contar antes mesmo de entenderem o significado de contar, os pesquisadores (por exemplo, Stern) observaram as crianças que sabiam contar, mas não entendiam seu significado. Se perguntassem a essa criança: "Quantos dedos tem na sua mão?", ela contava em ordem e dizia: "Cinco". E se perguntassem: "Quantos dedos eu tenho? Conte-os!". A criança respondia: "Não, eu não sei". Isso significa que a criança sabe aplicar uma série de números aos seus próprios dedos, mas não sabe contar na mão de outra pessoa.

Vejamos outro exemplo de Stern. Uma criança conta seus dedos: "Um, dois, três, quatro, cinco". Quando lhe perguntam: "Quantos dedos há no total?", ela responde: "Seis". "Por que seis?" "Porque este é o quinto e no total são seis." A criança não tem uma noção clara do total. Em outras palavras, a criança assimila "magicamente", de modo puramente externo, uma determinada operação sem conhecer ainda as relações internas.

Finalmente, a criança passa a uma contagem real. Começa a entender o que significa contar seus dedos; no entanto, ainda conta usando os signos externos. Nesse estágio, a criança conta principalmente usando seus dedos e, se um problema lhe é apresentado, como: "Aqui tem sete maçãs. Tire duas. Quantas sobram?", para resolver esse problema ela passa das maçãs aos seus dedos. Nesse caso, os dedos têm o papel de signos. A criança mostra sete dedos, tira dois e sobram cinco. Em outras palavras, a criança resolve o problema com o auxílio de signos externos. Se a criança for proibida de usar os dedos, ela não conseguirá resolver a operação proposta.

Como sabemos, a criança deixa muito cedo de contar nos dedos para contar mentalmente. Quando se solicita a uma criança mais velha que subtraia dois de sete ela não conta mais em seus dedos, mas o faz mentalmente. Nesse caso, a criança exibe dois tipos básicos de enraizamento de que falamos. Em um caso, contar mentalmente é um enraizamento completo e a criança internaliza uma série externa completa (por exemplo, contar para si mesma: "Um, dois, três" etc.). No outro caso, ela manifesta o enraizamento do tipo sutura. Isso ocorre se a criança pratica e depois dá a resposta. Por fim, ela não precisará de uma operação intermediária, mas dará a resposta diretamente. Isso acontece com qualquer contagem em que as operações intermediárias são eliminadas e o estímulo produz o resultado requerido diretamente.

Outro exemplo envolve o desenvolvimento da linguagem da criança. Inicialmente, a criança se encontra no estágio natural, primitivo ou de fato no estágio pré-verbal: ela grita, faz os mesmos sons em situações diferentes. Isso caracteriza uma ação puramente externa. Nesse estágio, quando necessita de algo, ela recorre a meios naturais e depende dos reflexos condicionados ou diretos. Segue-se então o estágio em que a criança descobre as regras externas básicas ou uma estrutura externa da linguagem. Ela percebe que existe uma palavra para cada objeto, que determinada palavra é uma designação condicional de um objeto. Por muito tempo a criança considera a palavra como uma das propriedades do objeto. As pesquisas com crianças de mais idade mostram que as atitudes com relação às palavras, consideradas como atributos naturais dos objetos, duram muito tempo.

Existe uma anedota filológica interessante que demonstra a atitude das pessoas com pouca cultura em relação à linguagem. Há uma história em um livro de Fedorchenko sobre um soldado russo conversando com um alemão e discutindo qual linguagem é a melhor e mais correta. O russo argumenta que o russo é melhor: "Tomemos como exemplo a palavra 'faca'. Em alemão é *Messer*, em francês *couteau* e em inglês *knife*, mas você sabe que é realmente *nozh*; isso significa que nossa palavra é a mais correta". Em outras palavras, supõe-se que o nome do objeto é uma expressão de sua verdadeira essência.

Outro exemplo apresentado por Stern envolve uma criança bilíngue e reflete a mesma situação. Quando se pergunta à criança qual é a linguagem mais correta, ela diz que é o alemão porque *Wasser* é especificamente aquilo que alguém pode beber e não o que em francês é chamado de *l'eau*. Assim, vemos que a criança estabeleceu uma relação entre o nome do objeto e o objeto em si. A criança considera o nome como uma das propriedades do objeto, ao lado de suas outras propriedades. Em outras palavras, a relação externa dos estímulos ou a relação dos objetos é assumida como uma relação psicológica.

Sabe-se que o homem primitivo exibe uma atitude mágica com relação às palavras. Assim, nas pessoas que se desenvolvem sob a influência da religião, por exemplo, os judeus, há palavras que não devem ser ditas e se alguém as pronuncia, como falar de uma pessoa morta, então ela deve dizer também: "Que sua casa seja preservada". Não se deve nomear o diabo, pois se for chamado ele aparecerá. O mesmo se aplica a palavras que definem objetos "vergonhosos"; as palavras adquirem uma nuance desses objetos vergonhosos e é vergonhoso pronunciá-las. Em outras palavras, isso é um remanescente da transferência das propriedades dos objetos para os signos condicionais.

A criança passa muito rapidamente do estágio de relacionar as palavras às propriedades qualitativas do objeto para o significado condicional das palavras, isto é, ela usa as palavras como signos, em particular no estágio da fala egocêntrica, de que já falamos anteriormente. Nesse caso, a criança, em uma discussão consigo mesma, percebe qual é a operação mais importante que deve realizar. Finalmente, ela passa do estágio da fala egocêntrica para o último estágio, o estágio da linguagem interior no verdadeiro sentido da palavra.

Assim, no desenvolvimento da linguagem infantil observamos os mesmos estágios: o natural, ou mágico, estágio no qual interpreta a palavra como se ela fosse uma propriedade do objeto, em seguida o estágio externo e, por fim, a linguagem interna. O último estágio é o do pensamento propriamente dito.

Cada um desses exemplos poderia ser discutido em separado. Entretanto, depois de tudo que foi dito, podemos assumir que os estágios básicos aparecem na formação da memória, do conhecimento aritmético e da linguagem – os mesmos estágios dos quais falamos e através dos quais passam todas as funções mentais superiores da criança em seu desenvolvimento.

Capítulo 6

O desenvolvimento da linguagem

O desenvolvimento da linguagem é provavelmente o fenômeno mais conveniente para traçar o mecanismo de formação do comportamento e para comparar o modo como este é abordado, típico do estudo dos reflexos condicionados, com a abordagem psicológica. Em primeiro lugar, o desenvolvimento da linguagem consiste na história de uma das mais importantes funções do comportamento cultural infantil e que é a base de sua experiência cultural acumulada. Precisamente pelo fato de esse sujeito ter um significado essencial, central, nós o usaremos para começar a considerar os aspectos concretos do desenvolvimento do comportamento infantil.

Os primeiros passos no desenvolvimento da linguagem são realizados exatamente como mostrados pela teoria do reflexo condicionado com relação ao desenvolvimento de qualquer forma de comportamento.

Por um lado, o fundamento para a linguagem infantil é a resposta inata, o reflexo hereditário que chamamos de incondicionado. Esta é a base para o desenvolvimento posterior de todos os reflexos condicionados. O reflexo de chorar, que é uma resposta vocal da criança, é um tipo de reflexo incondicionado e representa uma base hereditária sobre a qual a linguagem do homem adulto se desenvolve. Sabe-se que ele pode ser observado mesmo no recém-nascido.

No estado atual do conhecimento sobre os reflexos incondicionados, é difícil dizer quantas respostas inatas existem além do reflexo do choro, mas um trabalho recente mostra que não há dúvida de que as respostas vocais do recém-nascido envolvem não apenas um reflexo, mas talvez uma série de reflexos incondicionados estreitamente relacionados. Entretanto, nas primeiras semanas de vida, ocorre uma modificação que é própria de todos os reflexos condicionados. As respostas vocais da criança, repetidas em determinadas situações e combinadas com os estímulos condicionados, desde muito cedo, até mesmo nas primeiras semanas de vida, começam a ser convertidas em reflexos vocais condicionados. Elas são produzidas não apenas pelos vários estímulos incondicionados internos, mas também pelos estímulos condicionados que estão relacionados às diversas respostas inatas da criança.

C. Bühler[1] foi a primeira a registrar em uma monografia o desenvolvimento da linguagem passo a passo; ela observou mais de 40 crianças sistematicamente e demonstrou toda a sequência dos estágios de desenvolvimento da linguagem. A pesquisadora demonstrou, especificamente, que as respostas de contato social estabelecidas com o auxílio da linguagem estão relacionadas ao aparecimento da resposta vocal.

Se pretendermos mencionar em detalhes como se desenvolve a resposta vocal na criança, veremos que ela tende a repetir a maneira como se forma o reflexo condicionado estabelecida experimentalmente em estudos de laboratório. Inicialmente, a resposta condicionada está em um estágio de generalização que aparece como uma resposta não apenas a um signo específico, mas a vários signos que são complexos e semelhantes ao referido signo. Mais tarde, a resposta começa a se diferenciar. Isso acontece se um dos signos ocorre com maior frequência que outro em determinada situação. No seu devido tempo, a resposta começa a ocorrer somente em relação ao estímulo selecionado.

Um exemplo de tal resposta generalizada é o aparecimento de uma resposta vocal por uma criança que vê sua mãe ou ama de leite. Inicialmente, a resposta vocal aparece à visão de qualquer pessoa, então ela se diferencia e aparece somente à visão de sua mãe ou objetos relacionados à sua amamentação. Como exemplo, C. Bühler observou

---

[1] BÜHLER, Charlotte (1893-1974). Vol. 1, p. 464; vol. 2, p. 485.

a resposta vocal de uma criança a qualquer pessoa que pusesse as roupas que sua mãe usava habitualmente para amamentar.

Outro ponto muito importante sobre a resposta vocal de crianças muito pequenas é o seguinte: essa resposta não se desenvolve isoladamente, é sempre parte orgânica de um grupo de respostas. Uma criança nunca desenvolve apenas uma única resposta vocal, mas uma série de movimentos em que a resposta vocal é apenas um elemento. Mesmo nesse caso o desenvolvimento prossegue de acordo com o que é conhecido dos estudos sobre os reflexos condicionados.

Uma vez que a resposta vocal está conectada a certas impressões externas, desenvolve-se gradualmente uma resposta vocal independente a partir de um conjunto desorganizado do qual ela faz parte. Nos primeiros anos de vida, o desenvolvimento da criança ocorre como descrito a seguir: uma resposta vocal diferenciada é isolada de vários movimentos desorganizados, dos quais faz parte a resposta vocal. Essa resposta específica começa a adquirir um significado central. Alguns dos movimentos são eliminados e o que permanece é apenas a mímica – do rosto, dos ombros e das mãos – que está diretamente relacionada com a resposta vocal. Finalmente, a resposta vocal começa a aparecer tendo como fundo só as respostas remanescentes e é isolada de modo preciso de uma série de outras respostas.

É importante perceber a especificidade do papel que a resposta vocal tem nos primeiros seis meses de vida da criança. A fisiologia e a psicologia, no entanto, concordam que devemos atribuir à resposta vocal duas funções básicas que possuem uma clara base fisiológica. A primeira função consiste naquilo que a antiga psicologia chamou de movimento expressivo. Esta é uma reação instintiva, incondicionada que surge como uma expressão externa do estado emocional do organismo. Assim, a criança que sente dor emitirá um choro reflexo, mas com um descontentamento ela emitirá um choro diferente. Se explicarmos o movimento expressivo usando a linguagem própria da psicologia, poderíamos dizer que a resposta vocal é um sintoma de uma resposta emocional geral que expressa a presença ou a perturbação do equilíbrio da criança em relação ao ambiente. Quem não sabe pela simples observação que uma criança com fome não chora do mesmo modo que uma criança saciada? Ocorre uma mudança no estado geral do organismo e isso provoca uma mudança nas respostas emocionais, mudando também a resposta vocal.

Isso indica que a primeira função da resposta vocal é emocional.

A segunda função, que aparece apenas quando a resposta vocal se torna um reflexo condicionado, é a função de contato social. Com um mês, um reflexo vocal treinado, especial, surge como resposta a uma reação vocal por parte de uma pessoa próxima da criança. O reflexo condicionado vocal treinado, junto com a resposta emocional, ou no lugar dela, começa a cumprir, como expressão do estado orgânico da criança, o mesmo papel do contato social que ela estabelece com as pessoas próximas. A voz da criança torna-se sua linguagem ou instrumento que substitui a linguagem na sua forma mais elementar.

Assim, vemos que na pré-história, isto é, durante o primeiro ano de vida, a linguagem da criança se baseia completamente em um sistema de respostas incondicionadas, predominantemente instintivas e emocionais, a partir das quais se desenvolve e diferencia uma resposta vocal condicionada relativamente independente. Por isso, ocorre uma mudança na própria função da resposta: se anteriormente a função era parte de uma resposta emocional e orgânica geral exibida pela criança, agora ela passa a assumir a função de contato social.

No entanto, as respostas vocais da criança não representam ainda a linguagem no sentido pleno da palavra. Trata-se aqui da manifestação da linguagem articulada, o exemplo mais difícil para a compreensão correta do desenvolvimento da linguagem infantil, isto é, seu desenvolvimento cultural. Vamos lembrar o que falamos anteriormente sobre a diferença entre as abordagens fisiológica e psicológica de um mesmo processo.

Para abordar esse exemplo de desenvolvimento da linguagem, devemos assinalar uma tese central: vemos que a resposta vocal da criança se desenvolve inicialmente de modo independente do pensamento. Não se pode atribuir a uma criança de 1 ano e meio uma consciência ou um pensamento plenamente formado. Se a criança grita, não podemos assumir que ela já conhece por experiência a relação entre o grito e as ações desencadeadas nas pessoas ao seu redor e que esse choro pode ser comparado com nossas ações ou comunicações com propósito quando falamos para afetar as pessoas.

Assim, não há dúvida de que a primeira fase no desenvolvimento da linguagem infantil não está relacionada ao desenvolvimento do pensamento infantil; não está relacionada ao desenvolvimento dos processos intelectuais da criança. De fato, nas observações de crianças mentalmente atrasadas, vemos que estas também passam por esse estágio de desenvolvimento. Edinger conseguiu observar as respostas vocais de uma criança nascida sem cérebro[2].

Como as pesquisas mostraram, além de a linguagem representar um desenvolvimento inicial independente do pensamento, o pensamento também se desenvolve independentemente da linguagem. Köhler e outros psicólogos realizaram experimentos com um macaco e uma criança. Quando os pesquisadores colocavam a criança em uma situação semelhante àquela em que o macaco usa instrumentos muito simples e maneiras simples de conseguir um objeto, a criança de 9 a 11 meses exibe respostas simples semelhantes às do macaco. Como o macaco, a criança usa uma corda ou um bastão, usa vários objetos para mover outro objeto, usa vias indiretas com seus braços e com objetos. Em outras palavras, nessa idade, a criança exibe respostas simples não relacionadas à sua capacidade de linguagem.

Como dissemos, K. Bühler denomina a idade entre 9 e 11 meses de "idade do chimpanzé", para salientar que nessa idade a criança usa pela primeira vez os instrumentos da mesma forma que observado nos chimpanzés.

Desse modo, chegamos a duas teses. Por um lado, o desenvolvimento da linguagem, de início, ocorre de modo independente do desenvolvimento do pensamento e, nos primeiros estágios, ocorre de modo semelhante tanto na criança com deficiência mental como na criança normal. O caráter do desenvolvimento da linguagem no pri-

---

[2] Referimo-nos à criança com uma deficiência no desenvolvimento do cérebro.

meiro período confirma a característica da formação do reflexo condicionado, passando também por todos os estágios correspondentes. Isso indica que todas as formas iniciais de linguagem aparecem independentemente do pensamento. Por outro lado, as crianças de 9 a 12 meses de idade já exibem o uso simples de instrumentos, manifestado quando a linguagem ainda não se desenvolveu. Parece que o pensamento e a linguagem se desenvolvem por caminhos próprios e independentes. Esta é uma questão muito importante que pode ser formulada em relação ao desenvolvimento da linguagem em seus primórdios.

Em determinado instante, essas linhas – o desenvolvimento da linguagem e o desenvolvimento do pensamento –, que se desenrolam por caminhos diferentes, parecem se cruzar ou encontrar e ocorre a intersecção de duas linhas de desenvolvimento. A linguagem torna-se intelectualizada, conectada ao pensamento; o pensamento torna-se verbal e conectado à linguagem. A tarefa básica do próximo capítulo será a elucidação desse exemplo central do qual depende todo o destino futuro do comportamento cultural.

Mas, de início, faremos brevemente algumas observações sobre essa questão. A primeira teoria para explicar os aspectos do desenvolvimento do pensamento e da linguagem foi proposta por W. Stern, que apresentou uma monografia valiosa sobre o desenvolvimento da linguagem da criança. Stern afirma que em certa idade (provavelmente de 1 ano a 1 ano e meio) o pensamento e a linguagem se encontram. Em outras palavras, é um ponto de virada a partir do qual se inicia o desenvolvimento de ambos em bases totalmente novas. Stern atribui esse momento ao da grande descoberta que a criança realiza ao longo de toda a sua vida. Nas palavras de Stern, a criança descobre que todos e tudo têm um nome, que para cada objeto existe uma palavra correspondente e que essa palavra tem o significado daquele objeto.

Como Stern sabe que a criança, de 1 ano e meio a 2 anos, faz tal descoberta? Com base em três sintomas objetivos e fundamentais.

O primeiro sintoma é o da criança cujo ponto de virada no desenvolvimento da linguagem e do pensamento já ocorreu, e ela começa a alargar seu vocabulário aos saltos. Se o vocabulário dos primeiros estágios é limitado a uma ou duas dezenas de palavras, nesse momento ele começa a crescer e, às vezes, em dois ou três meses, aumenta oito vezes. O primeiro signo é o aumento crescente do vocabulário.

O segundo sintoma é quando a criança exibe o chamado período das primeiras perguntas. Ao ver determinado objeto a criança pergunta como é chamado ou o que é. Ela se comporta como se soubesse que o objeto deve ter um nome, embora os adultos não o tenham chamado pelo nome.

O terceiro sintoma está relacionado aos dois primeiros e representa uma mudança radical que é característica da linguagem humana, mas que não está presente nos animais. Essa mudança foi o motivo pelo qual Stern afirmou que ocorre uma transição no desenvolvimento da linguagem como um reflexo condicionado para outras formas. Sabe-se que os animais são também capazes de aprender algumas palavras da linguagem humana, mas há limites bem definidos para essa aquisição. Os animais aprendem muitas palavras que as pessoas próximas lhes ensinam. Nenhum animal falou uma palavra que não aquelas que os humanos ensinaram e tampouco um animal nomeou um objeto que uma pessoa não tivesse nomeado. Então, o método usado pelos animais e pelas crianças pequenas para aprender as palavras representa um aumento passivo do vocabulário. O uso de uma nova palavra, por uma criança, ocorre como um reflexo condicionado; quando a criança escuta uma palavra falada por uma pessoa próxima a ela, deve relacioná-la a um objeto, e somente depois a pronuncia. Se avaliarmos a quantidade de palavras adquirida por uma criança pequena, pode-se perceber que ela adquire aquelas palavras usadas pelas pessoas próximas a ela. Com 1 ano e meio a 2 anos de idade, uma virada decisiva acontece: a criança pergunta por si própria o nome de um objeto e procura palavras que não conhece; e assim começa ativamente a ampliar seu vocabulário.

Assim, temos três questões: (1) um aumento crescente do vocabulário; (2) o período de perguntas da criança (o aparecimento da questão: "Como se chama isto?"); e (3) a transição para a ampliação ativa do vocabulário. O terceiro item coloca um limite entre os estágios de desenvolvimento psicológico da criança; de acordo com o terceiro item, podemos dizer se a virada no desenvolvimento de determinada criança ocorreu ou não.

Como podemos interpretar esses três pontos? O que está acontecendo com a linguagem nesse caso, o que especificamente se manifesta no terceiro sintoma?

W. Stern, que foi o primeiro a estabelecer esses itens, desenvolveu a seguinte teoria: a criança se comporta como se ela entendesse que tudo possui um nome. Com relação à linguagem, a criança se comporta como nos comportamos em relação a uma língua estrangeira. Vamos imaginar que estamos em um país estrangeiro e que conhecemos poucas palavras do idioma local. Ao ver um objeto novo, perguntamos necessariamente: "Como se diz isto em seu idioma? O que é?". Stern diz que a criança de fato faz uma descoberta ou uma invenção e que essa descoberta na criança com deficiência mental ocorre mais tardiamente e nos idiotas (termo definido pela psiquiatria) não acontecerá nunca.

Assim, Stern classifica essa descoberta como o desenvolvimento do pensamento na criança e formula a hipótese de que, nesse caso, está acontecendo algo diferente de um simples reflexo condicionado. Como ele dizia, o que está acontecendo é a tomada de consciência da relação entre o signo e seu significado. Em sua opinião, a criança descobre o significado do signo. Essa interpretação se baseia na similaridade fenotípica externa dos objetos. A criança se comporta como se tivesse descoberto o significado do objeto; por isso assume-se que esta é de fato uma descoberta. Mas, com base em um estudo genotípico correto, sabemos que a similaridade fenotípica entre quaisquer processos ou fenômenos que têm a mesma aparência não significa que sejam correspondentes. Uma baleia é semelhante a um peixe, mas as pesquisas mostraram que ela é um mamífero. Algo do mesmo tipo ocorre com a chamada descoberta da criança.

Acima de tudo, é improvável que uma criança de 1 ano e meio a 2 anos, quando seu pensamento está em um estágio muito primitivo, seja capaz de fazer uma descoberta que necessita de um esforço intelectual imenso. Por isso, não há dúvida de que uma criança pequena poderia ter uma experiência psicológica complexa que a capacitaria a entender a relação entre o signo e seu significado. Como têm demonstrado os experimentos, geralmente mesmo as crianças mais velhas e os adultos, no curso de suas vidas, nunca fazem essa descoberta; não entendem o significado condicionado das palavras nem a relação entre o signo e o significado.

K. Bühler, que estudou as crianças surdas-mudas, observou que elas faziam suas descobertas mais tarde, aos 6 anos de idade. Pesquisas posteriores mostraram que, nas crianças surdas-mudas que aprenderam a falar, a descoberta ocorre menos dramaticamente do que Stern afirmou. Nesse caso, o que importa é que a criança "descobre" algo, mas é discutível qual é de fato a linguagem. Algo muito mais complexo acontece.

O pesquisador francês H. Wallon[3], que estudou o período inicial do desenvolvimento infantil, também considerou improvável que a criança deva fazer tal "descoberta", porque o desenvolvimento posterior das palavras da criança é totalmente do tipo do reflexo condicionado.

Um exemplo simples: o neto de Darwin chamou um pato de "qua". Então ele estendeu o "qua" para todas as aves. Mais tarde essa palavra foi estendida para o líquido, pois o pato nada na água; e mesmo o leite e os remédios ele chamou de "qua". O leite e a ave passaram a ter o mesmo nome, enquanto no início "qua" pertencia apenas ao pato nadando na água. Mais tarde, a criança vê uma moeda com a imagem de uma águia e também a moeda é chamada de "qua".

Assim, em geral temos uma longa cadeia com muitas mudanças, em que as palavras são transferidas de um estímulo condicionado para outro estímulo condicionado de um tipo completamente diferente. Essa extensão do significado refuta factualmente a posição de Stern. Se a criança descobriu que todos os objetos possuem um nome e adivinhou que o leite tem seu próprio nome e a água o seu também, então seria impossível que uma moeda, um botão metálico e uma águia pu-

---

[3] WALLON, Henri (1879-1962). Psicólogo francês excepcional que deu uma grande contribuição para o desenvolvimento infantil e para a psicologia pedagógica.

dessem ser nomeados com a mesma palavra, pois esses objetos têm papéis funcionais diferentes para a criança.

Esses dados mostram que a hipótese de Stern é improvável. Devemos dizer que em sua hipótese, baseado no desenvolvimento da linguagem infantil a partir de uma tradição geralmente idealista, Stern quer enfatizar o papel mais ativo, de origem interna, na consciência da criança. Segundo a expressão de Stern, ao lado das raízes materiais e sociais da linguagem, ele também deseja afirmar seu aspecto interno. Essa é a origem da hipótese de que a criança "inventa" alguma coisa. Mas tais explorações por parte de uma criança que está apenas articulando os primeiros sons parecem improváveis. Todos os experimentos sobre a memória relacionados com as primeiras manifestações da linguagem, e conduzidos com crianças de 1 ano e meio a 2 anos, mostram quão improvável é esse tipo de descoberta em idade tão precoce.

A hipótese de Stern cai por terra. Outra hipótese permanece: a criança não descobre o significado das palavras, no momento crucial ela não realiza aquelas explorações ativamente como Stern previa, mas simplesmente domina a estrutura externa do significado das palavras, domina o fato de que cada objeto é nomeado pela sua própria palavra, domina a estrutura que pode relacionar a palavra ao objeto, de modo que a palavra que designa o objeto se torna uma propriedade do objeto.

Se passarmos para a história da palavra, veremos que a linguagem do adulto se desenvolve do mesmo modo. Para traçar como a formação natural do signo, que não representa de forma alguma uma descoberta intelectual, se desenvolve na criança, devemos entender como é formada a linguagem de modo geral.

A linguagem e o significado das palavras se desenvolvem naturalmente, e a história de como se desenvolve psicologicamente o significado da palavra auxilia a esclarecer em certa medida como os signos se desenvolvem, como o primeiro signo aparece naturalmente na criança, como ocorre o domínio do mecanismo de significação baseado no reflexo condicionado, como se origina um novo fenômeno com base nesse mecanismo que se estende além dos limites do reflexo condicionado.

Sabemos que nossas palavras não são inventadas. No entanto, se perguntarmos a qualquer pessoa, como fazem as crianças, por que determinado objeto é nomeado por determinada palavra, por exemplo, por que uma janela é chamada de janela, uma porta de porta, a maioria de nós não sabe responder. Além disso, estamos certos ao assumir que uma janela poderia também ter sido chamada pelo som de "porta" e vice-versa. Toda a questão é arbitrária. Sabemos, no entanto, que a linguagem não se desenvolveu com base em palavras arbitrariamente construídas, tampouco porque as pessoas concordaram em chamar uma janela de janela. A linguagem se desenvolveu de forma natural, de modo que, psicologicamente, ela cruzou a linha do desenvolvimento do reflexo condicionado, que tolerou que a palavra "qua" fosse transferida do pato para a água e para a moeda.

Vamos considerar um exemplo simples. Os psicólogos linguistas afirmam que na linguagem contemporânea podem ser identificados dois grupos de palavras, um dos quais pode ser distinguido visualmente. Vamos considerar as palavras usadas por A. A. Potebnia[4] (*petukh* [galo], *voron* [corvo] e *golub* [pombo]). Parece possível dizer por que um pombo é chamado de pombo e um corvo de corvo. Mas não poderia ser o contrário? Além disso, se considerarmos tais palavras: *goluboi* [azul] ou *voronoi* [preto], *prigolubit* [acariciar], *provoronit* [bocejar por um tempo longo] ou *petushitsya* [petulante], veremos que as palavras diferem do ponto de vista psicológico, e podemos verificar a presença de uma característica excepcionalmente importante em cada

---

[4] POTEBNIA, Aleksandr A. (1835-1891). Filologista eslavista russo e ucraniano, trabalhou nos temas da teoria da filologia, folclore e etnografia (separando as visões da escola mitológica), principalmente em linguística, fonética, morfologia, sintaxe e semântica gerais. Do ponto de vista teórico, ele estudou os problemas da relação entre a linguagem e o pensamento, a linguagem e a nação e a origem da linguagem. Tinha a opinião de que o ato do pensamento-linguagem é um ato criativo mental individual, mas, na atividade da linguagem, o social, que é linguagem (mais precisamente, seu aspecto sonoro), está envolvido com sua origem individual e aparece como "pensamento objetivado". Ao traçar o desenvolvimento histórico da linguagem concreta, Potebnia chegou a conclusões sobre as mudanças históricas no caráter do pensamento verbal de determinada pessoa e da humanidade como um todo (*Thinking and Language* [Pensamento e linguagem], 1862 [em russo]).

uma delas. Podemos ainda não entender por que as palavras "corvo" e "pombo" se referem a essas aves, mas com a palavra *voronoi* [preto] e *goluboi* [azul] isso é nítido porque *voronoi* significa preto e *goluboi* significa azul-claro. Nesse caso, não podemos admitir que *voronoi* [preto] fosse azul e *goluboi* [azul] fosse preto.

Se dizemos *provoronit* [bocejar por um longo tempo] ou *prigolubit* [acariciar], então, além do significado comum, essas palavras por si combinam certo grupo de sons com determinado significado. Por isso, nas palavras como *voron* [corvo], os psicólogos distinguem dois pontos: por um lado, a *forma* da palavra (sons v + o + r + o + n) e, por outro, o *significado*, que dá nome a certa ave.

Se considerarmos a palavra *provoronit*, temos três pontos importantes: primeiro, o complexo de sons; segundo, o significado (*provoronit* significa bocejar prolongadamente); terceiro, a relação entre a palavra e determinada imagem, de modo que na palavra *provoronit* há certa *imagem* interna (um corvo faz isso quando ele abre a boca). Certa comparação interna é feita, uma imagem interna ou pictograma dos sons condicionados relacionados à imagem interna. Quando dizemos *petushitsya*, então certa imagem aparece para a qual não existe uma palavra adequada; estamos comparando uma pessoa com um galo; quando dizemos *goluboe nebo* [azul-celeste], uma comparação da cor do céu com a asa de um pombo fica clara para todos; quando dizemos *voronoi kon* [cavalo negro], a palavra *voronoi* está relacionada à asa de um corvo [*voron*]. Em todos esses casos é gerada uma figura que liga o significado ao signo.

Na linguagem moderna temos dois grupos de palavras: as palavras que formam uma imagem e as que não formam. Comparando a palavra "repolho" com a palavra "campânula branca"*, Potebnia observa que essas palavras parecem pertencer a dois grupos diferentes porque a palavra "campânula" está ligada a certa imagem (uma flor que cresce sob a neve e que se abre após o degelo), mas a palavra "repolho" parece arbitrária. Mas apenas do ponto de vista fenotípico. Os estudos genéti-

---

* *Snowdrop*, em inglês. [N. do E.]

cos mostraram que todas as palavras têm uma imagem, mas a imagem está geralmente oculta, embora cada palavra possa ser recuperada etimologicamente. A palavra "repolho" está relacionada com a palavra do latim *caput*, que significa cabeça. Um repolho tem uma semelhança externa com uma cabeça, mas nos esquecemos ou não conhecemos essa relação. Para os psicólogos, um elo é muito importante, pois sem ele não poderíamos entender por que, especificamente, o complexo dos sons "r-e-p-o-l-h-o" significa uma planta. De fato, a história de quase todas as palavras mostra que em sua origem elas estão relacionadas com determinada imagem. Então, de acordo com as leis do desenvolvimento psicológico, outras palavras foram geradas a partir dessas palavras. Assim, as palavras não foram inventadas nem apareceram como resultado de condições externas ou de acordos arbitrários, mas provêm ou darão origem a outras palavras. Às vezes palavras novas surgem como resultado da transferência de um antigo significado para novos objetos.

Vamos traçar a história de algumas palavras simples. Da etimologia da palavra russa *vrach* [médico], sabemos que as palavras eslavas *vrati, vorchat* [mentir, resmungar] estão relacionadas, mas o significado inicial da palavra *vrach* é *vrushchi* [lançar um feitiço], *zagovarivayushchii bolezn* [lançar um feitiço sobre uma doença]. Vemos nesse caso que podemos traçar a ligação gráfica entre o som e o significado. Às vezes o elo pode ser tão distante que é difícil para o homem moderno traçar psicologicamente como esse elo leva a uma relação com a imagem de determinada palavra.

Consideremos a palavra *sutki* [o dia – 24 horas]. O que ela significa? Se dissermos que, segundo a interpretação de alguns dialetologistas, ela significou inicialmente o canto frontal de uma sala, seria difícil entender sem uma análise especial como essa palavra passou a significar "24 horas", como a entendemos atualmente. Vinte e quatro horas representam um dia e uma noite; a análise comparada de várias palavras mostra que ela foi formada a partir da palavra *stuknut* [bater]. Se considerarmos o prefixo *su-* (ou *so-*) [com] e *tknut* [meter], teremos *sotknut* (*sotykat*) [unir – o dia com a noite]. Em algumas províncias *sutki* significa *sumerki*, a hora em que a noite e o dia se encontram (crepúsculo). Então a noite com o dia passa a ser chamada de *sutki*.

Para algumas palavras é muito fácil encontrar sua raiz, mas difícil revelar sua origem. Por exemplo, quem sabe que *okun* [perca] é derivada da palavra *oko* [olho], isto é, o "peixe com olhos grandes"?

A história de outras palavras é até mais complexa. Por exemplo, quem poderia pensar que as palavras *razluka* [separação] e *lukavyi* [astúcia] estão relacionadas com a imagem de uma corda de arco? Se essa corda de arco quebra quando puxada na curva [do russo: *luk*], isso foi chamado de separação [*razluka*]. Pelo fato de *luk* ser simplesmente uma curva, as linhas foram diferenciadas como sendo retas [*pryamaya*] ou curvas [*lukavaya*].

Portanto, qualquer palavra tem sua história. Tem como base uma representação inicial ou imagem e um elo que leva à formação da nossa palavra. Isso significa que é necessário fazer uma análise especial para revelar a história de sua formação.

Na linguagem russa, quase sempre há um processo de ordem inversa. Potebnia elucida esse processo.

Assim, certas palavras literárias são deturpadas na linguagem coloquial: em vez de *palisadnik* [jardim frontal], as pessoas dizem *polusadnik* [médio jardim]. A palavra adquiriu certa imagem com essa deturpação. Em vez de *trotuar* [calçada], as pessoas dizem *plituar* [pavimento]. A distorção torna possível atribuir a uma palavra uma imagem que conecta o som com o significado que está contido na palavra. A. A. Shakhmatov[5] cita uma distorção mais recente: casaco de *semisezonnoe* [de todas as estações] em vez de *demisezonnoe* [meia-estação]. *Demisezonnoe* é convertido em *semisezonnoe* não porque seja mais fácil pronunciar, mas porque a palavra é compreendida como casaco para todas as estações.

A mesma explicação pode ser dada para uma das primeiras palavras da revolução: as pessoas diziam *prizhim* [pressão] em vez de *rezhim*

---

[5] SHAKHMATOV, Aleksei Aleksandrovich (1864-1920). Linguista russo, pesquisador das crônicas russas, descobriu linguagens orais ancestrais diferentes das linguagens vivas e estudou os problemas da antiga pátria e da linguagem parental (*Introduction to a Course on the History of the Russian Language*, São Petersburgo, 1916, parte I).

[regime]. Elas diziam: "o velho *prizhim*" porque estava relacionado com determinada imagem. Do mesmo modo, a palavra *spinzhak* [jaqueta nas costas], publicada no trabalho de V. I. Dal[6], surgiu porque essa peça de roupa é colocada primeiro nas costas. A palavra, ao adquirir a forma *spinzhak*, passa a ter um significado expressivo.

Infelizmente, podemos apenas produzir uma quantidade limitada de exemplos de conversões semelhantes na linguagem infantil: as palavras bem conhecidas *mokress* [palavra sem sentido cuja raiz *mok* significa molhado] (para *kompress*) e *mazelin* [palavra sem sentido cuja raiz *maz* significa besuntar] (para vaselina). Essas distorções são incompreensíveis: a compressa está relacionada à representação de algo úmido e a vaselina espalhada sobre uma superfície. Com esse tipo de distorção, um elo é estabelecido entre a composição do som e o significado das palavras.

A. A. Potebnia, ao analisar uma sentença simples que tem sentido lógico, estabeleceu o que ela significa em seu sentido literal. Ele demonstrou que em toda sentença desse tipo há relações imperceptíveis. Por exemplo, ao usar determinadas palavras em sentido figurado, há uma dependência de certa imagem. Assim, se dizemos "Estamos no terreno dos fatos", no sentido literal significa "pisar em terreno firme" ou "estar seguro", porque tal confiança se baseia em algo positivo, em fatos. A sentença contém uma combinação de palavras aparentemente sem sentido, mas de acordo com a linguagem direta tem um sentido figurado. Obviamente, quando dizemos que "permanecemos no terreno dos fatos", não iremos pensar que estamos sobre a terra ou mesmo sobre o solo. Usamos a expressão em sentido figurado. Mas, quando alguém diz que permanece no terreno dos fatos, involuntariamente comparamos a posição de uma pessoa que se apoia nos fatos com a posição de alguém que pisa na terra com firmeza e não suspenso no ar.

Desse modo, todas as sentenças e toda a linguagem possuem um sentido figurado. Se retornarmos ao desenvolvimento da linguagem

---

[6] DAL, Vladimir Ivanovich (1801-1872). Escritor russo e etnógrafo, devotou mais de meio século a seu trabalho fundamental, *Explanatory Dictionary of the Live Great Russian Language* [Dicionário explicativo da grande língua russa viva] (vols. 1-4, 1863-1866).

infantil, veremos que, nos experimentos clínicos, podemos estabelecer o mesmo processo que temos no desenvolvimento das palavras. Da mesma forma que no desenvolvimento da linguagem as palavras não surgem arbitrariamente, mas sempre se originam sob a forma de um signo natural relacionado a alguma imagem ou a alguma operação, e na linguagem infantil os signos não aparecem a partir de uma invenção da criança, as crianças adquirem signos a partir das pessoas próximas e somente mais tarde percebem ou descobrem as funções desses signos.

Sem dúvida, o mesmo ocorreu com a humanidade quando o homem adquiriu instrumentos. Para um instrumento tornar-se um instrumento, ele necessariamente tinha que ter as propriedades físicas para que fosse usado em determinada situação. Vamos considerar o bastão como um instrumento. O bastão tinha que ter as propriedades físicas adequadas para determinado uso.

Da mesma forma, para um estímulo tornar-se um signo psicológico foi preciso ter certas propriedades psicológicas. De modo geral, podemos dizer que um estímulo se tornou um signo natural, um símbolo natural para a criança quando ela percebeu a mesma estrutura e todos os elementos com os quais ele estava relacionado.

Podemos perguntar: onde está a fala figurada, de que estamos falando, na criança? Onde está a conexão no desenvolvimento da linguagem da criança, que serve como elo entre o signo e o significado, que poderia ser vista no processo de ampliação do significado como um reflexo condicionado ou como uma mudança de um tipo de reflexo para outro? Naturalmente, ela não está presente na criança. Quando a criança adquire as palavras, ela as adquire de um modo externo. Temos somente que explicar por que esquecemos determinados significados e por que lembramos que a palavra *sutki* [24 horas] representa *sumerki* [crepúsculo], ou mesmo anteriormente *styk dvukh sten* [vértice de duas paredes]. Outras palavras aparecem exatamente do mesmo modo e sua origem nos parece agora incompreensível. Com base na lei do reflexo condicionado, os elos intermediários são descartados. Vamos relembrar o que falamos da resposta de escolha. Ela ocorre na criança de modo que gradualmente os elos intermediários são eliminados e ocorre uma fusão do tipo sutura. Nossa linguagem representa uma quantidade infinita de integrações do tipo sutura em que os elos intermediários são eliminados, pois se tornam desnecessários para o significado moderno da palavra.

Vamos considerar a palavra *chernila* [tinta]. Sabemos o que significa a palavra *chernyi* [preto], da qual a palavra *chernila* é derivada. Mas isso significa que a tinta deve ser sempre preta? Tintas podem ser vermelhas ou verdes. Evidentemente, nomeá-las de acordo com a cor e a imagem que representam contradiz algumas propriedades do objeto. Nesse caso, algumas das velhas propriedades são rejeitadas e se desenvolve um conflito entre o significado antigo e estreito da palavra e o novo significado diferenciado, um conflito entre o significado restrito, não essencial ou parcial, e o significado mais geral e essencial. Qual foi a origem inicial da palavra *chernila*? Naturalmente, a primeira coisa que é ressaltada, o primeiro signo é que é alguma coisa preta. Ocorre uma simples alteração de significado como do tipo do reflexo condicionado de *chernyi* para *chernila* [tinta]. Mas o essencial sobre a tinta é que ela é líquida. É essencial que um líquido seja preto? É óbvio que não. Isso significa que o caráter "preto" não é essencial. Finalmente, a palavra *chernila* está relacionada com certa resposta: é algo com o que se pode escrever; e, mais, isso significa que não é tão importante que a tinta seja preta, e sim que se pode escrever com ela. Toda a história do desenvolvimento da linguagem mostra que é assim que acontece.

Em todas as linguagens europeias a palavra *korova* [vaca] significa etimologicamente *rogataya* [cornudo]. Em latim, essa palavra significa cabra e, em francês, cervo.

Para a criança, que aprende todas as palavras concretas com as pessoas, uma união direta (ou conexão) é formada entre determinada palavra e o objeto correspondente. Esta conexão, ou reflexo condicionado, aparece na criança de modo natural, pois a criança não descobre novos signos e usa a palavra como um signo para o objeto. Mas, se tentarmos observar clinicamente como a criança adquire um signo independentemente ou formula-o experimentalmente, vemos que no experimento o aparecimento de signos passa pelos mesmos estágios pelos quais a linguagem passou por meio de elos.

Nos nossos experimentos, colocamos a criança nesta situação: no jogo, a criança nomeia um objeto com o nome de outro. Por exemplo, para a criança brincar, um prato ou um relógio podem assumir qualquer função. Podemos combinar que uma faca é um médico, uma tampa de garrafa de tinta é um táxi, um relógio é uma farmácia e qualquer outro objeto é um remédio e assim por diante. Então, realizamos uma série de atividades simples com esses objetos e a criança se lembra muito bem de seu significado simbólico. A criança pode criar facilmente uma história apropriada, por exemplo, sobre como um médico entra no táxi, visita um paciente, examina-o, prescreve um medicamento e, então, alguém entra na farmácia para comprar um remédio. Às vezes ela conta histórias mais complexas. É interessante observar que se lembra muito bem de que o relógio é a farmácia etc.; o essencial é que não comete um erro nessa brincadeira.

Depois de muitos experimentos, uma criança de 5 anos começa a identificar gradualmente os traços principais que são o elo. Coloque um relógio na frente da criança e diga-lhe que é uma farmácia. Não importa o que a criança fará com o relógio depois, mas ela transformará essas ações na palavra "farmácia". Assim, ela começa a comparar os números do relógio com remédios. "Farmácia" é o primeiro estímulo identificado e funciona como um elo entre o signo e o significado.

Em outras palavras, a criança cria um signo exatamente da mesma maneira que o signo é criado em geral no desenvolvimento da linguagem. Em um experimento, quando a criança relaciona dois objetos de maneira direta, como a farmácia com o relógio, ela isola uma das características, como a face do relógio, e usa essa característica para conectar a farmácia com o relógio. Do mesmo modo, quando um livro que significa "floresta" é colocado diante de uma criança mais nova, a criança diz que ele é uma floresta porque o livro tem algo de preto. Para uma criança de 5 anos de idade, o livro pode não ser mais uma floresta; a criança já isola um estímulo entre vários outros, por exemplo a cor preta, e essa característica começa a ter o papel de elo entre o signo e o significado.

Tentaremos resumir o que foi discutido. A pré-história da linguagem infantil mostra que a linguagem se desenvolve do mesmo modo que o reflexo condicionado, que o desenvolvimento passa por todos os estágios conhecidos dos estudos de laboratório sobre o reflexo condicionado. Mais especificamente, é essencial que o desenvolvimento da linguagem ocorra independentemente do pensamento e que o pensamento se desenvolva independentemente do desenvolvimento da linguagem da criança, mas, em certo momento, ambos se encontram. Com aproximadamente 2 anos, a criança experimenta o florescimento de seu vocabulário, sua extensão ativa, após a qual há uma fase de questionamentos: "O que é isso? Como se chama isso?".

Com base em nosso conhecimento, podemos rejeitar a hipótese de Stern de que no momento de intersecção da linguagem com o pensamento a criança descobre o significado da palavra. A análise genética mostra que é difícil falar em descoberta. Evidentemente, a criança, de início, não domina a relação interna entre signo e significado, e sim a conexão externa entre a palavra e o objeto, e isso ocorre segundo as leis do desenvolvimento do reflexo condicionado, devido ao simples contato entre dois estímulos. É especificamente por essa razão que é difícil acreditar que a descoberta ou o reconhecimento do objeto acontece primeiro e que sua função é reconhecida mais tarde. Na verdade, ocorre a assimilação direta da função e somente com base nessa assimilação acontece mais tarde o reconhecimento do objeto. Assim, o instante de descoberta ao qual Stern se refere é empurrado para mais tarde.

Capítulo 7

A pré-história do desenvolvimento da linguagem escrita

A escrita ainda ocupa um espaço relativamente limitado na prática do treinamento escolar se comparada ao enorme papel que possui no processo de desenvolvimento cultural da criança. O ensino da escrita é tratado como se fosse de pouco valor prático. Ensina-se à criança a escolher letras e a construir palavras, mas não se ensina a escrita da linguagem. O mecanismo da leitura é tão enfatizado que ele esconde a linguagem escrita como tal e, por isso, ensinar a mecânica da escrita e da leitura domina o uso inteligente desse mecanismo. Algo semelhante ocorre no ensino da linguagem verbal para os surdos-mudos, em que toda a atenção dos professores é direcionada para ensinar a criança sobre articulação correta, colocação dos sons individuais e sua pronúncia precisa. Além da técnica da pronúncia, o aluno surdo-mudo não observa a linguagem verbal propriamente dita. O que se desenvolve é a fala gutural.

Como os opositores desse método observaram, não foi ensinada a linguagem verbal à criança, mas a pronúncia das palavras. O mesmo ocorre frequentemente no ensino da escrita. Não se ensina aos alunos a linguagem escrita, mas a escrita das palavras e, por isso, em um grau significativo, o ensino da linguagem escrita ainda não superou o nível da escrita tradicional, organizada e correta. As razões históricas explicam essa situação: a prática pedagógica, em específico, independentemente da existência de numerosos métodos de ensino da leitura e da escrita, não desenvolveu adequadamente um método racional, com base científica e prática de ensino da linguagem escrita para as crianças. E, por isso, a questão do ensino da linguagem permanece em aberto. Ao contrário do ensino da linguagem verbal, que a criança aprende por si mesma, todo o ensino da linguagem escrita se baseia no treinamento artificial, o que requer uma enorme atenção e esforço por parte do professor e do aluno e, como resultado, se transforma em uma prática autônoma se comparado com a linguagem escrita viva que passa a um plano posterior. Ainda não baseamos o ensino da escrita nas necessidades da criança, que se desenvolvem naturalmente e pela sua iniciativa, mas o apresentamos a ela exteriormente, pelas mãos do professor, e ele se assemelha ao desenvolvimento de qualquer hábito, como o de tocar piano. Com essa abordagem, o aluno desenvolve habilidade com os dedos e aprende a ler as notas e a tocar as teclas, mas ele não é de modo algum introduzido na poesia da música.

O entusiasmo unilateral sobre os mecanismos da escrita afetou não só a prática, mas também a formulação teórica do problema. A psicologia tem considerado, até o momento, a escrita comum como um hábito motor complexo, como um problema de desenvolvimento dos músculos pequenos das mãos, como um problema de linhas largas e estreitas e assim por diante. O problema da linguagem escrita como tal, isto é, o sistema especial de símbolos e signos cujo domínio significa um ponto de virada crítico no desenvolvimento cultural geral da criança, não se desenvolve em alto grau na psicologia.

Independentemente do número de estudos existentes, ainda não podemos escrever uma história completa e coerente sobre o desenvolvimento da linguagem escrita infantil. Podemos apenas ressaltar os pontos mais importantes desse desenvolvimento e considerar seus principais estágios. Para a criança, o domínio da linguagem escrita representa um sistema simbólico excepcionalmente complexo e especial de signos.

Como H. Delacroix[1] disse corretamente, a especificidade desse sistema consiste em representar o simbolismo de segundo grau que, gra-

---

[1] DELACROIX, Henri Joachim (1873-1937). Vol. 2, p. 484.

dualmente, se torna o simbolismo direto. Isso significa que a linguagem escrita consiste em um sistema de signos que arbitrariamente formam os sons e as palavras da linguagem verbal, que, por sua vez, representa os signos para os objetos e as relações reais. De maneira gradual, a conexão intermediária, especificamente, a linguagem verbal, pode desaparecer e a linguagem escrita ser convertida em um sistema de signos que simbolizam diretamente os objetos significantes e as relações entre eles.

Está claro para nós que o domínio desse sistema complexo de signos não pode ocorrer exclusivamente de modo mecânico, externamente, por meio de uma simples pronúncia, por meio de um treinamento artificial. Está claro que é improvável que o domínio da linguagem escrita tenha sido formado em um momento crucial externamente pelo treinamento escolar, mas que seja de fato produto de um longo desenvolvimento das funções superiores do comportamento da criança. Só nos aproximaremos da solução correta para a psicologia geral da escrita por meio de uma abordagem do ensino da escrita de um ponto de vista histórico, isto é, tentando entender esse momento no conjunto da história do desenvolvimento cultural da criança.

A história do desenvolvimento da linguagem escrita infantil apresenta muitas dificuldades para a pesquisa. Considerando os materiais de que dispomos, o desenvolvimento da linguagem escrita não se dá por uma única linha preservando a continuidade das formas. A história do desenvolvimento da linguagem escrita da criança apresenta metamorfoses inesperadas, isto é, a conversão de algumas formas de linguagem escrita em outras. Na bela expressão de Baldwin, há tanto involução como evolução. Isso significa que, ao lado dos processos de desenvolvimento, do movimento adiante e do nascimento de novas formas, devemos a cada passo detectar os processos de redução, de morte, o desenvolvimento reverso das velhas formas.

Nesse caso, como na história do desenvolvimento cultural da criança, geralmente encontramos características de mudanças espasmódicas e interrupções ou quebras na linha de desenvolvimento. A linha de desenvolvimento da linguagem escrita na criança às vezes para quase por completo e, então, de repente, como que sem motivo, a partir do exterior, a nova linha começa e à primeira vista parece que entre a linha passada e a nova não há absolutamente conexão alguma. Mas apenas uma representação ingênua do desenvolvimento como um processo puramente evolutivo, realizado exclusivamente pelo acúmulo gradual de pequenas mudanças isoladas, uma transição imperceptível de uma forma em outra, pode esconder de nossos olhos a verdadeira essência do processo que está ocorrendo. Somente alguém que está inclinado a imaginar que todos os processos de desenvolvimento são processos de germinação negará que a história da linguagem escrita infantil tem todo o direito de ser representada por uma única linha de desenvolvimento independentemente das quebras, desaparecimentos e metamorfoses a respeito dos quais nos referimos anteriormente.

Já sabemos que todo o processo de desenvolvimento cultural da criança, como todos os outros processos de seu desenvolvimento mental, representa um modelo de desenvolvimento revolucionário. Vimos que o desenvolvimento cultural do comportamento humano, que se origina de uma interação complexa entre a maturação orgânica da criança e o ambiente cultural, deve necessariamente apresentar para nós, a cada passo, um exemplo desse desenvolvimento revolucionário. Em geral, para a ciência, esse tipo de desenvolvimento revolucionário não representa nada de novo; é novo apenas para a psicologia infantil e, por isso, independentemente do indivíduo e mesmo com estudos corajosamente concebidos, não temos ainda, na psicologia infantil, tentativas coerentes para apresentar a história do desenvolvimento da linguagem escrita como um processo histórico e único de desenvolvimento.

O caráter psicológico do domínio da escrita não deve ser apresentado como uma forma puramente externa de comportamento, mecânica, transmitida para a criança, mas como determinado momento no desenvolvimento do comportamento, fruto da necessidade em certo instante, geneticamente conectado com tudo que o prepara e que o torna possível. O desenvolvimento da linguagem escrita pertence à primeira e mais óbvia linha de desenvolvimento cultural porque está relacionado ao domínio de um sistema externo, desenvolvido e criado no processo de desenvolvimento cultural da humanidade. No entanto, para o sistema externo transformar-se em uma função mental da criança, uma forma especial de seu comportamento, para a linguagem escrita da humanidade tornar-se a linguagem escrita da criança, processos complexos de desenvolvimento são necessários, e tentaremos investigá-los, mas obviamente sob a forma de um delineamento mais geral.

O que fica claro do que expusemos antes é que o desenvolvimento da linguagem escrita tem uma longa história, excepcionalmente complexa, e que começa muito antes de a criança em idade escolar iniciar os estudos de escrita. A primeira tarefa da pesquisa científica é a de revelar a pré-história da linguagem escrita infantil, mostrar o que estimula a criança a escrever, por quais momentos importantes passa a pré-história e como ela se relaciona ao treinamento escolar. A pré-história da linguagem escrita infantil geralmente ocorre de tal forma que é difícil descobrir os estágios preparatórios para o desenvolvimento da escrita sem realizar uma análise especial. Geralmente, sob condições externas desfavoráveis, os estágios são mascarados, confusos e atrasados e não podem ser sempre detectados e estabelecidos. Por isso, como vimos anteriormente, o estudo experimental é o método mais promissor para elucidar determinados momentos importantes que ocorrem de modo oculto na pré-história da linguagem escrita. Para estudar os fenômenos que nos interessam devemos inicialmente produzi-los, desenvolvê-los e verificar como ocorrem e tomam forma. Em outras palavras, temos que aplicar o mesmo método experimental utilizado na pesquisa genética para elucidar os elos ocultos desse processo, que foram reduzidos, ou que às vezes são inacessíveis, à simples observação.

A história do desenvolvimento da escrita começa com o aparecimento dos primeiros signos visuais na criança e se baseia na mesma história natural da emergência dos signos dos quais a fala é derivada. Um gesto é especificamente o sinal visual inicial que contém a escrita futura da criança, assim como o futuro carvalho está contido na semente. O gesto é a escrita no ar e o signo escrito é muito frequentemente apenas um gesto fixo.

W. Wundt ressaltou a conexão entre o desenho, a escrita pictográfica e o gesto. Ele afirma que geralmente um gesto gráfico significa simplesmente a reprodução de um signo gráfico. Ao contrário, em outros casos, o signo é a fixação e a consolidação de um gesto. Assim, a escrita pictográfica dos índios sempre substitui uma linha que une os pontos pelo movimento das mãos ou que o dedo indicador aponta. A linha indicadora que se converte em escrita pictográfica representa aparentemente um movimento fixado do dedo indicador. Wundt disse que todas essas designações simbólicas na escrita pictográfica podem ser explicadas somente se as extrairmos da linguagem dos gestos, mesmo se os símbolos separados levarem a uma existência independente. Veremos mais adiante que, mesmo no estudo da escrita pictográfica produzida experimentalmente na criança, podemos observar a mesma consolidação do gesto indicador na forma de uma linha, mas isso pode indicar uma regressão a um estágio anterior de desenvolvimento. Ainda assim, mesmo neste caso, deslocada no tempo pelo pesquisador, a conexão genética entre o signo escrito e o gesto se expressa com a maior clareza. Falaremos desse aspecto separadamente.

Gostaríamos agora de ressaltar dois pontos que conectam geneticamente o gesto com o signo escrito. O primeiro ponto é sobre os rabiscos que as crianças fazem. Como observamos nos experimentos, quando a criança desenha, ela geralmente realiza uma transição para a dramatização, mostrando com um gesto o que deseja desenhar, e a linha traçada com o lápis apenas complementa o que ela mostrou por meio do gesto. Na literatura psicológica, conhecemos uma única indicação desse fato. Acreditamos que a pobreza de observações semelhantes pode ser explicada simplesmente pela falta de atenção a esse fenômeno que é tão importante sob o aspecto genético.

Stern fez uma observação notável que ressaltou as relações distantes entre o desenho e o gesto. Uma criança de 4 anos às vezes acrescenta um significado a um desenho com movimento das mãos. Isso acontece muitos meses após seus rabiscos serem substituídos por desenhos imaturos e simples. Por exemplo, quando a picada de um mosquito foi simbolizada por um movimento de dor na mão e pela ponta do lápis.

Em outra situação, a criança queria mostrar em um desenho como fica escuro quando as cortinas estão fechadas e para isso ela desenhou uma linha bem forte de cima a baixo como se estivesse desenhando uma persiana. O movimento desenhado não significava uma corda, mas expressava especificamente o movimento de desenhar uma cortina.

Podemos citar várias dessas observações. A criança que precisa representar uma corrida começa a usar os dedos para mostrar esse movimento e a fazer linhas separadas e pontos sobre o papel, que acredita representar uma corrida. Quando ela quer desenhar um pulo, sua mão começa a fazer movimentos que expressam o movimento de pular e, sobre o papel, ela faz traços desse movimento. Para nós, esses primeiros desenhos das crianças, seus rabiscos, representam mais um gesto do que um desenho no verdadeiro sentido da palavra. Para nós, o fato que observamos experimentalmente, de que ao desenhar objetos complexos a criança não produz suas partes, mas suas qualidades gerais (impressão de circularidade etc.), está relacionado ao mesmo fenômeno. Quando a criança usa as mãos fazendo um círculo para representar uma jarra cilíndrica, ela usa também o mesmo movimento para representar qualquer coisa redonda. Essa fase de desenvolvimento da criança coincide perfeitamente com as expressões motoras gerais do psiquismo que caracterizam a criança dessa idade e que, como as pesquisas de Bashushinskii mostraram, determinam todo o estilo e as características de seus primeiros desenhos. A criança procede da mesma maneira ao descrever os conceitos complexos e abstratos. Ela não os desenha, mas os indica com gestos e o lápis apenas fixa esses gestos no papel. Quando se solicita à criança que desenhe um tempo bom, ela aponta com um movimento horizontal liso de sua mão para a parte inferior da folha e explica: "Este é o chão", então faz alguns movimentos de uma linha pontilhada, confusos, a partir do topo, e explica: "E este é um tempo bom". Em observações especiais, tivemos a oportunidade de observar as relações entre as imagens feitas por meio de um gesto e um desenho e obtivemos uma imagem gráfica simbólica, feita com gestos por uma criança de 5 anos de idade.

O segundo ponto que forma uma conexão genética entre o gesto e a linguagem escrita nos conduz à brincadeira infantil. Como sabemos, na brincadeira alguns objetos podem representar outros objetos muito facilmente, substituí-los e transformar-se em seus signos. Sabemos também que nesse caso a semelhança entre o brinquedo e o objeto que ele representa não é importante. O que é mais importante é seu uso funcional, a possibilidade de usá-lo para produzir um gesto representativo. Em nossa opinião, essa é a única chave para explicar a função simbólica geral das brincadeiras infantis. Nas brincadeiras, uma bola de trapo ou um pedaço de madeira transforma-se em um bebê, pois a criança faz gestos que imitam como carregar um bebê em seus braços ou como alimentá-lo. Os próprios movimentos da criança, seus gestos, atribuem a função de signo a um objeto adequado e fornecem significado a ele. Toda a atividade simbólica de representação está repleta de tais gestos indicadores. Assim, um pedaço de pau se transforma em um cavalo porque a criança pode colocá-lo entre as pernas, e um gesto pode lhe ser aplicado, indicando que ele representa um cavalo.

Assim, o jogo simbólico da criança pode, desse ponto de vista, ser compreendido como um sistema muito complexo de linguagem, auxiliado pelos gestos que complementam e indicam o significado dos brinquedos individuais. Somente com base nos gestos indicadores o brinquedo adquire gradualmente seu significado preciso como um desenho, sustentado inicialmente por um gesto, e então se torna um signo independente.

Apenas desse ponto de vista é possível explicar cientificamente os dois fatos que ainda necessitam de uma explicação teórica adequada.

O primeiro fato é que, para a criança, na brincadeira, qualquer coisa pode ser qualquer coisa. Isso pode ser explicado pelo fato de que o objeto adquire por si mesmo a função e o significado de um signo somente devido a um gesto que lhe dá seu significado. Assim, fica claro que o significado reside no gesto e não no objeto. E por isso a criança lida com qualquer objeto específico de modo relativamente indiscriminado. O objeto deve ser o foco para que a criança aplique seu próprio gesto simbólico.

O segundo fato é que, para as crianças de 4 a 5 anos de idade, o significado verbal arbitrário ocorre muito precocemente na brincadeira. As crianças concordam entre si. "Isto será uma casa, isto será um prato" etc. Mais ou menos com a mesma idade, uma relação verbal excepcionalmente rica aparece para interpretar, explicar e atribuir significado a cada movimento, objeto, ação em separado. A criança, além de gesticular, também discute e explica o jogo para si mesma, organiza-o e confirma graficamente a ideia de que as formas iniciais no jogo representam de fato o gesto inicial, a linguagem auxiliada pelos signos. Mesmo na brincadeira, encontramos o momento que conduz à emancipação de um objeto como um signo ou um gesto. Pelo uso prolongado, o significado de um gesto é transferido para os objetos, que, no momento do jogo, mesmo sem os gestos correspondentes, passam a representar objetos condicionados e relações condicionadas.

Tentamos traçar experimentalmente a origem independente dos signos a partir dos objetos e estabelecer (experimentalmente) a fase específica da escrita objeto da criança. Como assinalamos, os experimentos foram conduzidos na forma de um jogo em que os objetos isolados, muito familiares para a criança, começam a representar, arbitrariamente, como uma brincadeira, os objetos e as pessoas que participam dos jogos. Por exemplo, um livro aberto representa uma casa; as chaves representam a criança; um lápis representa a babá; um relógio representa a farmácia; uma faca representa um médico; a tampa de um frasco de tinta, um táxi etc. Então, por meio de gestos gráficos desses objetos, foi mostrada para a criança uma história simples que ela leu com facilidade.

Por exemplo, o médico entra no táxi e vem até a casa, bate na porta, a babá abre a porta, ele escuta e examina a criança, escreve uma prescrição, vai embora, a babá vai até a farmácia, volta e dá o medicamento à criança. Crianças com mais de 3 anos de idade leem esse tipo de registro simbólico muito facilmente. Crianças com 4 ou 5 anos de idade leem até mesmo um registro mais complexo: um homem anda na floresta, um lobo o ataca; o homem corre e consegue se salvar; o médico o ajuda; o homem machucado vai até a farmácia e então vai para casa. Um caçador vai até a floresta e mata o lobo... É notável que a semelhança dos objetos não represente um papel marcante na compreensão da notação simbólica do objeto. O mais importante é o fato de esses objetos permitirem o gesto correspondente e servirem como uma referência para aplicá-los. Por isso, a criança rejeita categoricamente os objetos que não estão claramente relacionados a uma determinada estrutura de gestos.

Assim, a criança se recusa categoricamente a participar na brincadeira que acontece quando está sentada à mesa em que só estão disponíveis objetos pequenos que estão na mesa. Quando pegamos seus dedos e os colocamos sobre o livro e dizemos: "Na brincadeira eles serão as crianças", ela argumenta que não existe tal brincadeira. Os dedos estão tão estreitamente ligados ao corpo que não podem servir como objeto para o gesto solicitado. Do mesmo modo, os objetos muito grandes dentro da sala, como um armário ou alguém presente, também não podem participar dessa brincadeira.

Desse modo, vemos muito claramente a demarcação obtida experimentalmente de duas funções da linguagem às quais nos referimos ao falar da linguagem verbal infantil. O objeto por si tem a função de substituição: o lápis substitui a babá e o relógio substitui a farmácia; mas apenas o gesto correspondente lhes atribui esse sentido. Nas crianças mais velhas, os gestos relacionados aos objetos tendem não apenas a substituir os objetos, mas a representá-los. A primeira "descoberta" importante da criança ocorre nesse momento. Quando mostramos um livro de capa preta e dizemos que representará uma floresta, a criança diz: "Bem, sim, esta é uma floresta porque está escuro, preto aqui".

Assim, ela isola uma das características do objeto que significa para ela uma indicação de que o livro deve representar uma floresta. Desse modo, precisamente, quando a tampa metálica de uma garrafa representa um táxi, a criança aponta para ele e diz: "Este é o assento". Quando o relógio representa a farmácia, a criança aponta para o mostrador e diz: "Aqui está o medicamento e a farmácia" e outra aponta para o aro e diz: "Esta é a entrada, é a porta da farmácia". Pegando a garrafa pequena que representa o lobo, a criança aponta para o gargalo e diz: "E esta é a boca". E quando o pesquisador pergunta sobre a rolha, "E isso o que é?", ela responde: "Isto, ele agarrou a rolha e segura-a entre os dentes".

Em todos os exemplos, podemos observar a mesma coisa – especificamente, a estrutura usual dos objetos parece mudar sob a influência do novo significado que adquiriu. Porque o relógio representa a farmácia, uma de suas características é isolada e assume a função de um novo signo, uma instrução sobre como o relógio representa a farmácia. A estrutura simples dos objetos (rolha que fecha a garrafa) começa a ser representada por uma nova estrutura (o lobo segura a rolha entre os dentes). A mudança na estrutura é tão forte que em alguns experimentos podemos observar como a criança conserva o significado simbólico do objeto. O relógio representou a farmácia em todos os jogos enquanto outros objetos mudaram rapidamente e muitas vezes seu significado. Ao fazer a transição para um novo jogo, o mesmo relógio adquiria um novo significado: "Esta é uma padaria". A criança colocava a mão sobre o relógio como se o dividisse pela metade e dizia: "Está bem, esta parte é a farmácia e esta, a padaria". Desse modo, o significado antigo tornou-se independente e serviu como um meio para o novo significado. Podemos estabelecer um significado independente mesmo fora do jogo: quando uma faca cai, a criança grita: "O médico caiu".

Assim, os objetos, mesmo sem um gesto indicador, retêm o significado adquirido. Ao traçar a história dos signos representativos e isolados, podemos estabelecer uma analogia com o desenvolvimento da linguagem e o significado das palavras. Como vimos, nesse caso as palavras têm certo significado por meio de características gráficas que indicam esse significado. A palavra *chernila* [tinta] significa um líquido para escrever por causa de seu antigo significado e devido a uma característica *chernoe* [preto]. Do mesmo modo, o relógio representa uma farmácia para a criança e os números representam os medicamentos. Assim, o signo adquiriu um desenvolvimento objetivo por si, que não depende do gesto da criança, e nesse gesto podemos ver o segundo momento importante no desenvolvimento da linguagem escrita da criança.

O mesmo ocorre com o desenho. Vemos que a linguagem escrita não surge naturalmente. Já dissemos que o desenho inicial se desenvolve com base em um gesto da mão munida com um lápis. Nesse caso, o desenho começa a representar algum objeto, os traços esboçados recebem um nome correspondente.

C. Bühler chamou atenção para o fato de que o processo de desenvolvimento do desenho da criança avança gradualmente: a representação verbal passa de subsequente a simultânea. E, por fim, o nome precede o desenho. Isso significa que a intenção de representar alguma coisa abstrata se desenvolve baseada na representação de uma forma que foi desenhada e nomeada após o desenho ser completado. A linguagem se movendo à frente (da ação) serve como um meio importante para o progresso mental.

Hetzer, ao estudar em que momento da maturação de uma criança em idade escolar ela aprende a escrever, foi o primeiro a desenvolver uma formulação ampla dessa questão. Ela tentou estudar como se desenvolve na criança a função de representação simbólica dos objetos, que é tão importante para o aprendizado da escrita. Para isso, Hetzer elucidou experimentalmente o desenvolvimento da função simbólica na criança de 3 a 6 anos de idade. Os experimentos consistiram em quatro séries básicas. A função simbólica na brincadeira foi estudada nas primeiras séries. Na brincadeira, a criança tinha que representar o pai ou a mãe e o que eles costumavam fazer durante o dia. No processo de brincar, ocorreu a interpretação arbitrária dos objetos envolvidos na brincadeira e o pesquisador pôde traçar a função simbólica designada aos objetos nesse processo. A construção material foi usada para representar a mãe ou o pai, que foram então coloridos com o lápis. Na segunda e terceira séries foi dada atenção especial ao momento em que o significado apropriado foi atribuído. Finalmente, na quarta série, em um jogo de carteiro, o pesquisador pôde observar o quanto a criança é capaz de perceber uma combinação puramente arbitrária de signos, uma vez que os blocos coloridos com cores diferentes serviram como signos para os tipos diferentes de cartas entregues pelo carteiro: telegramas, jornais, pacotes, postais etc.

Assim, o estudo experimental colocou na mesma ordem os vários tipos de atividades, ligadas somente pelo fato de que cada uma se baseou na função simbólica, e o estudo tentou estabelecer uma conexão genética entre todos esses tipos de atividade e o desenvolvimento da linguagem escrita.

Nos experimentos de Hetzer podemos ver claramente como o significado simbólico se desenvolve na brincadeira com o auxílio de um gesto gráfico e da palavra. Aqui, a fala egocêntrica da criança foi evidente. Enquanto para algumas crianças tudo está representado com o auxílio do movimento, e a mímica e a linguagem não estão envolvidas como um meio simbólico, em outras a linguagem acompanha a ação: a criança fala e age. Em um terceiro grupo, a expressão puramente verbal começa a dominar, não estando relacionada a nenhum outro tipo de atividade. Finalmente, o quarto grupo de crianças dificilmente brincou e a linguagem era o único meio de representação, enquanto a mímica e os gestos foram relegados ao segundo plano.

O experimento demonstrou que, com a idade, a porcentagem de ações puramente de brincadeira diminuiu e que a linguagem começou a predominar. A conclusão mais importante desse estudo genético, como diz Hetzer, é o fato de que a diferença na brincadeira entre crianças de 3 e de 6 anos de idade não é a percepção dos símbolos, mas o método usado nas várias formas de representação. Parece-nos que esta é a conclusão mais importante, ao mostrar que a representação simbólica, na brincadeira e nos estágios precoces, é essencialmente a única forma de linguagem que conduz diretamente à linguagem escrita.

Com o desenvolvimento da criança, o processo de nomear se desloca para o primeiro plano no processo de representação e, desse modo, esse processo assume a função de registrar a palavra recém-nomeada. Mesmo uma criança de 3 anos compreende a função imaginativa da construção; uma criança de 4 anos nomeia seu produto antes de começar a construí-lo. O mesmo acontece com o desenho. Parece que uma criança de 3 anos não conhece de antemão o significado simbólico do desenho e domina completamente esse processo só aos 7 anos. A análise anterior do desenho infantil mostra sem dúvida que, do ponto de vista psicológico, devemos considerar o desenho como uma linguagem especial da criança.

Como é conhecido, inicialmente a criança desenha de memória e, se é feita uma sugestão para desenhar sua mãe, que está sentada em sua frente, ou algum objeto diante dela, a criança desenha sem olhar no original e, como resultado, não desenha o que está vendo, mas sim o que ela conhece. Isso também é indicado pelo fato de o desenho da criança, além de não levar em consideração, contradizer a percepção real do objeto. O que se desenvolve é o que C. Bühler chamou de desenho em raio X. A criança imagina uma pessoa vestida, mas ao mesmo tempo desenha suas pernas, a barriga, uma carteira no bolso, e mesmo o dinheiro na carteira, isto é, coisas que ela sabe que existem, mas que não podem ser vistas no desenho. Ao desenhar um homem de perfil, a criança dá-lhe um segundo olho e desenha ambas as pernas de um homem de perfil montado em um cavalo. Finalmente, nos desenhos infantis, são omitidas partes muito importantes de um objeto, enquanto, por exemplo, a criança desenha pernas crescendo diretamente da cabeça, esquecendo o pescoço e o tronco. Tudo isso mostra que em essência a criança desenha, nas palavras de C. Bühler, exatamente como ela fala.

Isso justifica nossa consideração do desenho infantil como um estágio preliminar de sua linguagem escrita. No que se refere à função psicológica, o desenho infantil é uma linguagem gráfica especial, uma história gráfica sobre alguma coisa. A técnica do desenho infantil mostra, sem dúvida, que o desenho é especificamente uma história gráfica, isto é, a linguagem escrita especial da criança. Por isso, o desenho infantil por si só, segundo a observação correta de C. Bühler, é mais uma linguagem do que uma representação.

Como J. Sully[2] mostrou, a criança não pretende representar; ela é muito mais uma simbolista do que naturalista, ela não está preocupada com a semelhança precisa e plena, mas sim deseja produzir uma indi-

---

[2] SULLY, James (1842-1923). Um dos pesquisadores sobre a atenção voluntária, falou em um debate sobre a concepção motora da atenção proposta por N. N. Lange.

cação do objeto que está desenhando. A criança pretende mais nomear e designar do que representar.

C. Bühler, justificadamente, ressalta que a criança começa a desenhar quando ela já tem muito sucesso na linguagem verbal e esta já se tornou habitual. Além disso, ela afirma que a linguagem geralmente domina e forma a maior parte da vida mental segundo suas leis. O desenho também faz parte desse processo; sobre o desenho podemos dizer, em conclusão, que ele é também absorvido pela linguagem, pois toda a capacidade gráfica de expressão do ser humano cultural moderno médio se manifesta na escrita. A memória infantil, nesse momento, não possui as formas simples de representação, mas na sua maior parte consiste em uma predisposição para julgamentos expressos pela linguagem ou capazes de ser envolvidos por ela.

Quando revela novos tesouros de sua memória por meio do desenho, a criança o realiza pela linguagem, como em uma narração. A característica mais importante desse método é certa abstração, à qual pertence necessária e naturalmente toda descrição verbal. Assim, vemos que o desenho é a linguagem gráfica que se desenvolve com base na linguagem verbal. Nesse sentido, os esquemas característicos dos desenhos iniciais da criança se assemelham a conceitos verbais que apresentam só as características essenciais e constantes dos objetos.

Esse estágio da linguagem, ao contrário da linguagem escrita, é ainda um simbolismo de primeiro grau. A criança não retrata as palavras, mas os objetos e a representação desses objetos. Mas o desenvolvimento do desenho infantil não é algo compreensível ou que se desenvolve de modo mecânico. Seu momento crítico é a transição de simplesmente fazer marcas no papel para o uso desses riscos de lápis como signos que representam ou significam algo. Os psicólogos concordam que, nesse caso, como afirma C. Bühler, a criança deve descobrir que as linhas feitas por ela podem significar alguma coisa. Sully explica essa descoberta usando o exemplo em que a criança desenha ao acaso, sem ter nenhuma ideia ou significado, uma linha espiral em que, de repente, ela reconhece certa semelhança e alegremente diz: "Fumaça, é fumaça!".

A maioria dos psicólogos concorda que a criança descobre no desenho, na forma que ela desenhou, uma semelhança com algum objeto, que, a partir desse desenho, adquire a função de um signo. Poderíamos sugerir que o que ocorre provém do fato de que o desenho pode representar alguma coisa. Assim, a criança geralmente reconhece objetos nos desenhos de outras pessoas antes de ela mesma desenhar. Mas o processo de reconhecimento do que está sendo desenhado, embora seja encontrado na infância precoce, não é a descoberta inicial da função simbólica, como a observação tem mostrado. Inicialmente, se a criança vê a semelhança entre o desenho e um objeto, reconhece-o como um objeto semelhante, mas não como uma representação ou um símbolo.

Uma menina que vê um desenho de uma boneca exclama: "Uma boneca! Exatamente como esta aqui!". É possível que ela veja o desenho como um outro objeto parecido com o que ela tem. Segundo Hetzer, nenhuma das observações pode nos compelir a assumir que a compreensão de um objeto é a compreensão do que o desenho representa. Para a menina, o desenho não era uma representação da boneca, mas outra boneca semelhante à sua. A evidência desse fato é que a criança trata o desenho como um objeto por um longo tempo. K. Bühler observou como essa menina tentou remover as linhas e as cores que ela desenhou no papel sobre um fundo verde etc.

O que chama a atenção é que uma criança mais velha, que já nomeia seus desenhos e identifica corretamente os desenhos de outras pessoas, ainda persiste por um longo tempo interpretando o desenho como um objeto. Por exemplo, quando se apresenta um desenho de um homem visto de costas, a criança vira o papel para ver sua face. Mesmo nas crianças de 5 anos, observamos sempre a mesma resposta à seguinte questão: "Onde é o rosto e onde é o nariz?", a criança vira o papel e só depois responde que eles não estão ali, que não foram desenhados.

Acreditamos que a opinião de Hetzer tem um fundamento consistente; ele afirma que a representação simbólica principal deve estar relacionada especificamente com a linguagem, que todos os outros significados simbólicos dos signos são criados com base na linguagem.

De fato, voltando ao começo, o momento de nomear o desenho indica claramente a pressão forte da linguagem sob a qual se desenvolve o desenho infantil. Isso rapidamente se transforma na verdadeira linguagem escrita que pudemos observar experimentalmente quando propusemos para a criança que usasse os signos para representar uma sentença relativamente complexa. Nesse caso, como já dissemos, vimos no desenho a manifestação dos gestos (mãos estendidas, dedos indicadores) ou linhas que os substituíam e pudemos, desse modo, como um filtro, separar a função figurativa da palavra da função indicativa.

Nesses experimentos, o mais aparente foi a tendência de a criança em idade escolar se deslocar da escrita puramente pictográfica para a ideográfica, isto é, representando as relações e os significados separados com signos simbólicos abstratos. Encontramos a supremacia da linguagem de uma criança em idade escolar que fez um desenho separado para cada palavra da sentença. Um sentença como: "Eu não vi as ovelhas, mas elas estavam lá", foi escrita da seguinte maneira: uma figura de uma pessoa ("Eu"), a mesma figura com uma venda nos olhos ("não vi"), duas ovelhas ("mas elas estavam lá"), um dedo apontando e muitas árvores e, atrás, as mesmas ovelhas podem ser vistas ("mas elas estavam lá"). A sentença "Eu respeito você" foi feita como segue: uma cabeça ("Eu"), outra cabeça ("você"), duas figuras humanas, uma delas segurando um chapéu nas mãos ("respeito").

Assim, vimos como o desenho obedece à sentença e como a linguagem verbal penetra no desenho da criança. Ao fazer essa atribuição, a criança geralmente tem que fazer descobertas reais e inventar métodos apropriados de representação, e nós pudemos confirmar que o desenvolvimento da linguagem é decisivo para o desenvolvimento da escrita e do desenho infantil.

Ao observar as manifestações espontâneas da escrita da criança, Stern apresenta vários exemplos que mostram como ocorre esse desenvolvimento e como surge o processo de aprendizagem da escrita. Vemos que a criança, ao aprender a escrever espontaneamente, começa a fazê-lo pelo extremo inferior da folha, da esquerda para a direita, sobrepondo cada linha nova etc.

A. R. Luria[3], em relação com nossas pesquisas genéricas, teve como objetivo trazer à tona e seguir o momento de descoberta do simbolismo da escrita para poder estudá-lo sistematicamente. A pesquisa mostrou que a história da escrita da criança se inicia muito mais cedo do que quando o professor põe um lápis em suas mãos pela primeira vez e mostra a ela como escrever as letras. Se não conhecermos a pré-história da escrita da criança, não entenderemos como ela aprende rapidamente a linguagem escrita, o instrumento mais complexo do comportamento cultural. Começaremos a entender que isso só ocorre se, durante os primeiros anos escolares, a criança dominar e desenvolver vários instrumentos que a conduzam diretamente ao processo de escrita, preparando-a e facilitando muito o domínio das ideias e a técnica da escrita. Em seus experimentos, Luria colocava a criança que ainda não sabia escrever em uma situação em que ela tinha que produzir alguma escrita simples. Dizia para a criança lembrar algumas frases, que geralmente excediam sua capacidade de lembrança. Quando ela percebia que não conseguia lembrar, dava-lhe um papel e sugeria que marcasse ou escrevesse as frases propostas.

Quase sempre a criança reagia com perplexidade diante dessa proposta e dizia que não sabia escrever, mas pediam-lhe que encontrasse um meio de fazê-lo, pois o papel e o lápis poderiam ajudá-la a lembrar. Desse modo, o pesquisador fornecia à criança um instrumento e observava o quanto a criança poderia ser capaz de dominá-lo, o quanto as linhas feitas com o lápis deixariam de ser apenas marcas e se tornariam signos para que ela se lembrasse do significado correspondente. Esse instrumento nos lembra dos experimentos de Köhler com os macacos, em que não esperava que eles tivessem a ideia de usar um bastão, mas colocava-os em situações em que tinham que usá-lo como um instrumento; Köhler colocava o bastão em suas mãos e observava o que acontecia.

Os experimentos mostraram que as crianças de 3 a 4 anos de idade não consideram a escrita um meio: elas escrevem determinada frase, da qual devem se lembrar, mecanicamente, por cima dos rabiscos, e

---

[3] LURIA, Aleksandr Romanovich (1902-1977). Vol. 2, p. 483.

mesmo antes de ouvi-la. A criança escreve imitando um adulto, mas ainda em um estágio da escrita infantil em que ela não pode usar a escrita como uma série de signos mnemônicos; a escrita não a auxilia a se lembrar de determinada frase; no processo de lembrar, ela não olha o que escreveu. No entanto, esses experimentos deveriam continuar para que pudéssemos determinar se essa situação muda na essência e de forma rápida. Em nosso material, às vezes encontramos casos que foram surpreendentes numa primeira observação, opostos ao que acabamos de dizer. A criança escreve sem pensar, de modo indiferenciado, faz rabiscos e marcas sem significado, mas, ao reproduzir sentenças, ela nos dá a impressão de que está lendo, assinalando algumas marcas e mostrando sem errar, muitas vezes em seguida, que as marcas representam aquela frase.

A criança desenvolve uma relação totalmente nova com as marcas, e elas são as primeiras a serem transformadas em signos mnemônicos. Por exemplo, a criança distribui as marcas separadas sobre o papel a fim de relacionar cada sentença com determinada marca. Desenvolve-se uma topografia única: uma marca traçada num canto significa uma vaca, outra marca no alto significa um limpador de chaminés etc. Desse modo, as marcas representam um signo indicador para a memória, um signo de alguma coisa que deve ser reproduzida. Temos uma base sólida para interpretar esse estágio mnemônico como o primeiro precursor da linguagem escrita. A criança converte gradativamente as marcas indiferenciadas em signos referenciados; as linhas simbólicas e os rabiscos são substituídos por figuras e desenhos, e estes dão lugar aos signos. Os experimentos possibilitaram a descrição não apenas do momento dessa descoberta, mas também de seu desenvolvimento como dependente de certos fatores. As inserções que indicam números e formas adicionados às sentenças foram os primeiros signos a romper com a ausência de significado da escrita, que, anteriormente, não expressava nada, pois diferentes ideias e imagens eram representadas por marcas e rabiscos semelhantes.

A inserção de quantidades nesse material permitia que fosse facilmente produzida uma escrita diferenciada nas crianças de 4 a 5 anos, que representasse essas quantidades. A necessidade de escrever números foi talvez o primeiro fator que deu origem à escrita. Exatamente do mesmo modo, a inclusão de cor ou forma teve um papel fundamental na descoberta do mecanismo da escrita pela criança. Sentenças como: "Preta, a fumaça preta está saindo da chaminé", "No inverno há neve", "O camundongo com a cauda longa" e "Lyala tem dois olhos e um nariz" levaram a criança muito rapidamente a fazer a transição da escrita que representa o papel de um gesto indicativo para a escrita que significa uma representação em sua forma embrionária. A partir daí a criança realiza uma transição direta para o desenho e, desse modo, testemunhamos essa transição para a escrita pictográfica. A escrita pictográfica se desenvolve muito facilmente na criança, pois, como vimos, o desenho infantil é essencialmente uma linguagem gráfica especial. Entretanto, como mostram os experimentos, mesmo nesse caso a criança vive um conflito permanente: o desenho como um meio ainda é com frequência substituído por um desenho como um processo direto autossuficiente.

É especialmente fácil observar esse processo em uma criança com deficiência mental, que passa ao desenho independente a partir do desenho de determinada frase segundo uma associação. A criança, em vez de escrever, começa a desenhar imagens. Ela faz uma transição gradual a partir da escrita pictográfica para o ideograma, se o desenho não transmite diretamente o conteúdo da sentença. Os experimentos demonstraram que a criança prossegue por um desvio e, em vez de desenhar o todo, que é difícil, desenha as partes, que são mais fáceis, e, ao contrário, algumas vezes produz toda a situação em que está contido o significado de determinada sentença.

Já dissemos que a transição para a escrita simbólica, como têm demonstrado nossos experimentos, é representada pelo aparecimento de desenhos de linhas simples que representam os gestos. Os estudos sobre a escrita infantil de crianças que não sabem escrever, mas que já conhecem as letras, mostram que a criança atravessa as mesmas etapas que acabamos de descrever. O desenvolvimento da escrita consiste não apenas em um aperfeiçoamento constante de um procedimento, mas também em saltos bruscos que marcam a transição de um procedimento a outro. A criança que sabe escrever as letras, mas que ainda não conhece o mecanismo da escrita, escreve ainda de modo não diferenciado, separando as letras individuais e suas partes, mas em seguida não consegue reproduzi-las.

Os experimentos têm demonstrado que as crianças que conhecem as letras e que podem, com ajuda, isolar seus sons individuais em palavras não passam de imediato ao domínio do mecanismo da escrita. No entanto, mesmo nesse caso que discutimos, não encontramos o momento mais importante que caracteriza a verdadeira transição para a linguagem escrita. É fácil observar que os signos escritos representam símbolos de primeira ordem, significando diretamente os objetos ou as ações, e a criança nesse estágio a que estamos nos referindo não atinge o simbolismo de segunda ordem, que consiste no uso de signos escritos para representar os símbolos orais das palavras.

Por isso, a criança deve fazer uma descoberta especial, de que não apenas os objetos, mas que também a fala pode ser desenhada. Somente essa descoberta conduziu a humanidade ao método brilhante da escrita com palavras e letras e também conduz a criança à escrita das letras. Do ponto de vista psicológico, isso equivale à transição do desenho dos objetos para o desenho da fala. No entanto, é difícil determinar como essa transição ocorre, porque as pesquisas apropriadas ainda não chegaram a resultados definitivos, e os métodos geralmente aceitos de ensino da escrita não possibilitam a caracterização desse processo de transição. Uma coisa é indiscutível: a verdadeira linguagem da criança (não o domínio do hábito de escrever) se desenvolve de modo semelhante ao modo de transição do desenho de objetos ao desenho das palavras. Os diferentes métodos de ensinar a escrita o fazem dessa forma, mas com modos diferentes. Vários métodos utilizam gestos auxiliares como meio de relacionar os símbolos escritos e os verbais. Outros usam o desenho como representação do objeto. O segredo no ensino da linguagem escrita consiste em preparar e organizar essa transição natural de modo apropriado. Assim que ela se realiza, a criança domina o mecanismo da linguagem escrita e depois é necessário só aperfeiçoar esse método.

Considerando o estado atual do conhecimento psicológico, pode parecer um exagero considerar todos os estágios apresentados – brincar, desenhar e escrever – como momentos diferentes de um processo único de desenvolvimento da linguagem escrita. As rupturas e os saltos na transição de um mecanismo para outro são bastante grandes para que seja suficientemente clara e óbvia a relação entre os momentos separados. Mas os experimentos e a análise psicológica nos conduzem a essa conclusão e mostram que independentemente de quão complexo nos pareça o processo de desenvolvimento da escrita, independentemente de quão confuso, fragmentado e irregular seja seu curso em uma análise mais superficial, de fato o que temos é uma única linha histórica da escrita que conduz às formas superiores da linguagem escrita. A forma superior, que mencionamos superficialmente, consiste no fato de que a linguagem escrita de um simbolismo de segunda ordem torna-se novamente o simbolismo de primeira ordem. Os símbolos da escrita inicial são utilizados como signos dos símbolos verbais. A compreensão da linguagem escrita se consolida por meio da linguagem oral, mas gradualmente essa via é encurtada, o elo intermediário na forma de linguagem oral desaparece e a linguagem escrita torna-se um símbolo direto tão compreensível como a linguagem oral. Tem-se apenas que imaginar que uma enorme ruptura ocorre no desenvolvimento cultural global da criança devido ao domínio da linguagem escrita, pela possibilidade de ler e consequentemente tornar-se enriquecida por tudo o que a genialidade humana criou na esfera da palavra escrita, de modo a compreender o momento decisivo experimentado pela criança na descoberta da escrita.

Para nós é muito importante uma questão sobre o desenvolvimento das formas superiores de linguagem escrita: o problema da leitura silenciosa e da leitura em voz alta.

As pesquisas sobre a escrita têm mostrado que, ao contrário da antiga escola que cultivava a leitura em voz alta, a leitura silenciosa é socialmente a forma mais importante de linguagem escrita e apresenta, além disso, duas vantagens importantes. A partir do primeiro ano escolar, a leitura silenciosa supera a leitura em voz alta no número de fixações dos movimentos dos olhos sobre a linha. Portanto, o processo de movimento dos olhos por si e a percepção das letras são facilitados na leitura silenciosa, o caráter do movimento torna-se mais rítmico e o movimento reverso dos olhos ocorre com menos frequência. A vocalização dos símbolos visuais dificulta a leitura e as reações da fala tornam a percepção mais lenta e dificultada e fragmentam a atenção. Não apenas o processo de leitura, mas também a compreensão é melhor com a leitura silenciosa, por mais estranho que possa parecer. As pesquisas têm demonstrado uma correlação entre a velocidade de leitura e a compreensão. Pensa-se que a compreensão é maior quando a leitura é mais lenta; no entanto, de fato, a compreensão é melhor com a leitura mais rápida, ou ainda os diferentes processos ocorrem com velocidades diferentes, e a velocidade de compreensão é mais compatível com um ritmo de leitura rápida.

Na leitura em voz alta, há um intervalo visual quando os olhos se antecipam à voz e se sincronizam a ela. Se durante a leitura fixarmos o lugar no qual os olhos repousam e o som pronunciado nesse determinado momento, observaremos o intervalo sonoro-visual. As pesquisas mostram que o intervalo cresce de forma gradual, que a boa leitura envolve um grande intervalo sonoro-visual e que a velocidade de leitura e esse intervalo aumentam concomitantemente. Assim, vemos que o símbolo visual se torna gradualmente independente do símbolo verbal. Se lembrarmos que a idade escolar é exatamente a idade do desenvolvimento na formação da linguagem interna, torna-se claro que a leitura silenciosa ou quieta é um meio poderoso de percepção da linguagem interna.

Infelizmente, as pesquisas experimentais têm estudado, até o momento, a leitura como um hábito sensório-motor, e não como um processo mental de ordem extremamente complexa. Mas, mesmo nesse caso, as pesquisas mostram que alguns mecanismos de leitura dependem do tipo de material. De certo modo, o trabalho do mecanismo visual está subordinado aos processos de compreensão. Como podemos imaginar a compreensão da leitura? Não podemos nesse momento dar uma resposta clara, mas tudo o que conhecemos nos impele a assumir que, como todos os outros processos, em certo estágio de desenvolvimento, usando a lei da linguagem escrita, este se torna um processo interno. O que chamamos habitualmente de compreensão daquilo que é lido deve ser, a princípio, determinado do aspecto genético como certo momento no desenvolvimento da reação mediada pelos símbolos visuais.

Está claro para nós que compreensão não significa que ao ler cada sentença são geradas imagens de todos os objetos mencionados. A compreensão não pode ser reduzida à reprodução figurativa do objeto ou ao nome correspondente da palavra fônica; ela consiste principalmente na operação com os signos, e na relação com seu significado, com o movimento rápido de atenção, e em isolar os pontos diferentes que são o centro de nossa atenção.

A leitura das crianças com deficiência mental nos fornece um exemplo claro de leitura sem compreensão. P. Y. Troshin[4] descreve uma criança deficiente que ao ler se entusiasmava com cada palavra: "Uma joaninha (ai, joaninha, joaninha! – Com um entusiasmo ruidoso) não sabe (não sabe! – Que revelação)" ou "O conde Vitte chegou (ele chegou, ele chegou!) a Petersburgo (a Petersburgo, Petersburgo!)" etc.

As características fundamentais de "compreensão" de texto por parte de uma criança com deficiência mental compreendem um sistema de relações que inclui a atenção concentrada, sua relação com cada um dos signos em separado, a incapacidade de controlar a atenção e transferi-la de modo a orientá-la no espaço interno complexo. Ao contrário, a compreensão considerada normal consiste no processo de estabelecer relações, isolando o que é importante e fazendo a transição dos elementos separados para o significado global.

---

[4] TROSHIN, Petr Yakovlevich (?). Psicólogo e pedagogo, autor da teoria antropológica da educação, compartilhou o conceito de criança "moralmente deficiente" ("Anthropological Theory of Education" in *Comparative Psychology of Normal and Abnormal Children*, São Petersburgo, 1915).

Caracterizando resumidamente a história do desenvolvimento da linguagem escrita na criança, chegamos a quatro importantes conclusões práticas.

Primeira: seria natural ensinar a escrita na idade pré-escolar. De fato, se é possível a descoberta da função simbólica da escrita pela criança de tenra idade, como os experimentos de Hetzer mostraram, então o ensino da escrita deve ser um pré-requisito na educação escolar. Vimos vários exemplos que indicam que o ensino da escrita, do ponto de vista psicológico, ocorre muito tardiamente em nosso sistema.

Do ponto de vista do ensino da escrita para as crianças, P. P. Blonskii diz que a criança que aprende a ler e a escrever com 4 anos e meio deve ser considerada um gênio; e a criança que aprende a ler e a escrever entre 4 anos e meio e 5 anos e 3 meses deve ser considerada extremamente inteligente. Além disso, sabemos que ensinar a ler e a escrever na maioria dos países europeus e americanos começa como regra aos 6 anos de idade.

A pesquisa de Hetzer mostrou que 80% das crianças de 3 anos aprendem a combinação arbitrária de símbolos e significados e, aos 6 anos, elas são plenamente capazes de realizar essa operação. De acordo com suas observações, o desenvolvimento mental nas idades de 3 a 6 anos não consiste apenas no desenvolvimento da operação do uso de signos arbitrários, mas nos avanços alcançados com relação à memória e à atenção. Hetzer ressalta que, na maioria dos casos, mesmo as crianças de 3 anos podem ser ensinadas a ler e a escrever, uma vez que esses processos estão relacionados com o domínio da escrita simbólica. De fato, Hetzer não leva em consideração que a escrita é um simbolismo de segunda ordem, enquanto seus dados dizem respeito a um simbolismo de primeira ordem. De modo justificado, ela critica a educação em que se ensina a ler e a escrever a uma criança de 3 a 4 anos: ela menciona o sistema de M. Montessori[5], que ensina a ler e a escrever no jardim da

---

[5] MONTESSORI, Maria (1870-1952). Pedagoga italiana, professora de antropologia e higiene, criticou profundamente a escola tradicional pela rigidez e por ignorar as necessidades naturais da criança. De acordo com Montessori, a escola elementar deveria ser um laboratório que tornaria possível estudar a vida mental de criança. Ela desenvolveu

infância, e o de muitas escolas francesas que também o fazem. Do ponto de vista psicológico, afirma Hetzer, isso não é impossível, mas é difícil, pois a memória e a atenção da criança são insuficientes.

C. Burt[6] apresenta informações referentes à Inglaterra de que a escola obrigatória se inicia a partir de 5 anos de idade, mas se houver vagas são aceitas crianças de 3 a 5 anos e a elas se ensina o alfabeto. Com 4 anos de idade, a maioria das crianças sabe ler. Montessori defende acirradamente o ensino da leitura e da escrita em uma idade precoce. Ela ensina crianças de 4 anos a ler e a escrever. Durante as brincadeiras, com exercícios preliminares, geralmente as crianças do jardim da infância na Itália começam a escrever com 4 anos e, com 5 anos, elas leem tão bem quanto as crianças de 6 anos do ensino de primeiro grau, o que, se comparado à Alemanha, representa um avanço de dois anos.

A especificidade do método Montessori consiste no desenvolvimento da escrita como um momento natural no processo de desenvolvimento das mãos; para a criança, a dificuldade em escrever não se deve ao desconhecimento das letras, mas ao desenvolvimento insuficiente dos pequenos músculos da mão. Com a ajuda de exercícios minuciosos, Montessori possibilita que a criança aprenda a escrever não pela escrita propriamente, mas pelo desenho de linhas. Elas aprendem a escrever pela semelhança à escrita e, assim, começam a escrever espontânea e rapidamente. O processo de ensino da escrita não demora muito tempo. Duas crianças de 4 anos demoraram menos de um mês e meio para aprender a escrever, de modo que conseguissem escrever cartas de maneira independente. Com base nas observações sobre o desenvolvimento infantil em uma família em que livros e lápis são usados constantemente, e em especial nas famílias em que há crianças mais velhas que já leem e escrevem, sabemos que as crianças de 4 a

---

um sistema original de desenvolvimento sensorial para a criança em instituições especiais de pré-escola e na escola elementar. No trabalho teórico e na atividade prática, promoveu a ideia de uma educação livre.

[6] BURT, Cyril Lodovik (1883-1971). Psicólogo inglês que trabalhou nas questões das capacidades e excepcionalidades, orientação profissional, deficiência mental, sua causa e prevenção. Em seus estudos, dependeu exclusivamente de testes.

5 anos de idade aprendem espontaneamente a ler e a escrever assim como aprendem a linguagem falada. A criança começa de modo independente a escrever números e letras individuais, a lê-los como signos e a construir palavras, e faz de modo natural o que Montessori ensina no jardim da infância.

Mas a experiência de Montessori mostra que essa questão é muito mais complexa do que pode parecer à primeira vista. Se, por um lado, o ensino da escrita na escola é atrasado, pois as crianças com 4 a 5 anos já poderiam aprender o processo tanto sob o aspecto motor como sob o aspecto da função simbólica, então, por outro lado, pode parecer estranho que o ensino da escrita na idade de 6 a 8 anos seja prematuro, isto é, artificial no sentido que Wundt entende o desenvolvimento da linguagem falada na criança. Isso significa que a técnica está disponível para a criança antes que amadureça a necessidade da linguagem escrita. Se a escrita, quer como atividade muscular, quer como percepção simbólica, se desenvolve muito facilmente pela brincadeira, então não devemos nos esquecer de que ela está muito distante da brincadeira, de acordo com o significado psicológico que possui em relação ao comportamento.

Nesse sentido, os críticos de Montessori estão certos ao apontar as limitações dessa compreensão sobre o desenvolvimento, que é resultado do naturalismo anatômico de Montessori e que leva à passividade mecânica da criança. Após um mês e meio, diz Hessen, uma criança de 4 a 5 anos começa a escrever com uma caligrafia impressionante. Mas, por um momento, deixaremos a correção e a elegância das letras produzidas pelas crianças e voltaremos nossa atenção para o conteúdo da escrita. O que as crianças de Montessori escrevem? "Desejamos feliz Páscoa ao engenheiro Talani e à diretora Montessori"; "Desejo o melhor à diretora, à professora e à doutora Montessori"; "Jardim de Infância, Rua da campanha" etc.

Não negamos a possibilidade de ensinar a escrita e a leitura a crianças pré-escolares, e consideramos até mesmo desejável que a criança entre na escola já sabendo ler e escrever, mas o ensino da leitura e da escrita deve ser organizado de modo que satisfaça uma necessidade da criança. Se o conhecimento é usado só para a escrita formal de felicitações para as autoridades, e as primeiras palavras são claramente ditadas pela professora, então tal tarefa será puramente mecânica e poderá logo entediar a criança; não estará envolvida sua atividade própria e não haverá desenvolvimento de sua personalidade. Ler e escrever devem ser necessários para a criança.

Aqui, revelam-se com grande nitidez as contradições fundamentais que caracterizam não apenas o experimento de Montessori, mas também o ensino da escrita na escola; a escrita é ensinada como certo hábito motor, e não como uma atividade cultural complexa. Por isso, juntamente com a primeira questão, que é a transferência do ensino da escrita para a pré-escola, é evidente a necessidade da escrita realista, assim como da aritmética realista. Isso significa que a escrita deve fazer sentido para a criança, deve ser estimulada por um desejo natural, uma necessidade, fazendo parte de uma tarefa essencial da sua vida. Somente desse modo nos convenceremos de que a escrita para a criança se desenvolverá não como um hábito de suas mãos e de seus dedos, mas como um verdadeiro aspecto novo e complexo da linguagem.

Muitos pedagogos, como Hetzer, mesmo não concordando com o sistema de ensino da escrita e da leitura como praticado por Montessori, defendem a transferência do ensino da escrita da idade escolar para o jardim da infância; mas mesmo nesse caso há uma abordagem incorreta do problema e é evidente que o significado da linguagem escrita é subestimado. Da mesma forma que a linguagem, dizem alguns pedagogos, saber ler e escrever no sentido elementar da palavra é mais um hábito psicofísico. Nada poderia ser mais incorreto do que essa abordagem da escrita. Vimos que a escrita passa por uma pré-história complexa antes de seu desenvolvimento definitivo; saltos, metamorfoses e descobertas são necessários para que se desenvolva e se estabeleça. Conhecemos a grande mudança que a linguagem introduz no comportamento da criança. Por isso, não devemos considerar o domínio da leitura e da escrita um simples hábito mental. A exatidão assinalada pelos métodos de ensino da escrita e leitura pelas escolas mais perfeitas e liberais não pode ser explicada pelo fato de que ensinar a ler e a escrever não pode se tornar o objeto de estudo escolar, mas sim pelo fato de que nenhum desses métodos leva em consideração o que é mais importante, e, em vez de ensinar à criança a linguagem escrita, ensinam o hábito de escrever. Por isso, Hetzer diz que não há diferença fundamental entre saber ler e escrever e saber falar, vestir-se e despir-se e saber desenhar coisas simples. Para Hetzer o mérito de Montessori é a demonstração de que saber escrever é em grande medida uma "capacidade puramente muscular".

Esse é o ponto mais fraco do método Montessori. Para ela, a escrita é puramente uma atividade muscular, e por isso suas crianças escrevem cartas sem conteúdo. Há uma grande diferença entre saber escrever e saber se vestir, que tentamos enfatizar ao longo deste capítulo. O aspecto muscular, de movimento do ato de escrever, que sem dúvida tem um papel importante, representa um aspecto subordinado e é exatamente a deficiência dessa compreensão que explica o insucesso de Montessori.

A que conclusão podemos chegar?

W. Stern contesta a opinião de Montessori de que é necessário ensinar as crianças de 4 anos a ler, e considera que não é por acaso que tal ensino se inicia aos 7 anos de idade em todos os países cultos. Para corroborar sua ideia, Stern cita a observação de M. Mukhov: é especificamente a escassez de jogos no jardim da infância de Montessori que estimula as crianças a ler e a escrever. Nos jardins da infância organizados segundo o sistema de F. Fröbel[7], em que as crianças têm muito mais atividades, observações e trabalhos que desenvolvem a fantasia e o interesse, a independência nos jogos, é raro que as crianças dessa idade mostrem um interesse espontâneo pela leitura e pela escrita. A opinião de Mukhov tem sido confirmada indiretamente pela observa-

---

[7] FRÖBEL, Friedrich (1782-1852). Pedagogo alemão, teórico da educação pré-escolar. O conceito de natureza ativa da criança – sua mobilidade, direção, o desenvolvimento constante de suas capacidades físicas e intelectuais, sociabilidade e curiosidade – foi original em seu sistema de educação. Ele defendeu a criação dos jardins de infância e propôs um material didático especial, o chamado "presente" de Fröbel. Seu ensino tornou possível a separação da pedagogia pré-escolar em um ramo separado da ciência pedagógica. O defeito nesse sistema era o controle severo da atividade da criança.

ção de que a criança chega a ter necessidade de ler e escrever sem uma influência didática. Como diz Stern, a maturação dessa capacidade ocorre por caminhos totalmente distintos.

Todas as nossas observações apresentadas anteriormente tiveram o propósito de demonstrar em que medida o conhecimento da escrita e da leitura diferem do conhecimento de como se vestir e se despir. Tentamos revelar toda a especificidade e complexidade do percurso feito pela criança para aprender a escrever. A simplificação grosseira das tarefas com que se defrontam as abordagens psicológicas do processo pedagógico se torna mais clara quando os melhores pedagogos consideram os hábitos de escrever e de se vestir como um único processo. A análise psicológica genuína mostra – e os pedagogos sabem por experiência – que estes não representam um único e mesmo processo, e o quanto o ensino da escrita deve percorrer um caminho complexo de desenvolvimento. Ensinar a escrever como um hábito conduz especificamente ao princípio da escrita que não é realista, a ginástica com os dedos, e não ao desenvolvimento cultural da criança. Ao ler as cartas das crianças de Montessori e admirar sua caligrafia, não podemos ignorar a impressão de que elas aprenderam a tocar as teclas, mas são surdas com relação à musica que estão tocando.

O terceiro ponto que queremos ressaltar como uma conclusão prática de nossa pesquisa é a necessidade do ensino da escrita de forma natural. Nesse caso, Montessori deu uma grande contribuição. Ela mostrou que o aspecto motor dessa atividade pode ser eliciado como um processo natural do jogo infantil, que o processo de escrever não deve ser forçado, mas sim cultivado. Ela apresentou o caminho natural do desenvolvimento da escrita. Se a criança percorrer esse caminho, ela aprenderá a escrever em um momento natural de seu desenvolvimento, e não como um treinamento externo. Montessori mostrou que o elemento natural para o ensino da leitura e da escrita é o jardim da infância, e isso significa que o melhor método para ensinar é aquele em que a criança não aprende a ler e a escrever, mas em que ambos os hábitos são objeto da brincadeira. Por isso, é necessário que a letra se torne o mesmo tipo de elemento na vida da criança como é, por exemplo, a linguagem. Do mesmo modo que a criança aprende por si mesma a falar, ela deve aprender também a ler e a escrever. O método natural de ensinar a ler e a escrever consiste em interferir de modo apropriado na situação em que a criança está inserida. A criança deve necessitar da escrita e da leitura na sua brincadeira. Mas o que Montessori fez com relação ao aspecto motor do hábito deve ser feito também com relação ao aspecto interno da linguagem escrita e sua assimilação funcional. É necessário também conduzir a criança a uma compreensão interna da escrita, é necessário que a escrita apareça no desenvolvimento da criança. Para isso, podemos indicar somente o caminho mais geral. Assim como o trabalho das mãos e o domínio das linhas são exercícios preparatórios para o desenvolvimento do hábito de escrever no método Montessori, as atividades que indicamos – o desenho e o jogo – devem ser estágios preparatórios no desenvolvimento da linguagem escrita das crianças. O pedagogo deve organizar as ações necessárias da criança, toda a transição complexa de um método de linguagem escrita para outro. Deve conduzir a criança pelos momentos críticos até a descoberta de que não somente as coisas podem ser desenhadas, mas também a linguagem. Porém essa metodologia de ensinar a escrita é um assunto para o futuro.

Se quisermos resumir as necessidades práticas e expressá-las em uma única afirmação, poderíamos dizer que, ao abordar esse problema, chegamos à conclusão de que é necessário ensinar para a criança a linguagem escrita, e não a escrita das letras.

Montessori utilizou seu método para ensinar não apenas crianças normais, mas também crianças com deficiência mental com mesma idade intelectual que as primeiras, ressaltando que estava desenvolvendo o método de Seguin e que, pela primeira vez, estava sendo aplicado às crianças com deficiência mental. Ela conseguiu ensinar muitas crianças com deficiência a escrever tão bem, tanto do ponto de vista ortográfico como do caligráfico, que elas puderam participar de um exame geral com as crianças normais. As com deficiência se saíram muito bem e passaram na prova.

Assim, dispomos de duas indicações importantes. Que a criança com deficiência mental de mesma idade intelectual que uma criança normal pode aprender a ler e a escrever. No entanto, aparece aqui com bastante clareza a ausência da escrita e da aprendizagem da escrita vitais, como havíamos mencionado. Devido a esses métodos, especificamente, Hetzer rejeita o princípio de Montessori, indicando que, em uma idade precoce, as crianças ainda não entendem as palavras escritas e que os resultados de Montessori representam um foco sem valor pedagógico. Segundo Hetzer, o ensino deve se iniciar antes de a criança alcançar a maturidade mental que é necessária para aprender a linguagem escrita. No que diz respeito ao método de ensino, Hetzer também privilegia os instrumentos educacionais da pré-escola, de modo que a criança deveria estar preparada para ler e escrever por meio do desenho, e a leitura e a escrita surgiriam no processo da brincadeira, e não como um ensinamento escolar.

A importância de dominar a linguagem escrita, e não apenas sua manifestação externa, é tão grande que os pesquisadores às vezes classificam as crianças mentalmente atrasadas em dois grupos: as que sabem e as que não sabem ler. De fato, se separarmos as crianças com deficiência mental de acordo com o grau de domínio da linguagem, podemos dizer que o idiota é a pessoa que não domina nada da linguagem, o imbecil aprende somente a linguagem oral, mas o atrasado mentalmente é capaz de aprender também a linguagem escrita. Mas o mais importante e mais difícil de ensinar à criança com deficiência mental não são os mecanismos de leitura e de escrita, mas a verdadeira linguagem escrita, que significa o domínio da escrita como expressão de seus pensamentos. Sabemos que a mesma tarefa para uma criança com deficiência mental é mais criativa do que para uma criança normal. Para dominar a linguagem escrita, a criança com deficiência deve ser mais criativa; para ela esse processo representa uma atividade mais criativa do que para uma criança normal. Vimos em nossos experimentos como a criança com deficiência demanda um esforço maior e um grande gasto de energia criativa para alcançar os mesmos momentos cruciais no desenvolvimento da linguagem escrita que uma criança normal. Nesse sentido, podemos dizer que a compreensão da escrita e a capacidade de ler representam o coroamento de todo o desenvolvimento cultural de que a criança com deficiência é capaz.

Nas crianças cegas podemos observar algumas evidências experimentais de que o aprendizado da leitura e da escrita não é, de certa forma, apenas um ato motor, uma simples atividade muscular, porque, na criança cega, o hábito é algo completamente diferente, o conteúdo da atividade muscular é muito diferente se comparado ao de uma criança normal. E, enquanto o aspecto motor da escrita é completamente diferente na criança cega, o aspecto mental da escrita permanece o mesmo. A criança cega não pode dominar a linguagem escrita como um sistema de hábitos visuais e por isso ela vivencia um grande atraso no desenvolvimento de toda a atividade relacionada aos signos, como já observamos com relação ao desenvolvimento da fala. A ausência do desenho retarda muito o desenvolvimento da linguagem escrita na criança cega, mas as brincadeiras, em que os gestos contribuem para atribuir significado e sentido a um objeto, conduzem-na por uma via direta à escrita. O cego lê e escreve com pontos em relevo que representam nossas letras. A enorme especificidade de todos os hábitos motores de uma criança cega ao ler com dois dedos pode ser explicada pelo fato de que a percepção tátil é construída de modo totalmente diferente da percepção visual.

Pode parecer que existe um hábito motor completamente diferente, mas, do ponto de vista psicológico, segundo Delacroix, o processo de ensinar uma criança cega coincide com o mesmo processo de uma criança normal. A atenção se transfere gradualmente dos signos propriamente para seu significado, e os processos de compreensão se desenvolvem e estabelecem exatamente da mesma maneira. No desenvolvimento da escrita na criança cega, observamos um claro exemplo de como o desenvolvimento cultural ocorre na criança com deficiência. Onde a criança vivencia uma divergência entre o sistema de signos construído no processo de desenvolvimento histórico e seu próprio desenvolvimento, nós criamos uma técnica específica cultural, um sistema de signos que representa a mesma função psicológica.

A especificidade do desenvolvimento da linguagem escrita no surdo-mudo não foi considerada suficientemente, e é provável que o erro fatal em todo o ensino da linguagem para o surdo seja que lhe é ensinada inicialmente a linguagem verbal e depois a linguagem escrita, quando deveria ser o contrário. Para a criança surda-muda, o tipo fundamental de linguagem, que representa o simbolismo de primeira ordem, deve ser a linguagem escrita. Ela deve aprender a ler e a escrever do mesmo modo que uma criança normal aprende a falar, e a linguagem verbal deve ser desenvolvida como uma leitura do que é escrito. Então, a linguagem escrita se tornará o meio fundamental para o desenvolvimento verbal da criança surda-muda. Se ensinarmos a linguagem escrita para uma criança surda-muda, e não apenas a caligrafia, então seremos capazes de conduzi-la a um grau superior de desenvolvimento, um grau que ela não atingirá pela interação social com outras pessoas, mas que poderá atingir somente pela leitura de livros.

Capítulo 8

O desenvolvimento das operações aritméticas

Sabemos que o princípio da ordenação, isto é, a organização das quantidades em certa estrutura, tornando possível perceber uma determinada quantidade pela observação, permanece como princípio fundamental da psicologia das operações com números grandes. É mais fácil para nós perceber a ausência de um soldado de uma companhia do que a ausência de uma pessoa em uma multidão desorganizada. Ao escutar uma música ou uma poesia, se uma nota ou uma sílaba estiverem mal colocadas, mesmo sem conhecer a nota ou aquelas sílabas, sentimos uma falha ao ouvi-la. A criança se comporta da mesma maneira. Ela toma uma pilha desorganizada de objetos, coloca-os em fila como uma companhia de soldados e percebe de imediato que um deles está faltando. As crianças compreendem o significado da ordenação. Isso pode ser observado no exemplo seguinte. As crianças que estão acostumadas a usar cubos para construir objetos começam muito precocemente a checar os resultados da separação dos cubos ou blocos de acordo com o que estão construindo, como um modelo de trator. As crianças constroem todas do mesmo modo e observam se há blocos suficientes para construir o trator. Elas comprovam os resultados da divisão simplesmente pela observação do trator.

É importante assinalar que as crianças relatam que agrupar em certas figuras não é um objetivo em si, mas um jogo aritmético, e representa, de fato, um meio e uma demonstração. Se elas constroem um trator e uma deles diz "Eu fiz um relógio", então as crianças solicitarão que ela desfaça o relógio e construa um trator. Deve-se construir algo que seja comparável. Esta é a unidade de contagem. As crianças protestam quando constroem tratores e uma delas constrói um relógio. Elas acham que desse modo elas ficam privadas do processo de comparação, pois não existe um denominador comum.

Mais interessantes são os casos experimentais em que tornamos mais difíceis os momentos de checagem. As crianças devem dividir certa quantidade de lápis por cores, formas e tamanhos diversos. Estes são completamente diferentes dos cubos ou blocos com os quais era mais fácil construir os tratores. Do ponto de vista da aritmética, as crianças o fazem corretamente, mas, de nosso ponto de vista, de modo incorreto. Elas começam a distribuir grupos de lápis, mas todos parecem diferentes. Então elas tentam fazer grupos iguais. Um lápis é maior, outro menor... e assim as crianças começam a fazer longas varinhas com os lápis. Todos os lápis foram colocados sob a forma de varinhas e cada criança toma uma dessas varinhas feitas com os lápis. Mas uma criança tem cinco lápis curtos e outra, dois lápis longos em cada varinha. Do ponto de vista aritmético, isso é uma divisão incorreta, mas do ponto de vista formal, com que a criança aborda o problema, isso está correto.

Outro ponto muito importante consiste no seguinte: não se pode ter um resto maior que o divisor; mas, para a criança, essa situação é diferente. A criança faz a divisão com a ajuda dos "tratores". A divisão consiste no seguinte: a criança faz vários "tratores" ou "relógios" de imediato. São necessários seis blocos para cada trator e há quatro participantes no jogo. No final sobram cinco blocos. Estes podem ser divididos entre quatro crianças? Sim, é possível, mas com cinco blocos não é possível fazer um trator. Para a criança, cinco blocos é um número que excede o divisor e é, portanto, considerado resto. Esta é uma quantidade que não pode ser dividida por esse método de divisão.

Podemos observar nesse caso uma evidência experimental de que tal divisão é uma operação mediada. É possível rejeitar a divisão de cinco blocos entre os quatro participantes e considerá-los como resto. Assim, a criança faz a divisão não pelo que observa, mas ela seleciona determinada imagem, um trator ou um relógio, que serve como uma medida, uma unidade. E, se a unidade é constituída por seis blocos ou cubos, então cinco blocos constituem o resto, isto é, surge uma situação que é impossível resolver com a aritmética direta.

A transição da aritmética direta para a mediada, de uma resposta por observação para uma resposta que recorre a um trator, um relógio ou varinhas como um meio auxiliar, é o exemplo mais importante do desenvolvimento aritmético da criança.

As observações de crianças com deficiência mental severa por Ranschburg e seus discípulos mostraram que nessas crianças é difícil obter a transição das respostas diretas com números para respostas que envolvem uma imagem que pode servir como uma unidade, como meio subsidiário. Parece que, para a criança com deficiência mental severa, nosso sistema decimal é muito difícil e quase incompreensível. Essas crianças não vão além da primeira dezena. Elas não são capazes de assimilar esse sistema. Como disse Ranschburg, há um signo importante no desenvolvimento infantil que pode ser usado para prever como ocorrerá o aprendizado aritmético. Se a criança não recorre aos meios secundários de divisão dos quais falamos, há indícios de que ela não será capaz de conquistar a cultura aritmética. A cultura fundamental no desenvolvimento das operações aritméticas consiste na transição da percepção direta dos números para a percepção mediada, em que a criança começa a comparar os números com determinados signos e a operar com esses signos.

Para concluir nossas considerações sobre a aritmética na pré-escola, vamos nos referir ao estágio final de desenvolvimento. A criança um pouco mais velha rapidamente percebe que o método de divisão com o auxílio de "tratores" e "relógios" despende energia, atenção e tempo, diferentemente da tarefa não mediada já mencionada. Ela se defronta com dificuldades aritméticas, sendo uma delas o fato de que o resto excede o divisor. Então, realiza a transição para outra forma mais simples de operação, começando a usar um meio básico auxiliar diferente das formas concretas de um "trator" ou "relógio"; ela usa formas abstratas, espaciais, que correspondem àquela quantidade e que podem ser divididas em unidades.

De acordo com nossas observações, este é, evidentemente, o último estágio de desenvolvimento da aritmética pré-escolar. Não podemos precisar quais são os caminhos que a criança seguiria em seu desenvolvimento se ela o fizesse por si mesma, se não estivesse na escola e não recebesse os ensinamentos de nosso sistema de cálculo, se ela se desenvolvesse de modo natural e inato. Não podemos observar isso na prática. Quase sempre existem momentos excepcionalmente críticos no desenvolvimento da criança, em que há o conflito entre sua própria aritmética e a aritmética que os adultos ensinam. Os pedagogos e os psicólogos deveriam saber que o aprendizado cultural aritmético por parte da criança produz um conflito.

Em outras palavras, nesse caso, o desenvolvimento produz certa ruptura, um conflito entre as formas desenvolvidas pela própria criança para operar com números e aquelas que os adultos ensinam. Até esse momento, os psicólogos e os matemáticos se dividem entre dois campos. Alguns dizem que o processo de aprendizado da aritmética se desenvolve por uma linha reta, que a aritmética na pré-escola prepara para a aritmética na fase escolar de modo totalmente natural, do mesmo modo que o balbuciar prepara a linguagem. O professor escolar somente corrige a criança e estimula-a na direção certa. Outros afirmam que o processo ocorre de um modo totalmente diferente. Entre a idade pré-escolar e a idade escolar existe certa ruptura, uma transição de um caminho para outro. Essa mudança constitui-se em um ponto de virada no desenvolvimento aritmético da criança.

A criança realiza uma transição da percepção direta dos números para uma percepção mediada pela experiência, isto é, para o domínio dos signos e dos códigos e seu significado correto, para aquelas regras que usamos na substituição de uma operação com objetos para a operação com sistemas numéricos. Se quisermos dividir certa quantidade de objetos entre determinado número de participantes, inicialmente contamos os objetos e os participantes. Então, realizamos a operação aritmética da divisão. O momento em que a criança realiza a transição das operações diretas com quantidades para operações abstratas com signos é o momento de conflito. Ele cria uma ruptura entre a linha anterior de desenvolvimento e a que se inicia com o aprendizado dos signos escolares.

Não é possível imaginar um desenvolvimento que siga uma linha totalmente reta. Há muitos saltos, rupturas e pontos de virada. É interessante selecionar para observação as crianças que, por um lado, ainda não sabem contar corretamente, mas que já apresentam os rudimentos de cálculo comum, e, por outro lado, ainda não abandonaram completamente a "aritmética natural". Se pudermos fazê-lo, notaremos que ambos os métodos de contagem entram em conflito, afastando-se um do outro. Abordaremos neste momento o debate metodológico fundamental e conhecido na aritmética: como o cálculo deve ser ensinado, pelas figuras numéricas ou pela construção de séries numéricas?

Colocaremos a seguinte questão: qual é a relação entre o cálculo e a percepção da criança? Vimos que, no primeiro estágio de desenvolvimento, a forma é um meio auxiliar para o cálculo. Demos um exemplo simples: em que situação é mais fácil notar a ausência de uma pessoa, em uma companhia de soldados ou no meio da multidão? A forma, isto é, uma determinada ordenação e regularidade de uma impressão visual, representa um auxílio importante para a percepção correta de certa quantidade. O primeiro estágio de desenvolvimento da criança – com o uso e a percepção da forma – é o mais importante; é o estímulo para o desenvolvimento da percepção de quantidade. Consideremos um simples jogo de dominó e poderemos observar que a criança, mesmo sem saber contar, consegue jogar dominó, combinando as duas figuras de número dois, por exemplo. É evidente que a forma ordenada representa um estímulo importante e auxilia no desenvolvimento da aritmética natural e primitiva. Daqui se deduz que vários objetos podem ser usados para os diferentes sistemas de cálculos. É bem claro que nem sempre é possível contar usando a mesma unidade.

O domínio da percepção dos números através do cálculo é uma função diferente da percepção da forma. Assim, se uma criança conta cubos dispostos em forma de cruz, ela pode contar um cubo a mais porque conta duas vezes aquele que está no meio, pois ele ocupa um lugar formal em duas fileiras, a horizontal e a vertical. A criança não pensa em pular esse cubo, isto é, em abstrair a forma. Há pouco tempo nossos colaboradores realizaram uma pesquisa desse tipo. Os dados coletados mostraram que crianças mais velhas e com desenvolvimento cultural superior cometiam menos erros. Se uma figura mais complexa fosse apresentada (um quadrado feito de cubos e outro quadrado que fazia intersecção com o primeiro), havia determinado número de cubos que fazia parte de ambos os quadrados. Nesse caso, o cálculo torna-se mais complicado. Como regra geral, podemos fazer a seguinte afirmação: a criança que tem o domínio da forma calcula corretamente, mas a criança que ficou perdida na forma também se perde na contagem. Mas, apenas pela introdução de quadrados de cores diferentes, aliviando o conflito, observamos uma diminuição do número de erros cometidos pela criança.

Para uma criança que se situa no ponto de ruptura entre a aritmética "natural" e a "cultural", a relação entre a percepção da forma e a operação aritmética muda radicalmente. Se, anteriormente, a forma auxiliava na operação aritmética, agora ela passa a dificultá-la. Estamos abordando o debate metodológico fundamental que divide os professores e os psicólogos em dois campos. Alguns autores dizem que a aritmética das crianças se desenvolve a partir da percepção direta das figuras numéricas, e isso significa que é necessário estudar com estas figuras – palitos, pontos, unidades, pares. Outros dizem que não se deve ensinar com figuras numéricas, em que os números são representados por formas, mas que a criança deve ser independente delas para que passe mais rapidamente para o cálculo mediado. W. Laj[1] e outros adeptos do método das figuras numéricas demonstraram, por meio de mui-

---

[1] LAJ, Wilheim August (1862-1926). Pedagogo alemão, representante da pedagogia experimental. Com base em dados da biologia, ele tentou avançar em uma nova direção na pedagogia. Os fundamentos para o conceito de Laj foram os conceitos biológicos de ação e reação, que, com relação ao processo de ensino, são tratados como uma unidade de percepção, um processamento mental da expressão exterior percebida, de uma configuração de ideias com o auxílio de vários meios (a palavra, o desenho, o experimento, o trabalho etc.).

tos experimentos, que a criança que realiza as operações aritméticas com o auxílio de figuras numéricas ou imagens visuais passa a dominar essas operações muito mais rapidamente.

Pode parecer que o debate está resolvido: os experimentos mostraram que o método visual é mais fácil e dá resultados melhores do que outros métodos. De fato, o debate se tornou mais intenso após as evidências experimentais apresentadas. A questão ainda não está resolvida pelo fato de que a criança aprende mais facilmente um procedimento do que outro. Ela domina as operações de cálculo mais facilmente porque todo o curso do desenvolvimento anterior a preparou para isso. Dizemos que toda a aritmética da pré-escola é, predominantemente, a aritmética da percepção direta das quantidades, uma operação direta com números. Mas alguém pode questionar se esse método conduzirá à aritmética que os adultos ensinam às crianças.

Essa questão só pode ser resolvida se forem levadas em conta várias condições. Se partirmos do ponto de vista de que o desenvolvimento escolar da aritmética representa uma continuação direta do desenvolvimento pré-escolar, então os adeptos das figuras numéricas estão corretos. Eles dizem que o que a criança fez ao aprender a aritmética "natural" ela fará posteriormente, com certa abordagem metodológica sistemática. Se partirmos do outro ponto de vista e considerarmos que a aritmética pré-escolar difere da aritmética escolar, que a criança passa da percepção direta dos números para a percepção mediada, então outro aspecto se tornará evidente: embora as operações com figuras numéricas sejam mais fáceis para a criança, elas não fazem parte da aritmética cultural, mas se afastam dela; elas consolidam a estreita relação entre os números e a percepção das formas, da qual a criança deve se libertar; elas mantêm a criança em um estágio inferior de desenvolvimento.

Assim, o principal ponto é o seguinte: em determinado estágio de desenvolvimento a criança começa a entender as limitações de sua aritmética e inicia a transição para a aritmética mediada. Os "tratores", os "relógios" e outras figuras passam a fazer o papel de números. Desenvolve-se um conflito entre o nosso sistema de contagem e a percepção direta das figuras. A aritmética escolar constitui-se no ponto de virada. Embora a aritmética pré-escolar esteja em conflito com a aritmética escolar, isso não significa que a escola aborde o ensino de modo puramente mecânico. Nesse choque, surge um novo estágio de desenvolvimento do cálculo.

Capítulo 9

O domínio da atenção

A história da atenção da criança corresponde à história de como se desenvolve a organização de seu comportamento. Essa história começa no momento do nascimento. A atenção primária se concretiza pelos mecanismos neurais hereditários que organizam os processos reflexos de acordo com o princípio do dominante, conhecido em fisiologia. Esse princípio estabelece que o fator organizador do sistema nervoso é um foco dominante de excitação, que inibe o desenvolvimento de outros reflexos e que é reforçado por eles. O processo neural dominante é a base orgânica do processo comportamental que chamamos de atenção.

O primeiro capítulo no desenvolvimento da atenção infantil foi traçado pelo estudo genético dos reflexos da criança. Esse estudo estabelece a sequência em que aparecem os novos dominantes no comportamento da criança e como, tendo estes como base, se formam os reflexos condicionados complexos no córtex cerebral. É extremamente importante observar que a formação dos reflexos condicionados depende do desenvolvimento de um dominante apropriado. Por exemplo, os estudos genéticos demonstraram haver certa dependência da formação de um reflexo associativo para o desenvolvimento dos processos dominantes no sistema nervoso central, pois um reflexo associativo, nas palavras de V. M. Bekhterev, só pode ser formado a partir de uma superfície receptiva na qual se origina a influência funcional dominante no sistema nervoso central.

O recém-nascido possui apenas dois dominantes: o dominante alimentar e o dominante postural, que se manifesta como mudanças de posição. Bekhterev afirmou que esses dominantes podem formar apenas uma associação entre eles: um reflexo condicionado sob a forma de uma resposta alimentar, que surge quando a criança é colocada em uma posição habitual para mamar. Antes de se desenvolver o dominante correspondente, nenhum outro reflexo condicionado relacionado a outras superfícies receptivas pode ser formado. Gradualmente, a criança desenvolve os dominantes visual, acústico e outros, e somente após esse desenvolvimento torna-se possível a formação de novos reflexos condicionados relacionados aos olhos e ouvidos.

Assim, o processo dominante se situa no início da formação de novas conexões no córtex cerebral da criança, e determina o caráter e a direção dessas conexões. Denominamos este período de desenvolvimento da criança, que abrange a maturação natural dos diversos dominantes, como o período de desenvolvimento natural ou primitivo da atenção. Essa denominação se baseia no fato de que o desenvolvimento da atenção nesse momento é uma função do desenvolvimento orgânico geral da criança e, principalmente, do desenvolvimento estrutural e funcional do sistema nervoso central.

Em consequência, um processo puramente orgânico de crescimento, maturação e desenvolvimento do sistema nervoso e de outras funções, na criança, formam a base do desenvolvimento da atenção durante esse período. Esse processo é análogo ao desenvolvimento evolutivo da atenção desde os organismos inferiores até os organismos superiores, em que se pode observar esse processo com grande clareza. Isso não significa que o desenvolvimento orgânico da atenção na criança ocorra em paralelo ao processo de desenvolvimento evolutivo da atenção ou que se repita de alguma forma. Apenas desejamos ressaltar que esses processos são semelhantes no que se refere ao tipo de desenvolvimento: em ambos os casos, a base para o desenvolvimento da atenção como uma função específica do comportamento é o desenvolvimento orgânico ou a maturação dos processos neurais correspondentes.

Esse processo, que ocupa um lugar dominante no primeiro ano de vida da criança, não é interrompido nem termina ao longo de toda a infância e mesmo na vida subsequente de uma pessoa. O equilíbrio e a estabilidade relativos que observamos no adulto, se comparados aos da criança, indicam essencialmente um atraso enorme da velocidade e, às vezes, uma mudança de direção dos processos, mas não sua cessação. Esses processos, aparentemente atenuados e atrasados das mudanças orgânicas, no entanto, afetam nosso processo de atenção todos os dias; e essa dependência torna-se especialmente perceptível e clara quando esses processos aparentemente atenuados são revividos em situações de mudanças dolorosas.

O significado do processo orgânico que é a base para o desenvolvimento da atenção é precocemente relegado a segundo plano se comparado com os novos processos de desenvolvimento da atenção, que representam um tipo qualitativamente diferente; em especial os processos de desenvolvimento cultural da atenção. Como desenvolvimento cultural da atenção entende-se evolução e mudança nos procedimentos de controle e de funcionamento da atenção, seu domínio e sua sujeição à vontade pessoal, isto é, os processos análogos ao desenvolvimento cultural de outras funções comportamentais que mencionamos nos capítulos precedentes.

Consequentemente, os estudos psicológicos mostram que, no desenvolvimento da atenção, podemos caracterizar duas linhas básicas com as quais estamos familiarizados. Podemos identificar a linha do desenvolvimento natural da atenção e a linha do desenvolvimento cultural da atenção. Não consideraremos a relação entre ambas as linhas de abordagem do desenvolvimento da atenção porque esse problema já foi adequadamente elucidado nos capítulos precedentes. Nossa tarefa é seguir e assinalar os caminhos da segunda linha, isto é, a história do desenvolvimento cultural da atenção.

No sentido estrito da palavra, o desenvolvimento cultural da atenção se inicia também em uma idade muito precoce, com o primeiro contato social entre a criança e os adultos com que convive. Como todo desenvolvimento cultural, ele representa também um desenvolvimento social.

O desenvolvimento cultural de qualquer função, incluindo a atenção, consiste no desenvolvimento de uma série de estímulos e de signos artificiais, na vida e atividade de uma pessoa. Graças a eles, orienta-se o comportamento social da personalidade, e eles formam os meios fundamentais através dos quais o indivíduo domina seus próprios processos comportamentais.

Para traçar a história dos mecanismos de atenção geneticamente, procederemos como no estudo de outros processos descritos acima. Tentaremos criar uma situação experimental, em que a criança poderá se defrontar com a tarefa de dominar os processos de atenção com o auxílio de estímulos-meios externos. A implementação desse procedimento pode ser encontrada no trabalho de nosso colaborador A. N. Leontiev[1], que desenvolveu um método de dupla estimulação aplicável ao estudo dos processos mediados de atenção. A essência dos experimentos consiste em apresentar à criança um problema que requer uma atenção prolongada e intensa, uma concentração sobre determinado processo.

O pesquisador organiza um jogo com a criança de "perguntas e respostas" em que não se podem dizer as palavras "sim" ou "não" nem "preto" ou "branco". São feitas perguntas para a criança e, para algumas delas, ela deve responder nomeando determinada cor. Por exemplo: "Você vai à escola? Qual é a cor da carteira? Você gosta de brincar? Já foi à cidade? De que cor é a grama? Já esteve no hospital? Você viu o médico? Qual é a cor de seu jaleco?" etc. A criança deve responder às questões tão rapidamente quanto possível observando as instruções de que não pode dizer as palavras proibidas; por exemplo, entre as cores, branco e preto, ou vermelho e azul, e não repetir a mesma cor duas vezes. O experimento é configurado de tal modo que cumprir o requerido é quase impossível, o que demanda esforço de atenção constante por parte da criança. Se quebrar a regra e disser a cor proibida ou repetir a mesma cor duas vezes, ela paga uma multa ou perde o jogo.

Um experimento configurado dessa forma demonstrou que a tarefa é extremamente difícil para uma criança em idade pré-escolar e

---

[1] LEONTIEV, Aleksei Nikolaevich (1903-1979). Vol. 1, p. 464; vol. 2, p. 483.

mesmo muito difícil para uma criança de 8 a 9 anos, que não consegue fazê-la sem errar. De fato, a situação requer atenção concentrada por parte da criança em seus processos interiores. Requer que ela controle sua atenção interna, o que está além de sua capacidade. O curso do experimento muda radicalmente quando se oferece à criança o auxílio de cartões coloridos: branco, preto, creme, vermelho, verde, azul, amarelo, marrom, cinza. A criança tem de imediato um instrumento auxiliar externo para resolver o problema interno de uma atenção intensa e concentrada e faz uma transição da atenção direta para uma atenção mediada. Como dissemos, a criança deve dominar sua atenção interna, mas ela trabalha com um estímulo externo. Assim, a operação interna é conduzida ou pelo menos conectada com a operação externa e nos oferece a possibilidade de estudá-la objetivamente. Esse experimento está estruturado segundo uma dupla estimulação.

Dois estímulos são apresentados à criança. O primeiro provém do pesquisador e o segundo está representado pelos cartões coloridos. A segunda série de estímulos se constitui no instrumento que auxilia a fixar a atenção na resposta correta. O resultado da introdução de uma série de estímulos auxiliares geralmente se torna aparente muito rápido e a quantidade de respostas incorretas diminui rapidamente, o que indica uma estabilidade aumentada da atenção e o fato de que a criança domina esses processos com a ajuda de estímulos auxiliares.

Vamos considerar o desenvolvimento de ambas as formas de concentração e o estabelecimento da atenção com a idade no experimento de duplo estímulo. Na criança em idade pré-escolar, ambas as formas de atenção, geralmente, estão muito próximas. Sua divergência aumenta marcadamente durante o primeiro e em especial durante o segundo ano escolar e torna-se insignificante de novo no adulto. Traçando o desenvolvimento da atenção da criança em idade pré-escolar até o adulto, chegamos a uma conclusão fundamental. A diferença na atividade da atenção direta e da atenção mediada aumenta a partir da idade pré-escolar, atinge um máximo durante o segundo ano de escolaridade e então exibe uma tendência à estabilidade. Subsequentemente, podemos ver com facilidade, em duas curvas que mostram as leis básicas da genética de desenvolvimento da atenção, um aspecto que é essencialmente semelhante ao paralelogramo do desenvolvimento da memória, que tentaremos elucidar no próximo capítulo.

Para explicar a sequência de desenvolvimento da atenção mediada, devemos traçar brevemente o curso do experimento para várias idades. Observaremos, principalmente, que, na criança em idade pré-escolar, a diferença do número de erros entre os dois métodos de direcionar a atenção é insignificante, e a introdução de um novo instrumento não muda essencialmente o curso de todo o processo. A criança em idade pré-escolar não usa de modo importante o estímulo-meio que lhe é fornecido. Ela geralmente brinca com os cartões como se eles não tivessem relação com a tarefa e, às vezes, seleciona um ao acaso e se orienta em sua resposta pela influência sugestiva do cartão. A criança que conduz a tarefa com maior sucesso começa a usar parcialmente o instrumento auxiliar. Ela isola as cores proibidas, como branco e preto, coloca-as de lado e usa as cores dos cartões que manteve consigo. Mas, quando a cor é nomeada, ela não remove o cartão correspondente que possui.

Como regra, apenas na idade escolar a criança utiliza plenamente o instrumento que lhe é dado. A operação interna torna-se externa e a criança controla sua atenção com o auxílio de estímulos-meios. Os cartões passam a se diferenciar em cores "possíveis" ou "impossíveis", como foi dito por um dos sujeitos que orientou o experimento; as cores utilizadas, aquelas que já foram ditas, são colocadas junto às cores proibidas. A criança em idade escolar exibe claramente uma dependência do instrumento na tentativa de mecanizar a operação, o que frequentemente resulta em respostas irrefletidas, pois a criança tem uma tendência a se guiar apenas pela cor do cartão, mas não pelo significado da questão.

Assim, para a criança em idade escolar, recorrer ao estímulo-meio aumenta rapidamente a eficiência da atenção interna, mas reduz essencialmente a qualidade da resposta e leva a um uso inadequado do instrumento que lhe foi fornecido. Crianças mais velhas ainda em idade escolar usam os instrumentos externos mais adequadamente; elas não exibem mais uma dependência total dos cartões como as crianças mais novas.

Consequentemente, a quantidade de erros diminui. Na criança em idade pré-escolar, a atenção mediada reduz pouco a porcentagem de erros; nas crianças menores em idade escolar, a porcentagem de erros cai pela metade; e nas crianças mais velhas se reduz dez vezes. Assim, temos, aparentemente, uma característica sequencial do desenvolvimento da atenção mediada: os processos são dominados gradualmente e a atenção se sujeita à vontade. Somente nos adultos não notamos novamente uma queda significativa no número de erros quando eles recorrem aos cartões.

Para esclarecer esse fato, que tem um papel central no processo de desenvolvimento da atenção voluntária, abordaremos os experimentos especiais que mostram que as curvas de desenvolvimento de ambos os processos de estabelecimento da atenção são semelhantes quando consideramos o processo individualizado na criança. Se repetirmos esses experimentos por um longo período com a criança em idade pré-escolar, no âmbito dessa operação, a criança geralmente seguirá o mesmo percurso de modo relativamente rápido. O comportamento da criança durante o experimento passará sequencialmente pelos seguintes estágios: (1) uso inadequado e incompleto dos cartões; (2) transição para um uso intenso dos cartões e sujeição total ao instrumento externo; (3) uso adequado dos cartões para resolver a tarefa interna com o instrumento externo; e finalmente (4) transição para o tipo de comportamento exibido pelos adultos.

Embora possa parecer estranho à primeira vista, em nossos experimentos, na transição para o uso dos cartões, o adulto se comporta de modo semelhante à criança em idade pré-escolar, se julgarmos pela aparência externa. O adulto faz pouco uso dos cartões; esse processo tem a característica do uso de um instrumento semiexterno, e ele faz anotações "mentais" sobre as cores proibidas e as já utilizadas, mas não usa os cartões. Ao observar esse comportamento, o mesmo que vimos nos experimentos de longa duração com as crianças, temos um fundamento forte para assumir que isso ocorre devido à conversão dos processos, isto é, de uma transição de um processo externo para um processo mediado internamente.

Ao contrário da criança em idade pré-escolar, os processos da atenção voluntária no adulto estão bem desenvolvidos e, por meio das palavras ou de algum outro método, ele pode fixar em sua mente as cores proibidas ou já usadas; podemos observar esse mesmo processo na criança quando o estímulo auxiliar externo é substituído por um estímulo interno. Em um experimento correspondente, a atenção interna aumenta significativamente tanto na criança como no adulto, concomitantemente com uma redução, e às vezes mesmo a extinção, da operação externa, o que se torna evidente com os resultados objetivos. Desse modo, podemos concluir que a criança passa pela reorganização de seus processos internos como consequência da transição para uma forma mediada de atenção e da conversão do instrumento externo, em que a operação externa se torna uma operação interna.

Os dados obtidos pela análise da estrutura da operação sustentam essa conclusão. Eles mostram que um problema único pode ser resolvido por diferentes operações internas. Na expressão de A. Binet, a criança simula a atenção quando ela isola as cores proibidas de seu campo de visão e fixa sua atenção nas cores que permaneceram diante dela. Ela substitui uma operação por outra que apresenta o mesmo efeito, mas que não tem nada em comum com a primeira. Novamente, vemos a profunda diferença entre as formas fenotípicas e genotípicas dos processos.

Às vezes a criança resolve o problema de um modo completamente diferente. Ela não coloca as cores proibidas de lado, mas seleciona-as e coloca-as na sua frente e fixa os olhos nelas. Nesses casos, o instrumento externo corresponde precisamente ao processo interno, e temos diante de nós um processo de atenção mediada. Com essa operação, o verdadeiro processo de procura por uma resposta é reorganizado. A criança deve dar uma resposta correta, isto é, uma resposta pensada para a questão colocada e deve observar as regras formais exigidas e não usar determinadas cores. Esse propósito especial da atenção transforma e reorganiza o processo de procura da resposta; ele direciona o pensamento de um modo indireto. As respostas da criança tornam-se cada vez mais qualitativas. Em vez de uma resposta direta para a questão de que cor é a grama, a criança que não pode dizer "verde" responde: "No outono, a grama é amarela". Para a questão: "Os tomates são vermelhos?" quando o vermelho é uma cor proibida, ela responde: "Eles são verdes quando não estão maduros!"; desse modo, o sujeito recorre a uma situação nova e faz a transição para um modo mais difícil de pensar.

Em regras gerais, esta é a história do desenvolvimento da atenção. Com T. Ribot[2], que foi o primeiro a relacionar o problema da atenção voluntária com o problema do desenvolvimento cultural do homem, podemos dizer que sua gênese é muito complexa, mas que corresponde à realidade.

Parece que Ribot foi o primeiro psicólogo a considerar a atenção voluntária como produto do desenvolvimento cultural e histórico do homem. Ele denominou a atenção involuntária de natural e a atenção voluntária de cultivada. Segundo ele: "A atenção cultivada usa as forças naturais para realizar suas tarefas e, nesse sentido, eu denomino tal forma de atenção de cultural" (1897, p. 30).

Ele explica a questão do surgimento da atenção voluntária como o mesmo processo que obriga o homem a fazer a transição da selvageria primitiva para uma sociedade organizada, forçando-o a fazer a transição do predomínio da atenção involuntária para o predomínio da atenção voluntária. "Esta última é ao mesmo tempo causa e consequência da civilização" (ibid., p. 33).

Deixando de considerar se Ribot é correto do ponto de vista histórico ao relacionar o desenvolvimento da atenção voluntária com o de-

---

[2] RIBOT, Theodule (1839-1916). Psicólogo francês, um especialista em psicopatologia e psicologia geral, trabalhou na área da psicologia das emoções, da memória, da atenção voluntária etc. Ao considerar a origem da atenção voluntária, Ribot observou: "Como ela surge? Ela surge devido à necessidade, sob a pressão da necessidade e com os sucessos do desenvolvimento intelectual. É um sistema perfeito, um produto da civilização. O progresso na área do desenvolvimento intelectual fez com que o homem realizasse uma transição da regra da atenção involuntária para a da atenção voluntária" (*The Psychology of Attention*, São Petersburgo, 1897, p. 33).

senvolvimento social, devemos assinalar que a colocação da problemática de Ribot envolve uma revolução enorme nos conceitos de atenção e lança os fundamentos para sua abordagem histórica.

Segundo Ribot, a atenção voluntária é uma forma histórica da atenção natural que surge sob condições específicas de adaptação do homem social à natureza. Ribot disse que, assim que o homem deixou seu estado selvagem, por qualquer que tenha sido o motivo (suprimento inadequado de casas, densidade populacional, infertilidade do solo, proximidade com tribos mais bem armadas), e se defrontou com a morte ou com a adaptação a condições mais complexas de sobrevivência, isto é, o trabalho, a atenção voluntária tornou-se um fator fundamental nessa nova forma de luta pela sobrevivência.

Assim que o homem adquiriu a capacidade de se dedicar ao trabalho, que não era, em essência, atraente, mas sim necessário para a sobrevivência, a atenção voluntária passou a ser uma necessidade. Pode-se dizer que a atenção não existia antes do aparecimento da civilização ou que surgia por um instante como o lampejo de um relâmpago.

Ribot, que foi o primeiro a assinalar a natureza social da atenção voluntária, também demonstrou que essa forma de atenção se desenvolve e que, de modo geral, o desenvolvimento ocorre do meio externo para o interno. A atenção voluntária se transforma gradualmente em um processo interno e, por fim, em determinado estágio de desenvolvimento, a atenção torna-se a segunda natureza: a tarefa foi realizada. É suficiente que uma pessoa se encontre em circunstâncias familiares, em um ambiente familiar, para que todo o resto aconteça.

Mas parece-nos que a teoria de Ribot não explica o mecanismo da atenção voluntária nem fornece qualquer aspecto preciso de sua ontogênese. O mecanismo de Ribot pode como regra ser reduzido ao treinamento. Podemos dizer, nesse momento, que ele aborda o surgimento da atenção voluntária como o aparecimento do reflexo condicionado simples a um estímulo remoto que sinaliza outro estímulo que elicia a atenção voluntária. Indubitavelmente, esse mecanismo representa o fundamento da transição da atenção involuntária para a atenção voluntária, mas não é o aspecto mais característico ou essencial; tem um papel subordinado e esclarece, geralmente, a transição das formas inatas de comportamento para as formas adquiridas.

Desse ponto de vista, como afirmou Ribot, um animal também apresenta atenção voluntária. Nesse caso, não está claro por que a atenção voluntária é um produto da civilização. Ribot diz que não é necessário demonstrar que a transição da atenção involuntária para a atenção voluntária ocorre também nos animais como resultado da educação e do treinamento. A. Binet ressalta apenas a limitação dos meios pelos quais influenciamos os animais, evidentemente por desconhecer a ampla gama de estímulos condicionados que podem eliciar a atenção condicionada em um animal, como demonstrado pela teoria dos reflexos condicionados.

Ribot não percebe o aspecto fundamental de que a atenção de um animal, mesmo com treinamento, não é voluntária e que o homem, mas não o animal, controla sua própria atenção. Nos animais, não ocorre a transição do controle externo para o controle interno, de ser comandado para estar no comando, uma transição que é o traço mais característico no desenvolvimento da atenção voluntária humana. O erro de Ribot se deve ao fato de que ele desconhecia o processo de formação da atenção voluntária e não considerava os meios pelos quais se produz o desenvolvimento histórico da atenção e do comportamento. Somente estabelecendo o mecanismo pelo qual é possível observar o controle do comportamento por meio de signos é que poderemos entender como a criança realiza a transição das ações externas para a atenção voluntária internalizada.

Essa é a transição que tentamos traçar com base nos dados experimentais sobre a gênese da atenção voluntária.

Recentemente, P. P. Blonskii encampou as ideias de Ribot mostrando que a atenção voluntária é, sem dúvida, um produto tardio do desenvolvimento. A atenção primitiva, que surge nos primórdios da vida infantil e que Ribot identificou como a máxima vigília, é diferente da atenção involuntária porque esta, em sua opinião, é determinada principalmente pelo pensamento e representa a forma mais desenvolvida de atenção.

Aqui, a abordagem genética do problema da atenção voluntária pode ser observada com toda a clareza. No entanto, mesmo aqui não se explica claramente a gênese dessa forma de atenção e, o mais importante, não se apresenta uma análise sobre seu desenvolvimento. Parece-nos que, à luz dos dados acumulados, as leis mais importantes sobre o desenvolvimento da atenção estabelecidas pelos pesquisadores, que nesse momento assumiram seu lugar no processo de desenvolvimento da atenção voluntária, puderam ser elucidadas.

As posições mais bem elucidadas sobre a teoria genética da atenção foram elaboradas por E. Titchener[3]. Elas são baseadas no fato de que as duas formas de atenção, que podem ser distinguidas em seu significado popular – mais especificamente, a atenção passiva ou involuntária e a atenção ativa ou voluntária –, são de fato específicas para estágios diferentes do desenvolvimento mental. Elas diferem entre si somente em complexidade, como formas precoces e tardias, e exibem o mesmo tipo de consciência, mas em diferentes períodos de nosso crescimento mental. Titchener tenta explicar a diferença e o caráter de cada uma delas com base nas condições em que elas aparecem.

---

[3] Ao considerar o desenvolvimento da atenção, E. Titchener traçou as condições para o desenvolvimento de suas formas superiores e a relação entre elas. "A atenção em seu significado hemisférico tem duas formas. Ela pode ser passiva e involuntária ou pode ser ativa e voluntária. A atenção primária, entretanto, representa certo estágio de desenvolvimento, especificamente o primeiro estágio de desenvolvimento da atenção. Por isso, não é suficiente considerá-la somente sob o aspecto dos fatores fisiológicos determinantes; devemos também considerá-la do ponto de vista biológico. [...] Mas o que podemos dizer da novidade, da surpresa e do movimento? Estímulos desse tipo possuem um significado biológico especial; naturalmente, o novo, o inesperado e o movimento são provavelmente fontes de perigo e o ser vivo que não prestar atenção a eles poderia morrer rapidamente. Há, porém, muitos casos em que uma impressão não apenas não atrai e mantém nossa atenção, mas, ao contrário, parece que mantemos a atenção em uma impressão por nosso próprio esforço. Um problema de geometria não causa uma impressão tão forte para nós como um trovão [...]. A atenção para tais objetos é chamada de atenção ativa comum ou atenção voluntária; mas vamos chamá-la de atenção secundária [...]. Há ainda, no entanto, um terceiro estágio no desenvolvimento da atenção e ele consiste em nada mais do que um retorno para o primeiro estágio. Quando resolvemos um problema geométrico, tornamo-nos gradualmente interessados nele e ficamos completamente absorvidos por ele; em pouco tempo o problema adquire o mesmo poder sobre nossa consciência, assim como o trovão no instante em que penetra nossa consciência" (*Psychology Text*, Moscou, parte I, 1914, pp. 226-30).

As análises realizadas levaram o autor à conclusão de que a atenção voluntária e a involuntária são essencialmente a atenção primária e secundária e que a atenção primária representa determinado estágio de desenvolvimento, especificamente o estágio mais precoce do desenvolvimento da atenção voluntária. Uma característica da atenção secundária é que a relação entre o sujeito e o objeto muda substancialmente. As impressões não atraem e não mantêm nossa atenção, pelo contrário, parece que prestamos atenção a uma impressão ou outra com um esforço próprio.

Um problema de geometria não produz uma impressão tão forte como o estrondo de um trovão. Entretanto, ele pode atrair nossa atenção, e a essa atenção Titchener denominou de atenção secundária. Em sua opinião, a atenção secundária é o resultado inevitável da complexidade na organização do sistema nervoso, e é secundária ou ativa enquanto houver um traço de conflito*. Talvez a prova mais contundente de que a atenção secundária tem sua origem a partir da atenção primária seja o fato, mostrado pela experiência cotidiana, de que a atenção secundária se converte continuamente na atenção primária. Titchener chama esta de atenção voluntária primária e, desse modo, define três estágios de desenvolvimento da atenção e tenta reduzir a diferença entre eles atribuindo-lhes uma diferença principalmente genética.

Ele afirma que, na mente humana considerada globalmente, a atenção é caracterizada em três estágios de desenvolvimento. A atenção secundária representa um estágio de transição, um estágio de conflito, um estágio de dissipação de energia nervosa, embora essa atenção seja uma condição preliminar indispensável para o estágio de atenção voluntária subordinada. Do ponto de vista de Titchener, existem três estágios de atenção, mas apenas um único processo mental. Os três estágios exibem alterações em complexidade, mas não no caráter da própria experiência.

Podemos observar a tentativa de Titchener de definir a atenção do ponto de vista genético. Ele tenta aplicar sua teoria a diferentes idades.

---

* O conflito entre a tarefa e a impressão causada pelo estrondo de um trovão. [N. do E.]

Pensando na vida em seu conjunto, ele acredita que se pode considerar o período de aprendizagem e educação como o período da atenção secundária e o período da atividade independente e madura que se segue, como o período da atenção voluntária primária. Parece-nos que a teoria de Titchener se aproxima dos dados que estabelecemos em nossos estudos genéticos.

Pode-se ver claramente que, dos quatro principais estágios que caracterizamos no desenvolvimento de todo comportamento cultural, três são semelhantes aos estágios de Titchener. A atenção primária definida por Titchener corresponde à nossa atenção primitiva ou natural; à sua atenção secundária corresponde nosso estágio de atenção mediada externamente; e, finalmente, seu terceiro estágio corresponde ao quarto estágio de estabilidade*. O segundo estágio psicológico ingênuo, de transição, está ausente; é aquele que não conseguimos delinear precisamente em nossos experimentos, mas que foi verificado nas observações clínicas especialmente de crianças com deficiência mental.

Além disso, Titchener estabeleceu firmemente que a atenção voluntária é diferente da atenção involuntária somente no modo como é gerada, e não em seu método de funcionamento. Em outras palavras, o desenvolvimento da atenção é realizado de acordo com o tipo de evolução do comportamento, e não de acordo com o tipo de mudança e maturação orgânica. Parece-nos, entretanto, que a teoria de Titchener, ainda que aborde o problema da atenção do ponto de vista genético, baseia-se em uma descrição fenotípica puramente externa dos estágios isolados e não demonstra o mecanismo de desenvolvimento e o mecanismo de ação dos processos em isolados. Assim, Titchener baseia-se em experiências, e não na função objetiva do processo, e não demonstra a especificidade da estrutura da atenção secundária em contraste com o estágio precedente. Com base nesse ponto de vista, não está claro por que a atenção primária derivada é elevada a um estágio superior quando comparada ao ponto de partida. Ele afirma

---

* Na análise da transição dos estágios da atenção primária para a secundária e então para a terciária, Titchener baseia-se em uma determinação diferente de atenção e de condições diferentes de transição. [N. do E.]

corretamente que a atenção secundária se origina dos conflitos das formas iniciais de atenção, das peculiaridades da percepção e da luta dos atos motores incompatíveis. Mas, naturalmente, tal luta ocorre mesmo quando a criança é ainda muito nova. Se, ao explicar o surgimento da atenção voluntária, não abordarmos o fato de que, ao lado dos estímulos naturais e suas interrelações, são também importantes os estímulos sociais que controlam a atenção da criança, ainda ficará sem esclarecimento por que e como nossa atenção, inicialmente, está sujeita às impressões externas ou a interesses diretos e, posteriormente, passa a subordinar essas impressões ou interesses.

Essa inadequação de uma descrição puramente empírica da transição da atenção voluntária para a atenção involuntária, que não observa a gênese e o mecanismo dessa transição, como os aspectos qualitativos do segundo estágio, é evidenciada também na afirmação de E. Meumann[4], ao dizer que a atenção voluntária se converte gradualmente na atenção involuntária. Como já dissemos, encontramos aqui a evidência experimental de que a atenção voluntária não difere da atenção involuntária no mecanismo de sua base orgânica, mas sim na estrutura do comportamento psicológico.

Meumann, em seus experimentos, encontrou um sintoma que se expressa igualmente e de modo claro na atenção voluntária e na involuntária – a diminuição do pulso, que pode ser explicada provavelmente pelo seguinte: nos sujeitos, a atenção voluntária transforma-se, de forma rápida e consistente, em atenção involuntária. Mas outros pesquisadores encontraram sintomas opostos para a atenção voluntária e para a involuntária: os sintomas da atenção involuntária são mais próximos do afeto e coincidem com os sintomas de espanto e susto, enquanto a atenção voluntária se caracteriza pelos sintomas que são apropriados para os atos volitivos.

Acreditamos que essa discordância pode ser explicada pela observação da gênese da atenção. Em um caso, relaciona-se com o momento do estabelecimento da atenção, que é o mesmo processo voluntário

---

[4] MEUMANN, Ernst (1862-1915). Vol. 1, p. 464; vol. 2, p. 485.

de controle do comportamento, como qualquer outro. No outro caso, trata-se de um processo já estabelecido, de um mecanismo automático da atenção. Em outras palavras, a diferença nos sintomas nesse caso equivale à diferença no estágio de desenvolvimento da atenção.

Vamos considerar, brevemente, nesse momento, um fenômeno complexo que não está esclarecido na análise subjetiva e que é chamando de *experiência do esforço*. Onde ela se origina na atenção voluntária? Parece-nos que ela se origina da atividade complexa adicional que chamamos *domínio da atenção*. É totalmente natural que esse esforço esteja ausente quando o mecanismo da atenção começa a funcionar automaticamente. Na experiência do esforço, temos processos adicionais, conflito e luta, uma tentativa de direcionar os processos de atenção em outro sentido, e seria um milagre se tudo pudesse ser realizado sem esforço, sem um trabalho interior sério por parte do sujeito, trabalho este que pode ser medido pela resistência encontrada pela atenção voluntária.

A inadequação de uma análise puramente subjetiva também marca o trabalho de Revault d'Allones; seguindo a trajetória de Ribot, ele foi o primeiro a propor a diferenciação da atenção como direta ou indireta, isto é, mediada de acordo com a estrutura, e ele percebeu, como uma característica essencial, o fato de que a atenção voluntária é dirigida ao mesmo objeto por algum tipo de instrumento auxiliar ou estímulo, que nesse caso é usado como um instrumento. Desse ponto de vista, Revault d'Allones define a atenção como um processo intelectual que considera os objetos por meio de uma mediação ou com o auxílio de um ou muitos outros objetos. Se entendida dessa forma, a atenção se converte em uma operação intelectual ou instrumental direta e coloca um instrumento auxiliar entre o objeto da atenção e o sujeito.

O autor identifica várias formas de atenção, dependendo de quais instrumentos auxiliares são utilizados, em que extensão e como são usados para a atenção mediada. Mas ele sempre tem em mente apenas os instrumentos internos e as configurações predominantes que direcionam a atenção para um ou outro objeto. Revault d'Allones não leva em consideração que os instrumentos podem ser externos e que eles são consistentemente externos de início e, por isso, ele vê nas "configurações" (continuando a ideia de H. Bergson[5]) certo fato primário de uma ordem puramente intelectual. Parece-nos que essa teoria pode ser também subvertida, e provavelmente elucidada, se observarmos que nesse caso se trata sem dúvida do quarto estágio ou da atenção voluntária primária, como Titchener ressaltou.

Como ponto de partida, Revault d'Allones considera o estágio final de desenvolvimento e, sem traçar os processos como um todo, chega a um postulado de caráter totalmente idealista, mas não apresenta o processo verdadeiro de formação dessas configurações.

Baseados na análise dos experimentos apresentados anteriormente e nas posições que foram abordadas pela psicologia sobre esse problema, chegamos à seguinte compreensão sobre os processos de atenção voluntária. Esses processos devem ser considerados como determinado estágio no desenvolvimento da atenção instintiva; as leis gerais e o caráter de seu desenvolvimento coincidem completamente com o que somos capazes de estabelecer para outras formas de desenvolvimento cultural do comportamento. Por isso, podemos dizer que a atenção voluntária é um processo interno de atenção mediada; o próprio processo está totalmente subordinado às leis gerais do desenvolvimento cultural e à formação das formas superiores de comportamento. Isso significa que a atenção voluntária, em sua composição, estrutura e função, não é simplesmente o resultado do desenvolvimento orgânico natural da atenção, mas é o resultado de sua mudança e reconstrução sob influência dos estímulos-instrumentos externos.

Em vez da posição que afirma que a atenção voluntária e a atenção involuntária se relacionam da mesma forma que a volição e o instinto (a observação é totalmente correta, mas muito genérica), gostaríamos de dizer que a atenção voluntária e a atenção involuntária estão relacionadas como a memória lógica se relaciona à função mnemônica ou como o pensamento em conceitos se relaciona ao pensamento sincrético.

---

[5] BERGSON, Henri (1859-1941). Vol. 2, p. 485.

Para reforçar as conclusões a que chegamos e fazer certas generalizações teóricas, ainda precisamos elucidar experimentalmente um ponto de excepcional importância em nossa pesquisa. Partiremos da proposição de que o caminho da atenção natural para a atenção voluntária consiste em uma transição das operações diretas para as operações mediadas. Esse é um caminho que, em geral, nos é familiar e que identificamos em todos os processos mentais. Mas surge uma questão: como ocorre a mediação do processo de atenção?

Sabemos muito bem que toda mediação só é possível se usar as leis naturais dessa operação, que é o objeto do desenvolvimento cultural. Por exemplo, na memória, a operação mnemotécnica, isto é, a relação entre o estímulo-signo e o estímulo-objeto, foi criada com base nas leis naturais bem conhecidas da formação de estruturas. Com relação à atenção, precisamos elucidar o tipo de conexão natural-mental que deve existir entre dois estímulos, de modo que um possa ter o papel de um estímulo instrumento que chame a atenção do outro. Quais são, geralmente, as condições naturais necessárias para mediar a atenção? Qual é a história natural das leis da atenção? A segunda questão, relacionada a estas, requer que as pesquisas revelem como ocorre a transição real de natural para instrumental sob certas condições naturais.

Para responder a essas questões, que são fundamentais para a história da atenção, realizamos estudos experimentais estruturados de maneira complexa. Vamos considerá-los detalhadamente.

Partiremos do fato de que a atenção não pode ser observada em sua forma pura. Como sabemos, isso fez com que alguns psicólogos usassem a atenção para explicar todas as mudanças que ocorrem nos processos de memória, pensamento, percepção, volição etc., e outros, por outro lado, para negar completamente a existência da atenção como uma função mental separada e para eliminar a própria palavra do dicionário de psicologia, como fizeram Foucault, E. Rubin[6] e outros. Finalmente, um terceiro grupo propôs que não se considere simplesmente a

---

[6] RUBIN, E. (1850-1934). Psicólogo alemão, aluno de G. Müller, foi o primeiro a descrever o fenômeno psicológico "figura e fundo" (1915). Estudou em detalhe a psicologia da Gestalt.

atenção, mas muitas atenções, tendo em mente a especificidade dessa função em cada caso. De fato, a psicologia então optou por dividir a atenção simples em funções separadas. Temos um exemplo claro desse fato no trabalho de autores alemães (N. Ach) e na teoria da atenção de Revault d'Allones.

Sabemos que o processo de atenção pode ocorrer de modos diferentes e, como fica claro nos experimentos descritos anteriormente, trata-se de diferentes tipos de atenção observados nas diferentes formas de atividade. Ainda, é possível encontrar a atividade natural e mais primitiva em que o papel da atenção se manifesta na sua forma mais pura, podendo facilitar o estudo da cultura da atenção mais especificamente. Como exemplo de tal atividade, escolhemos a resposta de seleção das relações estruturais usadas inicialmente por W. Köhler, nos experimentos com galinhas domésticas, chimpanzés e crianças.

Nos experimentos de Köhler, foram apresentados às galinhas grãos espalhados sobre pedaços de papel cinza-claro e cinza-escuro; não se permitia que as galinhas ciscassem nos grãos sobre o papel cinza-claro, e elas eram enxotadas, mas era permitido que elas ciscassem livremente nos grãos sobre o papel cinza-escuro. Após várias repetições, as galinhas desenvolveram uma resposta positiva em relação ao papel cinza-escuro e uma resposta negativa em relação ao papel cinza-claro. Em outros experimentos mais importantes, um novo par de papéis era apresentado às galinhas, um branco e outro cinza-claro, como tinha sido apresentado no primeiro experimento. As galinhas exibiam uma resposta positiva em relação ao papel cinza-claro, isto é, ao mesmo papel que tinha eliciado uma resposta negativa no primeiro experimento. Da mesma forma, quando um novo par de papéis foi apresentado, um cinza-escuro da primeira série e um preto, as galinhas exibiram uma resposta positiva para o preto e uma resposta negativa para o cinza-escuro, que tinha eliciado uma resposta positiva no experimento prévio.

Um experimento semelhante, com pequenas alterações, foi realizado com um chimpanzé e uma criança. Os resultados foram até mais significativos. Pudemos estabelecer experimentalmente que, nessas condições, o animal e a criança reagem à estrutura como um todo, que é a relação entre as duas cores, e não à qualidade absoluta da cor. Assim, parece ser possível a transferência do treinamento prévio para a nova situação. Ao fazer a transferência, tanto o animal como a criança exibem muito claramente a lei básica de toda estrutura psicológica: as propriedades psicológicas e as funções das partes são determinadas pelas propriedades do todo. Assim, o papel cinza-claro quando incluído em um conjunto eliciou uma resposta negativa, pois naquele par ele era o mais claro dos dois papéis. Quando foi incluído em um novo par, ele eliciou uma resposta positiva, pois ele era o mais escuro dos dois. Da mesma forma, a cor cinza-escura mudou a resposta eliciada por ela, de positiva para negativa quando foi incluída no par com o preto. Assim, o animal e a criança não respondem à qualidade absoluta da tonalidade da cor, mas sim à cor mais escura entre duas possibilidades.

Köhler ressalta que, para os experimentos serem bem-sucedidos, devem ser usadas grandes superfícies coloridas com uma diferença significativa entre os tons e deve-se selecionar uma configuração em que as relações entre as cores sejam bem evidentes. Köhler observou que a dificuldade encontrada anteriormente em experimentos de respostas de escolha com chimpanzés não era a conexão entre uma resposta conhecida e um estímulo conhecido, mas principalmente ressaltar a escolha de determinada propriedade do campo visual para que fosse usada como estímulo condicionado.

Não podemos esquecer que o pesquisador que deseja eliciar e dirigir a atenção do chimpanzé se depara com dois problemas completamente diferentes. Um deles é chamar a atenção do animal durante o experimento. Se os chimpanzés começarem rapidamente a se relacionar de modo apático com as condições experimentais, será impossível conseguir o efeito desejado. O primeiro problema pode ser resolvido de modo simples: para despertar a atenção do animal e dirigi-la para o objetivo do experimento, o objetivo selecionado deve ser a obtenção de alimento, e tudo o que pode desviar a atenção, como barulhos ou algo novo, deve ser removido do ambiente. Outro problema mais complexo ainda permanece: dirigir a atenção do chimpanzé para a característica que deve ser usada para estabelecer a relação entre os objetos. Köhler recomenda que se selecionem características que atraiam a atenção do animal, que lhe sejam fascinantes e atraentes. São necessárias, então, diferenças óbvias, grandes superfícies que sejam apresentadas sobre um fundo neutro.

Introduzimos diferenças substanciais no experimento para suscitar a atenção. Ao contrário das instruções de Köhler, usamos crianças normais e com deficiência e criamos a seguinte situação: solicitou-se à criança que escolhesse uma de duas xícaras à sua frente, uma contendo uma noz que ela podia ver e a outra vazia. Ambas as xícaras estavam cobertas com quadrados de papelão branco em que estavam colados pequenos quadrados de cores cinza-escuro e cinza-claro que não ocupavam mais do que um quarto da superfície do papelão.

Desse modo, selecionamos propositalmente uma característica que não fosse muito evidente para que pudéssemos observar como se desenvolvia a atenção. Fizemos essa alteração porque o objetivo do experimento, o primeiro de uma série, era oposto ao de Köhler. Köhler estava interessado principalmente na formação de uma conexão e por isso ele queria criar uma condição favorável para criar essa conexão e especialmente para direcionar a atenção. Nós já conhecíamos o processo de formação da conexão com base nos experimentos de Köhler e estávamos interessados somente no processo que permitiria observar a atividade da atenção.

Apresentaremos brevemente um experimento típico com uma criança de 3 anos de idade. A atenção da criança foi direcionada para um objetivo, e ela não conhecia a operação que deveria realizar. No início do experimento, e muito frequentemente durante seu curso, a criança selecionava ambas as xícaras e, quando se solicitava que apontasse uma delas, ela queria remover a tampa, estendia as mãos, e era necessário lembrá-la que deveria apontar apenas uma xícara. Todas as vezes que se solicitava que indicasse uma xícara que ela queria que fosse descoberta, ela respondia repetidamente: "Eu quero descobrir aquela que tem a noz", ou apontava para ambas as xícaras dizendo: "Eu quero a que tem a noz". Quando ela acertou, agarrou avidamente a noz, sem prestar atenção ao que o pesquisador estava fazendo. Quando ela perdia, ela dizia: "Espere, agora eu vou adivinhar" ou "Agora eu vou ganhar". Logo após acertar três vezes escolhendo a xícara da direita, a criança desenvolveu um padrão de resposta relacionado ao lugar em que estava a xícara; quando esta regra foi quebrada, as escolhas começaram a ser feitas ao acaso.

Devido à alternância entre sucesso e fracasso, o mais provável de se desenvolver em uma criança dessa idade era certa vacilação antes da escolha, mas, nessas vacilações, não se identificava uma característica a partir da qual a criança poderia realizar sua escolha. Após 30 experimentos, a criança parecia estabelecer uma resposta positiva para o cinza-escuro, que persistia por determinado tempo, mas isso não foi confirmado em outros experimentos importantes, tampouco foi confirmado na mesma situação original. Ao responder à questão do porquê de uma ou outra xícara ter sido escolhida, o motivo parecia independer do fato de a xícara estar ou não coberta: "Porque a noz estava aqui" ou "Eu não quero perder mais" etc.

No experimento descrito, ganhar e perder geralmente se alternavam de modo que a criança ficava satisfeita com a situação. Sua atenção estava fixada o tempo todo no objetivo. É possível que um treinamento prolongado pudesse levar ao mesmo resultado obtido por Köhler, mas perdemos interesse no experimento, pois, como já dissemos, nosso propósito não era verificar, confirmar ou desenvolver os achados de Köhler. Geralmente, a atenção da criança não se dirigia ao papel cinza, e talvez uma quantidade maior de experimentos fosse necessária para ser bem-sucedida.

Uma criança de 5 anos, na mesma situação, ganhando ou perdendo, dará a seguinte resposta quando se pergunta a ela quais razões a levaram a fazer determinada seleção: "Eu escolhi essa xícara porque eu a queria". Mas, passado certo tempo durante o experimento, torna-se evidente que a criança reagiu principalmente por tentativa e erro. Ela escolheu a xícara com a qual tinha acabado de perder. Mas no 23º experimento a criança recusa-se a perder a noz, dizendo: "Eu não vou dar a última noz, eu vou mantê-la"; no experimento 24, ela pensou por um tempo longo. No 49º experimento, após perder três vezes, ela chorou:

"Eu não quero mais brincar com você, me deixa". Quando o pesquisador a acalmou e perguntou os motivos de sua escolha, ela respondeu: "Acho que a noz se moveu de uma xícara para outra".

Continuamos da seguinte maneira. Colocamos a noz na xícara com a criança observando, então apontamos para o papel cinza-escuro colado na tampa. Com outro gesto, apontamos o papel cinza-claro colado na tampa da xícara vazia.

No 51º experimento, a criança venceu e explicou a resposta da seguinte maneira: "Há um papel cinza aqui e um papel cinza lá". Em experimentos críticos, ela transferiu imediatamente esse instrumento e explicou assim sua escolha: "Porque o papel cinza está aqui e o preto está lá". Nos experimentos com os papéis cinza e branco, ela transferiu imediatamente a regra e disse: "Este é um papel escuro, a noz deve estar onde está mais escuro. Eu não sabia antes como ganhar, eu não sabia que a noz estava onde o papel escuro estava". No próximo dia e por vários dias seguintes, a criança ganhou de imediato e sem erros, mantendo e transferindo esse instrumento com confiança.

Para nós, o aspecto mais importante nos experimentos é o momento da percepção, o momento de prestar atenção, o gesto que é suficiente como estímulo suplementar para chamar a atenção da criança para a característica que ela deve relacionar à sua resposta. Um pequeno empurrãozinho adicional foi suficiente para que todo o processo, que levou a criança a um impulso afetivo, fosse resolvido de imediato e de forma adequada, não apenas com relação a um certo par de cores, mas também com relação ao experimento crítico. Por isso, lembramos da bela afirmação de Köhler sobre as galinhas, que em seus experimentos caíam por terra em estado de torpor, às vezes desmaiavam e às vezes exibiam uma reação explosiva quando se apresentavam a elas novos tons de cinza.

Podemos dizer que, no momento experimental em que um gesto chama a atenção da criança para algum objeto, podem-se observar as condições naturais para o aparecimento da atenção voluntária. Köhler, ao contrário, fez todo o esforço possível para eliminar as dificuldades, para facilitar a orientação da atenção do animal e mostrar que, nesse caso, uma conexão condicionada se forma instantaneamente; ele disse que os chimpanzés são muito mais convenientes do que outros animais nesse aspecto. Um graveto é colocado na mão do chimpanzé e ele pode usá-lo para apontar a caixa em vez de pegá-la. O processo de aprendizado era facilitado, como disse Köhler, pelo fato de que ele usava todos os meios para chamar a atenção para o material que servia de estímulo para a escolha, indicando que a banana tinha sido colocada exatamente no mesmo lugar. Podemos observar uma circunstância excepcionalmente importante que, do ponto de vista de Köhler, representa outro ponto com um significado auxiliar. Köhler notou que essa condição experimental representa um tipo de explicação primitiva desse princípio, e não uma explicação literal. Devemos observar que esse instrumento levou a uma certeza surpreendente por parte do animal e a uma escolha subsequente correta. Nessa situação, podemos observar a função fundamental da linguagem como um meio de direcionar a atenção.

Bühler também acreditava que, nesse caso, apontar para ambos os papéis desde o início direcionaria fortemente a atenção do chimpanzé para o caminho correto: "Observe esses objetos. Somente precisamos dizer a ele: a comida está na xícara com o papel mais claro".

Consequentemente, nesse experimento, podemos observar as raízes naturais da atenção voluntária na função de apontar, pois Köhler teve que criar um tipo de linguagem mímica especial para indicar ao chimpanzé no que ele deveria prestar atenção e, assim, o animal mostrava a xícara que escolheu.

Por outro lado, tivemos que rebaixar a criança a um nível primitivo, excluindo do experimento a instrução verbal. De fato, poderíamos ter dito à criança no início que a noz estava na xícara com a tampa escura e ela teria resolvido o problema com rapidez. Mas o propósito de nosso experimento era o seguinte: somos capazes de distinguir, de modo articulado e analisado, o que está misturado e indivisível em uma instrução verbal e, desse modo, revelar genotipicamente os dois elementos mais importantes que estão representados fenotipicamente de um modo misturado na instrução verbal.

De fato, estava claro para nós, mesmo nos experimentos de Köhler e nos nossos experimentos subsequentes, que, no processo de formação da resposta de escolha baseada no tom de cinza mais escuro, há dois aspectos psicológicos que Köhler também tentou separar. Primeiro, temos o momento de orientar a atenção, isto é, de identificar os aspectos apropriados e ressaltar o papel cinza sem os quais o processo de formação da conexão seria impossível; segundo, temos o próprio estabelecimento da conexão. A instrução verbal inclui ambos os momentos simultaneamente. Ela também orienta a atenção da criança para os aspectos apropriados, isto é, cria o estabelecimento da atenção e a conexão necessária. A tarefa do estudo genético era separar esses momentos durante a instrução. Köhler conduziu a primeira parte da análise genética: com o desejo de mostrar que o chimpanzé podia formar conexões estruturais muito facilmente, mesmo com uma tentativa, ele tentou estudar o efeito da orientação da atenção desde o início, ao introduzir aspectos que eram atraentes e, então, com uma tentativa de induzir diretamente essa orientação por meio da instrução. E, de fato, após o momento de orientação ser identificado, Köhler pôde estudar de forma pura as leis da formação das conexões estruturais e a resposta de seleção.

Na tentativa de realizar a segunda parte da análise genética, buscamos apresentar ambos os processos colaborativos, a orientação da atenção e a formação da conexão, de modo separado, e demonstrar o papel da orientação da atenção. Em nosso experimento, a criança não formou uma conexão natural, em parte porque não prestou atenção às cores (lembre-se de que fizemos propositalmente de modo discreto) e em parte devido à falsa orientação da atenção para o jogo de adivinhação, e pelo destaque ao fato de que a noz passava de xícara para outra.

Não há dúvida de que as dificuldades que a criança vivencia estão relacionadas especificamente à orientação da atenção. Elas se expressam mais claramente na agitação emocional da criança, no choro e na recusa em continuar o experimento. Podemos observar o momento relacionado somente à orientação da atenção, mas não com o estabelecimento da conexão; a análise posterior mostrou como o processo, confuso e afetivamente conturbado, começa a se desenvolver com clareza e transparência intelectual e em toda a sua pureza, dependendo desse impulso orientador.

A conexão é estabelecida por si mesma e, como mostraram os experimentos críticos, a transferência é feita na primeira tentativa, isto é, ela se desenvolve posteriormente segundo leis naturais, como demonstrou Köhler. Desse modo, os experimentos críticos representam, para nós, a natureza dos experimentos controle que confirmam que nosso gesto instrutivo, nossa orientação, foi dirigido somente para a atenção da criança; e que a conexão se desenvolveu com base na observação direta das relações existentes na estrutura do campo percebido; ainda que a formulação verbal se produza somente no final, após a terceira transferência, quando a criança tem consciência da situação e a compreende. Assim, após nossa instrução (50º experimento), a criança vence (51º e 52º experimentos), mas explica incorretamente sua escolha: "Este papel é cinza e o outro também é cinza"; ela responde corretamente nos experimentos 53 e 54, explicando da seguinte maneira: "Porque este papel é cinza e o outro é preto"; e somente no final ela chega à seguinte conclusão: "Ah! Aqui está o cinza-escuro, e é onde está o mais escuro que estão as nozes. Eu não sabia antes como ganhar". Mas nossa segurança nos experimentos não estaria completa se não realizássemos outro experimento em paralelo, em que estivesse impossibilitada a formação da conexão, apesar da orientação, que por si só não leva à formação da conexão necessária.

A criança que começa o experimento paralelo esteve presente todo o tempo; portanto, ela não somente orienta sua atenção como também ouve a formulação verbal da tarefa. Nos experimentos críticos, que começam imediatamente depois, a criança acerta e responde à questão do motivo da escolha da xícara da seguinte maneira: "Porque é aqui que a noz está. Este é o papel cinza e aqui está a noz". Ao perder, a criança não considera um erro seu. Ela diz: "Agora eu vou acertar". No nono experimento, o pesquisador atrai de novo a atenção da criança apontando para a cor, então a criança, na maioria das vezes, vence até o 20º experimento. No entanto, nos experimentos 13 e 14, muitas vezes ela perde, explicando sua escolha da seguinte maneira: "Porque você me disse", "Porque você colocou a noz duas vezes nesta xícara" etc. Na série crítica, a criança venceu na maioria das vezes, mas perdeu ocasionalmente. Ela explica sua escolha assim: "Este é cinza e este é preto". Observamos que, quando o processo de formação da conexão é impedido, a instrução do pesquisador e a orientação da atenção não são suficientes para obter sucesso. Na manhã seguinte, após repetir o experimento com a mesma instrução, a criança acerta na hora, e podemos concluir que fomos bem-sucedidos ao criar uma instrução experimental e obter, em sua forma pura, o momento que cria a orientação da atenção pela instrução, o momento que funciona independentemente dos processos posteriores de formação da conexão.

Consideraremos e analisaremos esse momento. Não podemos determinar agora precisamente a razão para o sucesso; podemos dizer apenas que o momento crucial do experimento é a instrução. Mas surge a questão de como se poderia entender o papel da instrução do ponto de vista fisiológico. Infelizmente, o que temos é somente uma hipótese sobre os processos fisiológicos que são a base para a atenção. Mas, independentemente de como imaginemos esse processo, a explicação fisiológica mais provável sobre o fenômeno da atenção consiste no princípio do dominante, e seu mecanismo está baseado no princípio da regra motora geral, como foi estabelecido por Titchener.

G. Müller[7] desenvolveu a teoria catalisadora da atenção, e Hering aborda a sensibilização das vias neurais, mas parece-nos que a posição estabelecida por A. A. Ukhtomski[8] é mais importante; ele ressalta que a propriedade essencial do dominante não é sua força, mas a excitabilidade aumentada e, o mais importante, sua capacidade para englobar a excitação. Ukhtomski conclui que as reações dominantes são análogas aos processos catalisadores, e não às reações explosivas, como poderia parecer à primeira vista.

---

[7] MÜLLER, George Elias (1850-1934). Vol. 1, p. 462; vol. 2, p. 486.
[8] UKHTOMSKI, Aleksei Alekseevich (1875-1942). Vol. 1, p. 462.

Podemos imaginar de modo geral que a catalisação de determinados processos é atingida por meio da instrução. O chimpanzé ou a criança, observando a configuração do experimento, veem a cor cinza; mas quando apontamos para a cor cinza não criamos novas vias, apenas sensibilizamos ou catalisamos as vias neurais apropriadas. Desse modo, com a estimulação adicional, intervimos nas relações centrais criadas no córtex cerebral, nas relações que têm papel decisivo no controle de nosso comportamento. Ukhtomski afirma que as influências centrais devem ser consideradas os fatores mais potentes. Nossa intervenção provoca uma redistribuição de energia nas vias neurais. Sabemos, como Köhler estabeleceu em seus experimentos, que em um estado afetivo tanto os chimpanzés como os seres humanos dirigem toda a sua atenção para o objetivo e não a desviam para objetos auxiliares ou instrumentos.

I. P. Pavlov denominou um dos reflexos inatos como reflexo "O que é?". Ele disse que a mínima alteração no ambiente evoca imediatamente um distúrbio de equilíbrio no estado geral do animal e produz, imediatamente, o reflexo dominante de alerta, expectativa e orientação dirigido para aquela mudança. Estritamente falando, criamos um reflexo "O que é?" relacionado à situação que a criança observa. É como se estivéssemos colocando um peso adicional na balança e perturbando o equilíbrio estabelecido e mudando as relações centrais que tinham se desenvolvido.

Assim, chegamos à seguinte conclusão: a base natural para a influência dos signos sobre a atenção não é a criação de novas vias como signos na memória, mas uma mudança nas relações centrais que catalisam os respectivos processos e a evocação do reflexo adicional "O que é?". Assumimos que o desenvolvimento da atenção voluntária da criança ocorre especificamente dessa maneira. Para a criança, nossas palavras iniciais possuem o papel de uma instrução.

Além disso, parece-nos que abordamos a função primária da linguagem, a qual não foi desenvolvida por nenhum outro pesquisador antes de nós. A principal função da linguagem não é o significado que as palavras possuem, para a criança, nem que as palavras criam uma nova conexão apropriada, mas sim que a palavra inicial significa uma *instrução*. A palavra como uma instrução representa a principal função no desenvolvimento da linguagem, a partir da qual todas as outras funções são derivadas.

Assim, o desenvolvimento da atenção na criança desde os primeiros dias de sua vida está inserido em um ambiente complexo que consiste em dois tipos de estímulo. Por um lado, as coisas, os objetos e os fenômenos atraem sua atenção de acordo com suas propriedades intrínsecas; por outro, os estímulos catalisadores correspondentes, especificamente as palavras, direcionam sua atenção. Desde muito pequena, a atenção da criança é uma atenção dirigida. Inicialmente, os adultos a direcionam, mas, paralelamente ao domínio gradual da linguagem, a criança começa a dirigir sua atenção pelos mesmos meios, inicialmente com relação aos outros e depois com relação a si mesma. Fazendo uma comparação, poderíamos dizer que a atenção da criança no primeiro período de vida não se move como uma bola que cai nas ondas do mar e é levada pela força de uma ou outra onda, mas se move ao longo de canais construídos separadamente, guiada para a costa pela sua corrente. Desde o início, para a criança, as palavras representam um caminho a ser usado para adquirir experiência.

Quem não considerar essa função inicial mais importante da linguagem nunca entenderá como se forma a experiência psicológica superior da criança. Mas a partir daqui seguiremos um caminho conhecido. Sabemos que a sequência geral do desenvolvimento cultural da criança é a seguinte: primeiro, outras pessoas atuam com relação à criança; então, a criança começa a interagir com as pessoas ao seu redor; depois, ela começa a atuar sobre as outras pessoas e, finalmente, ela age sobre si mesma.

É assim que ocorrem os processos de desenvolvimento da linguagem, de pensamento e de processos mentais superiores. O mesmo ocorre com a atenção voluntária. Inicialmente, o adulto dirige a atenção da criança com palavras, criando uma espécie de apontadores adicionais – como setas – para os objetos em torno dela, criando com as palavras poderosas instruções-estímulos. Então, a criança começa a participar ativamente das instruções e a usar uma palavra ou um som como meio para indicar, isto é, atrair a atenção dos adultos para um objeto que a interessa.

O estágio de desenvolvimento da linguagem infantil, que Meumann denominou de estágio afetivo, volitivo, e que ele acreditava abranger apenas o estágio subjetivo da criança, é, em nossa opinião, o estágio da linguagem com o significado de instrução. Por exemplo, a frase da criança "mamã", que W. Stern traduz em nossa linguagem como "Mamã, me ponha na cadeira", é de fato uma instrução para sua mãe; ela volta sua atenção para a cadeira. Se quisermos atribuir um significado mais preciso e primitivo a "mamã", teremos que traduzir inicialmente por um gesto de agarrar ou virar a cabeça de sua mãe com as mãos para atrair a atenção dela para si e então com um gesto apontar para a cadeira. Bühler, em concordância, afirma que a principal e primeira posição no estudo comparativo é a função de apontar, sem a qual não haveria a percepção das relações; além disso, existe somente um caminho para o conhecimento das relações: por meio dos signos; não existe outra forma de percepção direta das relações. Por isso, todas as tentativas de encontrar tal caminho não têm sido bem-sucedidas até agora.

Passaremos agora a descrever nossos experimentos subsequentes. Em algumas crianças, como observamos anteriormente, a resposta de escolha se dava em relação à mais escura das duas cores. Neste momento, abordaremos a segunda parte dos experimentos básicos, que pode parecer que nos desviará da linha básica, e definiremos o objetivo de traçar, se possível, em uma forma pura, a manifestação de outro processo natural da criança: o ato de abstrair. Só se pode contestar que a atenção tem um papel decisivo na abstração quando se isola uma parte da situação geral e se não se compreender desde o início o conceito de formação contido na palavra "atenção".

É muito conveniente para nós traçar o ato da atenção contido nos processos de abstração em uma criança pequena. Para fazê-lo, usamos a metodologia dos experimentos desenvolvidos por Eliasberg, que modificamos adaptando-os em relação a outras questões apresentadas. Usamos novamente os experimentos de outros pesquisadores apenas como material, pois suas operações básicas foram estudadas com adequada clareza, e tentamos estabelecer um objetivo diferente para nós. Ao contrário de Eliasberg, não estamos interessados no processo natural de abstração por si e como ele ocorre na criança, mas no papel da atenção ao longo desse processo.

A criança foi colocada na seguinte situação: havia diante dela várias xícaras idênticas colocadas em uma fileira ou aleatoriamente distribuídas. Algumas estavam cobertas com tampas de papelão de uma cor e outras com tampas de cor diferente. Havia nozes sob uma série de tampas, por exemplo, as azuis; não havia nozes em outras, por exemplo, as vermelhas. Como a criança se comportaria em tal situação? O experimento de Eliasberg mostrou (e outros experimentos confirmaram) que a criança poderia descobrir uma ou duas xícaras ao acaso, inicialmente, mas depois, confiante e rapidamente, começa a descobrir somente as xícaras com as tampas de determinada cor. Em nossos experimentos, uma criança de 5 anos de idade foi testada inicialmente em experimentos críticos (descritos anteriormente) com resultado positivo. Quando se perguntava por que ela tinha escolhido o papel preto, ela respondia irritada: "Você explicou pra mim ontem e eu não preciso mais falar sobre isso".

Uma vez convencidos de que o resultado dos experimentos anteriores foi preservado, passamos à prova seguinte. Foram colocadas onze xícaras diante da criança; cinco dessas xícaras foram cobertas com tampas azuis e as nozes estavam sob elas; o restante das xícaras estava coberto com tampas vermelhas e não havia nozes sob elas. A criança perguntava de imediato: "Como faço para acertar?", solicitando uma explicação. Ela levanta uma tampa azul e acerta, então levanta todas as tampas azuis ("Tem sempre uma noz sob as tampas azuis"). Uma criança de 3 anos de idade que assiste ao experimento acrescenta: "E não tem nada sob as tampas vermelhas". A criança não toca nas xícaras com tampas vermelhas, mas diz: "Ficaram só as vermelhas".

No segundo experimento, o branco é o negativo e o vermelho é o positivo. A criança tira rapidamente a tampa branca, coloca-a de novo e tira uma vermelha e depois tira todas as vermelhas, deixando de lado as brancas, e diz: "Não tem nada nas brancas". No terceiro experimento, o preto era o negativo e o azul, o positivo. A criança pega o azul e deixa o preto. Quando o pesquisador sugeriu: "Você quer tentar o preto?", a criança respondeu: "Não tem nada aqui". Assim, pudemos verificar que o experimento com a abstração primária foi realizado normal e tranquilamente, assim como os experimentos de Eliasberg.

Trabalhamos com uma criança de 3 anos de idade. A cor vermelha foi a negativa e a cor azul, a positiva. A criança tirou a tampa vermelha de imediato, pagou uma multa pelo erro e então tirou todas as azuis e disse: "Não tem nada nas avermelhadas". Em seguida distraímos a criança com uma conversa e ela começa a destampar todas as xícaras, tanto as vermelhas quanto as brancas. A criança não compreendeu a abstração do signo, nem observou a relação requerida. Ela se distraiu quanto à distribuição dos cartões e da solução correta do problema e assim passou a tirar todos os cartões. Sempre que a criança fica distraída, ela se comporta da seguinte maneira: destampa todas as xícaras, perde todas as nozes e chora. Sua atenção foi seriamente distraída, e, no quarto experimento, ela destampa de novo todas as xícaras com uma pequena variação. Além da afirmação "Não tem nada nas vermelhas", ela acrescenta: "Aqui não tem, aqui tem, eu ganhei" etc. Assim, pudemos estabelecer que ambas as crianças, em diferentes graus, exibiram um processo natural de abstração primária; na criança mais nova, o processo foi perturbado quando ela ficou distraída e parou de prestar atenção às cores, passando a destampar todas as xícaras em sequência.

A situação criada foi muito interessante. A atenção básica que a criança direcionou ao jogo foi muito pouco reduzida, e ela procurou as nozes com a mesma atenção, ganhando ou perdendo com as mesmas emoções; e apenas a cor não tinha mais nenhum significado em suas respostas, independentemente do fato de que ela via o que outra criança fazia, via as escolhas corretas e sabia mesmo o que era necessário para vencer. Portanto, um pequeno desvio da atenção, em especial com relação às tampas coloridas, resultou em uma forma completamente nova de comportamento por parte da criança. Obviamente, procedemos nesse caso de modo diferente daquele do experimento anterior, em que *chamamos a atenção da criança* para a questão requerida, enquanto agora *distraímos a atenção da criança* da abstração requerida. No primeiro caso, catalisamos um processo que era fraco; nesse caso, fornecemos uma espécie de catálise negativa. Se pudemos demonstrar experimentalmente como a introdução de um pequeno impulso pode liberar todo o processo intelectual, então, neste caso, da mesma forma, poderemos demonstrar experimentalmente como a distração da atenção reduz imediatamente a operação a um nível inferior.

Já dissemos que no ato de apontar vemos a forma primária de mediação da atenção, com a qual começamos a obter o controle utilizando estímulos adicionais. Nesse caso, temos a evidência oposta para a mesma situação e podemos estabelecer como muda o processo quando subtraímos a atenção dirigida para a cor. A atenção, antes mediada, direcionada para um signo, torna-se não mediada, dirigida especificamente para um objetivo. Se esta situação pode ser chamada de subtração da atenção, então, na situação anterior, tivemos uma adição, um aumento da atenção. Devido à concentração da atenção sobre um ponto básico, obtivemos imediatamente uma transição da atenção não mediada, sem erros, dirigida para a noz e para a xícara que a continha, para a atenção mediada, em que a escolha não recai sobre a noz ou a xícara, mas sobre o signo indicador, a tonalidade da cor. Vemos aqui duas formas principais de mediação natural da atenção e a transição da atenção direta para a atenção indireta.

Vamos delinear o próximo experimento. Uma criança de 5 anos é colocada na mesma situação do experimento anterior, mas com a diferença de que é permitido destampar apenas uma xícara. Se adivinhar corretamente, ela poderá destampar outra xícara e assim sucessivamente. Mas, se destampar uma xícara vazia, ela perderá todo o jogo, isto é, a criança se defrontará com o problema de resolver qual das cores é a correta sem a possibilidade de realizar várias tentativas e erros. No entanto, como as cores mudam de significado em cada experimento, a criança não terá a chance de obter uma solução anterior ao experimento seguinte. Por isso, combinamos ambas as partes do experimento, como foram realizados anteriormente, pelo método de Köhler e pelo método de Eliasberg. Nos cartões com diferentes cores aplicamos uma faixa fina de papel branco ou preto e desse modo demos à criança alguma indicação de como ela deveria agir. Essas faixas fornecem uma instrução para a criança que ela deve deduzir a partir do experimento. Em nosso experimento, a faixa preta foi adicionada ao cartão laranja. A criança descobriu o princípio e imediatamente pegou o cartão laranja em que a faixa preta havia sido colada. Ela escolheu todos os cartões laranja e depois parou, dizendo: "Não tem mais". Com relação à escolha ela respondeu: "Eu sabia onde ele estava, eu queria o vermelho e peguei o vermelho".

No experimento seguinte, o cartão branco era o positivo e o cartão vermelho era o negativo. Um papel cinza foi colado sobre o cartão vermelho e um papel preto foi colado sobre o cartão branco. Depois de pensar um pouco, a criança retirou a tampa vermelha e perdeu o jogo. O experimento continuou com as faixas adicionais brancas e cinza. A criança perdeu novamente e, indagada por que perdeu, ela respondeu: "Porque quis". Vemos que as duas operações que a criança domina completamente são independentes uma da outra: especificamente, são operações diferentes a de escolher entre duas tonalidades de cinza e a de escolher entre duas cores. Em consequência, o processo retorna novamente para o primeiro estágio da tentativa às cegas, com tentativas e erros.

O que inibiu toda a operação? Obviamente o fato de que, ao seguir nosso método, colocamos o signo cinza no centro da atenção, mas reduzimos o seu tamanho. A criança o viu, começou a seleção especificamente com os cartões que estavam marcados com cinza, mas não prestou atenção neles, não teve seu comportamento dirigido por eles. Para ela, os cartões não representavam signos que mostrariam o modo de operar, independentemente do fato de que a conexão estabelecida por eles ainda permanecia.

Assim, temos duas possibilidades que levam ao mesmo resultado. Em alguns casos, substituímos os papéis pequenos pelos anteriores, aqueles do antigo experimento, e o colamos exatamente do mesmo jeito. Nesse caso, o problema foi resolvido corretamente e de imediato.

A criança explicou: "Agora eu entendi, a noz está onde está o papel preto. Foi assim que eu adivinhei desta vez"; e, mesmo quando ela resolveu o problema em que havia mudado a posição, ela disse: "Aha, tem um papel preto". No entanto, a criança conseguiu o mesmo resultado por um caminho diferente, não pelo restabelecimento da antiga conexão, mas por prestar atenção. Ao distribuir as xícaras para um novo experimento, usamos de novo os indicadores de papel usados anteriormente, mas os reduzimos a um terço do tamanho, tornando-os menos conspícuos. Vendo a criança hesitar ao olhar para as xícaras, chamamos sua atenção para um dos papéis cinza, apontando-o, e, novamente, esse leve impulso foi suficiente para a criança resolver o problema de escolha que lhe foi apresentado.

Porque nós apontamos, a criança percebeu na hora a instrução da experiência e, desde o início, guiada pelos signos cinza, fez uma escolha entre as duas cores, a cinza e a vermelha, e então, guiada pela cor, fez a abstração correta e selecionou a xícara apropriada.

Assim, a segunda operação de seleção e abstração ocorreu com relativa tranquilidade graças a um impulso leve e insignificante para atrair sua atenção. No último experimento há vários pontos importantes.

Primeiro, neste caso, o efeito de atrair a atenção é absolutamente igual ao ato de restabelecer a antiga conexão. Ao usar a mesma série de cartões, a recuperação da antiga conexão levou à seleção correta de acordo com a via estrutural assimilada antes. Essa mesma recuperação da conexão ocorreu simplesmente por chamar a atenção, o que também levou ao reforço do signo relevante. Ao apontar o dedo, a atenção da criança é dirigida, e isso restabelece as antigas conexões condicionadas e gera novos processos de abstração. Podemos relembrar à criança o significado dos signos cinza no novo experimento com a instrução verbal, mas, nesse caso, a experiência da criança e a instrução seriam a conjugação de duas operações diferentes, especificamente, a operação de estabelecimento da conexão necessária e a operação de chamar a atenção. Tentamos separar as duas operações em dois experimentos paralelos e apresentar exemplos distintos.

Segundo, manifestam-se na criança processos mediados naturais de maior complexidade. Sua atenção nesse caso é mediada duas vezes. A direção básica de sua atenção permanece a mesma todo o tempo. A criança procura a noz de acordo com o signo da cor que ela abstraiu e, consequentemente, volta sua atenção para a cor. Mas, para escolher a cor correta entre duas apresentadas, ela deve se guiar pelos dois cartões cinza e, desse modo, toda a sua atenção torna-se mediada. Nesse caso, ocorre um processo natural mediado que, como sabemos, é observado nos estudos sobre o desenvolvimento da memória. Assim, é importante criarmos uma operação mediada para a criança; inicialmente guiamos sua atenção e somente posteriormente a criança começa a criar o mesmo para si.

Finalmente, o terceiro ponto, os cartões cinza adquirem para a criança o significado funcional de signos. No primeiro experimento, eles significaram para ela um indício pelo qual ela pode escolher uma xícara e fazer a escolha entre as cores. Seria um erro dizer que as tonalidades de cinza têm o papel de palavras que significam "sim" e "não" ou "+" e "–". No entanto, elas têm o papel de signos que chamam a atenção da criança e a guiam por determinado caminho e, ao mesmo tempo, adquirem algo semelhante a um significado geral. A combinação das duas funções, o signo indicador e o signo de memória, parece ser mais característica nesse experimento porque em nosso entendimento as funções dos cartões cinza são um modelo da formação primária do significado.

Vamos relembrar que, para uma solução correta do problema nos experimentos básicos, a criança teve que abstrair corretamente o indício da cor, mas a abstração por si foi realizada porque ela dirigiu sua atenção com auxílio dos signos indicadores. A indicação que induz à abstração constitui também, em nossa opinião, o primeiro modelo psicológico de atribuição de um significado a um signo ou, em outras palavras, é um modelo da formação primária do signo.

Parece que nossos experimentos ajudarão a compreender os processos de formação da atenção voluntária na criança e que a resposta é um processo que resulta diretamente da atenção direcionada corretamente.

Eliasberg, baseado nessas premissas, define a atenção como uma função da indicação, do apontar: ele diz que o que é percebido se torna uma indicação em relação a outra percepção, ao signo que anteriormente não aparecia dominante ou que não havia sido percebido. Signos e significados podem ser, de início, totalmente independentes uns dos outros e, nesse caso, a indicação estabelece a relação entre eles. Eliasberg considera que esses experimentos apresentam a vantagem de tornar possível observar o momento da atenção sem envolver a hipótese da função nominativa. Ao comparar esses experimentos com os experimentos de Ach, ele ressalta que no experimento de Ach o nome foi separado de outras propriedades do objeto, mas, ao indicar o objeto com uma palavra e apontá-lo, se estabelece uma relação entre a palavra e o objeto.

Ach afirma também que o direcionamento da atenção leva à formação de um conceito. No capítulo sobre conceitos, veremos que a palavra que significa o conceito aparece, de fato, inicialmente no papel de um indicador que isola alguns aspectos do objeto, chama a atenção para esses aspectos e, somente depois, a palavra torna-se um signo que representa esses objetos. Ach diz que as palavras são um meio de direcionar a atenção, de modo que em uma série de objetos que têm o mesmo nome as propriedades comuns são identificadas com base no nome, que leva assim à formação de um conceito.

O nome ou a palavra representa um indicador para a atenção e um impulso para a formação de novas ideias. Se o sistema verbal é danificado, por exemplo, em alguém que sofre de um dano cerebral, toda a função do uso da palavra para chamar a atenção fica prejudicada.

Ach afirma justificadamente que, em consequência, as palavras são uma espécie de escoadouro, formando a experiência social da criança e direcionando seu pensamento por vias previamente estabelecidas. No estágio de transição, acredita Ach, sob a influência da linguagem, a atenção é dirigida cada vez mais para as relações abstratas e leva à formação dos conceitos abstratos. Por isso, para a pedagogia é muito significativo o uso da linguagem como meio de dirigir a atenção e como método de formar ideias. Ach afirma, legitimamente, que, com essa compreensão da atenção dirigida pelas palavras, podemos nos mover além dos limites da psicologia individual e enveredar pela área da psicologia social.

De outro ponto de vista, aproximamo-nos da afirmação de T. Ribot de que a atenção voluntária é um fenômeno social. Assim, vemos que o processo da atenção voluntária direcionado pela linguagem ou pela fala é, a princípio, como dissemos, um processo no qual a criança depende mais de um adulto do que domina sua própria percepção. Por meio da linguagem, o adulto dirige a atenção da criança e, em consequência, ela começará gradativamente a controlar sua própria atenção. Por isso, parece-nos que Ach está correto ao entender o momento social de contato como a ação funcional da palavra.

Eliasberg afirma corretamente que, nesta idade, mesmo em indivíduos mais jovens do que aqueles que Ach estudou, a linguagem tornou-se o meio de contato. Deve-se ressaltar que somente baseado na função inicial da linguagem, que é a função de contato, é que pode ser formado seu papel subsequente de direcionar a atenção.

Assim, podemos chegar à conclusão de que não é a atenção perceptiva que determina os processos mentais, mas as conexões mentais dirigem e distribuem a atenção. A palavra "atenção" serve somente para definir o grau de clareza. Eliasberg propõe explicar o processo de concentrar a atenção durante o ato de pensar por meio de outros fatores volitivos. Em seu trabalho, o caráter dos fatores primários que determinam a atenção permanece desconhecido. De nosso ponto de vista, a condição principal para a formação da atenção não é a função "volitiva" interna, mas a operação cultural desenvolvida historicamente que leva ao aparecimento da atenção voluntária. O apontar orienta a atenção inicialmente, e é surpreendente que o homem tenha criado para si um tipo de órgão da atenção voluntária, o dedo indicador, que, na maioria das línguas, tem seu nome derivado dessa função. Os primeiros indicadores foram uma indicação artificial com os dedos e, na história do desenvolvimento da linguagem, vimos que as primeiras palavras tiveram o papel de indicadores semelhantes para chamar a atenção. Por isso, a história da atenção voluntária deve começar com a história do dedo indicador.

A história do desenvolvimento da atenção voluntária pode ser traçada muito bem na criança com deficiência. Vimos (no capítulo sobre a linguagem) como a linguagem dos surdos-mudos, que é dependente dos gestos, evidencia a importância da função de apontar. A criança surda-muda, ao falar de pessoas ou objetos que ela vê, aponta para eles e chama a atenção para eles. Na linguagem da criança surda-muda, vemos, especificamente, como a função de apontar adquire um significado independente. Por exemplo, nessa linguagem um dente pode ter quatro significados diferentes: (1) dente, (2) branco, (3) duro e, finalmente, (4) pedra. Por isso, quando um surdo-mudo, durante uma conversa, aponta para um dente, que é um símbolo condicionado para os quatro conceitos enumerados, ele deve fazer pelo menos mais um gesto de apontar para indicar a qual qualidade do dente se deve prestar atenção. O surdo-mudo deve dar a direção para nossa abstração; ele faz calmamente um gesto de apontar quando o dente deve significar um dente; bate no dente suavemente quando significa "duro"; move o dedo pelo dente quando indica a cor branca; e finalmente faz um movimento de arremessar quando o significado é de pedra. Na linguagem da criança surda-muda, vemos claramente a função condicionada do gesto de apontar e a função de relembrar que é típica da palavra. A separação entre ambas as funções indica a natureza primitiva da linguagem dos surdos-mudos.

Como vimos, o dedo indicador é muito importante no início do desenvolvimento da atenção voluntária. Em outras palavras, inicialmente os adultos orientam e controlam a atenção da criança. No surdo-mudo, o contato por meio dos gestos aparece muito cedo, mas sem as palavras ele perde as instruções para dirigir sua atenção através das palavras e por isso sua atenção voluntária se desenvolve de modo bastante lento. O tipo geral de sua atenção pode ser descrito como predominantemente primitivo ou mediado externamente.

Os experimentos com abstrações, sobre os quais falamos, foram realizados com crianças surdas-mudas. Os experimentos mostraram que na criança surda-muda existem processos primitivos de prestar atenção que são necessários para os processos de abstração. Crianças surdas-mudas talentosas, com idade entre 6 e 7 anos, comportam-se no experimento como as crianças de 3 anos de idade, isto é, elas encontram rapidamente a abstração necessária sobre as relações positivas e negativas entre a cor e o sucesso. Elas também realizam a transição para um novo par de cores, mas dificilmente sem o uso de instrumentos auxiliares especiais.

Eliasberg vê nesse fato uma confirmação de suas ideias acerca do efeito da linguagem sobre o pensamento. Os processos primitivos de atenção no surdo-mudo não são interrompidos, mas o desenvolvimento das formas complexas de atenção, organizadas com o auxílio do pensamento, é inibido fortemente. Eliasberg diz que não devemos esquecer que uma criança de 6 anos de idade surda-muda apresenta um sistema de linguagem diferente, os gestos com uma sintaxe primitiva que em geral não podem ser expressos de modo lógico; por isso, a questão sobre as formas de organização do comportamento da criança permanece sem resposta.

Conduzimos experimentos especiais com crianças surdas-mudas que mostraram o seguinte: de fato, com pouca dificuldade, a criança surda-muda recorre a um instrumento auxiliar externo que facilita o direcionamento de sua atenção. Com esse recurso, independentemente do menor desenvolvimento da atenção voluntária na criança surda-muda e dos recursos primitivos dessa função, ela direciona sua atenção de modo muito mais fácil. Para um surdo-mudo, o gesto de apontar é tudo o que ele tem e por isso sua linguagem ainda permanece no estágio primitivo de apontar, e ele sempre mantém um domínio primitivo das operações. Assim, para a criança surda-muda, uma diferença visual insignificante torna-se, de pronto, um signo para direcionar sua atenção. No entanto, é difícil para a criança surda-muda realizar uma relação complexa entre a função de apontar e o significado do signo.

À primeira vista, na criança surda-muda temos uma combinação paradoxal, e inesperada para nós, de dois sintomas. Por um lado, existe um menor desenvolvimento da atenção voluntária, pois ela estanca no estágio da indicação pelo signo externo, que é resultado da ausência das palavras que relaciona o gesto indicador e sua função significante.

E, portanto, a ausência do significado da indicação em relação aos objetos não apresentados visualmente. Essa pobreza dos signos internos da atenção é o aspecto mais característico da criança surda-muda. Por outro lado, uma característica oposta é encontrada nas crianças surdas-mudas. Elas exibem uma tendência muito maior de usar a atenção mediada do que a criança normal. O que para a criança normal influenciada pelas palavras é um hábito automático, para a criança surda-muda é ainda um processo novo e, por isso, quando defronta com alguma dificuldade, ela rapidamente muda da via direta de solução de um problema para a atenção mediada.

Eliasberg observou corretamente em todos os seus experimentos com criança que o uso de instrumentos auxiliares, isto é, a transição da atenção direta para a atenção mediada, é um fenômeno geral. Isso não costuma depender da linguagem. A criança que não diz nada durante o experimento, que quase sempre fala somente sobre suas necessidades com sentenças de duas palavras, transfere de imediato sua experiência para qualquer par de cores e, em última análise, os experimentos com ela se desenvolvem como se ela tivesse formulado a seguinte regra: "Com quaisquer duas cores, só uma apresenta o indício". Ao contrário, a formulação verbal externa aparece apenas quando a criança se defronta com uma situação difícil. Vamos lembrar nossos experimentos sobre o desenvolvimento da fala egocêntrica em circunstâncias difíceis. Nos experimentos sobre abstração, vimos também a fala egocêntrica sempre que a criança experimenta uma dificuldade. No momento em que surge a dificuldade, os instrumentos auxiliares são utilizados – essa é a regra geral que podemos deduzir de todos os nossos experimentos.

Se a criança recorre às operações mediadas, isso depende principalmente de dois fatores: do desenvolvimento mental geral da criança e do domínio dos instrumentos auxiliares técnicos como a linguagem, os números etc. É muito importante que, nos casos patológicos, a dimensão do uso de ferramentas auxiliares para compensar uma deficiência específica seja considerada um critério da capacidade intelectual. Como observamos, as crianças com maior grau de deficiência com relação à linguagem recorrem espontaneamente a formulações de linguagem quando encontram dificuldades inevitáveis. Isso é verdadeiro mesmo para crianças de 3 anos de idade. No entanto, o significado das ferramentas auxiliares torna-se universal quando se trata dos casos patológicos. Crianças afásicas privadas da linguagem, o mais importante órgão do pensamento, apresentam uma tendência em usar estímulos auxiliares visuais e, mais especificamente, o aspecto visual dos estímulos pode tornar-se ferramenta para o pensamento. Assim, a dificuldade consiste não apenas no fato de que o pensamento está privado da ferramenta mais importante, mas também no fato de que as ferramentas da linguagem complexa são substituídas por outras menos apropriadas no estabelecimento de relações complexas.

Todos os afásicos, independentemente do fato de que não apresentam diretamente uma deficiência intelectual, experimentam uma dificuldade em distinguir a relação de seu portador. Comparando essa característica com o comportamento das crianças com pouco desenvolvimento da linguagem, Eliasberg concluiu que o processo de atenção não depende inteiramente da linguagem, mas o desenvolvimento complexo do pensamento é seriamente prejudicado pela ausência dela. Finalmente, a regra geral derivada do estudo de todos os sujeitos: o método de usar ferramentas tem um significado decisivo. Eliasberg diz que, como regra, os instrumentos têm o objetivo de minimizar determinadas deficiências. Se não conhecemos a deficiência, isso nos ajudará a chegar a uma conclusão sobre a própria deficiência.

Assim, vemos que uma deficiência apresenta um efeito duplo: esta é a suposição feita ao estudarmos o desenvolvimento do comportamento de uma criança atípica. Eliasberg disse, e estabelecemos em nossos experimentos, que geralmente a deficiência tem o mesmo papel que uma dificuldade para a criança normal. Por um lado, a deficiência reduz o nível de execução da operação: para a criança surda-muda o mesmo problema se torna impossível ou extremamente difícil. Este é o efeito negativo da deficiência. No entanto, como toda dificuldade, ela impulsiona o sujeito para o caminho do desenvolvimento superior, da atenção mediada, a que, como vimos, as crianças afásicas e surdas-mudas recorrem com maior frequência do que as crianças normais. Para a psicologia e a pedagogia da criança surda-muda, o efeito duplo da deficiência é de importância fundamental, o fato de que a deficiência cria, simultaneamente, uma tendência para a compensação, em direção ao ajuste, e essa compensação, ou ajuste, é conseguida principalmente pela via do desenvolvimento cultural da criança. A tragédia da criança surda-muda, e, especificamente, a tragédia que ocorre no desenvolvimento de sua atenção, não consiste no fato de que por natureza sua atenção seja empobrecida em relação à atenção da criança normal, mas na sua divergência no desenvolvimento cultural. Enquanto o desenvolvimento cultural da criança normal é conquistado, no processo de seu crescimento, pela linguagem das pessoas que a rodeiam, na criança surda-muda ele é retardado. Sua atenção é, de certo modo, negligenciada e não cultivada, não é dirigida pela linguagem dos adultos, como é a atenção da criança normal. Ela não é cultivada e por isso permanece muito tempo no estágio de apontar com o dedo, isto é, dentro dos limites das operações externas elementares. Mas a libertação dessa tragédia reside no fato de que a criança surda-muda é capaz de realizar o mesmo tipo de atenção que a criança normal. Em princípio, a criança surda-muda pode atingir o mesmo ponto, mas não tem as ferramentas técnicas apropriadas. Acreditamos que não seria possível expressar a dificuldade no desenvolvimento da criança surda-muda com maior clareza do que observarmos na criança normal; que a assimilação da linguagem precede a formação da atenção voluntária e que a linguagem é um instrumento para chamar a atenção, devido a suas propriedades naturais. Na criança surda-muda, ao contrário, o desenvolvimento da atenção voluntária deve preceder a linguagem e, por isso, ambas parecem ser inadequadamente desenvolvidas. Uma criança com deficiência é diferente de uma criança normal sobretudo pela debilidade de sua atenção voluntária quando é dirigida para a organização dos processos internos e, assim, os processos superiores de pensamento e formação de conceitos se tornam difíceis para ela.

A via do desenvolvimento da atenção reside no desenvolvimento geral da linguagem. Por isso, a tendência de desenvolvimento da linguagem na criança surda-muda, centrada nas articulações, no aspecto externo, em que há uma retardo geral no desenvolvimento das funções superiores da linguagem, resulta em negligenciar a atenção, como dissemos anteriormente.

P. Sollier foi o primeiro a tentar explicar a psicologia das crianças com deficiência mental pela inadequação da atenção. Baseado em Ribot e diferenciando a atenção voluntária da espontânea, ele selecionou especificamente a voluntária como um critério para classificar as crianças mentalmente deficientes de acordo com os vários graus de deficiência. Em sua opinião, no idiota a atenção é dificultada e enfraquecida como um todo; essa é a essência da idiotice. Nos idiotas absolutos não há atenção voluntária; a atenção voluntária nos representantes dos outros três graus de deficiência mental é rara, ocorre de forma intermitente ou é despertada com facilidade, mas não de modo estável, ou atua de modo automático.

Segundo Sollier, nos imbecis, o traço mais característico é a instabilidade da atenção. No presente, a teoria de Sollier perdeu seu significado e o critério de reduzir todos os sintomas da deficiência mental à perda de uma função, especificamente a atenção, é insustentável. Mas, sem dúvida, Sollier tem o mérito de ter estabelecido que a inadequação da atenção voluntária cria um aspecto específico na criança com deficiência mental. Independentemente do fato de que Sollier polemizou com Seguin, cuja posição tentamos estabelecer, Sollier compartilha o ponto de vista de Seguin, pois sempre se refere à atenção voluntária e para ele a atenção é, obviamente, um ato volitivo. Por isso, como observou Troshin corretamente, a discordância de Sollier com relação a Seguin parece apenas um mal-entendido.

Binet, que contestou os pontos de vista de Seguin e de Sollier, considerando-os absurdos, e que rejeitou a ideia de que o pensamento da criança com deficiência mental esteja relacionado com a deficiência da volição, chegou às mesmas conclusões como consequência de seus experimentos. Ele usou de fato os mesmos atos volitivos, por exemplo, o olhar volitivo, a capacidade de expressar os pensamentos com gestos etc., como base para classificar as crianças com deficiência mental severa em quatro níveis. Binet disse que esses atos não representam a vontade apenas, mas são a expressão da vontade na mente. Mas, obviamente, tanto Seguin como Sollier, ao reduzir a essência do desenvolvimento a uma anomalia da vontade e da atenção, também entenderam a atenção em um sentido mais amplo. Sem dúvida, é um erro reduzir toda deficiência no desenvolvimento a uma função; no entanto, uma deficiência na vontade, que é o fenômeno psicológico mais complexo, pode ser considerada o aspecto mais característico da deficiência mental. Com razão, na essência Seguin, Binet e Sollier convergem em sua posição, independentemente de suas contradições. Se entendermos a vontade no sentido genético como atribuído por nós, especificamente como o estágio de domínio dos processos de seu próprio comportamento, então, naturalmente, o aspecto mais característico da deficiência mental de uma criança atípica, incluindo o idiota, é, como já observamos, a divergência entre seu desenvolvimento orgânico e seu desenvolvimento cultural.

As duas linhas de desenvolvimento que coincidem na criança normal divergem na criança com deficiência. Os meios para o desenvolvimento cultural têm sido interpretados historicamente em termos da organização psicofisiológica normal do homem. Esses meios, especificamente, não são adequados para a criança com deficiência. Na criança surda-muda, a divergência devido à ausência da audição é marcada, em consequência, por uma deficiência puramente mecânica ao longo do desenvolvimento da linguagem, mas na criança deficiente a debilidade está no aparato central: sua audição está preservada, mas seu intelecto é muito pouco desenvolvido e, por isso, ela não apresenta todas as funções de linguagem e, consequentemente, a função da atenção.

Baseado na lei da conformidade entre fixação e percepção, podemos determinar a capacidade do idiota em aprender segundo a fixação de seus olhos em algum objeto. Assim, todos os idiotas podem ser considerados incapazes de qualquer tipo de educação e não são receptivos a nenhum tratamento terapêutico-pedagógico. Observamos anteriormente que a capacidade de prestar atenção requer um aparato natural para catalisar qualquer signo percebido. Se esse processo está ausente, se os dominantes visuais não se desenvolveram, como vimos nos estudos de V. M. Bekhterev, não se completará o reflexo condicionado a partir desse órgão. Um imbecil que é capaz de fixação de um objeto possui a atenção passiva e, consequentemente, é passível de treinamento.

Um passo além, decisivo, é a transição da atenção passiva para a atenção ativa; segundo Heller, a diferença entre elas não é com relação ao tipo, mas sim com relação ao grau. Uma difere da outra porque a percepção ativa ocorre no campo da atenção, contendo muitas percepções que conflitam entre si e a criança deve escolher entre elas. A presença da escolha define o momento de transição da atenção passiva para a atenção ativa. Somente nesse estágio superior as ações volitivas são conectadas com a escolha no verdadeiro sentido da palavra. Por isso, Heller recomenda treinar as crianças com deficiência mental a aplicar o método da seleção apresentando-lhes vários objetos e solicitando que elas escolham e indiquem um objeto nomeado pelo instrutor.

Também atribuímos um grande significado psicológico a esse método porque o interpretamos somente como uma continuação e amplificação da função indicadora da palavra, que na criança normal ocorre muito naturalmente. Gostaríamos de ressaltar a artificialidade geral e a ausência de interesse da criança nessa tarefa. Esse ponto representa mais uma dificuldade técnica do que uma dificuldade básica. A resposta de escolha que ocorre se torna um meio poderoso através do qual começamos a dirigir a atenção da criança.

Como um desenvolvimento subsequente desse método, quando aplicado na prática, pode ser a criança dizer a palavra apropriada para si mesma e então selecionar o objeto solicitado ou, em outras palavras, a criança aprender a estimular sua atenção ativa. O imbecil possui, desde o início, sua atenção espontânea dirigida a vários objetos, mas essa função, como regra, se apresenta extremamente debilitada e instável e, por isso, o estado usual que chamamos desatenção ou distração na criança normal é um aspecto característico dos imbecis. Finalmente, a deficiência mental suave, a forma menos séria de retardo mental, se caracteriza pelo menor desenvolvimento do pensamento dos conceitos, que usamos para deduzir as abstrações com base nas percepções concretas dos objetos.

Essa deficiência pode ser estabelecida com precisão experimental na criança com ligeira deficiência e, assim, indicar a incapacidade para a atenção direta, mas também a incapacidade de formar conceitos. Vamos relembrar, no entanto, nossos experimentos que demonstraram o quanto é essencial a atenção direta para os processos de abstração e se tornará claro que, para a criança com deficiência mental suave, é impossível formar conceitos, principalmente devido a uma incapacidade de que sua atenção siga por vias complexas indicadas a ela pelas palavras. A função superior da palavra, relacionada ao desenvolvimento de conceitos, é inacessível a ela porque as formas superiores de atenção voluntária não são adequadamente desenvolvidas.

Capítulo 10

O desenvolvimento das funções mnemônicas e mnemotécnicas

No que se refere à área da memória, a psicologia aprendeu há muito tempo a distinguir entre duas linhas básicas, a natural e a cultural, que tentamos delinear ao longo de todo o curso de nossa pesquisa. Há muito tempo, a psicologia passou a considerar a memória como uma função orgânica e, muito precocemente, formulou as bases psicológicas dessa função. Como E. Meumann ressaltou, na psicologia tradicional, a memória foi estudada sobretudo e especificamente como uma função fisiológica, e os psicólogos, desde muito cedo, associam a memória com as propriedades mais gerais da matéria orgânica.

E. Hering afirmou que a memória representa a propriedade fundamental da matéria organizada. De fato, a plasticidade do sistema nervoso se expressa pela sua capacidade de mudança, sob a influência das ações externas, e de preservar uma tendência à repetição. Essa é a base da comparação gráfica entre a memorização e o estabelecimento das vias neurais e as rodas que fazem sulcos na estrada ou uma dobra em uma folha de papel quando esta é dobrada.

R. Semon introduziu o termo especial "mneme" para ressaltar as bases orgânicas da memória, mas, como acontece frequentemente nas comparações entre os conceitos psicológicos e fisiológicos, ele começou a considerar esse conceito como uma determinada função mental, isto é, uma função de ideação. Parece-nos, entretanto, que a palavra "mneme" pode ser mais bem empregada para indicar o conjunto das funções orgânicas da memória que se manifestam segundo determinadas propriedades do cérebro e do tecido nervoso. Nesse sentido, muitos psicólogos falam atualmente de mneme ou de função mnemônica, separando dessa forma a memória inata ou natural.

Ao mesmo tempo, a psicologia reconhece o que foi durante muito tempo chamado de memória técnica ou mnemotécnica, que pode ser entendida como a arte de dominar os processos de memorização e de controlá-los por meios técnicos especiais. Inicialmente, a mnemotécnica se desenvolveu como uma arte prática que tinha principalmente várias tarefas e aplicações. Mas o estudo teórico da mnemotécnica foi casual e a maioria dos psicólogos não pôde distinguir na mnemotécnica o verdadeiro princípio que é o fundamento de todo o desenvolvimento cultural da memória, da forma aleatória e distorcida como foi abordada pelos escolásticos científicos e mágicos profissionais. Por isso, gostaríamos de propor que entendamos sob a denominação de mnemotécnica todos os procedimentos para a memorização que incluem o uso de meios técnicos externos conhecidos e que são dirigidos para o domínio de nossa própria memória.

Assim, usaremos os dois termos, mneme e mnemotécnica, há tempos usados na psicologia, com um significado um pouco diferente, para designar as funções naturais ou orgânicas da memória, por um lado, e os procedimentos culturais para a memorização, por outro.

A diferenciação insuficiente de mneme e mnemotécnica teve um efeito negativo no estudo da memória, e a abordagem inadequada da memorização mnemotécnica levou muitos psicólogos e filósofos a uma formulação falsa do problema da memória dupla. Assim, os psicólogos que realizaram estudos experimentais dos processos de pensamento concluíram que há dois tipos de memória: a memória conceitual, por um lado, e a memória do pensamento, por outro, e que esses dois tipos de memória estão sujeitos a leis diferentes.

H. Bergson,[1] em sua conhecida pesquisa sobre a matéria e a memória, concluiu que existem duas memórias: a memória cerebral e a memória mental e cada uma delas possui leis próprias.

---

[1] Estamos nos referindo a BERGSON, H. *Matter and Memory* [*Matéria e memória*] (1889).

Finalmente, Freud também concluiu que a atividade de nossa memória pode ser explicada somente se assumimos que ela consiste em duas partes separadas, mas interconectadas.

Acreditamos que somente a pesquisa científica que separa a mneme da mnemotécnica será bem-sucedida em desvendar esse confuso problema dos dois tipos de memória e fornecerá uma explicação científica para ele.

Encontramos esse tipo de obstáculo também nos estudos genéticos sobre a memória, em que, mesmo tendo-se realizado muito trabalho experimental, a principal questão permanece sem explicação: a memória se desenvolve significativamente na infância, ela permanece durante toda a infância exibindo flutuações em um sentido ou em outro e, finalmente, como muitos dados indicam, ela se deteriora, sofre uma involução e, em certo sentido, declina, à medida que a criança cresce e amadurece? Parece-nos que essa controvérsia básica pode ser resolvida somente se as duas linhas no desenvolvimento da memória, como falamos, forem isoladas.

Em nossos estudos, tentamos comparar diretamente os dois tipos de memória, os dois métodos de memorização, e elucidar pela análise comparada a composição elementar de ambas as operações, sua estrutura e sua gênese. Em nossos experimentos, solicitávamos às crianças que memorizassem uma série de palavras (a maioria substantivos, nomes de objetos concretos). Usamos procedimentos-padrão, como eram usados pela psicologia experimental nos estudos sobre a memória, exceto pelo fato de que tentamos tornar claro para a criança que seria impossível lembrar a série completa em determinada ordem. Introduzimos um novo método de memorização: demos à criança vários cartões com desenhos da loteria ou cartões especialmente preparados com desenhos de objetos concretos ou de figuras geométricas, linhas, linhas pontilhadas etc. Adicionamos esse material auxiliar de várias maneiras em séries diferentes. Às vezes propúnhamos à criança: "Talvez esses cartões possam ajudá-la a se lembrar", mas sem explicar como eles poderiam ajudá-la. Em outros casos, demos uma instrução rápida (explicamos à criança que ela deveria tentar de algum modo conectar as palavras que ela tinha que memorizar com os respectivos cartões) e fizemos uma demonstração. Os diferentes métodos tinham a intenção de mostrar como ocorre a transição para um método novo de memorização, se ele deveria ser um instrumento independente ou uma imitação, e qual era o papel da compreensão nesse processo etc. Voltaremos a esse assunto posteriormente; no momento diremos apenas que a criança fez a transição da memorização natural, inata, para a memorização medida ou mnemotécnica. O caráter geral dessa operação mudou instantaneamente; cada palavra pronunciada se relacionava com um desenho. A criança estabelecia uma conexão entre a palavra e o desenho e então passava para a próxima palavra e assim por diante.

Após terminar toda a série, a criança, ao olhar para os cartões, reproduzia as palavras que devia memorizar e explicava a relação que tinha estabelecido entre a palavra e o desenho. Usamos dois métodos diferentes de apresentar o material: (1) os desenhos foram apresentados à criança na mesma ordem em que se apresentavam as palavras, de modo que a cada palavra correspondia um desenho previamente selecionado pelo pesquisador; (2) os desenhos estavam espalhados na frente da criança e a operação foi complicada porque a criança tinha que selecionar um desenho que ela supunha ser adequado para se lembrar de determinada palavra. Então, ao mudar a dificuldade nas palavras, no grau de semelhança com os desenhos e as figuras, tínhamos a oportunidade de traçar o desenvolvimento dos processos de memorização da criança.

Os estudos mostraram que mesmo a criança em idade pré-escolar é capaz de dominar a operação de usar os desenhos auxiliares para memorizar e de aplicá-los corretamente. Quem tiver observado a transição direta do método natural de memorização para o método mnemotécnico terá a impressão de que está vendo uma mudança produzida experimentalmente da memória inata para a memória cultural. O processo de memorização foi reestruturado imediatamente de modo que a memorização de qualquer palavra foi realizada usando o desenho com o papel de um signo. O movimento dos processos neurais em tal memorização pode ser representado graficamente na forma de um triângulo (Figura 2 da p. 151), mostrando que, se na memorização natural determinada relação é estabelecida entre dois pontos, na memorização mnemotécnica ocorre a introdução de um novo cartão-estímulo, inicialmente neutro, que tem o papel de um signo mnemotécnico e dirige o curso das conexões neurais por uma nova via, substituindo uma conexão neural por duas novas conexões neurais.

A vantagem geral de identificar a conexão neural é que dominamos uma nova maneira de memorizar e podemos posteriormente relembrar a conexão apropriada como quisermos quando for necessário. No entanto, como demonstrou a experimentação, a apresentação gráfica não corresponde à complexidade do processo que foi realmente observado. Podemos facilmente verificar que a formação de uma nova conexão não se limita a uma simples aproximação associativa da palavra, do objeto e do signo, mas assume uma criação ativa de uma estrutura bastante complexa em que participam ambos os estímulos. Assim, quando uma criança escolhe o desenho de um camelo para a palavra "morte", ela cria a seguinte estrutura: "Um camelo no deserto é um andarilho e morre de sede". Do ponto de vista da psicologia associativa, seria totalmente impossível explicar como essas estruturas relativamente complexas são memorizadas com muito mais facilidade e estavelmente do que uma conexão associativa simples entre dois elementos.

Se assumirmos que, nesse caso, ocorre uma renovação das antigas conexões e um suporte da nova memorização pelas antigas conexões, então poderíamos esperar que o mesmo ocorresse em todas as outras estruturas. Mas os experimentos indicam outra coisa. Eles mostram que, na grande maioria dos casos, a criança começa a criar estruturas completamente novas e não renova as antigas. Por exemplo, quando a criança memoriza a palavra "teatro" com o auxílio de um desenho de um caranguejo na praia, ela cria uma estrutura auxiliar especial. "O caranguejo está olhando as pedras no fundo, é lindo e para ele é um teatro." Se no primeiro exemplo podemos dizer que a criança reproduziu uma história que ela ouviu muitas vezes, então no segundo sem dúvida ela compara o "caranguejo" e o "teatro" pela primeira vez. Ela criou essa estrutura exatamente para memorizar. Do ponto de vista associativo, seria excepcionalmente difícil explicar como essa imagem complexa é memorizada com mais facilidade do que uma conexão associativa simples.

O significado heurístico de todos os nossos experimentos consiste no seguinte: eles sustentam indiretamente a justeza da lei estrutural da memória, ao contrário da lei da associação, que afirma que uma conexão é criada por uma simples coincidência ou justaposição de dois estímulos. A lei da estrutura diz: uma conexão é formada somente com o desenvolvimento da estrutura, isto é, um novo conjunto em que ambos os elementos entram na conexão como partes funcionais; quanto melhor a estrutura, melhor e mais facilmente ela será memorizada.

Ambos os casos de memorização com o auxílio de desenhos tornam possível distinguir precisamente os dois exemplos a que nos referimos. Ao fazer uma seleção, a criança geralmente encontra e usa a antiga estrutura; ela escolhe o desenho que mais se assemelha à palavra que lhe foi dita. Ele depende das conexões estabelecidas na experiência passada, pois todos os desenhos invocam estruturas antigas e a melhor delas persistirá. Sob o aspecto psicológico, o próprio processo de escolha é uma lembrança de uma antiga estrutura. Se não tivermos medo do significado paradoxal de nossa ideia, poderemos dizer que, nesse caso, a memorização é essencialmente a lembrança, se esta significar a renovação e restauração das antigas estruturas. Assim, ao escolher o desenho de um camelo para a palavra "morte", a criança lembra uma história que continha ambos os elementos. A situação é inteiramente diferente quando ela deve lembrar-se de determinada palavra com o auxílio de certo desenho, quando não é permitido fazer uma escolha e quando a lembrança é realmente impossível. Então a criança começa a criar novas estruturas ativamente e isso é a base do processo de domínio da memória. Por isso, sob o aspecto psicológico, em tais experimentos não é a memória que é estudada, mas a criação ativa das estruturas.

Isso é sustentado pelos erros de reprodução. Estes são mais frequentes na escolha livre e, mais importante, na escolha que leva à lembrança. Nos mesmos experimentos, para a palavra "atirar" a criança escolheu o desenho de um leão, formando a estrutura "Eles atiraram no leão". Nessa mesma estrutura, ao repetir, ela se referiu à palavra "arma". Tais erros são muito raros quando a estrutura é criada; nesse caso, como vimos, novos fatores entram em ação, especificamente a estrutura geral se orienta em relação à palavra da qual criança deve se lembrar. Falaremos sobre esse assunto posteriormente.

Os experimentos fornecem uma indicação muito importante sobre a essência da mudança que ocorre no processo de desenvolvimento cultural da memória: algumas operações mentais são substituídas por outras, as funções são substituídas como uma característica do desenvolvimento das funções mentais superiores. A segunda operação de memorização externa mantém a mesma forma e consiste especificamente em reproduzir determinada palavra. Mas as vias pelas quais a criança chega ao resultado são profundamente diferentes. No primeiro caso, ela está lidando com o efeito do mneme, memorizando no sentido orgânico da palavra, mas, no segundo caso, substitui a memorização direta pela operação de comparação, isolando o fator em comum, imaginação etc., que leva à criação da estrutura necessária. A criança constrói pequenas histórias ou imagina algo novo ao olhar para o desenho. Todas as novas funções servem para memorizar, substituir suas formas simples, e uma diferença clara pode ser observada entre a operação da memorização direta e outra operação auxiliar que a substitui.

As operações auxiliares podem ser restabelecidas de modo mais ou menos completo pela estrutura que elas geram, mas a tarefa de memorização não está ainda resolvida. Não é suficiente restabelecer determinada estrutura como um todo – é importante que se saiba como encontrar nela a palavra que deveria ser memorizada. Isolar determinada palavra na estrutura e a capacidade de controlar toda a operação de memorização são também funções inerentes da memória.

Podemos dizer que a análise da memorização mnemotécnica revela a existência de três operações básicas que se combinam para produzir uma operação mnemotécnica complexa.

A primeira consiste no que pode ser chamado convencionalmente de ato instrumental: este é um controle geral da operação, usando um signo como um meio na operação de memorização. Em segundo lugar, existem várias operações alternativas para criar uma estrutura nova ou simplesmente memorizar e isolar um aspecto comum ou alguma outra coisa. Finalmente, a terceira e mais importante operação: isolar, a partir da grande e nova estrutura, a palavra que deve ser memorizada e reproduzida. No sentido estrito, esta é a função de indicar, ou a atenção no sentido verdadeiro da palavra, pois, nesse caso, a estrutura geral é reproduzida por completo, e encontrar a palavra necessária em ambos os momentos de memorização e de reprodução só pode ser feito dirigindo a atenção a ela. A palavra necessária parece ser marcada com um X, por um signo indicador que a coloca no centro do campo da atenção.

Temos a seguinte evidência de que as três partes estão incluídas na operação mnemotécnica: cada uma delas pode existir sem as duas outras. Assim, muito frequentemente, o pleno domínio da primeira operação ocorre sem que o sujeito saiba como formar a estrutura em determinado caso. Geralmente, a criança entende muito bem que ela deve memorizar com o auxílio do cartão e ela o faz muitas vezes com sucesso. Nesse caso, ela também recorre ao desenho, inicialmente, mas para ela o próprio processo de criar uma estrutura é impossível nesse momento.

Sua capacidade para fazer combinações, sua imaginação, sua abstração, pensamento e outras funções se recusam a operar, como observamos com frequência, assim que a relação entre a palavra e o desenho correspondente se torna muito complexa. Geralmente o estado do problema e o desconhecimento da relação apropriada representam o ponto de partida para a formação da estrutura. Mais especificamente, a ausência de uma relação começa a ser usada como uma relação. O que é completamente incongruente, o que não tem nada em comum, é memorizado especificamente por essa característica e uma estrutura absurda é formada. Como disse um dos sujeitos: "Eu lembrei como um cravo em um funeral".

Notamos que foi o desvio da atenção para uma dada palavra, e não se afastar dela, ampliar seu significado ou isolar algum detalhe da palavra, o que dificulta a formação da estrutura auxiliar necessária.

É suficiente apenas estimular a atenção da criança, que estava fixada em determinada palavra, e desviá-la para outras palavras relacionadas ou para uma parte de um objeto e assim será formada a estrutura necessária. Nesses casos, estimulamos experimentalmente o abandono de uma ligação na memorização mnemotécnica.

Em geral observamos o oposto. A criança é capaz de formar as estruturas e as forma muito facilmente em especial quando solicitada, mas não tem o primeiro ponto da operação; ela não entende que essa formação de estruturas pode ser usada para a memorização e não sabe que as duas partes da estrutura estão relacionadas de tal modo que uma pode restabelecer a outra. Por isso, ela não sabe que o desenho pode ser usado como um signo. Isso se torna claro quando a criança, levada pela ideia de imaginar estruturas, cria uma história, mas não inclui nela uma figura, e não sabe como usar essa imagem como um signo. Vemos aqui a primeira relação isolada experimentalmente.

Finalmente, podemos isolar a terceira relação experimentalmente: a função de indicar tem um papel mais importante na reprodução voluntária, que consiste no fato de que a escolha deve ser feita entre múltiplas imagens que vêm à sua mente. Acreditamos que, nesse caso, é útil uma direção especial ou um signo indicando como deve ser feita a escolha. Exemplos de ausência de escolha são as reproduções que não apresentam uma marca, sobre as quais já falamos. A criança reproduz alguma palavra relacionada com determinada estrutura, ela pode mesmo reproduzir a estrutura como um todo, mas não a palavra que devia ser memorizada.

Na psicologia infantil, a área da memória ainda não elucidou sua via básica de desenvolvimento. A memória se desenvolve durante a infância de modo significativo? Os resultados disponíveis não fornecem uma resposta inequívoca. Eles conduzem os psicólogos a conclusões contraditórias.

Assim, A. Bain[2] acreditava que a eficiência máxima da memória ocorre entre 6 e 10 anos de idade, e, após esse período, a memória não

---

[2] BAIN, Alexander (1818-1903). Filósofo, psicólogo e pedagogo inglês, foi o principal representante da psicologia associativa no século XIX. Ele considerou os fenômenos da

se desenvolve mais e, pelo contrário, regride. Outros autores sustentam que a memória infantil melhora continuamente. Por fim, um terceiro grupo de autores, entre eles Meumann, tentou separar o conceito de memória em várias funções e mostrou que enquanto uma função se desenvolve rapidamente, sobretudo a capacidade de memorizar, outra habilidade – a memorização direta – regride. Quando a questão é formulada dessa maneira, o problema do desenvolvimento da memória é dividido em duas vias separadas, cada uma delas com seu curso próprio. O problema pode ser resolvido cientificamente apenas se ele for decomposto.

Parece-nos que a memória infantil evolui em certos aspectos e sofre uma involução em outros. A curva de desenvolvimento da memória se separa em dois ramos: um ascendente e outro descendente; a memória melhora e se deteriora simultaneamente. Todos os fatos coletados por pesquisadores são a base da afirmação de que o fundamento orgânico da memória não se desenvolve consideravelmente na infância; é possível até mesmo que ele diminua. No entanto, a capacidade de memorizar da criança aumenta muito rápida e visivelmente. A essência da mudança, o aumento rápido e vigoroso no desenvolvimento da memória, consiste no fato de que a memória se torna ativa, voluntária, que a criança domina sua memória, que ela muda da memória mecânica, instintiva, para a memória baseada em funções intelectuais e desenvolve a memória voluntária.

Assim, a psicologia tem indicado há muito tempo as duas direções básicas em que ocorre o desenvolvimento da memória durante a infância: a primeira – a intelectualização do mneme – e a segunda – o caráter ativo ou voluntário da memorização. No entanto, nenhum psicólogo foi capaz de determinar mais precisamente que ambos os processos ocorrem na memória. Todos os estudos chegam à conclusão de

---

consciência como estando sujeitos às leis psicológicas da associação e tentou também relacioná-los com os processos corpóreos, estudando os reflexos, os hábitos, os instintos e a atividade motora do organismo. Novas formas desse último, segundo Bain, surgem em consequência da seleção de movimentos vantajosos baseados no mecanismo de tentativa e erro. Ao defender a indivisibilidade dos processos mentais e fisiológicos, Bain também rejeitou a relação causal entre eles e adotou as posições do paralelismo psicológico.

que a chave do desenvolvimento da memória, na infância, deve ser encontrada na mudança no método de memorização. Nossa tarefa será traçar a evolução desses métodos e mostrar que eles ocorrem em quatro estágios básicos que mencionamos anteriormente.

Em nossos estudos, tentamos traçar o desenvolvimento comparado dos três métodos de memorização infantil. Como foi dito, apresentamos uma série de palavras de dificuldade comparável para ser memorizada. Elas tinham que ser memorizadas por três métodos diferentes: o método simples, o método natural de retenção e o método mnemotécnico, com a escolha voluntária e obrigatória de uma figura. Os dados coletados mostraram que todos os três métodos de memorização exibem uma evolução especial e característica nas diferentes idades. Se concordarmos em considerar o coeficiente de memória natural como a porcentagem média de palavras retidas na memorização direta e o coeficiente de memória mnemotécnica como a porcentagem média de palavras retidas utilizando o segundo método, e tentarmos traçar as relações dos coeficientes no processo de desenvolvimento infantil, estabeleceremos o fato básico seguinte que é obtido consistentemente em várias condições de pesquisa: a relação entre ambos os coeficientes não é um valor constante, mas varia durante o curso do desenvolvimento infantil e muda estritamente segundo um padrão.

Durante a idade pré-escolar, ambos os coeficientes estão próximos um do outro; a diferença entre eles nos métodos de memorização é insignificante, e a transição para a memorização mnemotécnica não aumenta consideravelmente a eficiência da memória. Ao usar um signo, a criança memoriza aproximadamente o mesmo que sem o uso do signo. Em um estágio precoce, existe mesmo uma relação oposta de coeficientes; a transição para a memorização com o auxílio de figuras somente confunde a criança, a distrai, pois ela apresenta um problema de muito maior complexidade. A atenção da criança se divide e as figuras a confundem. Neste caso, o comportamento observado é característico de uma idade mais jovem. A figura é incluída passivamente nas séries associativas e a criança às vezes encontra uma relação entre a palavra e a figura, mas, ao olhar para a figura, ela não produz aquela palavra, mas o nome da figura ou alguma outra palavra relacionada associativamente a ela. Podemos determinar como o signo usado impropriamente distrai a criança da memorização correta da palavra e torna mais difícil ou inibe seu trabalho. O coeficiente mnemotécnico é menor do que o coeficiente mnemônico.

No entanto, se determinarmos as relações subsequentes dos coeficientes, veremos que as curvas começam a divergir com o crescimento da criança. Enquanto a memorização direta (como foi estabelecida pelas pesquisas prévias) aumenta muito lentamente e exibe uma tendência para um movimento horizontal para a frente, a memorização mnemotécnica evolui rapidamente e as curvas que representam a altura de ambos os coeficientes divergem acentuadamente. Sua mais nítida oposição é visível geralmente na idade pré-escolar; mais tarde ambas as curvas mudam novamente de direção. A curva inferior que representa os processos de memorização direta começa a subir rápida e acentuadamente, aproximando-se da superior, enquanto a curva superior, ao contrário, sobe mais lentamente e tende a manter-se no mesmo nível.

A relação entre as curvas muda radicalmente após um ponto de transição. Em vez de aumentar a divergência como observamos antes, vemos de novo uma tendência para uma convergência entre as curvas devido ao atraso da curva superior e ao aumento acentuado da curva inferior. Podemos falar novamente de tendência de convergência das duas curvas para um ponto único. Desse modo, ambas as curvas, exibindo um desenvolvimento da memorização natural e cultural, formam uma relação extremamente peculiar: as duas curvas convexas se orientam entre si pelas partes côncavas e se aproximam pelos seus limites superior e inferior. Essa representação gráfica arbitrária, que chamaremos de paralelogramo do desenvolvimento da memória, estabelece, em alto grau, o que acreditamos ser uma lei genética básica essencial da memória.

Esse fenômeno foi observado inicialmente por A. N. Leontiev no processamento dos dados experimentais, e ele foi o primeiro a formulá-lo como lei. Como os dados foram coletados de uma grande quantidade de crianças e adultos, é justificado concluir que eles representam a curva genética de desenvolvimento da memória e, mais especificamente, de seus dois métodos básicos[3]. Podemos assumir de modo justificado que cada criança ou cada grupo específico de crianças exibirá, em idades crescentes, as mesmas características na evolução de ambos os métodos de memorização que foram apresentadas por quase todas as crianças mais velhas. Em outras palavras, é justificado que vejamos, nessas curvas, a via do desenvolvimento da memória de uma criança no processo de seu desenvolvimento para a vida adulta.

O paralelogramo do desenvolvimento da memória ainda não foi explicado, pelo menos hipoteticamente. Uma explicação à luz do que conhecemos sobre o desenvolvimento das funções mentais superiores da criança consiste no seguinte: a memória mnemotécnica deve ser considerada como um processo de domínio da memória com o auxílio de estímulos-signo externos. Essa operação torna-se possível para uma criança somente ao longo dos anos, gradualmente, e apenas com maior desenvolvimento cultural; a divergência entre as curvas na metade esquerda do diagrama* pode ser explicada porque o aumento na memória cultural, quase sem alteração no tamanho da memória natural, consiste em um domínio cada vez maior desses processos. A memória

---

[3] Os dados experimentais analisados por L. S. Vigotski apresentam os resultados do trabalho realizado por A. N. Leontiev em 1928 e 1930 no Laboratório Psicológico N. K. Krupskaya da Academia de Educação Comunista. Ao formular a lei do desenvolvimento considerada por Vigotski, posteriormente chamada de paralelogramo do desenvolvimento da memória, Leontiev disse: "Deste modo, a dinâmica comum dessas duas linhas de desenvolvimento pode ser mais simplesmente expressa sob a forma gráfica de um paralelogramo, um par de ângulos opostos que são formados desenhando juntos os coeficientes em seus limites superior e inferior e os outros dois ângulos, que podem ser ligados pela diagonal menor, correspondem ao ponto de sua maior divergência. No futuro designaremos simplificadamente esse padrão de desenvolvimento da memorização pelo termo arbitrário 'paralelogramo de desenvolvimento' […]. O princípio do paralelogramo de desenvolvimento também representa nada mais do que uma expressão da mesma lei geral de que o desenvolvimento das formas superiores humanas de memória avança por meio do desenvolvimento da memorização com o auxílio de estímulos-signos externos" (*Problems of Mental Development* [Problemas do desenvolvimento mental], Moscou, 1959, pp. 351-3).

* Os dados concretos e os diagramas correspondentes do discutido paralelogramo de desenvolvimento estão apresentados em A. N. Leontiev: *Problems of Mental Development*, Moscou, 1959, pp. 346-8 (fig. 39, 40, 41). [N. do E.]

infantil cresce rapidamente, e isso significa que a criança aprende rapidamente a dominar os processos de memorização, a melhorá-los e a controlá-los. Ambas as formas de memorização alcançam a máxima divergência quando a criança está em idade escolar, quando ela já avançou de modo significativo em seu desenvolvimento cultural, mas permaneceu em um estágio inicial com relação à retenção direta.

O movimento subsequente das curvas deve ser explicado parcialmente pelas condições específicas em que os experimentos foram realizados.

A quantidade total de palavras para memorização foi tão escassa que a criança na idade escolar chega próximo de atingir o máximo. Isso explica significativamente o fato de que a curva de memória mnemotécnica exibe uma desaceleração contínua em seu aumento. No entanto, bastaria apresentar uma quantidade maior de material para memorização, como várias dezenas ou mesmo centenas de palavras, para que observássemos facilmente, como mostrarão os experimentos posteriores, que a curva exibiria novamente uma forte tendência ascendente.

Muito interessante e notável à primeira vista é o aumento da curva de memorização direta em uma idade em que não se esperaria que isso acontecesse. Pensamos que esse fenômeno pode ser explicado porque o rápido aumento na memorização direta é uma evidência de profundas mudanças internas que ocorrem na memorização direta, influenciada pela memorização mediada. Além disso, ocorre certa revolução dos instrumentos mnemotécnicos para memorização, que a criança muda do uso externo para o uso interno do signo e que, desse modo, a memorização direta torna-se de fato a memorização mnemotécnica, mas baseada somente nos signos internos.

Estamos convencidos desse fato por três razões. Primeiro, existem dados experimentais que confirmam, indiretamente, nossa hipótese de diversos pontos de vista. Isso diz respeito particularmente à observação que fizemos muitas vezes: na memorização direta, a criança, e especialmente o adulto, recorre à memorização mnemotécnica usando objetos de seu ambiente, assim como as relações internas e as interpretações. Devemos incluir aqui tudo o que foi apresentado como o uso amplo de instrumentos auxiliares nos estudos experimentais prévios sobre a memória. G. Müller ressaltou corretamente que os meios auxiliares naturais fundamentam-se no mesmo princípio da mnemotécnica e que podem ser chamados de mnemotécnica natural ou interna com base na mnemotécnica externa.

A próxima razão sugerida pelo experimento é que o jovem, e especialmente o adulto, não recorre à memorização com o auxílio de estímulos externos, mas usa meios internos, estabelece conexões ativamente entre as palavras memorizadas e o conteúdo do experimento precedente e organiza a palavra em um ou outro padrão etc. Finalmente, os dados dos experimentos com a resposta de escolha e outros experimentos, mencionados em parte anteriormente e em parte posteriormente, mostram que, no processo do experimento, a criança realiza uma transição do uso de meios externos para o uso de meios internos.

Por fim, uma série de ideias experimentais completa o estudo especial que tem como objetivo traçar o processo de interiorização, como o treino da memorização mediada interna em determinada situação concreta. Os resultados desse estudo mostraram que, em uma série especialmente organizada, a criança passa em pouco tempo da memorização mnemotécnica externa para a memorização interna. As curvas desses experimentos são muito semelhantes à curva do paralelogramo genético da memória.

Com base nos dados obtidos, podemos assumir o seguinte: o que ocorre com a criança no processo de treinamento para a interiorização, nessa tarefa em especial, também ocorre com relação ao desenvolvimento da memória em geral de forma infinitamente aumentada. Nesse momento, naturalmente, podemos falar apenas de uma elucidação hipotética do desenvolvimento e não podemos dizer ainda como esse processo, representado simbolicamente em nosso diagrama, de fato ocorre.

Alguma coisa ocorre que é de fato semelhante ao que vemos no experimento especialmente organizado, isto é, a criança realiza a transição do signo externo para o signo interno em cada situação isolada, ao resolver cada problema específico, e sua memória se desenvolve pelo acúmulo de signos interiores e pelo acúmulo e pela combinação de pontos separados? Há muitas evidências que sustentam essa hipótese, pois a observação mostra que, por um lado, em várias situações, a criança resolve problemas diferentes de maneiras variadas; ou, em outras palavras, do ponto de vista genético, não há um único nível na memória da criança, ela pode ser representada como camadas geológicas complexas de várias épocas de desenvolvimento.

O mais provável é que tais pontos preparem, mais do que efetuem, o processo de desenvolvimento da memória e que o desenvolvimento se realize por saltos vigorosos; e que uma transformação estrutural ocorra enquanto o próprio instrumento, a operação propriamente dita, se desenvolve, e a experiência interna já amplamente desenvolvida forme um sistema acabado e multiforme das chamadas representações, ou estímulos residuais que podem ser usados como signos.

Desse modo, podemos apresentar o desenvolvimento da memória segundo um diagrama genético que observamos anteriormente para o desenvolvimento das funções mentais superiores. De acordo com esse diagrama, podemos acompanhar a mudança no método de memorização indicado pelos dados reais. Podemos dizer que, no início do desenvolvimento da memória, existe uma memorização puramente mecânica, correspondente em nosso diagrama ao estágio primitivo de desenvolvimento de qualquer função. É exatamente a memória primitiva que pode explicar a memória produtiva da criança, visível nos hábitos motores iniciais, a assimilação fácil da linguagem, a memorização de grande quantidade de objetos que é observada nos primeiros anos de vida; e todo o acúmulo posterior de memória parece muito reduzido se comparado a ela.

Segue-se o estágio da psicologia ingênua na abordagem da memória, que pode ser traçado experimentalmente com maior clareza e em que a criança, uma vez convencida de que o desenho a ajuda a se lembrar, tenta em seguida recorrer novamente ao desenho, mas ainda não sabe como fazê-lo. Um exemplo pode ser dado pelos casos de nossos experimentos citados a seguir, mas não estamos completamente habilitados a observar como o desenvolvimento da memória ocorre realmente no segundo estágio.

Segue-se o estágio da memorização mnemotécncia externa, que se alterna com o estágio de se voltar para o interior ou da memória lógica. Nesse caso, como mostra a experimentação, a memorização se separa em duas linhas: a partir dos signos mnemotécnicos externos, partem duas linhas que conduzem ao desenvolvimento posterior da memória. A primeira consiste na transição do processo externo de memorização para o processo interno, ou seja, no desenvolvimento da assim chamada memória voluntária. Em nossos experimentos pudemos observar que a criança cria ainda outra via para o desenvolvimento da memória. Ela começa a desenvolver sistematicamente instrumentos para "gravar" ou escrever. Os estudos psicológicos mostraram que a escrita se desenvolveu como um meio auxiliar para a memorização. As incisões iniciais feitas em árvores, os nós dados para lembrar, foram também a expressão antepassada de nossa escrita moderna.

O mesmo acontece com a criança. Pedimos a uma criança que memorize uma série de números usando inicialmente o método natural, o método de retenção direta, e, se ela não consegue fazê-lo, lhe damos um ábaco para a memorização. A criança realiza a transição da memorização direta para o registro dos números no ábaco e instantaneamente todo o sistema de sua operação interna se modifica.

Os experimentos mostraram que a memorização natural de uma série de cinco ou seis números é impossível para crianças pequenas. Mas, ao usar o ábaco, todos os números mencionados são colocados em uma fila separada e então são reproduzidos de acordo com o número de bolas. A criança atribui uma bola ao zero, sem dificuldade, e ela o diferencia do número um pelo seu lugar na série. Números de dois dígitos são colocados em duas fileiras e a criança não separa o número em dezenas e unidades, mas ao reproduzi-los considera ambos os números nos grupos correspondentes. Pode-se observar uma relação muito interessante entre a memorização natural e a cultural, pois uma bola no ábaco pode representar uma unidade, um zero ou uma parte de um número de dois dígitos. A criança faz a distinção de acordo com a localização da bola na fileira, ou de acordo com a memória natural que é combinada com a memória cultural, e a criança, bastante competente em muitos métodos de memorização, diz: "Eu me lembrei deste modo". A ordem no ábaco nem sempre corresponde à ordem de contagem, mas ao reproduzi-la a criança restabelece a ordem requerida sem o auxílio da memória natural.

Assim, o registro no ábaco para fixar uma série de números combina instrumentos naturais e culturais para a memorização. A memória natural participa na diferenciação das unidades, do zero e do onze, na reprodução da ordem e na leitura dos números com dois dígitos, e a memória cultural nas anotações do zero e de números maiores do que dez. Nesse caso, pode-se identificar a lei básica geral que pretendemos estender para todos os tipos de memória que se utilizam do registro: os processos naturais são uma função determinada por instrumentos culturais. Os processos naturais são aplicados onde não existem instrumentos culturais e são aplicados para facilitar o uso dos últimos.

O uso de instrumentos culturais torna mais leve a atividade natural, induzindo na criança uma resposta positiva e mudando drasticamente sua relação com o trabalho. Aumentando a complexidade da série numérica, o sistema de registro torna-se mais complexo e requer um esforço especial da memória natural para distinguir os signos diferentes. Podemos observar esses tipos de processos naturais para a escrita inicial a partir das tarefas de memorização em outros experimentos. Por exemplo, se damos à criança uma série numérica, podemos observar como ela, guiada por nossa sugestão ou de modo independente, envolve um material neutro, totalmente periférico, na operação de memorizar e começa a fazer anotações ou registros especiais que a auxiliam a memorizar.

No experimento, a criança cria marcações, isto é, registros numéricos tais como são usados pelas pessoas que não sabem contar. Cartões, fichas, cordões e cubos lhe são oferecidos e ela descobre o significado funcional desses objetos. A criança estima, faz marcas e, geralmente, "registra" sob a forma de nós, remove ou adiciona cartões, faz marcações etc. O mais essencial é o fato de que realiza uma série de operações externas, a fim de resolver o problema interno de memorização. Esse resultado, que parece banal à primeira vista, e que nos parece conhecido, que consiste em memorizar com o auxílio da escrita, é revelado no experimento como um fato genético. Podemos nesse momento, pela primeira vez, caracterizar o momento de transição propriamente dito, o momento de inventar a escrita, e em segundo lugar explicar diretamente a mudança profunda que ocorre quando a criança passa da memorização direta para a memorização mediada.

Portanto, podemos considerar como estabelecidas as duas linhas básicas no desenvolvimento posterior da memória cultural. Uma leva à memorização lógica e a outra, à escrita. Tentaremos traçar a última linha em detalhes no capítulo sobre a escrita. O meio-termo entre uma linha e outra no desenvolvimento da memória é ocupado pela chamada memória verbal, isto é, a memorização com o auxílio de palavras.

A psicologia observou há muito tempo que a linguagem, de acordo com a expressão de G. Kompeire, é um instrumento mnemotécnico que introduz mudanças substanciais no processo de memorização, e por isso a memória verbal é essencialmente a memória mediada ou memória auxiliada pelos signos. Quando memorizamos não os objetos ou experiências, mas seus registros verbais, nós abreviamos, ordenamos e abstraímos, segregamos o material, isto é, modificamos profundamente aquilo que devemos memorizar.

Tentamos comparar experimentalmente a descrição de uma imagem eidética e uma descrição verbal do mesmo desenho com o mesmo tipo de reprodução. É difícil detectar a diferença entre os dois métodos de memorização porque a descrição de uma imagem eidética também se faz com palavras, isto é, ela ocorre com o mesmo tipo de registro, mas é possível verificar qual é o grau de diferença entre a memorização com palavras e a memorização direta.

A presença da memória verbal indica que cada pessoa, segundo Binet, é seu próprio mnemotécnico. Nos experimentos de memorização com desenhos, frequentemente nos deparamos com casos em que a criança memoriza seu registro verbal e não a imagem. Mudando o nome da figura durante a reprodução, a palavra não era mais memorizada. Aquela imagem que tinha sido chamada inicialmente de "tigre", e que passou a ser chamada de "leoa", impediu a reprodução da palavra solicitada. Mas, se a criança fosse lembrada do termo inicial associado àquela figura, então ela era bem-sucedida na operação.

Ao apresentar deliberadamente uma imagem com dois nomes possíveis, ou mudando arbitrariamente o nome de uma figura durante o experimento, pudemos observar que além dos dois estímulos – a figura e a palavra – havia ainda um terceiro estímulo, o nome da figura. Tentamos isolar o papel do nome da figura experimentalmente, solicitando-o durante o treinamento e a reprodução, atribuindo um nome falso, mudando-o, apresentando figuras com nome duplo etc. Por exemplo, dissemos para a criança a palavra "luta". Ela escolheu uma figura com dois bois; então a criança reproduz a palavra "trabalhar" apontando para a figura e explica: "Este é um campo arado". Anteriormente a figura foi descrita como "duas vacas andando", nome que estava relacionado à palavra "trabalho". Nesse momento o novo nome para a figura, "campo arado", estava relacionado à nova palavra "trabalho".

Bergson trabalhou essa tese em seu importante estudo sobre a matéria e a memória, mostrando que duas memórias teoricamente independentes uma da outra devem ser diferenciadas: a memória motora, mecânica, que resulta na formação de um hábito, e a memória mental, relacionada à atividade voluntária, que possui a característica de uma memória independente ou espontânea. Bergson apresenta um exemplo que torna possível integrar as duas memórias. Imaginem que estamos estudando alguma lição e devemos repetir alguma coisa muitas vezes. Como consequência das múltiplas repetições, adquirimos a capacidade de lembrar a lição como um hábito motor em que as outras repetições foram apagadas, sumarizadas, submergidas no resultado final. Este é o primeiro tipo de memória. Mas, além desse resultado de memorização, existe outra memória da lição. É possível lembrar como se estudou pela primeira vez, pela sexta vez ou pela última vez. Pode-se, especificamente, lembrar um único episódio isolado de aprendizado, e essa memorização representa o segundo tipo de memória.

Bergson considera a primeira memória como uma função do cérebro e a segunda como uma função da mente. O mais notável é que, no que diz respeito à diferença entre os dois tipos de memória, ele ressalta a coincidência entre o segundo instrumento para memorizar e o instrumento mnemotécnico. Ele sugere que uma análise dos instrumentos idealizados pela mnemotecnologia mostraria que esses instrumentos são especialmente úteis na memorização espontânea, que é oculta e colocada sob nosso controle como uma memória ativa.

Qual instrumento é recomendado pela mnemotecnologia? Cada um de nós escolhe esses instrumentos de modo mais ou menos inconsciente. O talento do mnemonista consiste em capturar em um momento de prosa ideias destacadas, frases curtas ou palavras simples que trazem consigo páginas inteiras. Nesse ponto, abordamos o aspecto mais importante a partir do qual se abre uma perspectiva filosófica. Nesta pesquisa não tentarei delineá-la por completo. Resumidamente, direi que outro grande filósofo, Espinosa[4], atribuiu à memória, especificamente, as limitações de nosso espírito. Ele disse que não podemos fazer nada com relação ao espírito se não nos lembrarmos dele. De fato, o papel decisivo da memória no estudo da intenção mostra como nossas intenções estão relacionadas ao aparato da memória, que deve posteriormente colocá-las em prática. Não foi em vão que Meumann, ao analisar a ação voluntária, chegou à conclusão de que ela se assemelha a uma operação mnemotécnica.

H. Høffding, citando as palavras de Espinosa, observa que cada intenção é diferente porque tem participação da memória. "A intenção é apenas o escravo da memória", escreveu Høffding, citando Shakespeare. Mas discutiremos esta questão em maior detalhe no capítulo sobre a volição.

Em conclusão, abordaremos a questão do desenvolvimento da memória na criança com deficiência. Os experimentos discutidos anteriormente foram também realizados com crianças com deficiência mental e mostraram que, nestas, a memória primitiva, mecânica, é dominante em relação à memória mediada. Por isso, ela apresenta maior dificuldade para fazer a transição para as formas superiores de memo-

---

[4] ESPINOSA, Benedictus de (1633-1677). Vol. 1, p. 464.

rização, mas, em princípio, sua memorização não difere da memorização da criança considerada normal. Assim, esses estudos concordam plenamente com o que conhecemos sobre a memória da criança com deficiência mental.

O material coletado estabelece três posições básicas. Primeiro, nas crianças com deficiência e primitivas, a memória eidética é mais generalizada do que nas crianças normais. Segundo, a função da memorização ativa na criança com deficiência geralmente é inferior à da criança normal. Terceiro, não foi completamente explicado, até o momento, o fato de que a criança com deficiência possui uma capacidade excepcional para a memorização mnemotécnica. Existem, entre elas, artistas excepcionais com relação à memória, especialmente em que a memória está limitada a áreas extremamente especializadas. Todas as instituições que abrigam essas crianças podem relatar a presença de crianças com uma excepcional memória mnemotécnica. Essas situações podem ser explicadas cientificamente se pudermos distinguir duas linhas no desenvolvimento da criança que apresenta deficiência mental: a natural e a cultural, que é exatamente a ideia básica de todo este capítulo.

Capítulo 11

O desenvolvimento da linguagem e do pensamento

O assunto deste capítulo – o desenvolvimento da linguagem e do pensamento, em especial o desenvolvimento das formas superiores de pensamento na infância – é difícil e complexo. Por isso me permitirei começar com o que é mais simples: com os fatos concretos bem conhecidos, tão elementares que receio ser criticado pela extrema simplificação de uma grande questão. Mas não vejo outra forma de abordar esse enorme e complexo problema do ponto de vista teórico.

Começarei por um experimento conhecido – na tentativa de determinar os principais estágios de desenvolvimento do pensamento infantil, de acordo com o relato que ela nos conta sobre uma imagem. Sabemos que o método proposto por Binet, que foi bastante utilizado por W. Stern, é extremamente simples e claro. Uma imagem simples, por exemplo, de uma família urbana ou camponesa, ou prisioneiros na cadeia, é apresentada para uma criança de 3, 7 ou 12 anos e então se analisa como cada uma delas descreve o mesmo tema. Os pesquisadores dizem: se foi oferecido para todas as crianças o mesmo tema para pensar a respeito, torna-se evidente no relato da criança que o pensamento se desenvolve nos estágios muito precoces e importantes.

Sabemos também quais conclusões foram obtidas a partir de tais experimentos. Essas foram as conclusões em que se baseiam muitas das conclusões da psicologia do pensamento. A criança mais nova, em idade pré-escolar, nomeia os objetos individuais e, a partir daí, conclui-se que pensa o mundo como um sistema de objetos isolados. A criança em idade escolar estabelece ações simples que são realizadas pelas pessoas, ou funções simples dos objetos nas imagens, e, a partir desse fato, chega-se à conclusão de que pensa o mundo como um sistema de objetos e pessoas em ação. Finalmente, sabemos que a criança mais velha, em idade escolar, realiza uma transição para o estágio dos signos e mais tarde para o estágio das relações e que ela entende as relações complexas entre os objetos isolados. Assim, chega-se à conclusão de que a criança mais velha, em idade escolar, percebe o mundo como um sistema de relações complexas, em que as pessoas e os objetos interagem.

O fato central, que é a essência da psicologia do pensamento, consiste em revisar as teses que mencionamos. Existem, há muito tempo, dúvidas relacionadas ao significado dos dados obtidos nesses experimentos sobre os relatos com imagens, e foi necessário suscitar essas dúvidas nas pessoas que abordaram o problema de modo muito simples. O que demonstram de fato tais experimentos? Inicialmente, a criança percebe as ações, depois os objetos e, mais tarde, as relações entre os objetos. Isso de fato é semelhante ao que conhecemos sobre o desenvolvimento da criança em geral? Vamos retroceder no tempo e observar como uma criança mais nova percebe a imagem ou o mundo. Obviamente, ela percebe não apenas os objetos ou as coisas, mas as propriedades e as qualidades íntimas dos objetos, porque um objeto representa uma relação complexa de características isoladas e relações.

Poderíamos dizer que tudo o que conhecemos a respeito das crianças contradiz essa noção. Tudo o que sabemos sobre a criança diz que a criança em idade precoce e pré-escolar percebe os objetos como um segmento da realidade, estabelecendo relações concretas entre eles. A percepção inicial dos objetos isolados, que atribuímos às crianças com base no experimento com a imagem, é de fato um estágio posterior no desenvolvimento da criança; e tudo o que conhecemos sobre o desenvolvimento do pensamento na criança muito nova favorece a ideia de que a continuidade desse experimento levaria, por algum milagre, a uma noção incorreta, isto é, a um processo oposto de desenvolvimento do pensamento na criança.

A criança pensa em blocos inteiros e relacionados. Isso é chamado de sincretismo. Sincretismo é uma característica do pensamento infantil que torna possível que ela pense em blocos íntegros, sem dissociá-los ou separar os objetos entre si. A natureza sincrética do pensamento infantil, isto é, o pensamento em situações globais, em que as partes são relacionadas como um todo, é tão forte que ela persiste mesmo no campo do pensamento verbal na criança em idade escolar e é uma forma reorganizada de pensamento na criança nessa idade. A incapacidade de isolar um objeto individual, de nomeá-lo está muito clara em dois exemplos que tomei emprestados de Piaget.

Se perguntarmos à criança: "Por que o sol é quente?", ela responderá: "Porque ele é amarelo, porque ele é alto e permanece alto". Para essa criança, "explicar" significa relacionar com outros aspectos e propriedades impressões e observações que estão relacionadas com uma única impressão, uma única imagem. Que o sol é alto e não cai, que é amarelo e quente, que há nuvens em torno dele, tudo isso é o que a criança vê, o que está interligado; a criança não separa uma coisa da outra.

Na criança mais velha, o sincretismo resulta em uma mudança, uma combinação entre todas as coisas que parecem somente ligadas superficialmente. Isso persiste na criança em idade escolar com relação à linguagem: a criança opera com o todo sincrético. Blonskii denomina corretamente essa propriedade de conexão desconectada do pensamento. "Desconectada" é compreensível: a criança, naturalmente, pensa e observa que o sol não cai porque é quente. Assim, as coisas parecem desconectadas. Ele também chamou corretamente de "conectado" porque a criança relaciona o que os adultos sempre separam. Para ela, o fato de que o sol é amarelo e o de que ele não cai se misturam em uma única impressão, que para nós é diferenciada.

Assim, o sincretismo consiste em uma conexão desconectada do pensamento, isto é, na dominância de uma conexão subjetiva, uma conexão que surge de uma impressão direta, sobrepondo a conexão objetiva. A desconexão e a conexão subjetiva geral são derivadas desse fato. A criança apreende de um modo em que tudo está conectado entre si. Do ponto de vista objetivo, isso significa que a criança assume a conexão das impressões como uma relação entre os objetos. O que para a criança representa uma relação entre impressões ela percebe como uma conexão entre as coisas. O que se passa no cérebro da criança é relativamente bem conhecido do ponto de vista psicológico: isso é descrito por Pavlov em um estudo sobre a irradiação, em que um estágio inicialmente disperso e difuso de excitação que acompanha a primeira impressão dá origem a um todo complexo relacionado com essa impressão.

Como os psicólogos dos velhos tempos, os psicólogos-subjetivistas, imaginam o desenvolvimento do pensamento? Eles afirmam que o estado de uma criança recém-nascida pode ser representado como caótico com relação a algumas sensações, principalmente uma situação caótica de coisas desconectadas; como pode surgir uma conexão onde não há experiência? A criança nunca vê objetos, como uma cama, uma pessoa, uma mesa, uma cadeira. Se apenas funcionassem os órgãos sensoriais, então naturalmente a criança deveria experimentar o caos nas coisas que vê, uma mistura de pimenta e doce, preto e amarelo, várias sensações e propriedades dos objetos desconectadas. Gradualmente as sensações se acumulam e são formados grupos a partir de sensações isoladas. Assim, as coisas se desenvolvem, são organizadas em grupos e, finalmente, a criança passa a ter a percepção do mundo.

No entanto, os estudos experimentais mostram que as coisas caminham de modo oposto. A criança muito pequena percebe o mundo como sincrético – grandes grupos ou situações completas. Ainda outra consideração fisiológica concorda com esse aspecto.

Pavlov estudou as propriedades do chamado complexo de estímulos e demonstrou que um complexo de determinados estímulos elicia uma resposta diferente da resposta para cada estímulo em separado. No laboratório de Pavlov foram feitos trabalhos iniciais com estímulos isolados e depois com um conjunto de estímulos. Assim, na prática laboratorial um experimento com estímulos isolados é realizado primeiro e depois um experimento com vários estímulos. Mas o que acontece na vida da criança? Acredito que a criança inicialmente lida com um complexo de impressões e objetos, com uma situação geral.

A mãe alimenta a criança; isso significa que a mãe é o estímulo, sua roupa, seu rosto, sua voz; então a criança é pega nos braços e colocada em determinada posição; há sensação de saciedade quando ela é alimentada, e então é colocada no berço. Esta é a situação geral que se apresenta para a criança. Por isso, Pavlov diz que, no laboratório, o conjunto de estímulos é apresentado mais tarde, enquanto na vida, do ponto de vista genético, o conjunto de estímulos é apresentado antes, e a criança, inicialmente, pensa nos objetos em conjunto e, mais tarde, nos objetos isolados.

É fácil perceber, entretanto, que o experimento sobre a percepção de imagens mostra o contrário.

Eis aqui outra consideração que se baseia nos fatos.

O experimento com as imagens indica que a criança de 3 anos vê objetos isolados e uma criança mais velha pensa o mundo como um sistema de ações. Se uma única imagem (por exemplo, o prisioneiro na cadeia) é apresentada para uma criança de 3 anos de idade, ela dirá: "Um homem, outro homem, uma janela, uma caneca, um banco", mas, para uma criança em idade pré-escolar, seria: "Um homem está sentado, outro homem está olhando pela janela e uma caneca está sobre o banco". Sabemos que o oposto é verdadeiro: tanto a criança de 3 anos de idade como a criança bem nova observam todos os objetos isolados e de acordo com sua função, isto é, elas os descrevem pelas suas ações. Para a criança, o mais importante são as ações. Quando tentamos encontrar a primeira e principal palavra, observaremos que é uma ação, e não um objeto. A criança nomeia uma palavra que significa uma ação e depois uma palavra que significa um objeto.

Em síntese, chegamos a essa conclusão: uma contradição inevitável surgiu entre o desenvolvimento do pensamento como foi apresentado pelo relato com as imagens e tudo o que sabemos sobre o desenvolvimento do pensamento na vida real. Em ambos os casos, as relações parecem estar invertidas. É curioso que todas essas noções podem ser confirmadas pelos experimentos e pelos fatos. Podemos usar milhares de crianças e demonstrar que o mesmo ocorre no caso das imagens. É um fato inegável, mas deve ser interpretado de modo diferente.

Faremos a mais simples observação para explicar, e isso indicará o caminho para uma nova interpretação. Se tudo o que conhecemos sobre o pensamento infantil contradiz os dados obtidos com as imagens, tudo o que sabemos sobre a *linguagem* das crianças é confirmado por eles.

Sabemos que a criança usa palavras simples, inicialmente, e depois frases; mais tarde ela acumula uma série de palavras soltas e de fatos. Uma criança de cinco anos estabelece uma conexão entre as palavras em uma única sentença, e uma criança de 8 anos constrói sentenças complexas. Podemos fazer a seguinte suposição teórica: o relato sobre a imagem pode descrever o pensamento infantil? Podemos acreditar que a criança pensa da forma como fala, com expressões ingênuas? Do ponto de vista genético, pode esse tema ser diferente? Que a imagem representa apenas o fato de que a criança cria frases a partir de palavras isoladas, e então as conecta progressivamente em sentenças, e finalmente faz a transição para um relato conectado? Talvez a criança não pense o mundo inicialmente como objetos isolados, depois como ações e posteriormente como relações e suas características? Pode ser que a criança fale inicialmente palavras isoladas, depois sentenças simples e mais tarde combine essas sentenças?

Vamos realizar um experimento, porque apenas os experimentos podem nos dar uma resposta mais definitiva. Existem muitas maneiras simples de fazê-lo que me parecem muito engenhosas. Tentaremos excluir a fala da criança e obter as respostas à imagem por outros meios que não por palavras. Se for verdadeira a suposição de que a criança não pensa o mundo como objetos isolados, mas que ela somente pode falar palavras isoladas e não consegue conectá-las, então tentaremos comprová-lo sem o uso de palavras. Pediremos a duas crianças que representem ludicamente o que elas veem na imagem, mas não devem contar uma história. As crianças expressam a imagem algumas vezes representando por vinte a trinta minutos e principalmente mostrando as relações que há nela. Ou, de modo mais simples, quando se pede à criança que dramatize a imagem e não conte uma história, então, de acordo com os experimentos de Stern, crianças de 4 e 5 anos dramatizam a imagem da prisão do mesmo modo que uma criança de 12 anos conta uma história. A criança entende muito bem que as pessoas estão presas e acrescenta uma narração complexa de como as pessoas foram capturadas, levadas, que uma pessoa está olhando na janela e que ela quer ser livre. Uma narração muito complexa é acrescentada sobre como a babá foi multada por não ter um bilhete de trem. Em uma palavra, é uma representação típica do que podemos ver na história contada pela criança de 12 anos.

Assim, os psicólogos passaram a compreender o processo do pensamento da criança, a história do desenvolvimento do pensamento infantil, como mostrou o relato sobre o desenho e a sua representação lúdica. Vamos agora abordar outro aspecto desse experimento.

Tentaremos realizar o mesmo procedimento feito por outros pesquisadores. Tentaremos mostrar se é verdade que uma criança de 3 anos não percebe as relações, mas percebe os objetos ou as coisas isoladas, e que a relação entre eles é estabelecida posteriormente. Se isso ocorre dessa maneira, então esperaríamos que a criança, no experimento em que opera com os objetos que estão pouco relacionados, não observasse a relação entre eles e que usasse os objetos de modo isolado, desconectados. Eliasberg trabalhou nesse tema e desenvolveu um método para validar um experimento especial. Essa é sua essência. Vários pedaços de papel brilhantes são colocados em uma mesa, e a criança é trazida para próximo da mesa e não recebe instruções, mas às vezes chama-se sua atenção para os papéis que estão à sua frente. Os papéis são de duas cores: vermelho brilhante e azul. A criança pega os papéis e vira-os. Um cigarro está colado sob um dos papéis (sob o azul). A criança presta atenção nesse papel e tenta retirar o cigarro. O que ela fará em seguida? Se a criança estiver no estágio que foi evidenciado nos testes – sobre o relato com a imagem –, então esperaríamos que ela em seguida trabalhasse com os papéis em separado, ou com vários papéis, mas que não estabelecesse nenhuma relação ou conexão entre os objetos.

O experimento mostra o contrário. A criança, a partir de 1 ano e meio a 2 anos de idade e, principalmente, 3 anos, sempre forma uma relação simples entre o papel azul e o cigarro. Quando os papéis são distribuídos ao acaso, a criança retira somente o azul e deixa o vermelho. Se a cor dos papéis é alterada após a primeira tentativa e as cores vermelha e azul são substituídas por laranja e marrom, ela se comporta da mesma maneira. Ela vira o papel laranja e o marrom, onde encontra o cigarro, e de novo estabelece a relação entre a cor e o cigarro. É muito interessante que ela estabelece uma relação muito mais rapidamente do que a criança em idade escolar, de mais idade, para a qual o experimento e toda a situação estão muito mais compostos de objetos isolados, que não têm nada em comum entre si. Um adulto estabelece a relação com muito menos sucesso do que a criança em idade escolar de maior idade. Por isso, Eliasberg acredita que seja improvável que a criança que relaciona os objetos poderia, em experimentos mais simples, interpretar o mundo como constituído por objetos isolados, e que ela não seria capaz de imaginar uma relação como um homem na janela, e que seriam somente um homem e uma janela.

Para Eliasberg, os experimentos com crianças não verbais, mudas e surdas-mudas tiveram um significado decisivo. Muitos experimentos com a análise do comportamento não verbal levaram à conclusão de que a criança muito nova poderia ter uma tendência a relacionar um objeto com qualquer outro; como demonstrou o experimento, para ela, a dificuldade extraordinária está em romper a relação e ser capaz de isolar os elementos em separado. Por isso, é descartada a noção comum de que a criança não relaciona as ações.

A correção da curva genética de desenvolvimento do pensamento, produzida pelo relato baseado na imagem, foi colocada em dúvida por muito tempo. Stern chamou a atenção para o fato de que se a tarefa mental é difícil para a criança ela desce a um nível inferior. Se a criança vê uma imagem muito complicada, se tem 12 anos de idade, ela começará a narração como uma criança de 7 anos e a criança de 7 anos fará a narração como uma criança de 12 anos. Para demonstrar esse fato, Stern solicitou a uma criança que escrevesse uma história sobre a imagem que estava vendo. Novamente todas as crianças que eram obrigadas a usar a linguagem escrita para descrever a imagem desciam um nível abaixo.

Esse experimento representou um grande sucesso para Stern. O experimento demonstrou que, quando a tarefa se torna mais complicada (se estudarmos a reconstrução da imagem usando a memória), a qualidade da narração diminui. Consequentemente, a partir da impressão superficial que formou sobre o processo de pensamento, poder-se-ia se assumir que, inicialmente, a criança pensa em objetos isolados, e então sobre as ações desses objetos, em seguida sobre as características e, finalmente, sobre as relações entre os objetos. Mas existe ainda outro grupo de experimentos que põe por terra as teorias de Stern, e não se pode imaginar como isto não levou a uma revisão sobre essa questão.

O primeiro experimento consiste no seguinte. Entre as crianças de diferentes estratos sociais – camponeses e crianças cultas urbanas, crianças normais e com deficiência mental – observamos que, ao contar uma história com base em uma imagem, as crianças camponesas alemãs apresentavam um atraso no seu desenvolvimento nas transições entre diferentes estágios quando comparadas com as crianças de outros estratos sociais. Quando Stern comparou o pensamento das crianças cultas e não cultas, ele observou que, no pensamento cotidiano, quase não havia diferença entre as crianças dos dois estratos e, em muitos casos, praticamente não havia diferença nos conteúdos de seus pensamentos. Ao contrário, o experimento que analisava a linguagem das crianças de vários estratos sociais mostrou uma total concordância com os dados sobre o desenvolvimento da linguagem; por exemplo, as observações sobre o desenvolvimento da linguagem verbal e a sintaxe de crianças camponesas mostraram que estas descrevem a imagem do mesmo modo que elas se expressam na linguagem cotidiana. Pode-se chegar então a uma conclusão simples, e, se os psicólogos se satisfizerem com ela, não serão mais necessários outros experimentos. Mas os psicólogos têm outro ponto de vista, acreditando que o relato sobre a imagem não é uma indicação da maneira como a criança se expressa na vida cotidiana, mas como ela se expressa em condições experimentais específicas.

Em outro experimento, em que Blonskii se detém e que também levou a uma revisão de todos os experimentos com os relatos sobre as imagens, mostrou que, se solicitamos à criança que escreva uma história em vez de contá-la, então veremos que uma criança de 12 anos fará o relato como uma criança de 3 anos. A história escrita da criança de 12 anos se assemelha ao relato verbal da criança de 3 anos. Devemos acreditar que foi o fato de darmos um lápis à criança que tornou a tarefa de pensar mais difícil? Se a escrita da criança é pobre, isso significa que seu pensamento retrocede do estágio das relações para o estágio dos objetos? Isso não é verdade. Mas que uma criança de 12 anos escreve do mesmo modo que fala uma criança de 3 anos é um fato. Para colocar de modo mais simples, isso significa que o relato baseado na imagem proporciona um aspecto deformado sobre o desenvolvimento do pensamento infantil. De fato, a história reflete o estágio de desenvolvimento da linguagem da criança; no que diz respeito à linguagem escrita, o experimento reflete especificamente o desenvolvimento da linguagem escrita da criança.

Existe certa confusão entre os psicólogos infantis porque eles não distinguem o desenvolvimento da linguagem do desenvolvimento do pensamento – essa é a conclusão mais importante para iniciarmos uma consideração teórica sobre esse problema.

Ao analisarmos o teste com a imagem, mostramos que, se o teste não for interpretado criticamente, ele pode conduzir a erros, isto é, ele pode mostrar um caminho falso de desenvolvimento da percepção e do pensamento infantil sobre o mundo. Além disso, a confirmação experimental sobre a percepção de uma criança de pouca idade, excluindo sua linguagem, mostra que a criança não apreende o mundo como uma soma de objetos separados, que sua percepção tem um caráter sincrético, isto é, que a percepção é integral, combinada em grupos, que a percepção e a representação do mundo são situacionais.

Se abordarmos esses fatos do ponto de vista do desenvolvimento da linguagem infantil, veremos que, em uma idade precoce, a criança usa palavras isoladas e que, posteriormente, desenvolve a relação entre as palavras e, mais tarde, as sentenças com sujeito e predicado. Em seguida, ocorre o estágio de desenvolvimento em que a criança se expressa com sentenças mais complexas e, finalmente, estabelece a relação entre os elementos separados de uma oração principal e uma subordinada.

A análise do experimento com a imagem tornou possível, principalmente, separar o desenvolvimento do pensamento e o desenvolvimento da linguagem da criança e mostrar que eles não são coincidentes, mas que ocorrem por caminhos diferentes.

Tentaremos corrigir as incompreensões que poderiam surgir na interpretação desses fatos obtidos.

A primeira incompreensão pode ser descrita como segue. Confirmamos que uma criança de 3 anos descreve uma imagem do mesmo modo que ela fala, mas percebe e interpreta a imagem de maneira diferente. Em consequência, se quisermos representar simbolicamente a curva de desenvolvimento da linguagem e do pensamento, alguns pontos poderiam não coincidir. Mas isso significa que o desenvolvimento da linguagem e o desenvolvimento do pensamento são totalmente independentes um do outro? Isso significa que a criança não expressa, na linguagem, o mesmo nível de desenvolvimento do pensamento? Essa incompreensão deve ser esclarecida. Devemos mostrar que, embora o desenvolvimento do pensamento e o desenvolvimento da linguagem da criança não coincidam, eles dependem estreitamente um do outro.

A tarefa deste capítulo é mostrar que o desenvolvimento da linguagem da criança afeta seu pensamento e o reestrutura.

Começaremos com a segunda e mais simples tarefa. Para analisá-la devemos estabelecer, inicialmente, que o pensamento da criança e várias outras funções começam a se desenvolver antes do desenvolvimento da linguagem. Nos primeiros anos de vida, o desenvolvimento do pensamento ocorre de modo relativamente independente, mas, em certas áreas, ele coincide com a curva de desenvolvimento da linguagem. Mesmo nos adultos a função do pensamento pode permanecer relativamente independente e não relacionada à linguagem.

Há experimentos, por exemplo, os de Köhler sobre psicologia animal, que estabeleceram as raízes do pensamento anteriores à linguagem. Existem estudos de outros autores na área de desenvolvimento infantil, por exemplo, os experimentos de Tudor-Hart e de Hetzer com uma criança de 6 meses de idade. Esses autores observaram a criança lidando com objetos e puderam observar o estágio preliminar ou os rudimentos do pensamento com que a criança lidava em uma situação concreta ao manipular objetos e usá-los como instrumentos. Os rudimentos do pensamento são mais evidentes na criança com 10 meses de idade. Além das respostas inatas, instintivas e dos reflexos condicionados, a criança de 9 a 12 meses de idade já exibe hábitos que se desenvolveram em idade precoce. Ela possui um aparato bastante complexo para adaptação a novas situações. Por exemplo, ao usar instrumentos, a criança apreende as relações fundamentais entre os objetos principalmente em suas formas mais simples.

Todas as 42 crianças com 10 meses de idade observadas por Tudor-Hart e Hetzer procederam da seguinte maneira: quando um chocalho preso a uma corda caiu, elas perceberam a relação entre o chocalho e a corda e, após tentativas em vão de pegar o chocalho em suas mãos, puxavam a corda e, assim, conseguiam pegá-lo.

As observações também mostraram que uma criança nessa idade não é capaz de estabelecer relações simples entre objetos, de usar um objeto como um instrumento, mas, para puxar outro objeto para si, ela é capaz de criar uma relação complexa entre objetos. A criança tenta usar um objeto como instrumento para controlar outro objeto com muito mais frequência do que a situação objetiva requer. Ela tenta mover uma bola com outra bola não apenas quando a bola está próxima e ao alcance de suas mãos, mas também quando ela está a muitos metros de distância e quando não há contato entre o instrumento e o objeto. A isso os alemães dão o nome de *Werkzeugdenken*: o pensamento se revela no processo de uso de instrumentos simples. Em uma criança de 1 ano, o pensamento se revela mais plenamente e precede a formação da linguagem. Portanto, essas são as raízes, anteriores à linguagem, da inteligência infantil, no verdadeiro sentido da palavra.

Recentemente, foram realizados experimentos extremamente valiosos sobre as representações. Sabemos o que uma representação significa para a antiga psicologia: é uma representação da estimulação que se origina no ambiente e que, sob o aspecto subjetivo, consiste em todos os objetos que atuam sobre nós e que, ao fechar os olhos, reproduzimos, mais ou menos ativamente, como uma imagem interna. Sob o aspecto objetivo, não conhecemos ainda precisamente os mecanismos da representação; evidentemente estamos falando de regenerar os estímulos remanescentes.

Os experimentos com eidéticos tornaram possíveis os ensaios com as representações. A representação eidética representa o grau de desenvolvimento da memória que, na relação genética, ocupa uma posição intermediária entre a percepção e a representação, no sentido verdadeiro da palavra. Se, por um lado, as representações são a memória no sentido de que a pessoa vê uma imagem quando não vê o objeto, estamos lidando com a representação como o material do pensamento. Por outro lado, se uma pessoa localiza imagens vistas previamente na tela e essas imagens estão sujeitas às principais leis da percepção, podemos realizar experimentos com essas imagens como com as percepções; podemos mover a tela para mais perto ou para mais longe, iluminá-la diferentemente, introduzir vários estímulos e observar os resultados.

Durante os últimos anos, E. Jaensch[1] fez experimentos desse tipo. Ele trabalhou com 14 eidéticos e conduziu um experimento na seguinte situação: mostrou aos sujeitos uma fruta real e então, após um intervalo de tempo, mostrou uma vara e um gancho. Quando os objetos foram removidos, os eidéticos viram as imagens sobre uma tela: a fruta, a vara e o gancho. Quando foi perguntado aos sujeitos se seria bom comer as frutas, 10 entre as 14 pessoas responderam do mesmo modo: se a vara e o gancho estivessem isolados no campo de visão, então após a instrução a vara e o gancho se moveriam para perto um do outro no campo de visão e assumiriam uma posição que tornaria possível de fato pegar a fruta com a vara. Qualquer distração da atenção da vara interromperia a relação formada e a vara se moveria para longe do gancho.

Sabemos que, em nossa percepção, os objetos separados parecem se mover e mudar muito facilmente de tamanho e localização depen-

---

[1] JAENSCH, Erik (1883-1940). Vol. 1, p. 464.

dendo da atenção dada a eles. Nas observações dos eidéticos, a mobilidade das imagens é extrema. Assim, Jaensch mostrou que, tanto nas representações como nos estímulos remanescentes, ocorre a combinação visual de objetos isolados. Esses experimentos permitem supor que Jaensch obteve um modelo de como não só os animais dos experimentos de Köhler, mas também as crianças privadas da linguagem resolvem seus problemas mentalmente. Isso ocorre do seguinte modo: se não há objetos próximos entre si no campo de visão do eidético, então no campo conceitual, no campo dos estímulos remanescentes, ocorre uma combinação especial dos objetos que correspondem à tarefa, à situação na qual a criança se encontra em determinado momento.

Essa forma de pensamento é chamada "natural" por ser inata, primária. Esse pensamento se baseia em determinadas propriedades primárias do sistema nervoso. A forma natural de pensamento difere, primeiro, pela forma concreta dos objetos que se apresentam à criança, nas relações das situações apresentadas e, segundo, na dinâmica, isto é, os eidéticos criam combinações e transposições de determinadas imagens e formas. Em outras palavras, eles criam no campo sensorial as mesmas mudanças que as mãos fazem no campo motor quando uma pessoa pega uma vara e a move na direção necessária. A relação que se estabelece no campo motor é também estabelecida no campo sensorial.

Acredito que esse experimento, cujas implicações fisiológicas ainda não conhecemos, não contradiz o que sabemos sobre o trabalho cerebral. Sabemos que ele não possui dois centros que trabalham independentemente; ao contrário, como regra, quaisquer dois centros excitados simultaneamente no cérebro tendem a formar uma conexão entre eles. Em consequência, quando ocorrem duas impressões e dois reflexos condicionados, podemos assumir que essas duas impressões resultam em um terceiro centro relacionado com a própria tarefa (conseguir a fruta). O terceiro centro está relacionado com as duas primeiras impressões e, consequentemente, ocorre uma transposição dos estímulos no córtex cerebral. Vimos como os experimentos com os eidéticos modificaram as concepções anteriores; vimos que a partir desses experimentos podemos chegar a conclusões totalmente inesperadas se comparadas com o que sabíamos anteriormente sobre os efeitos que ocorrem entre diferentes centros neurais.

Vamos imaginar nesse momento como o desenvolvimento geral do pensamento da criança muda dependendo do trabalho do aparato sensorial: quando os olhos de uma criança se dirigem para dois objetos, um fechamento ocorre, uma conexão se estabelece entre os dois objetos e a criança muda da forma natural de pensamento para a forma cultural, que a humanidade desenvolveu no decorrer das relações sociais. Isso ocorre quando a criança realiza a transição para o pensamento com o auxílio da linguagem, quando começa a falar, quando seu pensamento deixa de ser apenas um movimento de excitação de um traço a outro, quando a criança muda para a atividade linguística, que nada mais é do que um sistema de elementos diferenciados, muito sutis, um sistema de combinações dos resultados de experiências passadas. Sabemos que nenhuma expressão da linguagem se repete exatamente como outra expressão, mas que é sempre uma combinação de expressões. Sabemos que as palavras não são simplesmente respostas individuais, mas constituem parte de um mecanismo complexo, ou seja, de um mecanismo de conexão e combinação com outros elementos.

Tomemos como exemplo os casos gramaticais da língua russa, as mudanças de som durante a declinação de uma palavra: lâmpada (*lampa*), da lâmpada (*lampi*), para a lâmpada (*lampe*). Uma mudança no som terminal muda o caráter da relação daquela palavra com outra. Dito de outro modo, surgem aqueles elementos que possuem uma conexão especial de modo que podem gerar uma mudança ao serem combinados; as relações mudaram e um sentido novo foi criado pelas combinações.

Temos algo semelhante a uma caixa de mosaicos com muitos elementos diferentes em que se podem estabelecer muitas relações combinando os elementos para criar novos conjuntos. Temos um sistema aparentemente especial de hábitos, que são naturalmente materiais para pensar, para criar novas combinações ou, em outras palavras, meios para desenvolver uma resposta que nunca foi desenvolvida pela experiência direta.

Voltemos aos experimentos. Eles mostram que ocorrem mudanças decisivas no comportamento da criança quando, em um experimento com o uso eidético de instrumentos, ela introduz as palavras, a linguagem. Jaensch demonstrou que toda essa operação, que é simples do ponto de vista eidético – um sistema de "instrumento e fruta" –, se torna desequilibrada quando a criança tenta formular o que ela deve fazer e o que está acontecendo usando as palavras; nesse caso, a criança realiza imediatamente a transição para formas novas de resolver o problema.

Esses fatos podem ser encontrados nos experimentos bem conhecidos de Lipmann. Ele colocou o sujeito em uma sala e lhe pediu que realizasse uma operação relativamente complexa, como pegar uma bola que está em cima de um armário, inacessível sem o uso de um instrumento. Na primeira vez, Lipmann disse ao sujeito: "Por favor, pegue a bola no armário", e observou como o sujeito respondeu à solicitação. Da segunda vez, disse: "Por favor, pegue a bola no armário", e assim que o sujeito começou a fazê-lo ele fez um sinal: "Pare!" e disse: "Primeiro me diga como você vai fazer isso", e de novo observou como o sujeito resolveu a tarefa. O pesquisador comparou o modo de resolver a tarefa com a explicação verbal preliminar e sem o uso de palavras. Ele concluiu que o modo de resolver o problema foi completamente diferente. A solução para a mesma tarefa dependia do fato de resolvê-la visualmente ou usando palavras. No primeiro caso, a resposta procedia da ação em que era necessário medir a distância até o objeto e, no segundo caso, envolvia o uso de palavras, a análise da situação como um todo usando palavras. Entende-se que muitas combinações podem ser feitas com palavras e que não podem ser feitas manualmente. As palavras transmitem qualquer imagem que corresponda ao tamanho e à cor da bola. Com palavras, podem-se atribuir propriedades adicionais ao objeto, incluindo mesmo aquelas que não são necessárias para resolver a tarefa, como no primeiro caso.

Está claro, se eu repetir as palavras de Lipmann, que se podem usar palavras para extrair a essência da situação e deixar de lado as características dessa situação que não são essenciais para a tarefa. As palavras auxiliam, em primeiro lugar, a obter a essência e, em segundo, na combinação de qualquer imagem. Além de subir no armário ou usar uma vara para pegar a bola, pelo uso de palavras pode-se rapidamente traçar dois ou três planos de ação e escolher um deles. Desse modo, ao resolver um problema com palavras ou com ações, usamos princípios totalmente diferentes de abordagem para executar a tarefa.

Tive oportunidade de observar um experimento com crianças que recebiam a tarefa de estabelecer relações com o uso de instrumentos. A situação era semelhante à de Köhler. A criança foi colocada em uma cama com rede. Havia uma fruta em seu campo de visão e também muitas varas. A criança tinha que pegar a fruta, mas a rede a impedia. A tarefa consistia em trazer a fruta para mais perto. Quando a criança tentava pegar a fruta com as mãos, ela se deparava com a rede. Como demonstrou o experimento de Köhler, um chimpanzé quase nunca pensava em rolar a fruta na direção oposta, mas em princípio sua reação era direta, tentando puxar a fruta em sua direção. Somente quando a fruta caía, o animal usava um método alternativo para aproximar a fruta.

Uma criança muito pequena resolve o problema com esforço bem maior, demorando mais tempo, e apresenta um comportamento muito interessante. Geralmente a criança fica bastante agitada e inicia uma linguagem egocêntrica, isto é, fica arfando e mudando de varas e fala sem parar. A fala tem duas funções: por um lado, atua e presta atenção no que foi apresentado e, por outro, o que é mais importante, ela planeja as várias partes da operação usando a fala. Por exemplo, o experimentador remove a vara e a criança não pode vê-la, mas a tarefa consiste em pegar a fruta que está além da rede e isso não pode ser feito sem a vara. A criança não consegue passar a mão pela rede. Ela precisa mover a fruta para o lado, depois em torno da rede e planejar dois estágios para a operação: dirigir a fruta que deve pegar, segurá-la e pegá-la com as mãos. Esse momento é muito interessante: se não há a vara, então a criança tenta pegar a fruta com as mãos, move-se pelo berço, observa com perplexidade, mas, assim que vê a vara, a situação muda radicalmente, como se a criança percebesse o que ela precisa fazer e o problema se resolve na hora.

Com uma criança mais velha, a operação ocorre de modo diferente. A princípio, a criança se dirige ao adulto pedindo a vara para que possa mover a fruta. Ela recorre às palavras como um meio para pensar, como um meio que poderia tornar possível resolver a difícil situação com a ajuda dos adultos. Então ela começa a raciocinar e geralmente esse raciocínio leva a formas diferentes de solução: a criança fala primeiro o que deve fazer e depois ela o faz. Ela diz: "Agora eu preciso de uma vara" ou "Agora vou pegar uma vara". Um fenômeno completamente novo se desenvolve. Anteriormente, se havia uma vara a operação era bem-sucedida. Se não havia uma vara a operação era mal-sucedida. Agora a criança procura a vara e se ela não está lá, a julgar pelas suas palavras, ela mesma procura um objeto apropriado.

No entanto, o fato mais interessante acontece no experimento com a imitação.

Enquanto a criança mais velha resolve o problema, a criança mais nova observa. Quando a mais velha resolveu o problema, a mais nova começa a resolvê-lo e podemos observar como ela imita e consegue uma solução rápida. Se a operação é muito complexa, a situação muda; o processo de imitação consiste em que uma criança realiza a operação e a outra a reproduz verbalmente. Se ela consegue uma solução expressando-a em palavras, então ela consegue o mesmo resultado que Lipmann quando ele pedia ao sujeito que explicasse primeiro o processo e depois realizasse o processo de imitação. Naturalmente, quando a tarefa é relativamente complexa, o processo de imitação depende do quanto a criança separou o essencial do que não é essencial na operação.

Vejamos um exemplo. No caso mais simples, a criança mais velha, que está sendo imitada, tenta primeiro passar pela rede e pegar a fruta com as mãos. Depois dessa tentativa frustrada, ela pega uma vara e assim consegue a solução para o problema. A criança mais nova, observando a situação e imitando a mais velha, inicia o processo de onde a criança mais velha parou: ela se deita, estica o braço, mas sabe de antemão que é impossível conseguir a fruta com as mãos. Então ela segue passo a passo todo o processo que a criança mais velha realizou. A situação muda substancialmente assim que a criança mais nova entende o cerne da questão. Ela então reproduz só aquela parte da situação que tinha formulado verbalmente. Ela diz: "Eu tenho que pegá-la pelo lado"; "Eu tenho que ficar de pé na cadeira". Mas, nesse caso, ela reproduz somente a parte que pode resolver com palavras, e não a situação visual completa.

Ao observar as duas formas de pensamento da criança – auxiliada pela situação visual e pelas palavras –, notamos a mesma transformação observada anteriormente no desenvolvimento da linguagem. Como regra, a criança atua primeiro e depois fala, e suas palavras são como o resultado da solução prática do problema. Nesse estágio, a criança não consegue separar verbalmente o que ocorreu primeiro e o que ocorreu depois. No experimento, quando a criança deve escolher um ou outro objeto, ela seleciona primeiro e depois explica por que escolheu aquele. Se a partir de duas xícaras a criança escolheu aquela com a noz, ela de fato a escolheu sem saber que lá estava a noz, mas ao verbalizar ela diz que escolheu porque havia uma noz na xícara. Dito de outro modo, as palavras representam a conclusão de uma situação prática.

De forma gradual, mais ou menos aos 4 ou 5 anos de idade, a criança realiza a transição, passando a pensar e a falar simultaneamente. O processo para obter a resposta fica mais longo e dura vários segundos. A linguagem aparece na forma de fala egocêntrica e o pensamento surge durante a ação. Mais tarde, podemos observar sua completa unificação. A criança diz: "Eu vou pegar a vara", e pega-a. A princípio, essas relações ainda não estão fortes. Mas, finalmente, em idade escolar, a criança começa a planejar a ação necessária usando palavras e só depois ela realiza a operação.

Em todas as áreas de atividade infantil, encontramos a mesma sequência. O mesmo acontece com o desenho. A criança pequena geralmente desenha primeiro e depois fala; no próximo estágio, a criança fala sobre o que está desenhando, a princípio, sobre partes do desenho; por fim, o último estágio se forma: a criança primeiro diz o que vai desenhar e então desenha.

Tentaremos apresentar brevemente a enorme revolução pela qual passa a criança quando ela faz a transição para o pensamento com o auxílio da linguagem. Podemos fazer uma analogia com a revolução que ocorreu quando o homem começou a utilizar instrumentos. A proposição de Jennings com relação à psicologia animal é muito interessante, pois afirma que um inventário das potencialidades dos animais pode ser determinado estritamente de acordo com seus órgãos. Assim, um peixe não pode voar em nenhuma circunstância, mas ele pode fazer movimentos de nadar que são determinados por seus órgãos.

Antes dos 9 meses de idade, a criança está totalmente sujeita a essas leis. Um inventário de suas potencialidades pode ser construído para a criança baseado na estrutura de seus órgãos. Mas, aos 9 meses, acontece uma ruptura e a partir desse momento a criança supera o esquema de Jennings. Assim que a criança puxa a corda amarrada ao chocalho ou empurra um brinquedo e outro para próximo de si, a organologia perde sua força inicial e a criança começa a distinguir seu potencial daquele dos animais. A natureza da adaptação da criança ao ambiente muda decisivamente. Algo semelhante ocorre com relação ao pensamento quando a criança faz a transição para o pensamento com o auxílio da linguagem. É especificamente graças a ele que o pensamento adquire um caráter relativamente constante.

Conhecemos as propriedades de qualquer estímulo simples que atue sobre os olhos: um pequeno movimento dos olhos é suficiente para mudar a imagem. Vamos relembrar o experimento com a chamada imagem sucessiva. Olhamos um quadrado azul, ele é removido e então vemos um ponto amarelo sobre uma tela cinza. Essa forma mais simples de memória representa a inércia da estimulação. Ao movermos os olhos para cima, o quadrado se move para cima; ao movermos os olhos para o lado, ele se move para o lado; ao removermos a tela, o quadrado desaparece e, quando a trazemos de volta, o quadrado reaparece. O reflexo do mundo é instável e varia dependendo da distância em que está o estímulo, do ângulo e de como ele atua sobre nós. Jaensch sugere que tentemos imaginar o que aconteceria com uma criança pequena se ela dependesse de imagens eidéticas. Sua mãe, estando a dez passos dela e vindo mais perto, teria que crescer dez vezes aos olhos da criança. O tamanho de todos os objetos teria que mudar significativamente. A uma distância de cem passos, para a criança um animal grande e que muge apareceria como se tivesse o tamanho de uma mosca. Isso significa que, se não houvesse o ajuste correto do tamanho para cada objeto, teríamos uma imagem instável do mundo em mais alto grau.

Outro aspecto inadequado da forma gráfica e concreta de pensamento, do ponto de vista biológico, é que a resolução de um problema simples se relaciona apenas à situação presente. Não se pode generalizar nesse caso: o problema, uma vez resolvido, não é uma equação que nos permite transferir a solução para um problema com outros objetos.

O desenvolvimento da linguagem reorganiza o pensamento e lhe confere novas formas. A criança que nomeia objetos isolados para descrever uma imagem ainda não reorganizou seu pensamento. No entanto, o fato mais essencial é que um método foi criado e constitui a base para a construção da linguagem verbal. O que a criança descreve como objetos isolados tem maior significado do ponto de vista da função biológica de seus órgãos. A criança começa a isolar a massa desconectada de impressões que foram misturadas em um único grupo; ela separa e isola amontoados de impressões sincréticas que devem ser separadas para estabelecer algum tipo de conexão objetiva entre as partes em separado. A criança não pensa em palavras, ela vê toda a imagem, e temos o fundamento para sugerir que ela vê sua situação de vida globalmente, de modo sincrético. Vamos lembrar como todas as impressões da criança estão conectadas sincreticamente, como esse fato se reflete no pensamento causal da criança. Uma palavra que separa um objeto de outro é o único meio de isolar e de romper uma conexão sincrética.

Podemos imaginar a mudança complexa que ocorreria no pensamento da criança que não pode falar, especialmente a criança surda-muda, se da combinação complexa dos objetos que ela vê como uma imagem ela tivesse que isolar as partes ou as características individuais dos objetos. Isso seria um processo que poderia demorar vários anos.

Imaginemos uma pessoa que pode falar, ou melhor, uma criança para a qual um adulto aponta um objeto. Do conjunto geral, da situação geral, ela isola rapidamente um objeto ou uma característica que se torna o centro da atenção da criança. Assim, toda a situação assume um novo aspecto. Os objetos são isolados do conjunto das impressões, o estímulo se concentra no dominante e, desse modo, a criança faz a transição rompendo o conjunto das impressões em suas partes separadas.

Como ocorre essa mudança tão importante no desenvolvimento do pensamento da criança sob a influência de sua linguagem e no que ela consiste? Sabemos que a palavra isola os objetos, rompe com a conexão sincrética; a palavra analisa o mundo, é o primeiro meio de análise; para a criança, nomear um objeto com uma palavra significa isolar um objeto do conjunto total de objetos afetivos. Sabemos como os primeiros conceitos são formados nas crianças. Dizemos à criança: "Tem um coelho", a criança se vira e vê um objeto. Podemos questionar como isso afeta o desenvolvimento do pensamento dela. Nessa ação ela faz a transição com base em uma imagem visual sincrética, eidética, de uma situação específica, para encontrar um conceito.

Como as pesquisas têm mostrado, o desenvolvimento dos conceitos na criança é influenciado pela palavra, mas seria um erro pensar que esta é a única influência. Até recentemente pensava-se desse modo, mas a experimentação com eidéticos mostrou que os conceitos podem ser formados também por outra via "natural".

Existem duas linhas de desenvolvimento na formação dos conceitos, e na área das funções naturais existe algo que corresponde à função complexa, cultural do comportamento que é chamada de conceito verbal.

Jaensch colocava esse problema para um sujeito: ele mostrava uma folha com bordas lisas e então mostrava várias folhas com bordas denteadas. Em outras palavras, ele mostrava ao sujeito de oito a dez objetos que tinham muitas características em comum em sua estrutura, mas que também apresentavam diferenças individuais: assim, uma folha tinha um dente, outra, dois ou três dentes. Depois de a pessoa ter observado vários desses objetos, uma tela cinza era colocada na frente dela e era determinado o tipo de imagem que o sujeito via. Às vezes ele via uma imagem misturada como uma fotografia de grupo (em determinada época os psicólogos comparavam o processo de formação de conceitos ao processo de fotografia de grupo).

Inicialmente a criança não apresenta um conceito geral. Ela vê um cachorro, depois outro, então um terceiro, um quarto e é como uma fotografia em grupo. As diferenças entre os cachorros são eliminadas e o que apresentam em comum permanece. O que é mais característico é mantido, como o latido e a forma do corpo. Em consequência, poder-se-ia pensar que a criança forma um conceito simplesmente por repetir o mesmo grupo de imagens, com a particularidade de que algumas das características repetidas geralmente permanecem e outras são perdidas.

Isso não foi confirmado por estudos experimentais. As observações de crianças mostram que elas não têm necessidade de ver vinte cachorros, por exemplo, para formar um conceito preliminar de cachorro. Ao contrário, a criança pode ver cem variedades de um objeto, mas ainda não formará a representação desse objeto. Obviamente, o conceito se forma de algum outro modo. Notamos que Jaensch tentou mostrar experimentalmente o que ocorre quando mostramos uma série de objetos relacionados, como as folhas com diferentes dentes. Forma-se uma fotografia coletiva ou uma imagem coletiva nesse caso? Parece que não. Nesse experimento, existem três formas básicas de formação natural de conceitos.

Na primeira forma, temos a chamada imagem em movimento. A criança inicialmente vê uma folha, depois a folha se torna denteada, com um dente e depois outro e um terceiro, e em seguida a imagem retorna à primeira impressão. Surge um padrão dinâmico e os estímulos reais se convertem um no outro, a folha em movimento unifica o que era estável anteriormente. Jaensch se refere a outra forma de unificar a imagem como uma composição com significado: a partir de duas ou três imagens que ela viu, uma nova imagem é formada. Ela não representa uma soma simples de duas ou três impressões, mas uma seleção com significado das partes. Algumas partes são selecionadas, outras são perdidas e, desse modo, se formam novas imagens e o todo é o resultado de uma composição com significado.

Jaensch apresentava uma imagem de um cão da raça Dachshund para eidéticos e então projetava uma imagem de um burro na mesma tela. Como resultado das duas imagens, de dois diferentes animais, os sujeitos tinham uma imagem de cão de caça muito alto. Alguns traços coincidiam e outros eram retirados de uma ou outra imagem, resultando em uma nova imagem com novas características.

Discutiremos em detalhe o terceiro modo como se forma o conceito natural.

Os experimentos têm mostrado que, em primeiro lugar, os conceitos não se formam mecanicamente e que nosso cérebro não faz uma fotografia de grupo para que uma imagem de um cachorro, por exemplo, colocada sobre a imagem de outro cachorro, resulte, pela soma das características, em um "cachorro coletivo", mas que a criança forma um conceito pelo processamento das imagens.

Assim, mesmo na forma natural de pensamento, um conceito não se forma pela mistura de características isoladas, principalmente das características repetidas. Um conceito se forma pela modificação complexa, pela transformação de uma imagem em um momento dinâmico da composição com significado, isto é, pela seleção de determinadas características significantes. Tudo isso não ocorre por uma simples combinação de elementos de imagens separadas.

Se os conceitos se formaram pela colocação mecânica de um estímulo sobre outro, então cada animal teria um conceito, porque o conceito seria como uma lâmina de Galton. No entanto, mesmo uma criança com deficiência mental é diferente dos animais no que se refere à formação de conceitos. Os estudos mostram que as crianças com deficiência mental formam os conceitos de um modo diferente, pois nelas um conceito geral se desenvolve com maior dificuldade. O aspecto mais evidente de como o pensamento de uma criança com deficiência mental difere daquele da criança normal é que a primeira não domina com segurança seu pensamento com o auxílio dos conceitos complexos.

Vejamos um exemplo simples. Uma criança com deficiência mental resolveu um problema aritmético. Como outras crianças com deficiência, ela trabalha razoavelmente bem com a contagem simples. Ela realiza operações simples nos limites de zero a dez, sabe somar, subtrair e dá as respostas verbais. Ela é capaz de lembrar que deixou a cidade onde mora no dia 13, quinta-feira, e que horas eram. Esse fenômeno é geralmente encontrado na criança com deficiência mental, pois sua memória mecânica relacionada a determinadas circunstâncias é muito bem desenvolvida.

Solicitamos a essa criança a solução para um problema. Ela sabe que subtrair seis de dez tem um resto de quatro. Repete isso enquanto a situação perdurar. Então mudamos a situação. Se lhe perguntarmos: "Existem dez rublos na bolsa, a mãe perdeu seis rublos, quantos sobraram?", a criança não consegue resolver o problema. Se lhe mostrar as moedas e pedir que retire seis das dez, ela entende rapidamente o que está acontecendo e diz que restaram quatro. Quando lhe dou a bolsa de moedas ela resolve o problema. Mas ao colocar-lhe o seguinte problema com garrafas: "Na garrafa há dez copos de bebida, se seis foram bebidos, quantos restaram?", ela não consegue resolver. Quando mostramos a garrafa para demonstrar e colocar nos copos, realizando a operação, a criança se torna capaz de resolver o problema e então pode resolver um problema semelhante com uma banheira e com qualquer tipo de líquido. Mas se lhe perguntarmos: "Se subtrairmos seis metros de tela de uma peça de dez metros, quanto restará?", ela novamente se torna incapaz de resolver o problema.

Isso significa que temos aqui quase o mesmo estágio que certos animais exibem com os chamados pseudoconceitos aritméticos, mas não com conceitos abstratos, isto é, com conceitos que não dependem de uma situação concreta (garrafas, moedas). Quando os conceitos são abstratos, tornam-se conceitos gerais que se aplicam a todas as situações na vida, a qualquer problema.

Agora podemos entender como a adaptação está reduzida na criança com deficiência mental – ela é escrava da situação concreta. Ela não tem um aparato para desenvolver um conceito geral e, por isso, pode se adaptar apenas dentro dos limites de uma situação restrita. Podemos observar quão difícil é para ela se adaptar se comparada a uma criança normal, pois assimilar que 10 – 6 = 4 sempre resolverá o problema, independentemente da situação concreta.

Um exemplo final é o de uma criança com deficiência mental a quem se ensinou a percorrer um trajeto muito complicado em Berlim com o auxílio de um mapa. A criança domina o mapa aos poucos e se move corretamente pelo caminho aprendido. De repente ela se perde. Isso ocorreu porque a casa da esquina onde ela devia virar para outra rua, que estava marcada com uma cruz no mapa, estava coberta por andaimes para restauração. A situação toda mudou. A criança ficou perdida, não estava acostumada a regressar sozinha, e então começou a vagar pelas ruas, sujeita a estímulos visuais que a distraíam.

Com base nesse exemplo, fica evidente que a criança com deficiência mental não tem a estrutura para o desenvolvimento de conceitos abstratos, ela está também limitada em sua adaptação. Ela está seriamente limitada, pois a estrutura para o desenvolvimento de conceitos fica submetida ao pensamento concreto e a uma situação concreta.

Capítulo 12

O autocontrole

Se tentássemos sintetizar os diferentes tipos de desenvolvimento das funções mentais superiores descritas nos capítulos precedentes, seria fácil observar que há em todos uma característica psicológica comum, a que nos referimos de passagem, mas que é a característica que os distingue de todos os outros processos mentais. Todos esses processos são processos de domínio de nossas próprias respostas, de diferentes maneiras. Estamos diante da questão da caracterização dos processos de controle de nossas respostas e de como eles se desenvolvem na criança. O aspecto mais característico para o controle de nosso comportamento é a *escolha*, e, por isso, ao estudar os processos voluntários, a antiga psicologia considerava a escolha como a essência do ato voluntário. Continuando nossa análise, abordaremos com frequência o problema da escolha.

Por exemplo, nos experimentos sobre a atenção, pudemos estudar a resposta de escolha, pois ela é determinada pela estrutura dos estímulos externos. Na resposta de escolha com a memorização mnemotécnica da instrução, tentamos traçar o curso dessa forma complexa de comportamento quando determinada previamente, de modo que certos estímulos devem corresponder a determinadas respostas.

Se nos experimentos do primeiro tipo a escolha dependia principalmente de uma situação externa e a atividade geral da criança se resumia a isolar essas características externas e a estabelecer uma relação objetiva entre elas, então a resposta subsequente era sobre os estímulos que não tinham relação entre si, e o problema da criança se resumia a reforçar ou a estabelecer de modo seguro as conexões cerebrais necessárias. O primeiro problema de escolha era resolvido com o auxílio da atenção e o segundo, com o auxílio da memória. As chaves para dominar a resposta eram, no primeiro caso, a indicação com o dedo e, no segundo, o instrumento mnemotécnico.

No entanto, há ainda um terceiro tipo de escolha, que tentamos traçar nos experimentos especiais que poderiam solucionar o problema do domínio de nossas respostas. É a livre escolha entre duas possibilidades determinadas interiormente pela criança, e não externamente.

Um método de estudo da livre escolha foi estabelecido pela psicologia experimental, em que o sujeito deve escolher e realizar uma entre duas ações. Vamos complicar um pouco mais esse procedimento pedindo à criança que faça uma escolha entre duas séries de ações que incluem situações agradáveis para o sujeito e outras não prazerosas. Nesse caso, o aumento da quantidade de ações que demandam uma escolha introduz uma complicação quantitativa nos motivos conflituosos que determinam a escolha, mas também afeta em grande parte a qualidade do processo de escolha. As alterações qualitativas ficam evidentes, pois os motivos inequívocos foram substituídos por motivos ambíguos, e isso resultou em uma atitude complexa com relação a uma determinada série de ações. Como dissemos, as séries incluíam coisas atraentes e coisas repulsivas, coisas prazerosas e coisas não prazerosas, e isso se aplica também às novas séries que tinham que ser escolhidas. Desse modo, obtivemos, experimentalmente, um modelo de comportamento complexo que é geralmente chamado de conflito de motivos em uma escolha complexa.

Do ponto de vista do método, a mudança substancial introduzida por esse procedimento consiste na capacidade de criar experimentalmente um motivo, pois as séries utilizadas são flexíveis e podem ser aumentadas, diminuídas, substituídas parcialmente e trocadas. Em outras palavras, podemos mudar experimentalmente as condições básicas de escolha e estudar como o processo muda.

Os experimentos mostram que, desde o início, as condições de escolha tornam-se muito complicadas e dificultam o processo; o sujeito se sente indeciso, vacilante, sem motivos, e procura nivelá-los. Às vezes, a escolha se prolonga e torna-se extremamente difícil. Nesses casos, introduzimos um fator novo adicional que é o centro de nossos experimentos. Sugerimos à criança que faça uma escolha pela sorte. Vários recursos são oferecidos, como um dado colocado sobre a mesa ou a criança jogando um dado antes do experimento ou perguntando diretamente à criança se ela quer usar o dado, ou, ainda, pela imitação, quando a criança vê outra pessoa resolver o mesmo problema.

Às vezes podemos observar como o sujeito usa o dado ou outro instrumento desse tipo de modo independente, mas, como nossa tarefa não é estudar a inventividade da criança, e sim o processo de escolha usando um dado, geralmente procedemos como descrito anteriormente. Recorremos ao instrumento que usamos muitas vezes: a proposição direta para que a criança use o instrumento apropriado. Como disse Köhler, colocamos um bastão nas mãos do chimpanzé e observamos o que acontecia. Procedemos da mesma maneira ao estudar a escrita quando demos à criança um lápis para que ela escrevesse.

Nossos experimentos mostraram a ocorrência de mudanças profundas no comportamento da criança quando o dado foi introduzido. Quando quisemos caracterizar a circunstância em que a criança recorria ao dado, deixamos a decisão de usá-lo como livre escolha dela. Ao mudar as condições externas pudemos observar empiricamente as circunstâncias em que a criança voluntariamente o usou. Assim, se reduzimos o tempo de escolha e não permitimos o conflito de motivos e sua resolução, a criança frequentemente recorreu ao uso do dado. Isso também aconteceu nos casos em que criança não estava consciente dos motivos; por exemplo, foi oferecido um envelope em que constavam as ações correspondentes a uma ou outra série, que a criança só poderia abrir após fazer a escolha. Geralmente, ela recorria ao uso do dado mesmo quando os motivos não eram diferentes, isto é, se ambas as séries que ela tinha que escolher não envolvessem ações que a afetassem positiva ou negativamente. O equilíbrio relativo entre os motivos tinha o mesmo efeito observado nos casos em que em que a criança tinha que escolher entre séries em que os elementos atraentes e repulsivos se distribuíam de modo equivalente.

A complexidade dos motivos e a dificuldade de escolha, em particular a presença de elementos emocionalmente prazerosos ou repulsivos, tinham como consequência o uso mais frequente do dado. Quando ambas as séries apresentavam motivos muito diferentes e difíceis de comparar, a avaliação emocional parecia ocorrer em planos diferentes, isto é, quando os motivos se relacionavam a diferentes aspectos da personalidade da criança, a escolha natural era dificultada e ela rapidamente jogava o dado para decidir sua sorte.

Descrevemos alguns casos em que a criança geralmente recorre ao uso dos dados. O que todos esses casos têm em comum? Podemos fazer apenas uma caracterização qualitativa da situação em que os dados foram usados. De certa forma, essa situação apresenta uma semelhança com a bem conhecida anedota filosófica, atribuída erroneamente a Buridan, e que é geralmente usada para ilustrar que nossa vontade é determinada por motivos e, quando os motivos são iguais, a escolha torna-se impossível e a vontade fica paralisada.

Espinosa, entre outros, também mencionou esse exemplo ressaltando não a liberdade de nossa vontade, mas sua dependência dos motivos externos. Ele disse que um burro com fome e sede, quando o alimento e a bebida são colocados a igual distância dele, morrerá de fome e sede, pois ele não tem um fundamento para fazer uma escolha entre ir em direção ao alimento do lado direito ou em direção à água do lado esquerdo. A anedota diz que as pessoas, como uma folha de papel que permanece no lugar se a puxamos com igual força de lados opostos, ficarão paralisadas se seus motivos estão equilibrados. Essa anedota contém a ideia verdadeira e profunda de que a ilusão da livre escolha entra em colapso quando tentamos desvendar os determinantes da vontade e sua dependência dos motivos.

É compreensível que nesse exemplo se trata do caso ideal de motivos equilibrados (que de fato nunca pode ser observado) e, portanto, é uma condição muito simplificada dos efeitos dos motivos. Mas, a cada passo na vida cotidiana e nos experimentos de laboratório, encontramos situações que se aproximam em certa medida da situação do burro de Buridan e envolvem motivos quase equilibrados que resultam em uma recusa temporária em fazer uma escolha, na indecisão, em uma inatividade relativamente prolongada e na paralisia da vontade. A inatividade, que é consequência da dúvida dos motivos, serviu muitas vezes como tema nos trabalhos cômicos e trágicos de Espinosa, que, ao dar exemplos, diz que o homem em tal situação, sentindo fome e sede e vendo o alimento e a bebida a iguais distâncias de si, sempre morrerá de fome e sede.

Mas o próprio Espinosa, ao abordar a questão em outra situação, dá uma resposta que é oposta a essa. O que aconteceria se um homem se encontrasse na situação do burro de Buridan? Espinosa responde: se imaginarmos um homem na situação do burro, teríamos que considerá-lo como um ser não pensante, mas seria mais vergonhoso do que o burro se ele morresse de fome e sede. E, de fato, tocamos nos elementos mais importantes que distinguem a vontade do homem da vontade do animal.

A liberdade humana consiste especificamente na capacidade humana de pensar, ou seja, o homem é conhecedor da situação em questão. Para a pergunta colocada por Espinosa, podemos dar uma resposta empírica baseada nas observações da vida cotidiana e de nossos experimentos. O homem, quando colocado na situação do burro de Buridan, arremessa os dados e assim escapa da dificuldade com a qual se defronta. Esse procedimento é impossível para os animais, pois aqui está colocada, na situação experimental, a questão do livre-arbítrio. Nos experimentos em que a criança se defronta com uma situação semelhante e resolve usando os dados, podemos observar um sentido filosófico profundo no fenômeno que nos interessa. Citamos anteriormente a opinião de um dos sujeitos de Ach em que o experimento psicológico desse tipo se transforma em filosofia experimental.

De fato, nos experimentos com os dados, pudemos observar a filosofia experimental. Duas atividades foram apresentadas para que a criança escolhesse. Ela devia escolher uma e rejeitar a outra. Tornando mais complicada a escolha da criança, equilibrando os motivos, encurtando o tempo e criando um impedimento emocional sério, criamos uma situação de Buridan para ela. Tornou-se a escolha mais difícil. A criança recorre ao dado e introduz novos estímulos na situação, que são totalmente neutros em relação à situação geral, e atribui a eles a força da motivação. Ela decide antecipadamente que, se o dado cair com o lado preto para cima, escolherá uma série e, se cair com o lado branco para cima, escolherá a outra série. Desse modo, a escolha é feita de antemão.

A criança atribuiu a força dos motivos a estímulos neutros introduzindo um motivo auxiliar na situação e deixando a escolha para a sorte. Ela arremessa o dado e se ele cai com o lado preto voltado para cima escolhe a primeira série e a escolha está feita. Como é diferente essa escolha daquela que a criança fez entre séries semelhantes sem o auxílio do dado! Podemos comparar os dois processos experimentalmente e observar algo muito instrutivo.

Primeiro analisaremos a escolha com o uso do dado. Como chamaremos a ação de escolher pela criança: livre ou não livre? Por um lado, ela não foi livre, mas determinada estritamente; a criança realizou a ação não porque quisesse, não porque a preferia em detrimento da outra, nem porque simplesmente foi atraída por ela, mas, exclusivamente, porque o dado caiu com o lado preto voltado para cima. A criança realizou a ação como uma reação a um estímulo, como uma resposta a uma instrução; um segundo antes ela não poderia ter dito qual das duas ações escolheria. Assim, observamos uma escolha sem liberdade, a escolha mais determinada. Mas, por outro lado, os lados preto e branco do dado não obrigam a criança a realizar uma ou outra ação. A criança atribui a isso a força de um motivo, antecipadamente, e relaciona uma ação com o lado branco e a outra ação com o lado preto do dado. Ela o faz apenas para determinar sua escolha através dos estímulos. Assim, temos a máxima liberdade e um ato totalmente voluntário. A contradição dialética consiste em que o livre-arbítrio aparece nesse caso em uma forma acessível à análise e isolada experimentalmente.

O experimento nos mostra que a liberdade de escolha não é a liberdade dos motivos. Ela consiste no fato de que a criança reconhece a situação, reconhece a necessidade de fazer uma escolha baseada em um motivo e, como a definição filosófica afirma, essa liberdade é o reconhecimento da necessidade. A criança controla sua resposta de escolha não por anular as leis que a regem, mas no sentido de dominá-la segundo as regras de Bacon[1], ou seja, sujeitando-se às suas leis.

Como sabemos, as leis básicas de nosso comportamento afirmam que ele é determinado pelas situações e as respostas são eliciadas pelos estímulos. Por isso, a chave para controlar o comportamento reside no controle dos estímulos. Não podemos dominar nosso próprio comportamento a não ser por meio dos estímulos apropriados. Nos casos de escolha com o uso do dado, a criança controla seu comportamento, dirige seu comportamento com o uso de estímulos auxiliares. Nesse sentido, o comportamento humano não representa uma exceção às leis da natureza. Como sabemos, estamos sujeitos à natureza, obedecemos às suas leis. Nosso comportamento representa um dos processos naturais, cuja lei básica é também a lei do estímulo-resposta, e, por isso, a lei básica do domínio dos processos naturais é o controle por meio dos estímulos. Somente criando um estímulo apropriado podemos controlar e conduzir um processo comportamental.

Somente a psicologia espiritualista[2] pôde admitir que o espírito influencia diretamente o corpo, que nossos pensamentos representam um processo puramente mental e podem eliciar qualquer mudança no comportamento humano. Assim, Ramón y Cajal[3] explica a influência da volição nas representações pela contração das células neuronais orientadas pela vontade; ele explica o processo de atenção da mesma maneira.

---

[1] BACON, Francis (1561-1626). Vol. 2, p. 483.

[2] Espiritualismo: visão filosófica idealista-objetiva que considerou a alma como o princípio fundamental da realidade, como uma substância não corpórea especial que existe fora da matéria e independente dela.

[3] RAMÓN Y CAJAL, Santiago (1852-1934). Histologista espanhol que, em suas pesquisas, desenvolveu os fundamentos para a teoria neuronal de estrutura do sistema nervoso. É autor de trabalhos sobre a estrutura da retina dos olhos, da medula oblonga e da ponte. Além disso, desenvolveu vários métodos histológicos especiais.

Seu opositor perguntaria justificadamente: como pode ser efetiva a vontade, a que Ramón y Cajal atribui um papel tão importante? Não é essa a propriedade das células neuronais? É possível entender a palavra "vontade" como uma corrente nervosa? De fato, se assumirmos que um processo mental pode mover um átomo cerebral, mesmo que em uma milionésima parte, a lei da conservação de energia será interrompida, isto é, devemos instantaneamente rejeitar o princípio básico da ciência natural em que se baseia toda a ciência contemporânea. Resta admitir que nosso controle sobre os processos comportamentais é construído essencialmente da mesma maneira que o controle sobre os processos naturais. Naturalmente, o homem que vive em sociedade é sempre influenciado por outras pessoas. A linguagem, por exemplo, é um instrumento poderoso para influenciar o comportamento de outras pessoas e, naturalmente, no processo de desenvolvimento, o homem domina os meios pelos quais se dá o controle do comportamento.

O. Neurath[4] desenvolveu uma tese sobre o uso de instrumentos auxiliares no estudo dos chamados motivos auxiliares; o dado representa uma forma simples de tais meios quando eles funcionam influenciando a decisão de uma pessoa, isto é, a escolha feita por alguém, por meio de algum estímulo neutro que adquire o significado e a força dos motivos.

Podemos citar muitos exemplos de motivos auxiliares.

William James, ao analisar o ato voluntário, cita como exemplo o ato de despertar de manhã. Ao acordar, uma pessoa sabe, por um lado, que ela deve levantar e, por outro, que poderia dormir um pouco mais. Ocorre um conflito de motivos. Os dois motivos afloram à consciência e se alternam. James acreditava que o mais característico da indecisão é que o momento de transição para a ação, o momento de decisão, passa

---

[4] NEURATH, Otto (1882-1945). Filósofo, sociólogo e economista austríaco. Suas visões filosóficas e sociológicas unem ecleticamente as tendências do materialismo da ciência natural com as visões do positivismo lógico. Ao ver o estabelecimento da unidade de conhecimento como a principal tarefa da filosofia da ciência, ele acreditava que ela poderia estar relacionada com a "linguagem unificada da ciência"; ele se preocupou principalmente com a tradução das visões da psicologia e da sociologia em tal "linguagem".

despercebido. É como se não tivesse acontecido. De repente, um dos motivos se sente apoiado, desloca o outro e quase automaticamente resulta na escolha. De repente eu me levanto – essa é uma maneira de colocar o problema.

O fato de que o momento mais importante no ato voluntário está oculto pode ser explicado porque o mecanismo é interno. O motivo auxiliar nesse caso não é suficientemente distinto e claro. Um ato voluntário desenvolvido e típico que ocorre na mesma situação exibe os três momentos descritos a seguir: (1) Eu preciso levantar (motivo), (2) Eu não quero levantar (motivo), (3) Começa a contar: um, dois, três (motivo auxiliar) e, (4) ao contar três, ele se levanta. Esta é a introdução de um motivo auxiliar, criando uma situação interna que faz a pessoa levantar. Isso é semelhante a dizer para a criança: "Agora, um, dois, três, tome seu remédio". Isso representa a vontade no verdadeiro sentido da palavra. No exemplo de se levantar, eu me levantei no estímulo "três" (reflexo condicionado); mas eu me levantei por meio de um sinal e uma relação estabelecida com ele, isto é, controlei meu comportamento mediante um estímulo auxiliar ou um motivo auxiliar. Encontramos o próprio mecanismo, ou seja, o controle de si próprio por meio de um estímulo auxiliar, nos estudos experimentais e clínicos sobre a volição.

K. Lewin realizou estudos experimentais sobre a formação e a execução dos chamados atos intencionais. Ele chegou à seguinte conclusão: a intenção é um ato volitivo que cria situações que tornam possível, para um homem, responder após a ação de um estímulo externo, de modo que esse ato intencional não é completamente voluntário, mas sim um reflexo condicionado. Decidi colocar uma carta na caixa de correio e por isso eu me lembrei de uma relação apropriada entre a caixa de correio e minha ação. Esta é a essência da intenção. Criei determinada relação que atuará posteriormente, de modo automático, como uma necessidade natural. Lewin denomina esse fato de quase necessidade. Nesse momento, vou pela rua e a primeira caixa de correio avistada automaticamente disparará toda a operação de colocar a carta na caixa.

Assim, um estudo sobre a intenção chega a uma conclusão que parece paradoxal à primeira vista: a intenção é um processo típico de controle do próprio comportamento pela criação de situações e relações apropriadas, mas executando-as como um processo que é totalmente independente da vontade e que ocorre automaticamente. Desse modo, o paradoxo da vontade consiste no fato de que a vontade cria atos involuntários. No entanto, mesmo nesse caso, existe uma grande diferença entre executar uma ação intencional que é aparentemente imposta pela nova necessidade e um simples hábito.

Lewin explica o ato voluntário com o mesmo exemplo da caixa de correio. Se em determinado caso a relação condicionada simplesmente lembra um hábito ou um reflexo condicionado, esperaríamos que uma segunda, uma terceira etc. caixa de correio nos faria recordar ainda mais fortemente de enviar uma carta. Além disso, essa relação criada deixa de existir assim que a necessidade for satisfeita. Aqui, o processo de ação voluntária é reminiscente de uma resposta instintiva habitual. Lewin não valoriza a diferença essencial entre as ações voluntárias e involuntárias que são evidentes nesse experimento.

Como mostraram seus experimentos, o comportamento humano que não tem uma intenção específica está sujeito à força da situação. Cada objeto requer algum tipo de ação, elicia, excita, atualiza algum tipo de resposta. O comportamento típico de uma pessoa esperando em uma sala vazia, não tendo nada para fazer, se caracteriza principalmente pelo fato de que ela está à mercê do ambiente. A intenção também se baseia na criação de uma ação em resposta a uma necessidade direta de objetos ou, como diz Lewin, provém do ambiente circundante. A intenção de enviar uma carta cria uma situação em que a primeira caixa de correio adquire a capacidade de determinar nosso comportamento, mas, além disso, com a intenção, ocorre uma mudança essencial no comportamento da pessoa. Usando a força dos objetos ou estímulos, ela controla seu próprio comportamento, agrupando-os, classificando-os. Em outras palavras, a especificidade da vontade consiste no fato de que o homem não tem poder sobre seu comportamento a não ser o poder que os objetos exercem sobre ele. Mas o homem se sujeita ao poder dos objetos sobre seu comportamento, faz com que eles sirvam ao seu propósito e controla-os segundo sua vontade. Ele modifica o ambiente com sua atividade externa e, desse modo, influencia seu próprio comportamento, sujeitando-o à sua autoridade.

É fácil observar, pelo exemplo descrito a seguir, que estamos nos referindo ao autocontrole por meio dos estímulos, observado nos experimentos de Lewin. É solicitado a um sujeito que espere por um longo período em uma sala vazia sem um propósito determinado. A pessoa fica indecisa se sai ou se continua esperando e ocorre um conflito de motivos. Ela olha seu relógio, o que reforça um dos motivos especificamente, que é hora de partir, que já é tarde. Até esse momento, o sujeito estava exclusivamente à mercê dos motivos, mas agora começa a controlar seu próprio comportamento. O relógio constitui-se instantaneamente em um estímulo que adquire o significado de um motivo auxiliar. O sujeito decide: "Quando os ponteiros do relógio atingirem certa posição, eu me levantarei e sairei". Em consequência, ele estabelece uma relação condicionada entre a posição dos ponteiros e deixar a sala. Ele decide sair da sala baseando-se na posição dos ponteiros do relógio e age em resposta a um estímulo externo; em outras palavras, introduz um motivo auxiliar semelhante ao dado ou à contagem "um, dois, três" para se levantar. Nesse exemplo, é fácil observar como ocorre uma mudança no papel funcional do estímulo e sua transformação em um motivo auxiliar.

Os estudos clínicos sobre a histeria também possibilitaram detectar esse tipo de separação.

E. Bleuler[5] estabeleceu, há muito tempo, a relativa independência dos mecanismos que atuam de modo quase automático e desvinculado da vontade e da decisão. Ele a denominou de processo causal e cita o mesmo exemplo de Lewin: "Escrevi uma carta e coloquei-a em meu bolso com a intenção de colocá-la na próxima caixa de correio. Não pensei mais sobre isso. A primeira caixa de correio que eu vir depois de sair de casa me lembrará de enviar a carta". Quando a pessoa faz uma

---

[5] BLEULER, Eugene (1857-1939). Vol. 1, p. 464; vol. 2, p. 482.

escolha, ela aparentemente estabelece um processo em seu cérebro, por exemplo, que a cor verde a fará dar uma resposta com a mão direita e a vermelha, com a mão esquerda.

O "eu" consciente participa muito pouco nessas respostas. A resposta ocorre automaticamente. O oposto pode ocorrer quando a consciência interfere e impede a resposta. Nos exemplos citados anteriormente, usando uma situação simples, construímos um processo cerebral para determinar o caso preciso. Esse processo leva a uma decisão do mesmo modo que um hábito cria um processo automático ou como a filogênese constrói um processo apropriado.

Nas palavras de Kretschmer, cada decisão, cada vontade de realizar algo, cria esse tipo de processo funcional, começando do mais simples automatismo, semelhante aos reflexos e respondendo a determinados estímulos, como em um experimento psicológico simples; e terminando com um problema da vida real, contínuo, que se encerra somente com a morte e cuja resolução pode ser interrompida milhares de vezes. Um exemplo dessa situação é a decisão de continuar dormindo após o alarme soar ou levantar-se. Um processo semelhante também pode se desenvolver como consequência da combinação da parte centrífuga de um reflexo com algum novo estímulo (o reflexo condicionado de Pavlov).

Podemos chegar a duas conclusões. Primeiro, observa-se que, na ação voluntária, devem ser diferenciados dois processos relativamente independentes. O primeiro corresponde ao momento da decisão e consiste na formação de determinado processo funcional, em estabelecer uma conexão reflexa e na formação de uma nova via neural. Essa é a parte final do processo voluntário. É exatamente como se forma um hábito, isto é, consiste na construção de um arco reflexo condicionado. Em síntese, poderíamos dizer que esse é um reflexo criado artificialmente. Em nossos experimentos, ele corresponde ao momento que se apresenta de forma isolada, o momento de decisão para agir de determinada maneira em função da sorte. Aqui vemos mais claramente o momento de decisão porque, nesse momento preciso, o sujeito ainda não sabe como vai agir. Vemos claramente que a decisão que determina a escolha subsequente é análoga à formação de uma conexão dupla na resposta de escolha. É como se o sujeito desse a si mesmo a seguinte instrução: "Se o dado cair com o lado preto voltado para cima, agirei de certo modo; se cair com o lado branco para cima, procederei de outro modo".

Segundo, devemos distinguir o processo de agir, isto é, o funcionamento da conexão cerebral já formada desse modo. Nos exemplos de Lewin e de Bleuler, isso poderia corresponder ao momento de realizar uma ação voluntária quando a caixa de correio lembra o sujeito de enviar a carta. Em nosso exemplo, isso estaria representado pela realização de uma ação ou de outra após arremessar o dado. A segunda parte, relativamente independente, do processo voluntário atua exatamente como a resposta de escolha. Nesse caso, temos o reflexo condicionado de Pavlov.

Se o primeiro exemplo consiste em criar um reflexo condicionado que poderia ser comparado ao momento no laboratório em que o cachorro desenvolve um reflexo condicionado, o segundo consiste no funcionamento do reflexo condicionado já estabelecido. Pode-se encontrar uma analogia na ação do estímulo condicionado estabelecido.

Assim, o paradoxo da vontade consiste em criarmos, com seu auxílio, um mecanismo de ação involuntária.

A questão da relação do segundo mecanismo, chamado atuante, com o primeiro mecanismo, conectivo, pode ser respondida de diferentes maneiras.

Os experimentos resultaram na convicção de Lewin de que há uma dependência estreita entre o primeiro e o segundo exemplos, que, nesse caso, se forma uma quase necessidade que, uma vez terminada, extingue automaticamente o processo envolvido. Assim, na opinião de Lewin, a necessidade surge primeiro e a conexão condicionada não é a verdadeira causa da ação com propósito, pois, se uma ação intencional estiver sujeita às leis da associação, então, devido à lei da repetição, a segunda, a terceira e a quarta caixas de correio evocariam uma memória mais forte da carta do que a primeira. Se isso não acontece de fato, é somente porque uma ação com propósito é semelhante à necessidade, e não ao hábito. Quando a necessidade acaba, o processo criado para servi-la desaparece.

Por outro lado, os dados clínicos levaram Kretschmer a pensar que isso é uma interpretação incorreta, que, aparentemente, cada movimento, cada função do sistema nervoso central, termina por si mesmo. Em sua opinião, cada conexão que se forma deve ser desconectada novamente para deixar de funcionar. Kretschmer diz que existem poucas mudanças sem uma causa em fisiologia, assim como na física. Ele cita exemplos de que, uma vez que um processo é criado, ele continua a funcionar automaticamente. Em sua opinião, mesmo no início de uma ação, ela se torna relativamente independente da vontade, pois a vontade apenas cria um processo que começa a funcionar por si. E esse processo, produzido com um propósito específico, esse aparato funcional, não para de funcionar por si. Para que isso aconteça é necessário um impulso especial da vontade, que pode inativar a conexão estabelecida para determinado propósito, pode interrompê-lo, senão ele continuaria a funcionar indefinidamente. Na opinião de Kretschmer, é isso que ocorre na histeria. É formado um aparato funcional apropriado para determinada situação, que se torna independente da vontade e adquire uma existência independente, continuando a funcionar apesar da vontade e mesmo contra ela.

Nossas observações nos levam à conclusão de que, nesse caso, Lewin está com a razão, e não Kretschmer. Os dados de Kretschmer indicam que somente nas situações produzidas por uma decisão o processo continua a ocorrer de modo independente, quando existem motivos especiais que o apoiam. Quando não ocorre dessa forma, ele é interrompido automaticamente e, como demonstram os experimentos, ele é interrompido pelo momento de decisão, isto é, no momento de sua criação todas as condições diferenciadas para sua existência e atividade já são determinados. Se ele continua a funcionar (e isso acontece em casos de anomalias), o aparato criado começa a ser suprido por outras fontes de energia, resultando na formação da histeria.

Assim, podemos separar o ato voluntário em dois processos. O primeiro, correspondente à decisão, consiste no estabelecimento de uma nova conexão cerebral e na abertura de um caminho ou na criação de um aparato funcional especial. O segundo, ou o processo atuante, consiste no funcionamento do aparato criado, na ação de acordo com a instrução, na implementação da decisão, e apresenta todas as características da resposta de escolha que estudamos. Em relação a essa divisão do ato voluntário em dois processos separados, devemos distinguir os diferentes métodos de atuação do estímulo em ambos os processos e relacionar os estímulos auxiliares especiais ou os motivos para cada processo. Assim, distinguiremos os conceitos de estímulo e de motivo.

Se entendermos como estímulo uma estimulação relativamente simples, atuando diretamente no arco reflexo já estabelecido, não importando como ele foi estabelecido, e, como motivo, um sistema complexo de estímulos relacionados com a construção, a formação ou a escolha de um arco reflexo, então distinguir um estímulo de um motivo pode ser algo muito preciso. Podemos dizer que um estímulo se torna um motivo em certas circunstâncias; ativa uma formação reacional complexa, introduzindo-se em certo sistema, formado para avaliar o processo e os hábitos. Essa formação reativa complexa, cristalizada em torno do estímulo, constitui um motivo. Assim, na escolha voluntária, não é o estímulo que está em conflito, mas as formações reativas, todo o sistema de constructos. O motivo é, em certo sentido, uma resposta a um estímulo. Os estímulos, aparentemente, ativam os associados e envolvem-nos no conflito, lutam como se estivessem armados. Em uma colisão concreta entre dois estímulos, pode ocorrer um conflito dos constructos. Se imaginarmos um caso simples em que decido não cumprimentar uma pessoa, pois perdi o respeito por ela, então o estímulo direto seria, ao encontrá-la, me lembrar de minha decisão. O conflito não é de fato entre os dois estímulos: isso foi resolvido anteriormente quando o aparato foi formado, no momento da decisão, e como resultado do conflito de motivos, no sentido da palavra, como já definimos.

Podemos avançar um pouco na compreensão dos processos da escolha voluntária se admitirmos que, na escolha voluntária, não são os estímulos, mas os motivos que estão em conflito, e que o próprio conflito não é impulsionado pelos estímulos. Na escolha voluntária, com o conflito de motivos existe também um conflito na esfera motora, não pelo mecanismo atuante, mas pelo mecanismo de fechamento da conexão. Há nessa distinção um significado psicológico e neurológico profundos. Começaremos a falar sobre o último.

Como estabelecido por Sherrington[6], o conflito no campo do motivo comum, e como ele é evidente no conflito entre dois reflexos, em um cão (por exemplo, uma coceira que exige que ele coce suas costas e um reflexo de retirada defensivo que requer a contração da perna), representa essencialmente um conflito de dois impulsos nervosos de vias sensoriais diferentes para um mesmo neurônio efetor. Esse conflito, em uma mesma via motora, depende significativamente de condições essencialmente mecânicas.

O conflito de motivos de uma tomada de decisão não ocorre no mecanismo de execução, nem sobre o neurônio eferente nem sobre a via motora da excitação nervosa já desenvolvida; ele se dá sobre a formação da conexão para a escolha. Por isso, estamos abordando não se um ou outro órgão efetor foi preterido no conflito entre dois estímulos, mas qual foi a via selecionada, que tipo de via unificadora se estabeleceu no córtex cerebral, que tipo de conexão ou aparato cerebral foi criado. Por isso, do ponto de vista neurológico, é muito importante a transferência do conflito para um território diferente, para um outro nível, mudando o objeto do conflito.

Entende-se que essas mudanças geram consequências para o processo conflitivo, pois a resposta pode ser determinada por fatores muito diferentes sob essas novas condições em que o conflito está ocorren-

---

[6] SHERRINGTON, Charles Scott (1859-1952). Fisiologista inglês cujo principal trabalho abordou a fisiologia do sistema nervoso central. Seu trabalho sobre o estudo das leis da atividade reflexa da medula oblonga é especialmente importante por enriquecer a fisiologia com novos dados sobre a relação entre os processos de excitação e de inibição e sobre a natureza do tono muscular e sua interrupção. Ele formulou o princípio da convergência da excitação e o princípio do "funil".

do. Mais especificamente, entendemos que tomar uma decisão a favor de certo motivo mais débil, no sentido biológico, pode ser explicado somente pela transferência de todo o processo para novas instâncias. De imediato, transportamo-nos para o significado psicológico dessa distinção que fizemos. Se é verdade que o conflito não se dá nos mecanismos efetores, mas no fechamento da conexão, então podemos determinar que a escolha é uma construção desse tipo de processo cerebral. A escolha é um ato de estabelecimento da conexão, isto é, de fechamento da conexão entre certo estímulo e a resposta. Tudo ocorre exatamente como no processo de escolha após uma instrução.

O significado psicológico do que foi dito pode ser reduzido a três pontos fundamentais.

O primeiro é que o conflito de motivos se desloca no tempo – ele é transferido para um momento inicial. O conflito entre motivos geralmente ocorre muito antes que a situação real se desenvolva, na qual se torna necessário agir. Geralmente, o conflito de motivos e a decisão relacionada a ele são possíveis somente se eles precederem temporalmente o conflito de estímulos. De outro modo, o conflito de motivos se converte simplesmente em um conflito no campo motor comum. Assim, o conflito se antecipa e é resolvido e decidido no final. Ele é semelhante a um líder de um regimento que antecipa um plano estratégico da batalha. Do ponto de vista psicológico, é compreensível que o desenvolvimento de um plano possa ser totalmente diferente de sua execução. A decisão ocorre e o conflito termina muito antes de o conflito real ou verdadeiro começar.

Outra mudança psicológica substancial no processo de escolha é que, nesse caso, há uma explicação para o problema básico da ação voluntária que não foi resolvido pela psicologia empírica. Referimo-nos a certa ilusão que sempre surge com um ato voluntário e consiste em que o ato voluntário sempre segue o caminho de maior resistência. Escolhemos o que é mais difícil e chamamos tal escolha de voluntária.

William James reconheceu que esse problema é insolúvel com base na visão determinística científica da volição e teve que admitir a interferência da força espiritual, a volição do "Assim seja!" ("*fiat*" – a palavra com a qual Deus criou o mundo). A escolha da palavra é muito significativa. Se revelarmos o significado filosófico desse termo, poderemos ver facilmente que, em essência, por trás dele existe a seguinte ideia. Para explicar o ato voluntário, por exemplo, uma pessoa que esteja em uma mesa cirúrgica reprime o choro de dor e estende o braço afetado para o cirurgião, apesar do impulso que o faria retirar seu braço e gritar; a ciência não pode dizer nada a não ser que aqui parece haver um ato semelhante ao de criação do mundo, mas obviamente em escala microscópica. Isso significa que explicar um ato voluntário conduz o cientista de base empírica para um ensinamento bíblico sobre a criação do mundo.

Várias observações, em particular os estudos experimentais, mostraram que essa ilusão de ação pelo caminho de maior resistência surge regularmente sempre que uma escolha voluntária é feita.

Claparède, recentemente, chegou à mesma conclusão baseado em seus experimentos. Mas o mais importante é o fato de que a ilusão é eliciada por algo que é sem dúvida objetivo. Para revelar o momento objetivo oculto no processo de escolha voluntária que leva ao desenvolvimento dessa ilusão, podemos formular esta questão do seguinte modo: na escolha voluntária, tanto o sujeito como o pesquisador, seguindo o caminho de maior resistência, sugerem que o resultado do conflito seria diferente se tivesse ocorrido em instâncias diferentes. Se tivesse sido de fato um conflito no campo dos motivos, o paciente na mesa cirúrgica sem dúvida gritaria e retiraria seu braço, pois a força relativa da estimulação e todos os outros pontos levantados por Sherrington, que afetam o resultado desse conflito, favoreceriam tal resultado.

No entanto, a ilusão surge não apenas para o sujeito, mas também para os psicólogos. Eles não consideram o fato simples de que o caminho de maior resistência em alguns casos pode ser o caminho de menor resistência em outros. Transferindo o conflito do estímulo para o motivo, transferindo-o para um novo plano e mudando o objeto do conflito, transformará profundamente a força relativa dos estímulos iniciais e as condições e os resultados do conflito entre eles. O estímulo mais forte pode se tornar um motivo mais fraco e, ao contrário, o estímulo mais forte, que pode ter dominado a via eferente motora em um momento decisivo, pode ser rompido do mesmo modo que um dique por uma forte torrente de água. Essa estimulação pode afetar a escolha da via de fechamento apenas tangencialmente, unilateralmente.

Parece-nos que, sem tal distinção, a psicologia não seria capaz de encontrar um modo de estudar as formas superiores do comportamento humano e estabelecer a principal diferença entre o comportamento do homem e o dos animais.

Vamos considerar um exemplo. Nos experimentos de Pavlov, desenvolveu-se uma resposta positiva a um estímulo doloroso, prejudicial. O cão reagiu a uma injeção, à dor e a uma queimadura como ele reage normalmente ao alimento. Pavlov sugere que tal desvio de resposta de uma via inicial poderia surgir como resultado de um conflito muito longo entre os dois arcos reflexos, um conflito que, às vezes, terminou em conquista de um oponente sobre o outro. Na opinião de Pavlov, com base em seus experimentos, a conexão unilateral entre essas respostas é determinada pela natureza animal. Isso significa que o centro da alimentação, sendo mais forte biologicamente, pode desviar para si a estimulação que normalmente vai para o centro da dor, mas não o contrário.

Além disso, uma pessoa em greve de fome suporta-a. Parece que, considerando o ponto de vista de uma pessoa que resiste a comer, apesar de sentir uma fome terrível, podemos dizer que esse comportamento se orienta pelo caminho de maior resistência. O suicídio entre as pessoas, que não ocorre em animais, tem sido considerado paradoxal para a teoria do livre-arbítrio, mas é considerado pelos filósofos como uma característica da liberdade humana. Mas, naturalmente, como no caso da fome e no exemplo do paciente na mesa cirúrgica de James, aqui, a liberdade não é estar livre da necessidade, mas a liberdade deve ser entendida como o reconhecimento da necessidade. Nesse sentido, a expressão "dominar-se" pode ter um sentido literal, assim como a expressão "suportar a dor cerrando os dentes". Isso significa que tal liberdade, como a liberdade com relação ao mundo externo, é o reconhecimento da necessidade.

O terceiro ponto psicológico que resulta da distinção entre os estímulos e os motivos é que o caráter do estímulo auxiliar utilizado muda dependendo do estímulo auxiliar, seja no conflito do mecanismo de fechamento, seja no conflito do mecanismo efetor. O dado como um signo voluntário e os signos mnemotécnicos na resposta de escolha associada à instrução cumprem funções psicológicas totalmente distintas. Podemos dizer que a diferença entre a escolha predeterminada e a escolha livre é que, em um caso, o sujeito segue a instrução e, no outro, ele cria a instrução. Em termos psicológicos, isso corresponderia ao fato de que, em um caso, é colocado em funcionamento um mecanismo efetor já estabelecido e, no outro, estamos nos referindo à criação do próprio processo.

De tudo o que foi dito, podemos chegar a uma conclusão psicológica importante: desse modo podemos explicar os antigos ensinamentos dos intelectuais que afirmavam que as leis da volição são, em essência, as mesmas leis da memória, que os caminhos e as maneiras de controlar a ação pelo pensamento pertencem à vontade, que os mecanismos de volição representam a associação que está sob nosso controle e que a técnica do desejo em ação, como ressaltou Meumann, é, em um grau significativo, mnemotécnica. Tudo isso indica que o ato voluntário pode ser aprendido, que os fatores voluntários, como as tendências determinadas por Ach, são, na maior parte, contrários à vontade e que podemos entender como volição só aqueles meios pelos quais controlamos a ação. Nesse sentido, a volição significa o controle da ação realizada; nós apenas criamos condições artificiais para realizar a ação; por isso, a volição nunca é um processo direto, não mediado.

No capítulo sobre a memória, citamos a opinião válida dos psicólogos, voltando a Espinosa, de que a alma não pode realizar nenhum tipo de intenção se ela não se lembra dela. No entanto, parece-nos que esses psicólogos assumem erroneamente que o mecanismo efetor seja a essência do processo voluntário e não dão importância ao próprio processo de formação desse mecanismo. Isso está totalmente correto: implementar uma ação intencional é como um processo mnemotécnico, isto é, a formação de uma conexão associativa condicionada artificialmente entre um estímulo e uma resposta. Mas o próprio processo de formação dessa conexão se desenvolve de modo muito diferente.

Como vimos anteriormente, Kretschmer, que distinguiu duas vontades e explicou todos os aspectos do comportamento do histérico pelo conflito entre as duas vontades, chegou à conclusão de que há duas reações do paciente histérico, que – ao contrário do paciente do exemplo de James –, por um lado, ao ir ao médico, deseja que o médico o cure, mas, por outro, como todos os pacientes histéricos, se opõe a isso. Nesse caso, como mostra a análise brilhante de Kretschmer, esta não é uma situação semelhante ao conflito entre dois estímulos ou dois motivos. Ele diz que a situação diz respeito não somente a duas observações diferentes, mas também a diferentes aspectos da vontade, e aqui reside a maior parte do problema. O ponto de vista de que a vontade do paciente se opõe à cura apresenta uma estrutura psicológica completamente diferente da visão de que o paciente luta para se recuperar. Kretschmer chama o primeiro tipo de vontade de hipobulia e o segundo de vontade, no verdadeiro sentido da palavra.

Com base nas observações clínicas, podemos distinguir o efeito do estímulo em certo processo voluntário e o efeito dos motivos em outro. A vontade do paciente histérico é afetada por argumentos racionais, demonstrações, raciocínio, consciência de uma situação e, em geral, por tudo que o leve a uma decisão. Outra visão sobre a vontade, em que o paciente se opõe à cura, se caracteriza principalmente pelo fato de que essa vontade é cega, não analisa a situação e não se relaciona a processos intelectuais. Como diz Kretschmer, esse tipo de vontade é como um corpo estranho com relação à personalidade íntegra; ela é cega, sem memória do passado ou do pensamento sobre o futuro. Ela se concentra no momento presente e o caráter de sua resposta é determinado exclusivamente pela impressão daquele momento. Essa vontade não é afetada pela convicção ou por argumentos racionais; não é influenciada por eles nem os influencia; para estes, ela é como um lugar vazio. Ela pode ser influenciada de outras maneiras, como por um grito forte, um golpe violento e inesperado, pela dor ou por um choque.

Assim, em síntese, a primeira vontade flui a partir dos motivos e a segunda reage a um estímulo.

Podemos dizer que, no segundo caso, está em ação um processo cerebral isolado. O mais importante é o seguinte: o que percebemos no histérico é um corpo estranho doente, seja um diabo ou uma vontade sem propósito, o mesmo que observamos nos animais superiores e nas crianças pequenas. Para eles, isso é a vontade geral, representa uma etapa de desenvolvimento e é um método de desejo normal, talvez o único existente.

O tipo hipobúlico de volição representa uma etapa inferior, do ponto de vista ontogenético e filogenético, do processo intencional. Além disso, observamos a introdução do ponto de vista genético na teoria sobre a vontade. Os dois mecanismos da vontade dos quais falamos são de fato dois estágios da gênese da vontade.

Talvez o aspecto mais interessante que o psicólogo pode agora observar sobre a vontade seja o seguinte: a vontade se desenvolve e é produto do desenvolvimento cultural da criança. O autocontrole e os princípios e meios para esse controle não diferem basicamente do controle sobre o ambiente. O homem é parte da natureza e seu comportamento é um processo natural; controlá-lo é como controlar a natureza, segundo os princípios de Bacon de que "domina-se a natureza obedecendo a ela". Não é em vão que Bacon compara o domínio da natureza com o domínio do intelecto. Ele diz que a mão nua e a razão, por si sós, não significam muito – as ferramentas e os meios auxiliares são os fundamentos da atividade humana.

Mas ninguém expressou com tanta clareza a ideia geral de que o livre-arbítrio se origina e se desenvolve no processo de desenvolvimento histórico da humanidade como fez Engels. Ele disse: "A liberdade não consiste em uma independência imaginária em relação às leis da natureza, mas no conhecimento dessas leis e na possibilidade, baseada em tal conhecimento, de fazer com que essas leis da natureza atuem sistematicamente para determinados fins. Isso se refere tanto às leis da natureza exterior como às que regem a existência física e mental do próprio homem. São duas classes de leis que só conceitualmente podemos dissociar, mas não na realidade. O livre-arbítrio, portanto, nada mais é do que a capacidade de tomar decisões com conhecimento sobre o assunto" (K. Marx e F. Engels, *Collected Works*, vol. 20, p. 116). Em outras palavras, Engels compara o domínio da natureza com o autodomínio. O livre-arbítrio em relação a um e a outro é, para Engels assim como para Hegel, a compreensão da necessidade.

Engels disse: "A liberdade consiste fundamentalmente em conhecer as necessidades da natureza (*Naturnotwendigheiten*), em saber dominar tanto a nossa própria natureza como a natureza exterior; por isso, é um produto imprescindível do desenvolvimento histórico. Os primeiros homens que surgiram no mundo animal não tinham, essencialmente, uma liberdade diferente da dos próprios animais; mas cada passo dado pelo caminho da cultura era um passo em direção à liberdade" (ibid).

Assim, ao psicólogo geneticista coloca-se a importante tarefa de encontrar, no desenvolvimento da criança, as vias de amadurecimento do seu livre-arbítrio. Devemos explicar o progressivo incremento da referida liberdade, revelar seu mecanismo e apresentá-lo como um produto do desenvolvimento.

Vimos que, para o clínico, é evidente o significado genético da vontade do histérico. Para Janet, o histérico não é mais que uma criança grande. Kretschmer, referindo-se também ao histérico, afirma que não se pode convencê-lo nem simplesmente obrigá-lo, é preciso dominá-lo.

O método utilizado para influenciar a vontade, nos casos difíceis de histeria, é semelhante ao conceito de treinamento. Este não se diferencia essencialmente da vontade no sentido superior da palavra. A vontade não cria mecanismos novos. Isso é evidente no fato de que as pessoas a quem atribuímos grande força de vontade baseiam essa característica em uma hipobulia bem conservada.

Nesse ponto da nossa investigação abre-se uma ampla perspectiva filosófica. Pela primeira vez no curso das investigações psicológicas, surge a possibilidade de, usando experimentos psicológicos, resolver problemas puramente filosóficos e de demonstrar, de modo empírico, a origem do livre-arbítrio humano. Não podemos analisar aqui, em toda a sua plenitude, a perspectiva filosófica. Esperamos fazê-lo em outro trabalho dedicado especialmente à filosofia*. Tentaremos esboçá-la apenas para que conheçamos o ponto a que chegamos. Podemos observar que nossa ideia de liberdade ou de autodomínio coincide com a ideia desenvolvida por Espinosa na sua *Ética*.

---

* Referimos-nos à obra de L. S. Vigotski: "The Teaching on the Emotions (Teaching of Descartes and Spinoza on the Passions)" [*Ensinamentos sobre as emoções (Os ensinamentos de Descartes e Spinoza sobre as paixões)*], incluída no vol. 6 de *Collected Works* [Obras reunidas]. [N. do E.]

Capítulo 13

O cultivo das formas superiores de comportamento

A história do desenvolvimento cultural da criança nos conduz diretamente ao problema da educação. Como vimos nos capítulos anteriores, o desenvolvimento cultural do comportamento da criança não segue uma curva ascendente uniforme. Ele de fato se assemelha muito pouco às formas estereotipadas estabelecidas de desenvolvimento ou a um padrão regular de transição de uma forma para outra, como ocorre no desenvolvimento da criança no útero. Como dissemos, a psicologia, por muito tempo, atribuiu grande importância às formas estereotipadas estabelecidas de desenvolvimento, que são o resultado dos processos já formados e sedimentados, isto é, de processos já concluídos que são apenas retomados e reproduzidos.

Os processos vegetativos de desenvolvimento, com suas relações elementares entre os organismos e o ambiente, foram, por muito tempo, aceitos como a base para o desenvolvimento. A partir dessa premissa, os processos de inserção cultural da criança não foram considerados como processos de desenvolvimento. Foram, frequentemente, considerados como processos de assimilação mecânica simples de vários hábitos ou como um processo de aprendizado de vários eventos. Por exemplo, introduzir a criança no universo cultural da aritmética era considerado como um simples treinamento, da mesma forma que a aquisição de determinados dados factuais como endereços, ruas etc.

Esse ponto de vista perdurou enquanto a abordagem sobre o desenvolvimento se manteve dentro de limites estreitos. Contudo, temos que ampliar o conceito de desenvolvimento para seus limites legítimos e assimilar a ideia de que o conceito de desenvolvimento inclui, certamente, não apenas mudanças evolutivas, mas também revolucionárias, como regressões, lacunas, movimentos em zigue-zague e conflitos, para que possamos, assim, ver que introduzir a criança nos processos culturais representa o desenvolvimento no verdadeiro sentido da palavra, embora se refira a um desenvolvimento diferente daquele desenvolvimento do feto no útero.

A história do desenvolvimento cultural da criança deve ser considerada análoga ao processo de evolução biológica, ao desenvolvimento gradual de novas espécies animais, ao processo de luta pela sobrevivência, à extinção de espécies e à ocorrência catastrófica da adaptação dos seres vivos à natureza. O desenvolvimento da criança pode ser entendido somente como um processo vivo de desenvolvimento, de formação, de luta, e apenas assim pode ser o objeto do verdadeiro estudo científico. O conceito de conflito foi introduzido na história do desenvolvimento da criança na mesma época, isto é, a contradição ou o choque entre o natural e o histórico, entre o primitivo e o cultural, entre o orgânico e o social.

Todo comportamento cultural da criança se desenvolve com base em suas formas primitivas, mas esse crescimento, geralmente, envolve um conflito; a forma antiga é deslocada, às vezes é completamente destruída e, às vezes, ocorre uma sobreposição "geológica" de várias épocas genéticas que tornam o comportamento de uma pessoa culta semelhante à crosta terrestre. Observamos que nosso cérebro é construído com essa "sobreposição geológica". Vimos muitos exemplos desse tipo de desenvolvimento.

Quando Wundt afirmou que o desenvolvimento da linguagem de uma criança de 1 ano de idade é um desenvolvimento precoce, ele tinha em mente especificamente a grande contradição e a disparidade genética entre o aparato orgânico primitivo do jovem, por um lado, e o aparato complexo do comportamento cultural, por outro. Ele entendia que o que está ocorrendo, como disse Bühler, é o maior drama no desenvolvimento – um conflito entre o inato e o histórico-social. Quando falamos anteriormente sobre o desenvolvimento da linguagem e do pensamento e tentamos revelar os erros da teoria psicológica ingênua, que pretendia traçar uma curva de desenvolvimento do pensamento infantil baseada em testes com desenhos, vimos que há, naquela idade, uma grande diferença entre as curvas de desenvolvimento do pensamento e da linguagem e que há uma contradição dialética séria entre o método que a criança utiliza para pensar e aquele que ela usa para falar.

Vimos que esse tipo de pensamento, que é uma questão de hábito para o adulto culto, foi criado e desenvolvido somente em consequência de prolongadas lutas e adaptações das formas naturais de pensamento às formas superiores básicas; os psicólogos consideram esse tipo de pensamento um produto terminado do desenvolvimento e acreditam que ele seja primordialmente inato e natural; mas para os estudos genéticos ele resulta de um processo complexo de desenvolvimento. Podemos citar como exemplos os processos de substituição da aritmética natural pela aritmética escolar, em que novas formas de adaptação aos números substituem as antigas; ou a transição da aritmética primitiva para a cultural, que ocorre com um grande conflito entre elas. Podemos observar, passo a passo, o mesmo tipo de transformação das formas inatas ou naturais de comportamento para as formas culturais ou histórico-sociais em todos os outros capítulos de nosso estudo.

Podemos dizer que todos os capítulos nos conduzem ao estabelecimento dos pontos básicos que têm um significado profundo para o problema da educação cultural da criança.

O primeiro consiste em uma mudança no conceito de tipo de desenvolvimento: em vez do desenvolvimento estabelecido, estereotipado, das formas naturais, que se assemelha a uma substituição automática das formas características da criança no útero, ocorre um processo vivo de formação e desenvolvimento, que sofre uma contradição contínua entre as formas primitivas e as formas culturais. Esse processo vivo de adaptação, como vimos, pode ser considerado análogo ao processo vivo de evolução dos organismos ou à história da humanidade.

Nesse sentido, Bühler corretamente denomina o processo de desenvolvimento da criança de um drama, pois sua base é o conflito, a luta, a contradição de dois momentos fundamentais. Com base nisso, na concepção da educação se introduz o conceito de caráter dialético do desenvolvimento cultural da criança, o conceito de adaptação real da criança, crescendo em um ambiente histórico-social que é totalmente novo para ela, um conceito de formas e de funções superiores do comportamento da criança determinados historicamente.

Se, anteriormente, fomos capazes de assumir, com certa ingenuidade, que o pensamento da criança se desenvolve do estágio de objeto para o estágio de ação e depois para o estágio de qualidade e de relações, assim como uma flor surge de um broto, agora os processos de desenvolvimento do pensamento da criança parecem-nos como um autêntico drama no desenvolvimento, como um processo vivo de desenvolvimento das formas histórico-sociais de comportamento.

É natural que, com a mudança no ponto de vista teórico fundamental, mude radicalmente o conceito de educação cultural. Essa mudança afeta dois pontos fundamentais.

Anteriormente, os psicólogos estudavam o processo de desenvolvimento cultural da criança e o processo de educação de uma maneira unilateral. Eles se perguntavam quais condições naturais promovem o desenvolvimento da criança, de quais funções naturais depende o educador para introduzi-la neste ou naquele universo cultural. Por exemplo, foi feito um estudo em que se abordava em que medida o desenvolvimento da linguagem ou o ensino de aritmética dependem de suas funções naturais, como elas são preparadas no processo de crescimento natural da criança, mas o contrário não foi estudado: como a aquisição da linguagem ou a aritmética transformam as funções naturais da criança, como ela reorganiza profundamente o curso completo do pensamento natural, como ela interrompe e desloca as linhas e tendências antigas de desenvolvimento. Agora, o educador começa a entender que, quando a criança penetra no universo cultural, ela não apenas apreende algo a partir da cultura, assimila algo, adquire algo externo, mas a cultura por si refina profundamente o estado natural do comportamento da criança e muda completamente o curso de seu desenvolvimento. O ponto de partida para uma nova teoria da educação consiste em diferenciar os dois planos de desenvolvimento do comportamento – o natural e o cultural.

O segundo ponto é ainda mais importante, mais essencial. Ele introduz, pela primeira vez, a abordagem dialética de desenvolvimento infantil à temática da educação. Se, anteriormente, ao diferenciar os dois planos de desenvolvimento, foi possível abordar de forma ingênua o desenvolvimento cultural da criança como uma continuação e consequência direta de seu desenvolvimento natural, agora tal concepção é impossível. Inicialmente, os pesquisadores não observaram o profundo conflito na transição, por exemplo, do balbuciar para as primeiras palavras ou da percepção das figuras numéricas para o sistema decimal. Eles acreditavam que um processo representava a continuação do outro. Os novos estudos mostraram, e esta é uma contribuição inestimável, que o que antes era considerado um caminho suave é de fato um caminho descontínuo; o que parecia ser um movimento bem-sucedido em uma superfície regular progredia aos saltos. Dito de um modo mais simples, as novas investigações ressaltaram os pontos de virada no desenvolvimento, nos quais antes se supunha haver um movimento em linha reta; assim, os novos estudos esclareceram os aspectos mais importantes do desenvolvimento infantil para a educação. Desse modo, naturalmente, desaparece a velha concepção sobre o caráter da educação. Onde a antiga teoria falava de cooperação, a nova fala de conflito.

De fato, não é indiferente para a educação da criança conduzi-la do balbucio à palavra ou da percepção da figura numérica ao sistema decimal de modo linear ou com rupturas, descontinuidades e viradas. A primeira teoria ensina a criança a caminhar com passos lentos e suaves; a nova teoria deve ensiná-la a saltar. A mudança radical na perspectiva da educação supõe a revisão de questões fundamentais do desenvolvimento cultural da criança e pode aplicar-se a cada problema metodológico, a cada capítulo da nossa investigação.

Tomemos um exemplo bastante simples, mas, do nosso ponto de vista, muito eloquente, retirado da psicologia da aritmética de Thorndike. Thorndike apresenta um exemplo da primeira lição de aritmética. A criança deve aprender o número "um" e sua forma. Como um livro-texto antigo ensinaria? Representaria uma figura de um objeto, uma caneca, como fez Laj, ou uma figura de uma criança, um animal, um pássaro, e ao lado escreveria o número "um", em uma tentativa de associar a representação natural do objeto com o conceito de unidade. A mesma concepção era proposta pela metodologia do ensino quando se acreditava que o desenvolvimento cultural da criança podia ser a continuação direta da percepção natural dos números. Nisso radica o sério erro de Laj e da sua escola. Eles pensavam que, para compreender a unidade, era preciso vê-la, pois eles supunham que o conceito aritmético de unidade se formava com base na percepção de um objeto isolado.

Thorndike procede de modo diferente. Estuda a unidade em um desenho em que estão representados muitos objetos, em uma paisagem complexa, que em sua percepção não tem nada de comum com a unidade. A criança deve superar a percepção visual, reelaborá-la, fracioná-la para chegar ao signo aritmético. No desenho estão representados duas meninas, dois cães e uma árvore. Thorndike faz perguntas a fim de dissociar a percepção visual, separando a criança do balanço daquela que está de pé. Ele leva a criança à verdadeira compreensão da unidade. Nesse exemplo simplificado vê-se nitidamente a mudança metodológica a qual nos referimos.

Ao contrário de Laj, Thorndike não conduz a criança da percepção das quantidades à série numérica em uma linha reta, mas sim por obstáculos, obrigando o aluno a saltar barreiras. Esse exemplo, que usa uma expressão figurada, contém o problema fundamental dos métodos do ensino. O que significa a mudança da percepção de um objeto, isto é, a passagem da aritmética natural aos algarismos arábicos, ao signo cultural? É um passo ou um salto? Laj acreditava que era um passo. Thorndike demonstrou que era um salto. Se, de modo geral, quiséssemos expressar tal mudança, diríamos que, na nova concepção, a ideia sobre as relações entre a educação e o desenvolvimento seria radicalmente modificada.

A concepção antiga conhecia e seguia apenas um lema bastante importante: o de adaptar a educação ao desenvolvimento. E isso era tudo. Ela assumia que era preciso adaptar a educação ao desenvolvimento no sentido de tempo, velocidade, formas de pensamento e de percepção próprias da criança, por exemplo. Não se colocava a questão de modo dinâmico. Por exemplo, partindo da premisa correta, de que a memória do aluno era ainda concreta e que seus interesses eram emocionais, deduzia-se corretamente que as lições nas classes iniciais deviam ser concretas, figurativas e com um forte conteúdo emocional. Sabia-se que a educação só é eficaz quando se baseia nas leis naturais do desenvolvimento infantil. Aqui reside toda a sabedoria dessa teoria.

O novo ponto de vista ensina que deve haver conflito a ser superado. Ele aborda a criança na dinâmica do seu desenvolvimento e crescimento e pergunta para onde o ensino deve conduzir a criança, mas responde ao problema de modo distinto. Ele afirma que seria insano não considerar a natureza concreta e gráfica da memória infantil nas classes escolares: ela é o que deve servir de suporte; mas seria também insano cultivar esse tipo de memória, pois significaria manter a criança em um estágio inferior de desenvolvimento e não compreender que o tipo de memória concreta não é mais que uma etapa de transição, de passagem a um tipo superior, que a memória concreta tem de superar-se no processo educativo.

Nos capítulos dedicados à linguagem escrita, à memória, à aritmética e à atenção voluntária, poderíamos aplicar esse mesmo princípio, que, ao ser aprofundado e elaborado, levaria as investigações pedagógicas e metodológicas a uma profunda reorganização no campo da educação cultural da criança.

Como exemplo, recordemos o famoso debate metodológico sobre a aritmética, não resolvido até hoje. Como a criança deve adquirir a capacidade de cálculo: por meio da contagem ou por meio de figuras numéricas? Lembremos por que o problema não pôde ser resolvido. Por um lado, pode-se considerar a tese de Laj, demonstrada experimentalmente, de que a percepção das figuras numéricas é mais fácil, mais natural, mais assimilável pela criança e produz resultados melhores e mais rápidos na aprendizagem. Por outro lado, pode-se dizer que ela não contribui, em absoluto, para o ensino da aritmética no sentido pleno da palavra.

Do nosso ponto de vista, que procuramos expor no capítulo sobre a aritmética, essa tese paradoxal se resolve de um modo simples e claro. Devemos reconhecer que as figuras numéricas de Laj correspondem ao desenvolvimento das operações aritméticas na idade pré-escolar e, por isso, se tornam mais fáceis e acessíveis às crianças que entram na escola. Por isso, sem dúvida, é correta a conclusão de Laj de que o ensino escolar que leva em consideração a qualidade especial do desenvolvimento infantil não pode ignorar essa circunstância. Para que a criança domine os números deve, antes, apreender as imagens numéricas. E não importa o quanto os adversários de Laj afirmem que entre a aritmética escolar e a percepção da imagem numérica há um abismo, que elas estão separadas por traços essenciais e que a imagem numérica, por si mesma e ainda que desenvolvida ao máximo, não é capaz de levar a criança à percepção da mais elementar unidade aritmética, todas essas afirmações, apesar de corretas, não podem refutar a tese fundamental de Laj: a criança assimila a aritmética por meio da percepção da imagem numérica, e o ensino escolar não pode desviar-se desse caminho.

A questão central é que a ruptura, o abismo, a principal diferença existente entre a percepção da imagem numérica e a série numérica fazem parte do próprio desenvolvimento infantil. A criança deve atravessá-los para passar para o outro lado; por isso, ela deve ir em direção ao abismo e, de algum modo, ultrapassá-lo. O erro fundamental de Laj foi afirmar que a criança pode compreender os números e a aritmética moderna por meio da imagem numérica. Para isso, Laj desenvolveu uma compreensão *a priori* dos números e das operações com números. Seu segundo erro consistiu em ignorar a principal diferença entre uma e outra aritmética e em estruturar a aritmética cultural à semelhança da primitiva, representando-a como apriorística.

Nesse caso, a razão está do lado dos seus adversários. Eles compreenderam tais diferenças, compreenderam que, por mais que se avançasse pelo caminho da percepção das imagens numéricas, jamais se chegaria à aritmética cultural; pelo contrário, estariam mais afastados e desviados dela. O erro que cometeram foi o de rejeitar, unilateralmente, a verdade parcial contida na tese de Laj. E, finalmente, a concepção eclética de Meumann e outros, que tentaram unificar ambos os métodos, é, de fato, correta, mas, na teoria, totalmente insustentável, pois não aponta as bases para que ambos os métodos sejam unificados. A questão resolve-se de modo estritamente eclético e a contradição interna de ambas as vias de desenvolvimento da aritmética, além de não ser superada, manifesta-se ainda com maior intensidade.

Meumann tentou unificar dois elementos contraditórios entre si. Ele não sugeriu uma base teórica para unificar os dois procedimentos metodológicos contraditórios, mas apenas afirmou que ela deve estar de acordo com a contradição dialética no desenvolvimento da própria criança.

É correta a opinião de Thorndike de que a conclusão de Laj e de seus seguidores estava equivocada ao supor que as formas numéricas são o melhor método de ensinar aritmética porque facilitam muito a percepção dos números pela criança. Isso é corroborado pelo fato de que certas imagens numéricas são facilmente avaliadas em termos quantitativos, o que não significa, de forma alguma, que elas representem a melhor maneira de ensinar; elas são mais fáceis por serem mais habituais. A conclusão de Laj seria correta se sua aplicação conseguisse melhores resultados no ensino geral da aritmética. Na aplicação do método de Laj é preciso avaliar todos os resultados, e não apenas o tempo e a facilidade.

De nosso ponto de vista, a questão referida, que pode ser resolvida na perspectiva genética, pode ser formulada do seguinte modo: como observamos no desenvolvimento das operações aritméticas, quando a criança chega à idade escolar ocorre uma mudança, a passagem da aritmética primitiva para a aritmética cultural. Não existe uma linha reta no desenvolvimento da criança, mas sim uma descontinuidade, a substituição de uma função por outra, o deslocamento e o conflito entre dois sistemas. Como ajudar a criança na passagem por esse perigoso trajeto? As pesquisas genéticas sugerem que é imprescindível adaptar a educação e os procedimentos genéticos à natureza e às caracteristicas de determinado estágio de desenvolvimento. Isso significa que não se pode ignorar as características da aritmética primitiva da criança em idade pré-escolar. Elas representam o ponto de apoio a partir do qual o grande avanço deve ser realizado. Mas também não devemos ignorar o fato de que a criança deve renunciar definitivamente a esse ponto de apoio e escolher um novo apoio na série numérica. Por isso, é impossível rejeitar o método das imagens numéricas no ensino da aritmética e substituí-lo de imediato pelo método da assimilação da série numérica. Devemos nos apoiar na imagem numérica para que a criança domine a série numérica. É fundamental o apoio na imagem numérica para que se possa superá-la. Como vimos, este é o procedimento metodológico geral para a educação do comportamento cultural da criança: a dependência da função primitiva para superá-la e fazer com que a criança progrida.

De modo geral, a mesma situação se apresenta sempre que nos referimos à educação cultural da criança. Todo procedimento metodológico deve sempre incluir um elemento de contradição, de superação interna, e não se pode ignorar que, na educação, a passagem das formas primitivas de comportamento às culturais significa uma modificação no próprio tipo de desenvolvimento infantil.

Desse ponto de vista, o princípio da convergência no desenvolvimento da criança estabelecido por Stern surge sob um novo aspecto. Para Stern, o princípio mencionado significa fundamentalmente que a linha de desenvolvimento natural, orgânica, da criança coincide, cruza-se, une-se com a linha dos efeitos das condições externas, e somente pela convergência ou coincidência de ambas as linhas pode ser explicado o processo real do desenvolvimento da criança como um todo e de cada um de seus estágios. O princípio peca por ser formulado em linhas muito gerais e, de fato, não nos proporciona nenhuma explicação nem revela em que consiste o processo de convergência ou de coincidência, ou o tipo de encontro que ocorre entre ambas as linhas, e o que acontece quando se encontram. Trata-se de um princípio pouco confiável e que nada explica. Torna-se pouco confiável quando é utilizado, como faz Stern, como um princípio explicativo. De fato, mesmo o desenvolvimento uterino da criança, sua alimentação, ensiná-la a ler, a formação de ideias, resultam da convergência das condições internas e das condições externas. Mas a missão da investigação científica consiste especificamente em saber responder como o encontro ocorre em cada caso, quais são os processos que se desenvolvem, que papel desempenham os diferentes fatores e qual é o resultado da sua atividade conjunta. A tarefa de toda teoria científica consiste precisamente em analisar as relações fundamentais entre o ambiente e o organismo.

No entanto, com relação à área que nos interessa, a posição de Stern expressa uma ideia correta de que o desenvolvimento da criança, em cada época cultural, coincide mais ou menos, em determinados aspectos, com a linha do seu desenvolvimento natural. Se a análise da situação se faz a partir do ponto de vista fenotípico, parece, de fato, que a criança, em certa etapa do desenvolvimento do cérebro e de acúmulo de experiências, assimila a linguagem humana; em outro estágio, aprende a contar e, mais tarde, quando as condições são propícias, entra no mundo da álgebra. Dir-se-ia que aqui existe uma coincidência total, uma concordância plena entre as linhas do desenvolvimento. Mas essa concepção é falsa. Ela oculta uma profunda discordância, um conflito complexo em que essas condições nunca coincidem, já que a linha de desenvolvimento natural da criança está sujeita à sua própria lógica e nunca realiza a transição para a linha de desenvolvimento cultural.

A transformação do material inato em uma forma histórica é sempre um processo de mudança complexa do próprio tipo de desenvolvimento, e não um simples processo de transição orgânica. A principal conclusão a que chegamos, a partir da história do desenvolvimento cultural da criança em relação à sua educação, consiste no fato de que esta deve ser exercida onde antes havia um caminho plano, que deve dar um salto onde antes parecia que podia se limitar a dar um passo.

O principal mérito das novas investigações consiste exatamente em ter revelado um quadro complexo onde antes se observava um quadro mais simples.

O novo ponto de vista supõe uma verdadeira revolução nos princípios educativos, quando abordamos a educação da criança com deficiência.

Aqui, a questão é diferente da educação da criança normal. Todo o sistema cultural, tanto exterior como o relacionado com as formas do comportamento, está definido para os seres humanos normais psíquica e fisiologicamente. Toda a nossa cultura está destinada a pessoas dotadas de certos órgãos, mãos, olhos, ouvidos e determinadas funções cerebrais. Todas as nossas ferramentas, toda a técnica, todos os signos e símbolos estão pensados para as pessoas normais. Daí surge a ilusão da convergência, da transição espontânea das formas naturais para as culturais, que, de fato, não pode existir pela própria natureza das coisas e que tentamos revelar em seu verdadeiro conteúdo.

Quando surge uma criança que é diferente do tipo humano normal, com alterações na sua organização psicofisiológica, até um observador ingênuo compreende que a convergência é substituída por uma profunda divergência, isto é, pela dissociação, pela não coincidência entre a linha do desenvolvimento natural e a do desenvolvimento cultural.

Deixada por si própria e ao seu desenvolvimento natural, a criança surda-muda jamais aprenderia a linguagem, nem o cego dominaria a escrita. Nesse caso, a educação auxilia, pois fornece uma técnica cultural artificial, um sistema especial de signos ou símbolos culturais, adaptado às peculiaridades da organização psicofisiológica da criança deficiente.

Nas pessoas cegas, a escrita visual é substituída pela tátil. O método Braille possibilita formar todo o alfabeto com várias combinações de seis pontos; a criança cega pode ler, sentindo os pontos em relevo sobre a página, e escrever usando uma caneta para furar o papel para obter pontos em relevo.

Da mesma forma, para as pessoas surdas-mudas, a dactilologia, o alfabeto das mãos, permite substituir, com signos visuais e com diversos movimentos da mão, os sons da nossa linguagem e formar uma escrita especial no ar, que o surdo-mudo lê com os olhos. A educação vai ainda mais longe e ensina à criança surda-muda a linguagem oral, já que habitualmente seus órgãos da fala não estão danificados. A criança que é somente surda ao nascer se torna muda pela privação das percepções auditivas. A educação ensina essa criança a compreender a linguagem oral pela leitura labial, ou seja, substituindo os sons da fala por imagens visuais, que são os movimentos da boca e dos lábios. O surdo-mudo aprende a falar usando o tato, os signos percebidos visualmente ou as percepções cinestésicas.

As vias indiretas do desenvolvimento cultural traçadas especialmente para as crianças cegas e surdas-mudas, a linguagem escrita e oral criada para elas têm uma importância excepcional na história do desenvolvimento cultural da criança, em dois aspectos. As vias indiretas são como um experimento espontâneo da natureza, que evidenciam que o desenvolvimento cultural do comportamento não se relaciona necessariamente com uma ou outra função orgânica. Não é obrigatório que a linguagem se relacione ao aparelho fonador; ela pode estar representada em outro sistema de signos, do mesmo modo que a escrita pode ser desviada do sistema visual para o sistema tátil.

Esses casos possibilitam observar mais claramente a divergência entre o desenvolvimento cultural e o desenvolvimento natural, que também ocorre na criança normal, mas que, nesses casos, se manifesta com a máxima clareza, porque é aqui precisamente que se observa a surpreendente divergência entre as formas culturais do comportamento, destinadas a um organismo psíquico e fisiológico normal, e a psicofisiologia de uma criança que apresenta uma ou outra deficiência. Mais importante, no entanto, é o fato de que os casos citados assinalam o único método seguro para a educação da criança com deficiência. Desse modo, criam-se vias colaterais de desenvolvimento, em que a via direta é impossível. A linguagem escrita das pessoas cegas e a escrita no ar das pessoas surdas-mudas formam as vias colaterais psicofisiológicas do desenvolvimento cultural, no sentido mais literal e preciso da palavra.

Estamos acostumados ao fato de que o homem lê com os olhos e fala com a boca. Somente um grande experimento cultural que demonstra que podemos ler com os dedos e falar com as mãos revela toda a convencionalidade e a mobilidade das formas culturais de comportamento. Essas formas de educação conseguem superar psicologicamente o que é mais importante: ensinar a criança surda-muda e a cega a falar e a escrever.

O mais importante é que a criança cega leia do mesmo modo que nós, mas essa função cultural é assegurada por um sistema psicofisiológico completamente distinto do nosso. O mesmo ocorre com a criança surda-muda; do ponto de vista do seu desenvolvimento cultural, o mais importante é que o aprendizado da fala humana seja facilitado, valendo-se de um sistema psicofisiológico completamente distinto do nosso.

Assim, a primeira coisa que esses exemplos nos mostram é que a forma cultural do comportamento é independente de um ou outro sistema psicofisiológico.

Outra conclusão a que podemos chegar com base nesses exemplos refere-se às crianças surdas-mudas e ao desenvolvimento independente das formas culturais do comportamento. Como vimos no capítulo sobre o desenvolvimento da linguagem, as crianças surdas-mudas, quando deixadas por si mesmas, desenvolvem uma linguagem mímica complexa, uma forma especial de falar que aprendem sem ser ensinadas pelas pessoas ao seu redor. Cria-se uma forma especial de linguagem, não para os surdos-mudos, mas criadas pelos próprios surdos-mudos. É uma linguagem especial que se diferencia mais profundamente de todos os idiomas humanos modernos do que esses idiomas entre si.

Vemos, portanto, que uma criança deixada por si mesma, privada de educação, empreende um caminho em seu desenvolvimento cultural; em outras palavras, no desenvolvimento natural psicológico da criança e no seu meio circundante, subjazem todos os dados imprescindíveis para que se produza uma espécie de autoignição do desenvolvimento cultural, para que a criança passe, de modo independente, do desenvolvimento natural ao desenvolvimento cultural.

Todos os fatos assinalados, tomados em seu conjunto, nos levam a uma revisão fundamental da teoria moderna sobre a educação da criança com deficiência. A concepção tradicional partia da ideia de que uma deficiência significava uma limitação, uma falha no desenvolvimento da criança. Desenvolveu-se uma visão negativa de que seu desenvolvimento se caracterizava principalmente pela ausência de alguma função. Por isso, toda a psicologia da criança com deficiência foi construída com base na subtração de suas funções perdidas.

Essa velha concepção foi substituída por outra que considera toda a dinâmica do desenvolvimento da criança com deficiência orgânica; essa nova concepção parte da tese fundamental de que a deficiência exerce uma dupla influência sobre o desenvolvimento da criança. Por um lado, a deficiência representa uma inadequação e atua como tal, criando entraves, dificuldades e falhas na adaptação da criança. Por outro, e devido precisamente ao fato de que a deficiência cria dificuldades e impede o desenvolvimento, alterando o equilíbrio normal e a adaptação da criança, é que ela serve de estímulo para a criação de vias alternativas indiretas de adaptação, que substituem ou adicionam funções para compensar a deficiência e levar todo o sistema com equilíbrio alterado para uma nova ordenação.

Assim, o novo ponto de vista preconiza que não só se considere as características negativas da criança, seus defeitos e suas dificuldades, mas também que se analise positivamente sua personalidade, que apresenta a possibilidade de criar vias complexas de desenvolvimento colaterais. Partindo desse pressuposto, é evidente que a superação orgânica da deficiência e a compensação orgânica direta representam, em grande parte, uma solução restrita e limitada. O desenvolvimento das funções mentais superiores da criança só é possível pela via do seu desenvolvimento cultural, quer se trate de dominar os meios externos da cultura, como a linguagem, a escrita e a aritmética, quer se trate do aperfeiçoamento interno das próprias funções psíquicas, isto é, a formação da atenção voluntária, a memória lógica, o pensamento abstrato, a formação de conceitos, o livre-arbítrio etc. As investigações demonstram que o desenvolvimento da criança com deficiência é especificamente atrasado nesse sentido. Mas esse desenvolvimento não depende diretamente da deficiência orgânica da criança.

Eis por que a história do desenvolvimento cultural da criança nos permite formular a seguinte tese: o desenvolvimento cultural é a esfera mais importante em que é possível compensar as deficiências. Onde o desenvolvimento orgânico é impossível, há infinitas possibilidades para o desenvolvimento cultural.

No capítulo em que falaremos das aptidões*, consideraremos especialmente como a cultura nivela as diferenças nas capacidades da criança e apaga, ou, melhor dizendo, torna historicamente possível a superação da insuficiência orgânica.

Resta apenas acrescentar que, para o desenvolvimento cultural dos meios internos dos tipos de comportamento, como a atenção voluntária e o pensamento abstrato, deve-se criar a mesma técnica de vias colaterais especiais como existe em relação ao desenvolvimento dos meios externos do comportamento cultural. Para o desenvolvimento das funções mentais superiores da atenção e do pensamento da criança com deficiência mental, deve-se criar algo semelhante ao alfabeto de Braille para o cego ou à dactilologia para o surdo-mudo, isto é, um sistema de vias colaterais para o desenvolvimento cultural, em que as vias diretas são impossíveis para a criança com uma limitação natural.

---

* O manuscrito não contém material sobre as aptidões. [N. do E.]

Capítulo 14

O problema da idade cultural

Passamos agora a um problema que podemos designar como o problema da idade cultural. Na psicologia estrangeira por vezes utiliza-se o conceito convencional de idade intelectual como a idade cronológica. Tanto a idade intelectual como a cultural não são conceitos cronológicos. Quando falamos da idade fisiológica ou intelectual, pressupomos que o processo de desenvolvimento está constituído por determinados estágios, que se sucedem com certa regularidade, apesar de a origem de tais estágios não coincidir exatamente com o decurso cronológico. Sabemos que a criança de certa idade cronológica pode estar tanto adiantada como atrasada em relação à sua idade fisiológica ou intelectual. Tendo em vista esses fatos, chegamos imediatamente ao problema que pode ser denominado problema da idade cultural.

Partiremos da suposição que desdobramos e defendemos nos capítulos anteriores: o desenvolvimento cultural da criança representa um tipo especial de desenvolvimento, isto é, o processo de enraizamento da criança na cultura não pode, por um lado, identificar-se com o processo de amadurecimento orgânico e, por outro, não pode ser reduzido a uma simples assimilação mecânica de certos hábitos externos. Se considerarmos que o desenvolvimento cultural, à semelhança de outros tipos de desenvolvimento, está sujeito a seus próprios padrões, a seus próprios estágios, então o problema da idade cultural da criança nos parece completamente natural.

Isso significa que não só podemos perguntar qual é a idade real da criança, qual é sua idade intelectual, mas também em que estágio de desenvolvimento cultural ela se encontra. É fácil entender que duas crianças, assim como dois adultos, que tenham a mesma idade cronológica ou intelectual podem apresentar diferentes idades culturais. Inversamente, duas pessoas com níveis culturais iguais podem diferir quanto à sua idade intelectual e cronológica. Uma circunstância que impediu, durante muito tempo, e impede até hoje, a elucidação do problema da idade cultural é o desenvolvimento cultural que se pensa nivelar em grande medida as habilidades.

Nos últimos anos foram feitas diversas experiências sobre as habilidades dos animais, com resultados surpreendentes: as aptidões intelectuais dos animais variam muito mais extensamente do que no homem. As experiências de Köhler, Jaensch e Katz[1] com galinhas, em particular, demonstraram que sua capacidade intelectual na resolução de algumas tarefas apresenta uma variabilidade maior do que nas crianças de idade precoce para a resolução das mesmas tarefas. As experiências de Köhler com chimpanzés revelaram que neles as variações das habilidades na resolução de problemas intelectuais são maiores do que as variações para a resolução de tarefas análogas nas crianças de idade precoce.

Em outras palavras, há certos fundamentos, ainda não muito sólidos, para se supor que pode haver diferenças nas habilidades relacionadas às funções superiores; às vezes mesmo as funções básicas exibem variações maiores em animais do que nas crianças em idade precoce. Partindo dessa suposição, os psicólogos chegaram à conclusão de que as diferenças nas funções orgânicas devem ser mais significativas do que as diferenças nas capacidades dos homens cultos. Outras observações mostraram que o desenvolvimento cultural, até certo

---

[1] KATZ, David (1884-1953). Psicólogo do Oeste Europeu que trabalhou em vários problemas da psicologia teórica, experimental, comparada, genética e social. Ele dedicou uma atenção especial aos problemas da psicologia infantil. Em sua interpretação de algumas questões, aproximou-se da psicologia da Gestalt, mas não considerava possível incluir no conceito de Gestalt todas as manifestações da mente, especialmente aquelas relacionadas à formação da personalidade.

ponto, nivela as diferenças nas capacidades no mesmo âmbito; no entanto, o talento resulta em formas mais raras de desenvolvimento do que de nivelamento.

Consideremos, por exemplo, as aritméticas primitiva e cultural. Se nos compararmos uns aos outros em relação à cultura aritmética, veremos que todos que frequentaram a escola dominam hábitos úteis na solução de diversos problemas, estamos equipados com conhecimentos similares, e por isso não há grande diferença nas nossas funções no campo da aritmética cultural. Mas, se cada um de nós for testado com relação ao desenvolvimento da aritmética primitiva, veremos que nossas possibilidades reais, do mesmo modo que a dinâmica do nosso desenvolvimento, variam muito mais do que as formas culturais gerais de comportamento que assimilamos. Isso pode ser explicado porque cada forma de comportamento cultural é, em certo sentido, o produto do desenvolvimento histórico da humanidade, uma forma adequada de adaptação a um campo específico do comportamento. Devido ao fato de cada um de nós integrar essas formas específicas, é natural que ocorra o nivelamento das capacidades, como um índice do nível cultural geral que atingimos. Por um lado, está correto.

Por outro, o desenvolvimento cultural em certos casos afeta as habilidades, isto é, consiste em um processo crítico para o estado das habilidades da criança. Com base nas observações pedagógicas de crianças com deficiência mental verificou-se que elas não estão prontas para dominar a escrita, embora o substrato para o domínio da escrita esteja nos limites da idade escolar que está sujeita sistematicamente ao ensino e ao desenvolvimento cultural. Isso está totalmente claro e compreensível.

Vamos imaginar o curso do desenvolvimento cultural. Como se sabe, ele amplia extensamente o potencial natural. As diferenças nas habilidades, que são insignificantes quanto ao comportamento prático, natural, são transformadas em formas diferentes de adaptação devido ao poderoso auxílio fornecido pelo desenvolvimento cultural para as funções mentais. Poderíamos dizer que o desenvolvimento cultural pode aumentar a escala da divergência quanto às diferenças nas habilidades naturais.

Vamos testar a habilidade musical em várias pessoas. Encontraremos uma variabilidade significativa, mas ainda contida em uma faixa relativamente limitada. Vamos assumir que cada pessoa testada que obteve o mesmo resultado no teste tinha uma formação musical moderna, isto é, tocava composições musicais complexas em algum instrumento. Como varia enormemente o potencial, como a divergência nos resultados aumenta em função das habilidades!

Assim, a relação entre o desenvolvimento cultural e as habilidades é muito complexa e ambígua; por um lado, o desenvolvimento cultural tende a nivelar as diferenças individuais nas habilidades naturais e, por outro, tende a aumentar a escala e a extensão das habilidades de vários graus. Devido à relação entre o desenvolvimento cultural e o desenvolvimento das aptidões ser tão complexa, as investigações científicas estão diante do problemas de isolar, na medida do possível, o processo de desenvolvimento cultural e considerá-lo de modo mais preciso.

Assim, tomaremos como idade cultural o estágio de desenvolvimento cultural da criança e correlacionaremos a idade cultural com a idade cronológica, por um lado, e com a idade intelectual, por outro.

Surge a questão, então, de como determinar a idade cultural. Os instrumentos modernos para medir o desenvolvimento infantil e o estado atual do diagnóstico sobre o desenvolvimento infantil clareiam esse problema apenas em uma aproximação grosseira. Devemos tentar conhecer as primeiras tentativas de medir a idade cultural da criança a fim de mostrar que essa medida, como qualquer novo instrumento de medida, não muda ou contradiz em hipótese alguma as formas básicas de estudar o desenvolvimento infantil que estão disponíveis ao método científico. Mas essa abordagem torna possível observar o processo de desenvolvimento infantil de outro ponto de vista, olhar para um aspecto que é de grande significado para o desenvolvimento da criança considerada normal e da criança com deficiência. A medida fundamental do desenvolvimento cultural está estreitamente relacionada com a abordagem científica das aptidões especiais.

Sabemos, em linhas gerais, o que representa a questão das aptidões especiais. O verdadeiro conceito de aptidões gerais é, de certa forma, uma incompreensão que tem origem na tradução incorreta de uma palavra estrangeira. Tradicionalmente, traduzimos a palavra "aptidão" de forma incorreta, pois esse termo, em francês, inglês e latim, e no léxico psicológico internacional, significa "intelectualidade", e aqueles que a usam frequentemente o fazem com o sentido de aptidão intelectual. Por isso, quando nos referimos à questão das aptidões especiais em geral, o significado não é o mesmo que em russo: nesse caso, devemos entender como a aptidão intelectual, pois a aptidão em geral, abrangendo da mesma forma todos os aspectos da personalidade, não existe. Sabemos muito bem disso.

Com relação à aptidão intelectual, as observações mais simples, em especial as observações de gênios excepcionais, deixam a impressão de que as aptidões humanas, como um sistema de funções intelectuais, representam algo especial e fundamentalmente simples. Sabemos, no entanto, que mesmo um sistema menos complexo como o digestivo não é de fato simples, não é uma massa homogênea de tecido que tem a responsabilidade de realizar funções homogêneas no organismo. O mesmo pode ser dito com relação às aptidões aparentes dos gênios ou de pessoas talentosas. Nesse caso, sempre nos surpreenderemos pelo seguinte: por exemplo, se L. N. Tolstói, o gênio novelista, quisesse trabalhar com matemática, ou com medicina ou mesmo com jogo de xadrez, haveria provavelmente uma enorme discrepância entre suas aptidões como novelista e seu potencial para a matemática ou para o xadrez. Se considerarmos um jogador excepcional de xadrez ou um mestre da dança clássica, provavelmente teríamos uma alta eficiência com relação ao xadrez ou à dança clássica, mas uma redução significativa na eficiência com relação a todas as outras habilidades.

As observações experimentais de crianças normais e com deficiência mental mostraram que há uma mesma regra para todos os estágios: o organismo humano, a personalidade humana e o intelecto humano representam um todo único, mas não simples, isto é, não é um todo homogêneo, mas um todo complexo compreendido por várias funções ou elementos em uma estrutura complexa e com relações complexas entre si. Apesar das correlações complexas entre as várias formas de aptidões, sabemos, com base em observações de fatos da vida cotidiana, mas também em dados obtidos experimentalmente, que as diferentes curvas de desenvolvimento da criança quase nunca coincidem. Sabemos, por exemplo, que as aptidões intelectuais e as aptidões motoras não coincidem e que a deficiência pode ocorrer em cada aspecto de modo que as curvas para cada área não coincidem completamente; e, mesmo se a deficiência coincide de forma geral, cada curva ainda terá sua dinâmica única.

Essa situação cria a mudança mais importante e substancial nas técnicas de medida da psicologia moderna, e essa mudança inevitavelmente leva à transição de um conjunto de medidas superficiais para uma avaliação das aptidões e pesquisas especiais sobre os aspectos específicos de diferentes funções.

Existem tentativas, no entanto, de unificar as funções através de uma relação funcional-estrutural complexa. Recentemente, Thorndike realizou vários estudos psicológicos e fisiológicos propondo um novo projeto para mudar as avaliações sobre o desenvolvimento mental da criança. Ele ressaltou a necessidade de uma revisão e reavaliação dos métodos tradicionais de medida que estão de acordo com o sistema de Binet – no qual Thorndike afirma que é impossível saber o que se está avaliando e como se está avaliando ou se a avaliação é correta. E, principalmente, não sabemos o que está sendo avaliado porque devemos somar e subtrair as várias operações realizadas pela criança sob a forma de quintas partes. Uma criança fez um teste com três tarefas, outra fez uma mapa das ruas e das casas da cidade onde mora; ambas receberam a pontuação de acordo com um quinto de sua idade. Mas está claro que o produto dessas operações não é homogêneo e não se pode compará--los e dizer que ambos apresentam o mesmo aumento intelectual de 1/5. Geralmente é necessário, em tal caso, adicionar e combinar diferentes qualidades, somar distâncias com pesos. Por isso, não sabemos o que estamos medindo e é impossível diferenciar a identidade das operações e a equivalência dos produtos obtidos como resultado dessas operações.

E, mais importante, diz Thorndike, é que não sabemos também como estamos medindo. A medida é um princípio aritmético básico. Medir é contar com unidades iguais de modo que entre 1 e 2, 7 e 8, 15 e 16 existe a mesma unidade aritmética; consequentemente, para medir, é necessário uma escala de unidades iguais.

Como se fazem as medições pelo método de Binet? Obviamente, não existe tal escala única. Se uma criança de 7 anos não passa em determinado teste, mas passa com 12 anos, podemos concluir que o avanço é igual a uma unidade? De modo geral, em uma classificação das crianças, podemos obter o seguinte: estudei cinco crianças e encontrei essa classificação: A, B, C, D, E; mas pode ser que a diferença entre a primeira e a segunda criança não seja a mesma; que, para uma, o coeficiente seja 200 e, para a outra, seja 10 ou 20 vezes menor. Como podemos entender o significado da classificação se as diferenças não são as mesmas?

Por fim, podemos dizer que estamos medindo parâmetros que não são iguais com unidades que não são as mesmas e chegamos à conclusão de que não sabemos se a medida é confiável, se estamos conseguindo um coeficiente que corresponda ao estado que estamos avaliando. Isso acontece porque estamos trabalhando com uma escala que não tem zero. Para configurar uma escala deve-se ter um zero no começo, mas, em nosso exemplo, não sabemos como relacionar a unidade com o ponto em que começamos a contar. Suponhamos que comecemos a contar a partir do zero e que a escala de Binet considere um ano como uma unidade. Isso tem um significado. Então, a classificação da criança que resolve um problema destinado a uma criança de 12 anos de idade, de acordo com Binet, é automaticamente elevada e o aumento será avaliado como a razão de 3/2. Vamos supor que não começamos do zero e que um ano de desenvolvimento corresponda a uma pontuação de 1000*. Então, haveria uma razão totalmente diferente, aproximadamente 1012/1018, que resultará em um coeficiente diferente de progressão da criança.

---

* Unidades arbitrárias. [N. do E.]

Para sabermos se essa razão que obtivemos com duas medidas é confiável e se podemos comparar essas duas medidas, devemos considerar apenas os dois últimos números ou todos os números como um todo ou os dois últimos dígitos de um número de seis dígitos.

Thorndike afirma que para obter um zero teríamos que graduar as aptidões intelectuais começando da minhoca e indo até um estudante americano, isto é, teríamos que considerar toda a extensão do desenvolvimento a fim de conseguir a razão que estamos medindo. Ele desenvolveu uma posição sólida em toda a metodologia para medir a aptidão intelectual das crianças e sua pesquisa ressalta a necessidade de uma mudança para medidas especiais. Inicialmente, devemos conhecer o que estamos medindo. Por isso, é preciso conhecer e medir unidades homogêneas. Para fazê-lo, é preciso medir uma série de aspectos intelectuais das crianças, e não apenas a intelectualidade em geral, e, sempre que possível, analisar experimentalmente determinadas funções que podem fornecer um produto que pode ser comparado em condições idênticas de medida.

A segunda tese é esta: devemos medir com as mesmas unidades e, portanto, devemos organizar o instrumento para realizar a medida adequadamente. Para isso, devemos encontrar unidades ou quantidades qualitativamente idênticas no comportamento. Sem elas não podemos realizar nenhuma medida.

Com base nos pontos levantados, surge a seguinte necessidade: devemos não somente observar os fatos, mas também determinar sua interpretação adequada.

O sistema de Binet consiste no seguinte e considera certa quantidade de fatos: a criança resolveu essa questão, ela não resolveu aquela, o protocolo revela os dados, eles são adicionados, a média aritmética é computada e o resultado mecânico é obtido. De fato, diz Thorndike, seria ingênuo assumir que entre as funções intelectuais relacionadas a diferentes etapas de desenvolvimento existe certa relação aritmética. Se essa questão fosse tão simples, então poderíamos utilizar como indicador um derivado simples teórico das frações quíntuplas que obtivemos em vários anos precedentes de desenvolvimento infantil. Por isso,

Thorndike acredita que em casos semelhantes a ciência é obrigada a separar estritamente as duas abordagens metodológicas – obter os fatos e interpretá-los.

Como procede um médico? Ele ausculta, mede a temperatura, realiza um raio X e não soma simplesmente todos os resultados obtidos. Ele os interpreta baseado no conjunto de conhecimentos médicos e somente depois faz o diagnóstico. O processamento científico, nesse caso, consiste em desenvolver uma base sólida para os fatos, e estes podem ser interpretados separando assim essas duas situações diferentes. Para obtermos uma posição adequada, devemos estabelecer os fatos com a máxima precisão e, então, cada fato pode ser interpretado posteriormente com precisão. Assim, pode-se identificar a relação entre os fatos isolados, pois um mesmo fato relacionado a certos fatos específicos (a mesma temperatura, a mesma tosse ou os calafrios) não tem o mesmo significado do que quando relacionado a outros fatos: eles possuem um significado diferente quando em diferentes combinações.

O psicólogo deve proceder da mesma maneira. Em vez de assumir ingenuamente que a relação entre funções intelectuais é mais simples do que entre os diferentes estágios da tuberculose, ele deve separar os fatos de sua interpretação e ter uma proposta teórica correta. Somente depois ele pode revelar a relação entre esses fatos.

Thorndike propôs um experimento muito interessante que estabelecia precisamente a proposta para diferenciar os três planos ou três estudos sobre a inteligência: medir a extensão, a amplitude e o volume do intelecto. Não abordaremos esse ponto em detalhes. Retornaremos ao problema de avaliar o comportamento cultural da criança.

Em primeiro lugar, é necessário mencionar o que temos nesta área que não temos em outras áreas de pesquisa – temos um zero estabelecido empiricamente, embora não seja o ideal do ponto de vista aritmético. O zero tem que ser derivado. Por isso, podemos comparar as diferentes medidas. Em alguns casos, o problema é resolvido sem mudar os meios culturais e, em outros, aplicando os instrumentos culturais adequados. Desse modo, podemos comparar dois tipos de solução e essa comparação nos dará um critério científico totalmente objetivo para avaliar o desenvolvimento. Essa situação conveniente se deve ao conceito de desenvolvimento cultural e aos motivos de diferir do desenvolvimento orgânico. Podemos estudar várias transformações externas no desenvolvimento orgânico que são derivadas da adaptação da criança em crescimento ao ambiente cultural correspondente. O mesmo instrumento de comparação ou de relação, como ressaltou Thorndike corretamente, permite que nos aproximemos da escala de unidades equivalentes e que façamos a transição para medir os indicadores relativos e então operar com as correlações de coeficientes.

De posse desse tipo de coeficiente, conseguimos outra vantagem: obtemos as unidades equivalentes, embora abstratas. Vamos confirmar esse ponto. Quando adicionamos os dados de acordo com o sistema de Binet e consideramos do mesmo modo como 1/5 a solução de um teste entre três testes para nomear lugar, número e ano, procedemos de modo indevido porque comparamos dois aspectos diferentes qualitativamente. Mas, se comparamos duas relações idênticas com as mesmas unidades, então conseguimos um resultado uniforme. Assim, não cometeremos um erro. É mais fácil contar unidades abstratas do que unidades concretas e, dessa forma, superamos a dificuldade.

E, finalmente, com base no conhecimento geral sobre o desenvolvimento cultural e suas relações com o desenvolvimento orgânico, podemos também obter a interpretação dos dados de modo confiável, como Thorndike afirmou. Obtemos uma coleção de dados com caráter comparável, com a característica de mesma função no desenvolvimento cultural e orgânico. Temos a possibilidade de revelar a relação de sintomas e isso torna possível interpretar um fato cientificamente e abordar a medida do desenvolvimento cultural, assim como um médico aborda a observação dos sintomas.

Usando esses exemplos, tentaremos elucidar nossa situação. Pensando no desenvolvimento da aritmética em uma criança, como podemos apresentar e medir uma operação com números em relação ao seu desenvolvimento cultural? Existem muitos exemplos relativos à medida do desenvolvimento aritmético na criança, como testes que consideram o problema de existirem ou não certos hábitos. Para isso, solicita-se ao sujeito que resolva uma variação especial de um teste de subtração; por exemplo, não apenas subtrair o número menor do maior, mas também subtrair o maior do menor. O que podemos obter com esse experimento?

Vamos imaginar que determinada classe resolva o teste de subtração de certo modo e que os estudantes sejam distribuídos de acordo com a solução que obtiveram. Imaginemos que proponhamos fazer a mesma subtração, mas de modo invertido, com o subtraendo acima e o minuendo abaixo. Pode parecer que, se introduzirmos a mesma alteração para todas as crianças, então poderíamos esperar que a distribuição dos estudantes permaneceria a mesma de antes; talvez a quantidade de tempo total para resolver o problema pudesse mudar. Mas os estudos mostram que isso não acontece. Introduzimos a mesma alteração para todos, mas as diferenças entre as crianças para resolver o novo problema foram muito grandes.

Assim, estamos diante de um fato que precisamos explicar.

Por que a distribuição dos grupos foi diferente quando a subtração foi em ordem normal ou em ordem invertida? Como sempre, para cada fato concreto há um entrelaçamento de várias razões complexas. Nesse caso, vários fatores têm um papel: o momento de adaptação a novas circunstâncias (que é distinto para crianças diferentes), o momento em que ocorre o domínio completo e estável do hábito e o fator tempo que é preciso superar. Mas o que foi provado experimentalmente é que as crianças que resolvem o teste do mesmo modo, isto é, as crianças que apresentam a mesma habilidade em usar certo hábito, do ponto de vista genético, estão em diferentes estágios de desenvolvimento com relação à aritmética cultural.

Uma criança dominou um instrumento externo puramente mecânico que ela usa eficientemente. Quando as condições para realizar o mesmo processo mudam, ela não é mais capaz de realizar a operação e começa a cometer erros e, por isso, a operação como um todo é interrompida. Às vezes a subtração não é terminada, o princípio da subtração é violado, e o sistema decimal geral e o sistema geral das operações aritméticas são subvertidos. Tudo se deteriora por causa de uma simples mudança: o número menor é colocado acima e o número maior é colocado embaixo. Nessas circunstâncias alteradas, todo o sistema parece inapropriado. Com outra criança a operação se torna mais lenta, muda a quantidade de erros, mas a solução permanece confiável. Isso significa que a criança assimilou a estrutura requerida para a subtração, isto é, no desenvolvimento cultural ela não somente adquiriu o hábito externo de realizar a subtração, mas de fato desenvolveu um método adequado de comportamento com relação a determinada estrutura e, por isso, mesmo que as circunstâncias tenham mudado, seu hábito é mais estável.

Finalmente, entre os dois casos extremos, em que as crianças não puderam resolver o problema ou em que o resolveram de forma mais lenta, está a maioria dos estudantes e este é o padrão de desenvolvimento cultural dessa classe. Vamos considerar que quarenta pessoas que resolveram o problema de subtração de acordo com os signos externos representam um grupo homogêneo, mas, quando as condições são mudadas, essas pessoas passam a apresentar grandes diferenças. Temos, nesse caso, um instrumento para pesquisa que pode ser denominado arbitrariamente de *método dos deslocamentos*, ou deslocamento dos meios aceitos normalmente, dos sistemas de medida aceitos comumente. Desse modo, podemos testar em que medida a criança reage mecanicamente a uma situação e em que medida ela assimilou a essência de determinada operação, isto é, em que medida ela assimilou a estrutura do processo cultural independentemente das diferentes mudanças.

Mencionaremos outro instrumento que Thorndike adotou. Com o uso de um teste nas operações aritméticas elementares, ele construiu um estudo usando os processos algébricos que permitem considerar a produtividade do estudante que dominou um ou outro hábito. Além disso, segundo Thorndike, também é possível estudar as condições psicológicas mais gerais que estão subjacentes ao processo de cálculo. A pesquisa de Thorndike é extremamente simples. Suponhamos que substituamos os sinais da aritmética usual por letras. Tentaremos introduzir uma nova representação arbitrária para escrever os sinais de divisão e de multiplicação, uma forma não usual em vez da forma usual, e observaremos como isso afeta o comportamento de solução do problema.

Ou ainda de forma mais simples. Para entendermos como uma criança opera com símbolos em geral, especialmente os sinais algébricos, Thorndike introduziu uma série de sinais arbitrários. Inicialmente, são dadas as instruções de que um signo tem um significado e outro tem outro significado e, ainda, um terceiro tem outro significado e que um quarto signo representa algo concreto. Então é apresentado um sistema de signos que a criança deve interpretar. Desse modo, Thorndike tenta estudar até que ponto uma criança dominou a estrutura de manipulação dos signos e o quanto ela pode substituir um símbolo por outro para resolver um problema de aritmética.

O que as pesquisas mostraram?

Poderia parecer que não há diferença se em um problema de álgebra o x fosse substituído por outro signo. O princípio não muda; uma barra pode substituir o x. O significado do signo usado permanece o mesmo. Mas tal mudança tem consequências para qualquer estudante. Como regra, muda o caráter geral de solução do problema. Thorndike está correto em afirmar que o hábito de usar o x como incógnita tem um significado importante, e mudar o significado torna mais lenta a resolução de uma operação equivalente; o novo sistema de signos parece mais difícil e, o que é mais importante, muda a ordem de classificação dos estudantes na classe relacionada à solução do problema, isto é, realizar a tarefa com diferentes signos resulta em uma distribuição diferente dos estudantes na classe em relação àquela com os signos usuais. Como resultado do experimento, obtivemos um panorama diferente daquele que obtivemos anteriormente. Thorndike afirma que pelo método de pesquisa revelamos a discrepância entre o conhecimento aritmético e o algébrico e obtivemos uma forma geral de comportamento que oculta a solução de cada problema aritmético de modo geral. Consequentemente, o método dos deslocamentos torna possível acessar o estudo genético de um ou outro hábito, revelar o quão estavelmente um hábito foi assimilado.

Esse método possibilita a abordagem genética no sistema de educação. A educação e seus efeitos sobre o desenvolvimento dos estudantes tem sido medida até agora de dois modos básicos, que obviamente permanecem e que são muito importantes, mas que não resolvem todo o problema da educação; por um lado, consideramos o sistema de habilidades, hábitos e conhecimentos escolares e, por outro, as aptidões dos estudantes. No entanto, uma terceira tarefa importante permanece – mostrar o efeito recíproco dos hábitos adquiridos pelo estudante e a educação sob a forma de comportamento cultural e de desenvolvimento do comportamento.

Assim, principalmente os dois primeiros indicadores foram estudados na prática pedagógica. Além disso, sabemos que há uma influência recíproca extremamente forte dos processos adquiridos de comportamento no desenvolvimento geral infantil. Sabemos que sem determinados dados intelectuais a criança não pode dominar os hábitos necessários; uma criança com atraso mental não pode sequer dominar a linguagem. Mas o outro aspecto é também significativo para nós: é importante conhecer não somente o quanto o pensamento reorganiza os processos comportamentais, mas também saber o quanto os processos comportamentais reorganizam o pensamento, e por que especificamente esses dois processos devem estar no centro da atenção no que se refere ao estudo da idade cultural da criança.

De modo mais simples, o momento de domínio da linguagem depende da inteligência da criança e todos os trabalhos levam à conclusão de que os estudos da linguagem representam um indicador conveniente do potencial mental. Em consequência, um ou outro nível de aptidão sem dúvida se reflete na natureza do domínio da linguagem. Mas, naturalmente, o inverso é também verdadeiro. Se no processo de desenvolvimento a criança domina alguma linguagem, é interessante observar em que medida e como isso reorganiza todo o processo natural de seu pensamento. Vamos lembrar da divergência entre as curvas, isto é, o efeito mútuo entre o desenvolvimento natural e o desenvolvimento cultural. Vamos nos lembrar do exemplo do desenho. Se tentarmos desenhar a curva de desenvolvimento do pensamento infantil considerando sua qualidade em cada estágio, veremos que essa curva não coincide com a curva de desenvolvimento do pensamento em geral, mas coincide com a curva de desenvolvimento da linguagem.

Colocam-se então duas questões importantes. Primeiro: em que medida o domínio da linguagem é facilitado pelo potencial intelectual da criança? Por exemplo, por que a criança que está no estágio de 3 a 4 anos de idade descreve o desenho com palavras isoladas embora ela pense na figura como um todo? Obviamente, para dominar a linguagem deve-se saber realizar as operações intelectuais de maior grau de complexidade do que aquelas que uma criança de 3 anos pode realizar. Em consequência, podemos revelar a dependência dos diferentes estágios de desenvolvimento da linguagem para o desenvolvimento da criança.

Permanece ainda uma questão mais importante: a criança pensa no conjunto da imagem, mas descreve a imagem com palavras isoladas e, na escola, vivencia um conflito entre o desenvolvimento do pensamento e da linguagem. A linguagem conduz à formação final do pensamento, transfere-o para um novo caminho, converte o pensamento natural em pensamento cultural, pensamento verbal e desse modo torna-o mais abstrato.

Surge uma segunda questão: como o desenvolvimento da linguagem na criança muda e transforma o desenvolvimento do pensamento? Que novas formas de pensamento se originam na criança que dependem do uso de formas apropriadas da linguagem? Tentamos elucidar essa questão nos capítulos anteriores. Tentamos apresentar certos pontos de vista, determinados dados teóricos, um tipo de plano genético ou instrumentos metodológicos que têm uma tarefa em comum: por um lado, separar o que foi considerado até agora inseparável nos estudos sobre a psicologia infantil, isto é, separar os processos de desenvolvimento orgânico dos processos de desenvolvimento cultural, e, por outro, determinar a metodologia para estudar os problemas.

Com base em nossos resultados podemos avançar um pouco mais em nossa pesquisa. Nosso trabalho nos ajudou a observar outro lado do processo de desenvolvimento infantil, que até agora foi considerado de modo simplista por muitos psicólogos. Se conseguirmos que a abordagem sobre o desenvolvimento infantil deixe de ser unilateral, então a tarefa deste trabalho foi alcançada. Em nossa pesquisa, queremos desenvolver uma visão mais complexa do processo de desenvolvimento infantil, apresentar duas linhas de desenvolvimento infantil e, na medida do possível, enriquecer as abordagens metodológicas nos estudos sobre a criança. Esse é nosso propósito fundamental no presente trabalho.

Capítulo 15

Conclusões. O futuro da investigação. O desenvolvimento da personalidade da criança e da sua concepção do mundo

Nossos estudos sempre foram conduzidos por uma via analítica. Tentamos isolar a linha do desenvolvimento cultural das diversas funções mentais, as diferentes formas de comportamento relacionadas, por um lado, com o domínio dos meios externos (linguagem, aritmética, escrita) e, por outro, com as mudanças internas na memória, na atenção, no pensamento abstrato e na formação de conceitos.

O capítulo sobre a volição revelou a raiz geral a partir da qual surgiram todas as outras formas de comportamento. Mas a síntese deve necessariamente seguir-se à análise. Pelo fato de o curso da exposição nunca coincidir diretamente com o curso da pesquisa, apresentamos inicialmente, em três capítulos, as posições teóricas gerais a que o estudo das funções isoladas nos levaram. Seu propósito foi o de explicar a análise, as estruturas e a gênese do comportamento cultural.

Na seção de síntese, tentamos chegar a conclusões gerais que podem ser embasadas pela história do desenvolvimento cultural no que se refere à educação e à metodologia de ensino escolar. Então, tentamos elucidar o problema da idade cultural relacionada ao desenvolvimento cultural e ao método de medi-lo.

Finalmente, fomos para a última tarefa, o objeto deste capítulo, que consiste em uma tentativa de apresentar um plano ou um aspecto global do desenvolvimento cultural da criança, em revisar o desenvolvimento cultural da criança globalmente e suas mudanças com a idade. Devemos observar que, no atual estágio de nosso conhecimento e de nossa pesquisa, o capítulo de síntese pode ser escrito somente como um esboço. Ao apresentar o desenvolvimento cultural de cada função em separado, usamos um material factual e estudos e observações isolados. Agora, vamos projetar a perspectiva futura da pesquisa. Somente o acúmulo detalhado de material factual primário, seguido por generalizações empíricas e teóricas que mostram os padrões parciais e nos colocam dentro de leis mais gerais, pode levar a uma solução completa de nosso problema.

Como dissemos, nossos estudos atuais não fornecem os fundamentos adequados para esta tarefa. No entanto, mesmo agora, podemos tentar traçar esquematicamente o desenvolvimento cultural como um todo e esclarecer, a partir de várias idades da criança, os pontos mais importantes da perspectiva que se abre em relação aos fatos apresentados anteriormente. Assim o faremos, primeiro porque apenas os fatos colocados em perspectiva podem ser por fim entendidos e avaliados plenamente. E, em segundo lugar, porque sem uma síntese conclusiva, mesmo que esquemática, muitos fatos poderiam ficar sem uma unidade, poderiam ficar desconectados e perder seu significado científico.

Na tentativa de abordar o desenvolvimento cultural de modo sintético, devemos nos basear nas seguintes posições básicas.

Primeiro: do ponto de vista de seu conteúdo, o processo de desenvolvimento cultural pode ser caracterizado como o desenvolvimento da personalidade e da visão de mundo da criança. Esses conceitos não foram determinados precisamente e não representam termos científicos precisos. Eles estão sendo introduzidos em estudos sobre crianças praticamente pela primeira vez. Talvez em estudos futuros eles possam ser rejeitados completamente ou substituídos por outros conceitos, mas, mesmo que permaneçam com significado semelhante ao atribuído a eles nesse momento, seu conteúdo deve ser mais preciso e distinto de conceitos semelhantes. Atualmente, nós os estamos introduzindo para uma orientação preliminar, como conceito geral que abrange dois aspectos muito importantes sobre o desenvolvimento cultural da criança.

Neste trabalho, a compreensão da personalidade apresenta um sentido mais restrito do que no sentido usual da palavra. Não estão incluídos os traços de individualidade que a distinguem de várias outras individualidades, que a tornam única ou que a relacionam a um tipo específico. Tendemos a igualar a personalidade da criança ao seu desenvolvimento cultural. Assim, a personalidade torna-se um conceito social: abrange o que é natural e histórico na humanidade. Ela não é inata, mas é o resultado do desenvolvimento cultural porque "personalidade" é um conceito histórico. Ele engloba a unidade de comportamento que se caracteriza pelo aspecto de *domínio* (ver capítulo sobre a volição). Nesse sentido, o correlato à personalidade será a relação entre as reações primitivas e as superiores e, assim, o conceito introduzido coincide com o conceito que Kretschmer estabeleceu no campo da psicopatologia.

Não entendemos a concepção de mundo como qualquer visão lógica e bem pensada sobre o mundo e sua característica mais importante de se desenvolver como um ato deliberativo. Usaremos essa palavra com um significado sintético, como a personalidade em um aspecto subjetivo. A visão de mundo é o que caracteriza o comportamento de uma pessoa em geral, a relação cultural da criança com o mundo exterior. Nesse sentido, um animal não possui visão de mundo e, do mesmo modo, uma criança não tem uma concepção sobre o mundo ao nascer. Nos primeiros anos de vida, às vezes até o período de maturidade sexual, a criança não tem uma visão de mundo, no verdadeiro sentido da palavra. Provavelmente ocorre mais uma ação sobre o mundo do que uma visão sobre o mundo. Assim, atribuímos ao termo "concepção de mundo" um significado puramente objetivo de um método que a criança possui de se relacionar com o mundo exterior.

Devemos fazer mais duas observações: primeiro, nossa pesquisa difere de um estudo sobre o desenvolvimento natural. O desenvolvimento natural não representa o desenvolvimento e as mudanças em funções separadas que têm como resultado uma mudança global. É provável que represente o contrário, que nenhuma função das consideradas anteriormente, como a linguagem ou a memória, se desenvolve independente e separadamente das outras funções; num processo de estreita interação, todos os aspectos da vida mental se desenvolvem, avançando e sustentando um ao outro. A personalidade se desenvolve como um todo, e somente de maneira arbitrária, somente com o propósito da análise científica é que podemos abstrair um ou outro aspecto de seu desenvolvimento. Isso está claro pelo que dissemos anteriormente. O verdadeiro caráter do desenvolvimento cultural, ao contrário do desenvolvimento natural, reside no fato de que nem a memória nem a atenção podem se transformar em processos de comportamento cultural geral se tomados como processos de desenvolvimento natural e deixados se desenvolverem por si mesmos. Somente quando a personalidade domina uma ou outra forma de comportamento é que consegue elevá-los a um nível superior.

Assim, na área do desenvolvimento orgânico, o todo, nas palavras de Aristóteles, precede suas partes, as partes e suas ações, isto é, os órgãos e as funções mudam de acordo com uma mudança geral global. Do mesmo modo, um pequeno avanço na área do desenvolvimento cultural de qualquer função pressupõe o desenvolvimento da personalidade nas suas formas mais embrionárias. A essência do desenvolvimento cultural, como vimos, consiste na dominação de seu próprio comportamento, mas uma precondição indispensável para esse domínio é a formação da personalidade e, por isso, o desenvolvimento de uma função está sempre na dependência do desenvolvimento da personalidade como um todo e é determinado por ele.

Desse ponto de vista, podemos observar, nas nossas investigações sobre o desenvolvimento da personalidade e da concepção de mundo, que acumulamos um material suficiente que deve ser reunido e apresentado como um todo. Se é verdade, como dissemos antes, que o desenvolvimento de cada função depende do desenvolvimento da personalidade como um todo, então, como consequência, ao traçar o desenvolvimento de cada função em separado, traçaremos o desenvolvimento da personalidade. A personalidade participa de modo subjacente no processo de domínio de nossas próprias respostas; mencionamos esse aspecto anteriormente.

A segunda e mais importante questão: não houve, em nosso trabalho, um único capítulo que não se entroncasse por múltiplas linhas nos capítulos seguintes. Se olharmos para o trabalho como um todo, da mesma forma que podemos dizer da altura do voo de um pássaro, poderemos observar os caminhos complexos e entrelaçados que conectam e relacionam todos os capítulos. Assim, a linguagem, que é o principal componente do desenvolvimento da personalidade, nos conduz à forma fundamental de memória mnemotécnica; ela se torna compreensível somente à luz da função indicadora dos signos de atenção. A palavra é um instrumento direto para a formação de conceitos. A linguagem representa o meio fundamental do pensamento e está relacionada ao desenvolvimento dos gestos, dos desenhos, das brincadeiras e da escrita. A atenção também se constitui em uma base real sem a qual o desenvolvimento dos conceitos não seria claro, e não poderíamos ter escrito a história da personalidade e de concepção de mundo da criança se essas linhas interconectadas intrincadamente não tivessem sido esboçadas em todas as exposições anteriores.

A terceira questão: no estado atual do conhecimento existem lacunas importantes para resolver o problema apresentado. Assim, nada se pode dizer sobre a relação muito importante entre a vida orgânica e a vida da personalidade, relação esta subjacente ao desenvolvimento cultural das emoções e dos desejos humanos. Pudemos traçar o desenvolvimento das necessidades culturais e sociais somente de modo breve e convencional no estudo do desenvolvimento dos motivos.

Vamos considerar neste momento a ontogenia do desenvolvimento cultural como um todo.

O *recém-nascido* representa o ser humano mais primitivo. Uma pessoa com baixo desenvolvimento, uma pessoa com deficiência mental que praticamente não apresenta um desenvolvimento cultural, as crianças surdas-mudas, as crianças mais velhas, sem falar dos adultos, não atingem o estágio puramente natural em suas funções orgânicas como ocorre com o recém-nascido. O recém-nascido é um ser natural no pleno sentido da palavra. Por isso, no primeiro período de vida da criança é mais fácil observar as reações naturais. Se determinadas formas primárias de comportamento cultural são aparentes no recém-nascido, então, elas ainda se caracterizam por um caráter semiorgânico e estão ligadas a uma reação elementar da criança à voz humana, ao aparecimento de um adulto ou de outras crianças pequenas.

Nesse período, o mais importante do ponto de vista do desenvolvimento cultural, a mudança mais importante, é o momento em que a criança usa seu primeiro instrumento. As observações e os experimentos sistemáticos mostraram que esse aspecto do pensamento natural, independente das palavras, do qual falamos anteriormente, pode ser observado na criança com 9 meses de idade. É especificamente nessa idade que são formadas as primeiras conexões sensório-motoras e mecânicas complexas.

As primeiras intenções de realizar algo com o auxílio de algum objeto foram observadas na criança com 6 meses de idade. Aos 9 meses, as conexões complexas aparecem de modo mais definitivo. Quando, após várias tentativas, a criança não consegue pegar um brinquedo que caiu usando as mãos, ela joga outro brinquedo no chão. Observamos que os chimpanzés de Köhler e as crianças mais velhas agem do mesmo modo quando não conseguem pegar uma bola que está do outro lado da rede.

Mas uma criança de 10 meses com muita frequência pega um guizo que caiu pela corda atada a ele, uma operação que é impossível para um cão adulto, como mostram os experimentos de Köhler. A criança já entende certas relações mecânicas. Esse período do pensamento instrumental (*"Werkzeugdenken"*) Bühler propôs denominar de idade do chimpanzé. Observamos como uma criança com 10 meses puxava um adulto pelo seu cinto ou usava um objeto para mover outro objeto que não estava acessível. Os pesquisadores estão totalmente corretos quando afirmam que o uso de um instrumento inicia um período totalmente novo para a criança. A principal mudança que ocorre é a seguinte: aos 10 meses, usa uma corda para pegar um objeto e permanece nesse nível de pensamento, independentemente da linguagem, até um 1 de idade.

Assim, podemos observar que a criança desenvolveu seu comportamento por meio de três estágios: dos instintos, dos reflexos condicionados e das formas simples de pensamento. A maior realização da psicologia experimental moderna foi estabelecer que o pensamento natural está presente na criança de 1 ano de idade. Ela mostrou que as raízes genéticas do pensamento e da linguagem não são as mesmas e que não há nada mais instrutivo do que traçar mês a mês o desenvolvimento das reações, do pensamento e do balbucio das crianças. Mas não devemos nos esquecer de que estamos lidando com as raízes naturais do pensamento e da linguagem. Ao traçar o desenvolvimento de ambos ao longo dos meses, vemos que não há uma relação direta entre eles na criança. O significado definitivo da transição para o uso de instrumentos consiste em que este é o momento de mudança no desenvolvimento das formas básicas de adaptação da criança ao ambiente.

Jennings ressaltou que as reações de um organismo não representam um conjunto desordenado, mas um sistema determinado pela organização daquele organismo. Ele disse que uma ameba não pode nadar como um infusório e que este último não tem órgãos para voar. Há no ser humano um sistema de funções que limitam suas respostas comportamentais. Mas, ao contrário de outros seres vivos, o ser humano amplia suas ações com o uso de instrumentos. O cérebro humano tem um papel decisivo; têm também um papel importante, para implementar suas ações, suas mãos, seus olhos e seus ouvidos. A extensão de sua atividade é ilimitada graças ao uso de instrumentos. O inventário natural desse sistema de ações é possível para a criança a partir da idade em que inicia o uso dos instrumentos.

Parece-nos que, mesmo nesse caso, os pesquisadores não deram importância suficiente para o caráter natural do comportamento infantil. Segundo Hans Driesch[1], eles tentaram reduzir o comportamento a suas unidades elementares, considerando-as não apenas simples reflexos que, em forma isolada e pura, aparecem no recém-nascido tão raramente como nos adultos, mas ações cujo critério, segundo Driesch, é sua determinação pela experiência individual do ser vivo. Por isso, ao determinar as ações, os pesquisadores introduziram o comportamento que era de fato ou aparentemente dirigido a um objetivo.

---

[1] DRIESCH, Hans (1867-1941). Vol. 1, p. 468.

Como dizem esses pesquisadores, uma ação é o comportamento dirigido ao sucesso, independentemente de o esforço realizado ser consciente ou inconsciente e do tipo de sucesso que se tem como objetivo. Esse ponto de vista, como toda posição teleológica, parece-nos falso no sentido de que, para expressar um fato ou uma relação objetivos bem conhecidos, em especial uma relação funcional, é essencialmente usado, subjetiva e geneticamente, o termo "atividade orientada para um fim", que pertence a estágios mais precoces. Também são perdidos os limites para determinar quando aparecem realmente pela primeira vez na criança as ações dirigidas a um objetivo. Tanto o pensamento como a linguagem infantil nesse período se manifestam de forma natural. A linguagem não serve para objetivos conscientes e intencionais, mas aparece como uma simples atividade da criança que se expressa em balbucio, choro e outros sons expressivos. Mas a mudança mais decisiva ocorre na atividade da criança no momento em que ela começa a expressar respostas sociais simples tendo como base a linguagem. As respostas sociais que estão ausentes nos primeiros meses de vida se iniciam com um choro estimulado pelo choro de outra criança, progridem para um olhar para um adulto, um sorriso calmo depois de escutar uma voz, o choro quando o adulto deixa a criança e, então, agarrar um adulto e olhar para outra criança pequena.

Aos 6 meses de idade, a criança desenvolve a resposta de balbuciar para chamar a atenção do adulto, de responder com um balbucio às palavras de um adulto, de esticar seus braços em direção a ele e assim por diante. As ações de chamar a atenção do adulto com um movimento e puxar suas roupas para chamar a atenção se desenvolvem apenas aos 9 meses. Aos 10 meses, a criança pode mostrar um objeto ao adulto e, aos 11 meses, ela é capaz de realizar uma brincadeira ou atividade organizada, chamar a atenção de outra criança pelo seu balbucio etc. O balbucio muito cedo apresenta a função elementar de chamar a atenção, mas esses meios são ainda primitivos e não diferem essencialmente daqueles observados nos animais.

Assim, atribuir uma função social à linguagem (chamar a atenção) e estender os limites orgânicos naturais pelo uso de instrumentos são dois exemplos muito importantes que ocorrem no primeiro ano de vida e que preparam as mudanças importantes e fundamentais para o posterior desenvolvimento cultural.

Se quisermos relacionar os fatores comuns com o que conhecemos sobre o desenvolvimento cultural das diferentes funções, deveríamos dizer que todo esse período representa um período de transição da vida natural para a vida cultural da criança. Todas as ações da criança durante esse período possuem um caráter misto animal-humano, natural-histórico, primitivo-cultural, orgânico-pessoal. Denominamos arbitrariamente esse período de transição no desenvolvimento infantil de "estágio mágico". De fato, segundo Piaget[2], que desenvolveu a teoria mais séria e elegante sobre o primeiro ano de vida, a concepção de mundo infantil nesse estágio de desenvolvimento pode ser mais bem descrita como mágica.

Piaget parte desse comportamento infantil simples que é característico do primeiro ano de vida e que Baldwin denominou de reação em cadeia. Ela é a base da experiência motora infantil e é o ponto de partida para toda adaptação nessa idade. As mãos da criança fazem movimentos ao acaso e, se ela consegue um resultado com essas tentativas, então ela passa a repetir o movimento indefinidamente. Dessa forma é que aprende a chupar o dedo, a segurar objetos, a bater na mesa etc. A reação em cadeia é a exploração do acaso.

A adaptação motora perdura na memória. Como se sabe, a memória das crianças pequenas, a partir de 1 ano de idade, é diferente. Piaget observou que uma criança usa um único elemento de uma cadeia de reações para interferir no mundo que a cerca. Um pesquisador observou que aos 8 meses uma criança se levantava e caía com todo seu corpo para que algo que ela viu à distância se movesse. Uma criança um pouco mais velha mexe seus olhos mirando um fio para que uma lâmpada se acenda. A criança não distingue as mudanças que ocorrem em consequência de suas próprias reações daquelas que ocorrem independentemente delas.

---

[2] Estamos nos referindo ao livro de Jean Piaget *Speech and Thinking in the Child* [A linguagem e o pensamento da criança] (Moscou-Leningrado, 1932).

A hipótese de Piaget, segundo suas próprias palavras, afirma que todos os movimentos realizados pela criança em seu ambiente, que são coincidentes com determinado acontecimento no ambiente, serão percebidos como um mesmo evento até que a resistência dos objetos ou das pessoas faça com que a criança distinga os diferentes e reais centros no mundo; ou, de modo mais simples, a separar seu "eu" dos outros objetos.

Acreditamos que é correta a ideia de Piaget de que, no recém-nascido, não existe nem mesmo a mais primitiva presença do "eu" – a personalidade e a concepção de mundo –, isto é, a relação com o mundo externo e com outros. Ambos, portanto, são para ele inseparáveis e ele percebe a cadeia de reações quando move seus braços emitindo um som e quando aperta os olhos em direção à lâmpada para acendê-la. Se atribuíssemos à criança uma consciência inata de seu próprio "eu", diz Piaget, não poderíamos entender por que começa a imitar as outras pessoas nem tampouco por que ela faz movimentos estranhos para que possa interagir com o mundo exterior. Podemos dizer, de modo mais simples, que a criança tem a experiência de completar um reflexo condicionado simples com ações externas que coincidem ao acaso com suas próprias reações. Mas, diz Piaget, se quisermos limitar toda a psicologia aos reflexos condicionados, então, deveríamos perguntar: qual é o significado da situação em que a criança usa o mesmo instrumento para atuar em pessoas e em objetos?

Isso nos parece ser o mais claro indício de que a formação da personalidade de fato ainda não ocorreu na criança e que ainda está completamente fundida com sua concepção de mundo que ela expressa em suas ações. Piaget corretamente denominou esse estágio indiferenciado da personalidade e do conceito de mundo como um estado paradoxal de solipsismo – não no sentido filosófico do termo, mas para indicar o fato de que a criança está, por um lado, sujeita às circunstâncias externas e, por outro, que as circunstâncias externas não se diferenciam dos processos que ocorrem em seu próprio corpo.

Se nos lembrarmos do que dissemos sobre as funções isoladas, veremos em todas as situações essa fase mágica ou de transição que se caracteriza pela ausência de diferenciação entre o mundo objetivo exterior e o mundo pessoal. Os aspectos característicos desse estágio são: a memória natural e a característica da criança quando ela adquire informações importantes sobre as qualidades e os estados do mundo exterior, a maturação natural de um dominante após outro, o estágio de formação de conceitos que, como disse acertadamente Piaget, consiste em distribuir todos os objetos com os quais a criança interage de acordo com os padrões dos cinco órgãos fundamentais de percepção.

Consideraremos dois exemplos importantes que o caracterizam. O primeiro é a memória. Apesar da força excepcional da memória infantil, as impressões adquiridas no primeiro ano de vida nunca são retidas e não permanecem durante os anos de vida subsequentes da criança. É um fato enigmático não nos lembrarmos dos eventos ocorridos no primeiro ano ou nos primeiros anos de vida, que não foi ainda explicado pela psicologia, mas que não pode ser simplesmente reduzido ao fato de que eles ocorreram muitos anos atrás. Na psicologia recente, há duas explicações básicas para isso. Uma foi proposta por Freud e a outra por Watson. Freud propôs que as memórias da infância precoce são deslocadas da consciência porque se referem a uma organização do comportamento infantil completamente diferente daquela correspondente à sua vida posterior. Watson associa a inconsciência de Freud ao comportamento não verbal e explica esse fato dizendo que as primeiras impressões são adquiridas sem a participação da linguagem. Para Watson, a memória é consequência do aspecto verbal do comportamento.

A explicação de Watson parece-nos muito provável. A partir dela, podemos concluir que o primeiro ano de vida representa para o desenvolvimento infantil uma espécie de época pré-histórica da qual não nos lembramos, assim como não nos lembramos da época pré-histórica da humanidade que não deixou documentos escritos. Nossa linguagem representa, assim, uma escrita especial de nosso passado. De todo modo, o fato de não nos lembrarmos de nada sobre o primeiro ano de vida, assim como o fato de que a memória do passado é a base para a consciência sobre nossa personalidade, permite-nos dizer que o primeiro ano de vida se relaciona, em certo sentido, com a vida subsequente, assim como o desenvolvimento intrauterino se relaciona com a vida posterior. Esta é a segunda época, aparentemente pré-histórica, no desenvolvimento cultural da criança. Um exemplo na área de desenvolvimento de conceitos mostra novamente o quanto o caráter natural da época que estamos considerando está relacionado com a ausência de linguagem quando, para a criança, os objetos são identificados como objetos para reconhecer, para agarrar etc., isto é, eles são classificados de acordo com os diferentes padrões sensoriais.

Portanto, no esquema proposto por Piaget, podemos observar certa analogia com nossos conceitos de comportamento natural. Podemos observar como está incorreta a concepção de que a criança inicialmente reconhece objetos isolados e somente após a generalização surge a formação dos conceitos. De fato, a criança, assim como os animais, começa com padrões mais gerais; para ela existem os cinco grupos de objetos que não se diferenciam individualmente, mas são percebidos de acordo com um padrão de assimilação. Se a criança pudesse atribuir as palavras ao seu conceito de objetos, ela necessitaria de um total de cinco palavras e com elas poderia descrever toda a diversidade que ela conhece no mundo.

É interessante notar que a teoria afetiva sobre a origem da linguagem também projeta a existência de várias palavras básicas às quais são atribuídos significados diferentes pela humanidade em tempos pré-históricos.

Como disse Volkelt, a pirâmide de conceitos é construída simultaneamente a partir de dois extremos: o específico e o geral. Podemos avançar ainda mais e dizer que, pelo que conhecemos do comportamento infantil, antes de um 1 de idade, a pirâmide de conceitos é construída especificamente pela não diferenciação do particular; a criança parte do geral para o particular, identifica gradualmente pequenos grupos e posteriormente identifica um único objeto isoladamente. Isso está de acordo com o que conhecemos sobre as propriedades fundamentais da atividade do sistema nervoso, em especial a irradiação da excitação nervosa que sempre resulta na formação dos reflexos condicionados generalizados. Somente mais tarde, como consequência da diferenciação, que nunca ocorre repentinamente, a criança começa a isolar e a diferenciar os objetos.

Assim, o que caracteriza a criança é a presença da linguagem natural, da memória natural, o desenvolvimento lógico do dominante e a assimilação de um padrão, e não de conceitos. A transição para o uso de instrumentos, para a linguagem socializada, marca transformações fundamentais para o desenvolvimento cultural subsequente, mas estas pertencem ainda ao período natural na história da humanidade. Usando a linguagem da psicologia comparada, elas não diferem tanto das formas equivalentes de comportamento dos animais. A não diferenciação entre a personalidade e a concepção de mundo, unidas em uma única ação mágica, caracteriza o estágio de transição do desenvolvimento cultural. A correção que devemos fazer na teoria de Piaget consiste em que a linguagem socializada e o uso de instrumentos são fatores que rompem com essa fase mágica. A adaptação ao mundo natural e ao mundo social começa a se separar em duas linhas diferentes. Finalmente, a ausência de memória nos primeiros anos de vida, como já mencionamos, é uma evidência de que nesse momento a personalidade da criança ainda não está formada e ainda não foram criados os meios necessários para auxiliar em suas ações externas e internas.

A próxima época no desenvolvimento infantil se caracteriza por duas mudanças fundamentais que têm um significado decisivo para o desenvolvimento subsequente.

A primeira mudança é orgânica e consiste no fato de que a criança aprende a andar. A partir daí segue-se uma mudança radical em sua adaptação no espaço, uma ampliação de seu controle sobre os objetos, a liberdade de suas mãos da função de se locomover e a manipulação e o controle de vários objetos. Outra mudança é cultural e consiste no domínio da linguagem. Já mencionamos que este é um momento importante no desenvolvimento da criança e podemos descrevê-lo de modo esquemático a seguir. Inicialmente, os movimentos de agarrar são dominantes. Se os movimentos não são bem-sucedidos, a criança permanece com as mãos estendidas em direção ao objeto desejado. O gesto de apontar se desenvolve a partir dessa situação e representa o primeiro precursor da linguagem humana. Sua função é indicar, chamar a atenção. A criança pode fazê-lo diretamente segurando o objeto ou também indicando um objeto. Ela estende seus braços em direção ao objeto antes de 1 ano de idade; no segundo ano, esse gesto representa um gesto de apontar. A linguagem infantil se desenvolve por meio de gestos e, desse modo, o que ocorre é um desenvolvimento indireto, em zigue-zague, da linguagem.

Ao contrário do que supunha Meumann, as primeiras palavras não têm um papel afetivo-expressivo, mas uma função de indicar. Elas substituem ou acompanham o gesto de apontar. A linguagem sonora se desenvolve lenta e gradualmente e, juntamente, desenvolvem-se os processos fundamentais para suas relações com o meio e para influenciar as pessoas próximas.

No capítulo sobre o pensamento, mostramos que o domínio da linguagem leva a uma reorganização de todos os aspectos do pensamento, da memória e de outras funções na criança. A linguagem torna-se o meio universal para se relacionar com o mundo. Nesse momento, desenvolve-se uma concepção infantil de mundo nova e especial. Uma vez que a criança atua no mundo exterior através dos adultos, uma via mais curta entre as palavras e os objetos se desenvolve. Lembremo-nos dos experimentos de Köhler e de Bühler em que as crianças, quando não podiam pegar um objeto localizado atrás de uma tela, começavam a jogar almofadas, um cinto e outros objetos.

Do mesmo modo a criança se comporta com relação às palavras, e é interessante observar que esse aspecto se mantém nos adultos (que xingam objetos inanimados com os quais não podem lidar). Mais interessante é que a criança tenta atuar nos objetos por meio de palavras. Assim, nos experimentos de M. Ya. Basov, a criança se dirige a um brinquedo pedindo-lhe que caia. Ela mantém por muito tempo essa forma de atuar nas pessoas e nos objetos, mas a situação é diferente daquela dos primeiros anos de vida. Atuar sobre as pessoas e sobre os objetos segue trajetórias diferentes. A criança domina o instrumento e o signo, pelo menos o princípio de seu uso, e aplica-os adequadamente.

O momento decisivo no desenvolvimento da personalidade infantil nesse período é o reconhecimento do seu "eu". Como sabemos, a criança inicialmente chama a si mesma pelo seu próprio nome e passa a usar o pronome pessoal com alguma dificuldade. Baldwin observou acertadamente que o conceito de "eu" se desenvolve na criança a partir do conceito de outros. O conceito "personalidade" é, assim, um conceito social, reflexo, construído com base no fato de que a criança aplica a si mesma os instrumentos de adaptação que ela aplica com relação aos outros. Por isso podemos dizer que, na nossa concepção, a personalidade é social. Essa conclusão não é inesperada; mesmo ao analisar cada função em separado, vimos que o domínio, pela criança, de um processo comportamental se desenvolve a partir do exemplo de como um adulto o faz. Já vimos, por exemplo, que, inicialmente, os adultos direcionam a atenção da criança para um ou outro objeto e que a criança assimila somente aqueles instrumentos e meios que foram utilizados. O mesmo acontece com a linguagem. Inicialmente, sua função é de intercâmbio com outras pessoas e então ela se torna a linguagem interna baseada no intercâmbio da criança consigo mesma. O nome pessoal geralmente é eliciado em resposta à seguinte questão, como ressaltou Delacroix: "Quem quer isso, quem tem isso?". O pronome pessoal, assim como o nome pessoal da criança, é o gesto de apontar para si mesma.

J. Fichte[3] queria celebrar o batismo de seu filho no dia em que ele começasse a dizer "eu". Mas, obviamente, o surgimento desse pronome diz pouco a respeito do momento em que surge o reconhecimento da personalidade, assim como o gesto de apontar diz pouco sobre o significado objetivo da palavra. Isso pode ser observado claramente na língua francesa, em que há duas partículas diferentes para expressar "eu": "Eu" no sentido independente da palavra substituindo o substantivo (*moi*) e "Eu" como um pronome usado somente com o verbo (*je*). Delacroix propôs que na criança o "eu" como substantivo precede o "eu" que aparece somente como um elemento gramatical.

---

[3] FICHTE, Johann Gottlieb (1762-1814). Filósofo alemão e ativista social, representante do idealismo clássico alemão.

Temos como exemplo a criança surda-muda que fala livremente com 7 anos de idade, mas somente com 12 anos começa a usar o pronome pessoal. Antes disso, independentemente de frequentar uma escola especial, ela usa seu nome no lugar da palavra "eu": "Oleg tem um pai".

Da mesma forma, temos a observação de Stern que é bastante interessante: nos primogênitos, o uso do próprio nome geralmente precede o pronome pessoal, mas no segundo filho e nos filhos posteriores o pronome "eu" aparece simultaneamente com o nome e não apenas como elemento gramatical. É difícil confirmar o fato de que a personalidade da criança nesse estágio é construída segundo o exemplo social e que a criança faz a transição para o reconhecimento do "eu" da mesma forma que as crianças o fazem ao indicar a si mesmas com a palavra.

O próximo estágio típico no desenvolvimento da concepção de mundo pela criança é a idade da brincadeira como um tipo especial de comportamento infantil, que é excepcionalmente interessante sobretudo desse ponto de vista. Na brincadeira, a criança, ao atribuir um novo significado aos brinquedos e objetos, ao imaginar-se como um capitão, um soldado, um cavalo, vai além do estágio mágico em que ela não diferenciava as relações físicas das psicológicas. Agora, para ela, um bastão representando um cavalo não é um cavalo, ela não tem mais ilusões. Como tentamos mostrar anteriormente, esse novo (ilusório) significado geralmente não é uma designação simbólica arbitrária. O bastão não é mais um cavalo nem o signo de um cavalo do que, por exemplo, uma figura ou uma palavra. É interessante notar que, na brincadeira da criança, um desenho ou uma figura raramente substituem um objeto indisponível. Hetzer observou tais casos, mas nós os consideramos extremamente raros; eles representam uma exceção e não a regra.

A relação entre os objetos e o significado que lhes é atribuído em determinada situação é muito característica e corresponde ao estágio que a criança alcançou com relação à sua visão de mundo. Como dissemos, para ela o bastão não representa nem ilusão nem símbolo.

Tentamos mostrar anteriormente que esse significado se desenvolve com base nos gestos, isto é, tem a mesma raiz comum a partir da qual se desenvolve a linguagem da criança e se inicia toda a história natural do desenvolvimento dos signos. O movimento de agarrar sem sucesso, que se extingue no animal quando o objetivo não é alcançado, começa a apresentar uma nova função no homem devido ao ambiente social e é, essencialmente, a verdadeira fonte de todas as formas culturais de comportamento. Ele representa principalmente um pedido de ajuda, por atenção, e, consequentemente, é o primeiro a ir além dos limites da personalidade, isto é, representa uma cooperação primitiva no sentido psicológico da palavra. Tentamos mostrar que o bastão adquire seu significado para a criança devido ao gesto, ao movimento e à dramatização.

Os psicólogos, baseados no que a criança diz, foram suscetíveis à ilusão. Eles observaram somente o resultado pronto ou o produto de determinado processo, mas não detectaram o próprio processo, de que o significado inicial é inerente ao gesto imitativo, no apontar pela criança, no cavalgar um bastão etc. Algo é necessário para servir como um objeto para que o gesto seja implementado e o significado que esse objeto adquire é essencialmente um significado secundário baseado no significado primário do gesto.

Desse modo, vemos que a criança no estágio da brincadeira identifica de maneira muito instável sua personalidade e sua concepção de mundo. Ela pode ser qualquer pessoa tão facilmente quanto pode ser ela mesma, assim como qualquer coisa pode assumir qualquer aparência, mas é notável que com a labilidade, a instabilidade do "eu" da criança e das coisas que a rodeiam em cada brincadeira, a criança distinga logicamente, e não magicamente, entre os tratamentos dos objetos e o tratamento das pessoas. É notável que a criança nesse estágio de desenvolvimento não confunda a atividade na brincadeira com a atividade séria. Ela isola uma da outra em diferentes esferas e se move facilmente do significado em uma esfera para o significado em outra, nunca os confundindo. Isso significa que ela já tem o controle sobre ambas as esferas.

Somente na *idade escolar* a criança exibe uma personalidade e uma concepção de mundo mais firmes e estáveis. Como mostrou Piaget, a criança em idade escolar é também um ser muito mais socializado e individualizado. O que externamente parece ser uma contradição representa dois aspectos do mesmo processo e acreditamos que não há evidência mais forte da origem social da personalidade da criança do que o fato de que a personalidade infantil só se desenvolve e se torna madura com o aumento, a intensificação e a diferenciação da experiência social.

Um fundamento muito importante para essa mudança consiste na formação da linguagem interior, que agora se torna o principal instrumento do pensamento infantil. Se, no estágio da brincadeira, a criança pensa e age em conjunto, ao pensar em alguma atividade relacionada com signos, ela passa diretamente para a dramatização, isto é, para uma maneira factual de realizar a atividade; já o pensamento e a ação da criança em idade escolar estão relativamente separados um do outro. Na brincadeira, podemos observar um modo especial de usar os signos: para a criança, o processo de brincar, isto é, o uso de signos, está ainda estreitamente ligado ao significado desses signos, à atividade imaginária; nesse caso, a criança usa o signo não como meio, mas como objetivo em si mesmo.

A situação muda definitivamente na criança em idade escolar. Nesse caso, o pensamento e a ação são totalmente separados.

Piaget propôs que uma explicação para todas as características da idade escolar pode ser derivada de duas leis. A primeira ele chamou de lei do deslocamento ou da mudança. A essência dessa lei é que as características do comportamento infantil e de sua adaptação ao mundo exterior, observadas na idade pré-escolar, quanto às suas ações nesse momento, se deslocam e se transferem para o plano do pensamento.

O pensamento sincrético e seu uso para explicar os fenômenos visíveis, características da percepção infantil nos estágios iniciais do desenvolvimento, aparecem agora sob a forma de sincretismo verbal, cujos exemplos Piaget apresenta em seus experimentos. Essa lei pode ser formulada assim: a criança em idade escolar vive na esfera da percepção e ação diretas.

A segunda lei, que Piaget chamou de lei do reconhecimento da dificuldade, foi estabelecida por Claparède. A essência da lei é que a criança é consciente de sua operação somente na medida de sua adaptação malsucedida e, por isso, se a criança em idade pré-escolar apresenta em geral uma atividade reativa inconsciente, impulsiva, então, para a criança em idade escolar, a situação é completamente diferente. Essa criança já é consciente de suas ações e planeja-as por meio da linguagem e pode dar conta delas. Ela já isolou a forma superior de imitação intelectual que chamamos de conceito, que pode estar relacionado com o que a criança identificou pela linguagem interior como uma espécie de essência das coisas e de suas relações. Mas o mais importante ainda não aconteceu à criança, a consciência de seu próprio pensamento. A criança não dá conta deles ainda, não reage a eles e em geral não os controla. Eles fluem com ela assim como as ações fluíam antes, isto é, de modo puramente reacional. Só gradualmente, com a passagem dos anos, a criança aprende a controlar seus pensamentos e, assim como antes ela controlava suas ações, começa agora a regulá-los e a selecioná-los. Piaget observou acertadamente que regular os processos do pensamento é um ato voluntário, um ato de escolha tanto quanto uma ação moral.

Não é sem razão que Thorndike comparou a reflexão com a aritmética com base na escolha das associações necessárias, sendo a escolha um conflito de motivos, assim como ocorre na vida real. Somente com 12 anos, isto é, no final da escola elementar, a criança supera completamente a lógica egocêntrica e caminha para o domínio de seu próprio pensamento.

A idade da maturidade sexual foi designada usualmente como a idade na qual duas grandes transformações se completam na vida do jovem.

Diz-se que é a idade de descobrir seu próprio "eu", de formar a personalidade, por um lado, e, por outro, é a idade de formar sua concepção de mundo. Independentemente de quão complexas sejam as relações desses dois momentos quanto às mudanças básicas que estão ocorrendo na adolescência, isto é, os processos de maturação sexual, não há dúvida de que na área do desenvolvimento cultural elas representam momentos cruciais, com grande significado para tudo o que é característico dessa idade.

Por isso, Spranger está correto ao chamar a idade de transição como a idade de crescimento cultural. Quando ele diz que o adolescente descobre seu mundo interior com todas as suas possibilidades, estabelece sua independência relativa da atividade exterior, então, do ponto de vista do que ele conhece sobre o desenvolvimento cultural da criança, o correlato externo desse evento é o desenvolvimento de um plano de vida como determinado sistema de adaptação que é imaginado pelo adolescente. Assim, essa idade coroa e completa todo o processo de desenvolvimento da criança.

Já mencionamos que estamos limitados aqui a uma revisão esquemática e superficial da infância, pois as pesquisas atuais não podem ainda fornecer um cenário diferenciado e completo sobre as características do desenvolvimento mental das diferentes idades.

A questão da criança multilíngue[1]

Ser multilíngue na infância é uma questão muito complexa e intrincada para a psicologia moderna <...>. Devemos mencionar a pesquisa de Epstein, a primeira, tanto do ponto de vista cronológico como do lógico, que se baseou em observações sobre poliglotas e em dados de questionários respondidos por muitas pessoas que falavam várias línguas e, também, em experimentos sobre o ensino de várias línguas conduzidos pelo autor na Suíça. Epstein baseou seu trabalho no princípio de que o substrato mental da linguagem é o processo de conexão associativa estabelecida entre o som complexo e o significado correspondente, isto é, o sujeito ou uma ideia são nomeados por determinado som complexo. Todas as considerações subsequentes sobre essa questão se baseiam nessa premissa psicológica fundamental. Se o fundamento da linguagem não é nada além de uma conexão associativa entre signo e significado, então o problema de ser multilíngue desse ponto de vista é extremamente simples. Em vez de uma conexão associativa, temos, nesse caso, duas ou mais conexões associativas idênticas entre um significado e seus vários sons designados em dois ou mais sistemas de linguagem.

---

[1] Este artigo foi escrito em 1928. Foi publicado pela primeira vez em 1935 no livro de L. S. Vigotski: *Mental Development of Children in the Process of Schooling* [Desenvolvimento mental da criança no processo de escolaridade], Moscou, Leningrado, 1935. O texto deste artigo é posterior àquele de sua primeira publicação e tem o material omitido indicado por <...>.

Um fenômeno chamado inibição associativa tem sido estudado muito cuidadosamente pela psicologia experimental. Ela consiste, essencialmente, em várias conexões associativas que se inibem mutuamente. Se determinada ideia se relaciona simultaneamente com dois diferentes sons, então ambas as palavras tendem a aparecer em nossa consciência imediatamente após ocorrer a ideia. Desenvolve-se uma competição entre as duas tendências associativas e em consequência a conexão associativa mais persistente e mais forte prevalecerá. Mas a vitória é resultado de um conflito relacionado com a desaceleração e a perturbação do processo associativo. Por esse motivo, Epstein propôs que dois ou mais sistemas de linguagem podem existir simultaneamente como um sistema relativamente automático, sem apresentar conexões diretas entre si, mas possuindo a inibição associativa. Ele afirma que diferentes linguagens podem se associar diretamente com determinada ideia e função, em todas as formas impressivas e expressivas, independentemente da linguagem nativa. No entanto, entre esses sistemas, cada um dos quais está relacionado igualmente com determinada ideia pela conexão associativa, desenvolve-se um antagonismo que leva a um conflito entre várias tendências associativas, substituindo elementos de um sistema pelos elementos do outro, impedindo e empobrecendo não apenas a nova linguagem, mas também a linguagem nativa.

Assim, desenvolve-se a interferência ou o deslocamento e interação de um sistema com o outro juntamente com a inibição associativa. O efeito negativo de uma linguagem sobre a outra se expressa em um sentimento de dificuldade, estranhamento, erro estilístico, substituição de palavras por outras de uma linguagem diferente etc.

O efeito danoso de uma linguagem sobre outra se limita a esse fato. O autor afirma que o poliglotismo impede inevitavelmente o pensamento. Devido à competição das tendências associativas, surge uma interação excepcionalmente complexa entre as linguagens e um efeito negativo mútuo de um sistema sobre o outro. Como as diferentes linguagens dificilmente possuem palavras idênticas com significados que correspondem precisamente, e sempre há alguma diferença na linguagem, assim como no significado, porque cada linguagem possui seu próprio sistema gramatical e sintático, o poliglotismo traz sérias dificuldades para o pensamento da criança. Cada nação, diz o autor, tem sua própria maneira de agrupar as coisas e suas qualidades, suas ações e suas relações para poder nomeá-las. Os termos que parecem equivalentes em diferentes linguagens o são apenas parcialmente. Eles possuem nuances em seu significado e sentido que não podem ser diretamente traduzidas de uma linguagem para outra. As diferenças no significado representam um aspecto extremamente poderoso de interferência no poliglotismo. Além de representar uma transferência dos aspectos estilísticos e gramaticais ou fonéticos de um sistema para o outro, elas apresentam certa identificação incorreta dos significados.

Essa dificuldade é mais significativa do que a dificuldade que resulta das diferenças entre as palavras. É relativamente raro incluir palavras de outra linguagem, mas a substituição de ideias e de significados é extremamente frequente. O antagonismo de ideias, diz Epstein, é mais frequente do que o antagonismo das palavras. Um aspecto mais significativo da inibição mútua de dois sistemas de linguagem é não apenas a diferença nas ideias representadas pelas palavras de linguagens diferentes, mas também na combinação entre essas ideias.

Para cada indivíduo a linguagem nativa estabelece processos especiais de relacionar as ideias e suas construções que são expressas nas formas sintáticas. Essas formas adquirem uma rigidez associativa exclusiva, mas não são as mesmas para diferentes linguagens. Assim, surge a interferência dos diferentes princípios nas relações entre as ideias e, juntamente com a inibição mútua entre as palavras e os significados, desenvolve-se uma inibição mútua entre os diferentes métodos de relacionar ou conectar as ideias. Baseado nessa teoria, Epstein chegou a uma conclusão prática: o uso passivo de várias línguas é menos danoso. Na sua opinião, o poliglotismo é um erro social e a tarefa do pedagogo consiste em reduzir ou melhorar, na medida do possível, a influência desse erro sobre o desenvolvimento da criança. Para isso, a criança deve falar apenas uma língua, pois a mistura ativa de duas línguas, segundo as observações de Epstein, é muito prejudicial. Compreender e ler ou usar passivamente muitas linguagens é a conclusão prática a que chegou o autor com seus estudos. Como ele expressou, deve haver um poliglotismo impressivo e um monoglotismo expressivo.

Além disso, segundo suas observações, os danos causados pelo poliglotismo dependem não somente do uso passivo ou ativo da linguagem, mas também da idade da criança. Mais danosa é a influência do poliglotismo nos primeiros anos, quando a criança está formando os primeiros hábitos e formas de pensamento, quando as conexões associativas entre seu pensamento e a linguagem ainda não estão firmemente estabelecidas e quando, consequentemente, a competição com outras conexões associativas estabelecidas em outro sistema de linguagem é particularmente danosa para o desenvolvimento intelectual e da linguagem <...>.

<...> Muitos linguistas-pedagogos, diferentemente de Epstein, afirmaram que o estudo de muitas línguas diferentes não leva à inibição do desenvolvimento mental, mas o promove, e que as diferenças entre duas línguas estimulam uma melhor compreensão da língua nativa. Uma evidência dessa concepção se constitui em uma citação de um experimento extremamente interessante do linguista e pesquisador francês Ronget, que observou o desenvolvimento de seu próprio filho por vários anos. Ronget, o pai da criança, era francês, e a mãe era alemã. Ele realizou um experimento, ao educar seu filho, em que ele seguia o princípio de uma pessoa, uma linguagem. Isso significa que o pai sempre falava em francês com o filho e a mãe falava alemão. Algumas pessoas que se relacionavam com a criança falavam francês e outras falavam alemão, mas elas geralmente respeitavam o mesmo princípio, e dessa forma cada pessoa usava apenas uma língua para falar com a criança. O resultado do experimento mostrou que a criança adquiriu em paralelo e, de modo quase independente, ambas as linguagens. O domínio em paralelo de dois sistemas de linguagem diz respeito tanto a aspectos fonéticos como estilísticos e gramaticais da linguagem. É especialmente interessante que os sons nos diferentes sistemas de articulação foram adquiridos de modo simultâneo. A história do desenvolvimento da linguagem na criança pôde ser observada como se fosse

convertida e separada em dois processos independentes. Todas as fases e estágios que caracterizam a transição dos primeiros sons de balbucio para a linguagem correta e formal, com todas as suas peculiaridades e diferentes características, foram observados na mesma sequência tanto na língua francesa como na alemã, embora, inicialmente, o alemão, por ser a linguagem da mãe, avançou mais rapidamente.

Mas o resultado mais notável do experimento foi a grande independência entre os sistemas de linguagem que se desenvolveram relativamente cedo na criança. Ela dominou completamente ambas as línguas e, inicialmente, um fenômeno de linguagem muito interessante ocorreu quando a criança teve que expressar a mesma ideia em diferentes línguas ao falar com seu pai ou com sua mãe. Quando o pai, falando em francês, dizia-lhe uma mensagem para que fosse transmitida para sua mãe, a criança expressava o significado da mensagem em alemão, de modo que não havia uma influência importante da tradução da mensagem a partir do francês, a língua em que a criança recebeu a mensagem. Por exemplo, o pai levava o seu filho para outra sala porque a sua sala estava fria e dizia em francês: "Não fique aqui na minha sala, está frio; vá para a outra sala". A criança ia para a outra sala e dizia para sua mãe em alemão: "Estava um pouco frio na sala do papai".

O processo de uso de uma ou outra linguagem se desenvolve na criança sem interferência ou combinação. Raramente ocorreu a transferência da ordem das palavras e expressões de uma língua para outra e a tradução literal de palavras intraduzíveis. Assim, a alteração da sequência das palavras, como colocar o adjetivo após o substantivo, que é característico do francês, raramente ocorreu. Obviamente, ocorria alguma mistura de elementos de ambas as línguas, mas é especialmente importante o fato de que esses erros e essas combinações, observados experimentalmente, são característicos da linguagem infantil em geral e representam uma exceção. A criança desenvolveu bem cedo a consciência do uso de duas línguas. Quando ambos os pais estavam presentes, ela nomeava os objetos em ambas as línguas e somente mais tarde começou a diferenciar as linguagens como a de sua mãe e a de seu pai.

Com relação à questão de se tal assimilação em paralelo das duas línguas não interfere com o desenvolvimento intelectual e da linguagem da criança, Ronget responde categoricamente com uma negativa.

É notável também o fato de que a criança tem um trabalho dobrado para dominar ambas as línguas sem qualquer atraso no desenvolvimento da linguagem e sem qualquer trabalho adicional para assimilar a segunda língua. Os experimentos, como sempre, nos fornecem resultados claros devido às condições artificiais em que as observações foram realizadas e, nesse caso, Ronget atribui o sucesso do experimento a um princípio mantido rigorosamente: uma pessoa, uma linguagem. Essa organização da atividade da linguagem na criança, especificamente, protegeu-a da interferência e da combinação, do dano mútuo para ambas as línguas. Ronget nos descreveu outro caso em que tanto a mãe como o pai falaram com a criança em línguas diferentes. Esse fato mudou completamente todo o curso do desenvolvimento da linguagem, de modo que a criança dominou plenamente ambas as linguagens muito mais tarde do que a criança considerada normal.

Ao analisar esse caso, Stern observou corretamente que um aspecto essencial que facilita o estudo da segunda língua é colocar a linguagem em uma situação estável e definida.

A questão que Epstein colocou é muito mais ampla do que a resposta obtida com o experimento de Ronget. Ele considera, essencialmente, o problema sob um único ângulo: como o ensino de uma segunda língua influencia favoravelmente ou desfavoravelmente o desenvolvimento da língua nativa? Mas há uma questão importante que vai além do aprendizado da língua no sentido estrito da palavra e diz respeito à relação da criança multilíngue e seu pensamento. Como vimos, Epstein chegou a conclusões pessimistas a esse respeito. O poliglotismo, em sua opinião, é desastroso para o desenvolvimento do pensamento infantil. Esse fator, ao inibir o desenvolvimento mental da criança, resulta em conceitos confusos, em relações e combinações incorretas de ideias, e torna o processo mental como um todo mais lento e mais difícil.

Autores que abordam o problema mais profundamente sob o aspecto teórico não prosseguem na investigação dos distúrbios patológicos da linguagem e das dificuldades na linguagem e no pensamento experimentados pelo poliglota. Os neuropatologistas observaram fenômenos muito interessantes nos poliglotas com afasia.

Sepp aponta as afasias motoras nos poliglotas como um exemplo notável que conduz à conclusão de que há uma dependência da localização dos centros da fala no processo de formação da linguagem. Um paciente com lesão de determinado segmento do córtex cerebral perde a capacidade de falar em sua língua nativa, mas mantém a capacidade de falar em outra língua que foi menos usada e às vezes quase esquecida, e que, depois da doença, se observa que não só não desapareceu como também se tornou mais livre e plena. Ele afirma que os engramas das funções linguísticas se localizam em locais novos e diferentes dependendo da sequência de sua formação.

Podemos observar nesses fatos dois pontos que nos interessam. Primeiro, ao indicar a localização diferente de diferentes sistemas de linguagem e a possibilidade de se reter uma linguagem enquanto se perde a capacidade de falar outra, isto é, é uma evidência nova a favor da independência relativa de cada sistema diferente de linguagem. E, segundo, ao indicar que um sistema de linguagem que é pouco usado e esquecido quando é deslocado por outro pode adquirir o potencial para se desenvolver livremente quando o primeiro é interrompido.

Assim, chegamos a uma conclusão que confirma a posição de Epstein com relação à natureza autônoma dos sistemas e sua conexão direta com o pensamento e com relação ao conflito funcional mútuo. Muitos pesquisadores contemporâneos ressaltam vários casos em que uma transição aguda de uma linguagem para outra ou o aprendizado de várias línguas simultaneamente resultou em um distúrbio patológico da atividade da linguagem.

<...> No entanto, essas abordagens dos distúrbios patológicos da linguagem representam apenas um desenvolvimento extremo dos estudos que não abordam a questão aprofundadamente, mas que chegam a conclusões não muito animadoras com relação ao efeito do poliglotismo sobre o desenvolvimento mental da criança <...>.

Os dados apresentados até agora representam os fundamentos para uma conclusão mais importante com relação à teoria e à prática. Vimos que os efeitos de ser bilíngue sobre a pureza do desenvolvimento da língua nativa da criança e sobre seu desenvolvimento intelectual geral não podem ser considerados resolvidos no presente momento. Vimos também que, em essência, essa questão se apresenta como um problema controverso e muito complexo que necessitará de estudos especiais para que seja solucionado. Mesmo agora, o desenvolvimento desse problema não nos permite supor que ele terá uma resolução simples e inequívoca. Pelo contrário, todos os dados apresentados até o momento indicam que sua resolução será extremamente complexa e que depende da idade da criança, da natureza do encontro entre as duas línguas e, finalmente, e o mais importante, dos efeitos pedagógicos sobre o desenvolvimento da língua nativa e da língua estrangeira. O que não deixa dúvida é que as duas línguas que a criança domina não colidem mecanicamente entre si e não estão sujeitas a leis simples de inibição mútua.

<...> A deficiência mais séria em todos os estudos dessa área feitos até o momento, inclusive os estudos de Epstein, é a insustentabilidade teórica e metodológica das premissas à luz do que foi colocado e estudado pelos autores sobre esse problema. Por exemplo, os estudos psicológicos modernos não nos permitem considerar as relações entre o pensamento e a linguagem como simples relações associativas de dois conceitos para os quais a lei básica é a lei da inibição mútua. Além disso, devemos rejeitar tal premissa inválida, pois, com ela, são derrubadas todas as concepções de Epstein. O problema do pensamento e da linguagem conduz o psicólogo à conclusão de que a grande complexidade daquelas conexões e das interdependências que são a base dessa função humana superior e específica não é mensurável. Então, a grande complexidade desse fenômeno deve, inevitavelmente, ser levada em conta <...>.

<...> É necessária uma consideração importante que resulta de uma revisão crítica das pesquisas anteriores, que é a seguinte: todo o problema de ser bilíngue deve ser pensado dinamicamente, e não esta-

ticamente, do ponto de vista do desenvolvimento da criança. Achamos que, do ponto de vista científico, é insustentável colocar o problema como foi feito pelo trabalho de Epstein. Não devemos perguntar se o fato de ser bilíngue é sempre favorável ou inibidor sob todas as circunstâncias independentemente das condições concretas em que se desenvolve a criança e dos padrões de desenvolvimento que se modificam em cada faixa etária.

Por isso, a transição para o estudo concreto que considera todos os fatores sociais do desenvolvimento intelectual da criança, por um lado, e, por outro, a transição para o estudo genético que tenta traçar o fato com todas as suas qualidades multifacetadas no processo de desenvolvimento da criança – essas são as duas regras que devem ser dominadas por nossos pesquisadores.

Finalmente, o pré-requisito necessário para configurar os estudos gerais é a abordagem aprofundada, saindo da superfície, da consideração dos aspectos e dos indicadores externos, e penetrando profundamente, levando em conta as estruturas internas dos processos que estão envolvidos diretamente no desenvolvimento da linguagem da criança. Sob um aspecto, no processo de desenvolvimento dos estudos prévios, já foram ampliadas a profundidade e a largura do problema e tivemos a oportunidade de mostrar como esse problema se desenvolveu além dos limites estreitos da configuração inicial da questão.

A questão do poliglotismo é agora não somente uma questão de pureza da linguagem nativa da criança dependendo da influência de uma segunda linguagem. A questão é somente parte de uma questão mais complexa e ampla que inclui o ensino geral sobre o desenvolvimento da linguagem da criança com todo o seu rico conteúdo psicológico que geralmente está incluído nesse conceito. O desenvolvimento da linguagem infantil como um todo, e não apenas sua linguagem nativa pura, o desenvolvimento intelectual global da criança e, finalmente, o desenvolvimento do caráter e o desenvolvimento emocional – todos esses aspectos refletem a influência direta da linguagem. Mas, mesmo que os primeiros pesquisadores já tivessem ampliado o problema nesse sentido, esta é uma área da linguagem que permanece pouco explorada e para a qual gostaríamos de chamar a atenção ao concluir esse esboço. Esta é a área das influências ocultas da linguagem.

Parece-nos uma ideia ingênua que a linguagem participe somente na atividade das funções que envolvem a linguagem falada. Os testes chamados de verbais abordam a formulação verbal do problema apresentado ou uma solução que requer formulação verbal. Esses testes geralmente contrastam com os chamados testes mudos ou não verbais, que não adotam uma instrução falada ou que a usam muito pouco, e a solução encontrada consiste em certa compensação das ações sem o uso verbal da linguagem. Essa noção ingênua supõe que, quando excluímos o uso exterior da linguagem por meios puramente exteriores, podemos excluir todas as influências da linguagem sobre as operações intelectuais da criança e obter os processos intelectuais em sua forma pura e não obscurecidos pelas palavras.

Nossos estudos mostraram que essa visão ingênua não consegue resistir à crítica experimental. De fato, resolver esses testes mudos requer como uma condição interna indispensável a participação da linguagem de modo duplo. Por um lado, temos a linguagem que é simplesmente interna substituindo a linguagem exterior. Ao resolver o problema, a criança fica calada, mas ao mesmo tempo ela não o resolve sem o auxílio da linguagem. Ela simplesmente substitui o processo de linguagem exteriorizada pelo processo de linguagem interior, que, naturalmente, difere qualitativamente da linguagem exterior, mas ainda representa um nível superior e mais complexo em seu desenvolvimento. Assim, o pesquisador, ao introduzir um teste mudo e pensar que, ao fazê-lo, ele remove a participação da linguagem dos processos da criança, sem perceber introduz a linguagem em uma forma oculta, sob a forma de linguagem interior, isto é, em uma forma que é mais difícil para a criança. Assim, ele não está facilitando, mas tornando mais difícil a linguagem como parte do teste; não está eliminando o efeito da linguagem, mas colocando tarefas superiores no desenvolvimento da linguagem infantil, pois é mais difícil para a criança resolver o problema com a linguagem interior do que com a linguagem exterior, uma vez que a linguagem interior representa um nível superior de desenvolvimento da linguagem.

Há outros efeitos ocultos da linguagem bastante interessantes. O teste mudo, que requer uma ação complexa e lógica por parte da criança, pode não incluir a participação infalível da linguagem interior ou pode envolvê-la em um nível quase insignificante. No entanto, o teste requer tais ações que podem ser realizadas somente com base em um desenvolvimento superior intelectual prático da criança. Os estudos mostram que o desenvolvimento da inteligência prática ocorre com o auxílio da linguagem, e, assim, se a linguagem não participa na solução de um problema apresentado em um teste mudo imediatamente na hora de resolver o problema, ela participou em algum momento no passado porque forneceu as condições necessárias para o desenvolvimento da inteligência prática da criança.

Não devemos nos esquecer da posição fundamental da psicologia moderna sobre o pensamento que um pesquisador formulou como descrito a seguir. Ele disse que só é possível para um ser humano pensar sem o uso das palavras, em última análise, por meio da linguagem. Assim, não é fácil eliminar os fatores relacionados à linguagem: quando colocamos a linguagem para fora pela porta, ela retorna pela janela; e os pesquisadores não devem ignorar todos os aspectos multifacetados e as qualidades especiais das várias formas de participação da linguagem nos processos intelectuais da criança.

Mas o assunto não se limita ao pensamento e à inteligência prática da criança. Já mencionamos o quanto a linguagem está relacionada com a lateralidade esquerda ou direita da criança. É possível que tal dependência possa também existir com relação às emoções e mesmo ao caráter. Os investigadores, anteriormente, haviam mostrado a dependência da linguagem com relação a determinadas mudanças no desenvolvimento emocional e do caráter da criança. Existem fundamentos factuais e teóricos para afirmar que não apenas o desenvolvimento intelectual da criança, mas também a formação de seu caráter, as emoções e a personalidade como um todo dependem diretamente da linguagem e, em consequência, devemos revelar de algum modo a relação entre o monolinguismo ou o bilinguismo com o desenvolvimento da linguagem na criança.

Assim, o problema torna-se mais amplo e assume a seguinte forma: o bilinguismo deve ser estudado em toda a sua profundidade e como esses aspectos afetam o desenvolvimento mental geral da personalidade da criança.

Somente tal abordagem do problema de ser bilíngue é adequada, considerando-se o estado atual da teoria que aborda essa questão.

Epílogo

O terceiro volume do livro *The Collected Works of L. S. Vygotsky* contém os estudos teóricos fundamentais sobre os problemas gerais do desenvolvimento das funções mentais superiores na infância. Inclui tanto os primeiros cinco capítulos publicados como o material não publicado proveniente de sua monografia *A história do desenvolvimento das funções mentais superiores*. A parte que foi publicada anteriormente contém as soluções para os problemas gerais do desenvolvimento das funções mentais superiores, incluindo os fundamentos para o problema do desenvolvimento e os métodos de pesquisa e análise de sua estrutura geral e sua gênese. Nos capítulos publicados pela primeira vez, as posições teóricas gerais são abordadas usando o material sobre o desenvolvimento dos processos mentais isolados: a atenção, a memória, o pensamento, o desenvolvimento da linguagem e das operações aritméticas, as formas superiores do comportamento voluntário e o desenvolvimento da personalidade e visão de mundo da criança. Considerando as posições teóricas gerais, Vigotski aborda o desenvolvimento das funções mentais concretas e das formas de comportamento como um processo dramático, ao converter as formas naturais e inatas em formas culturais que se desenvolvem quando a criança se socializa com os adultos, processo esse mediado pela linguagem e sua característica de signo.

1

O problema central diz respeito a formular o objeto do estudo das funções mentais superiores.

Determinar **o objeto de estudo** requer uma mudança da visão tradicional sobre os processos de desenvolvimento mental da criança. A dificuldade "consiste não tanto na falta de desenvolvimento e na novidade da questão nele contida, mas na visão unilateral e na formulação errônea dessas questões, afetadas por todo o material factual acumulado durante décadas e pela inércia da interpretação errônea [...]" (p. 2). Vigotski coloca o problema do desenvolvimento das funções mentais superiores da criança considerando essas questões fundamentais.

Qual foi o erro principal, a visão unilateral de seus antecessores? Ele consiste "principal e primariamente na incapacidade de abordar esses fatos como parte do desenvolvimento histórico, na limitação de considerá-los apenas processos e formações naturais, misturando e não distinguindo o processo natural do cultural, o essencial do histórico, o biológico do social na abordagem do desenvolvimento mental da criança; em síntese: uma compreensão básica incorreta sobre a natureza do fenômeno em estudo" (pp. 2-3). Assim, Vigotski coloca o problema geral do desenvolvimento mental da criança no contexto das relações entre os processos biológicos e sociais, naturais e históricos, inatos e culturais, isto é, no contexto em que, mesmo atualmente, os vários problemas permanecem não resolvidos definitivamente. Nessa colocação sobre o problema, Vigotski não o vê como um aspecto especial no estudo do problema do desenvolvimento mental da criança, mas como objeto geral da pesquisa, o estudo das funções mentais superiores. Pode-se dizer que os processos biológicos, naturais, inatos, verdadeiros pertencem às funções mentais inferiores e que os processos culturais, históricos, sociais pertencem aos processos mentais superiores. No estágio de pesquisa que está sendo considerado, o mais importante para Vigotski é separar, e até mesmo opor, os processos e fenômenos descritos como sendo diferentes em sua natureza, opostos entre si. Esse tipo de formulação sobre o problema assegura que ele seja polêmico e peculiar. Às vezes, ele é abordado de modo antagônico ao desenvolvimento mental humano no seu aspecto natural, inato, biológico, verdadeiro. A linguagem e o desenho infantis, a escrita e a leitura, o desenvolvimento das operações matemáticas e do pensamento lógico, a formação dos conceitos e a compreensão sobre o mundo – esta é uma lista bastante incompleta das funções mentais que pertencem ao universo das funções mentais superiores e que, antes dos estudos de Vigotski, eram consideradas, nos trabalhos de psicologia, complicadas e naturais.

Vigotski vê como principal deficiência nos trabalhos de seus antecessores que as funções enumeradas eram consideradas principalmente "pela ótica do inato, dos processos naturais" (p. 3) que as formavam e que faziam parte delas. Ele viu como uma deficiência a tendência em reduzir os fenômenos mais complexos a fenômenos elementares e mais simples. "Os processos e as formações complexos foram particionados nos elementos que os compõem e deixaram de existir como totalidade, como estruturas. Eles foram reduzidos a processos de uma ordem mais elementar ocupando uma posição subordinada e preenchendo um papel definido com relação à totalidade da qual fazem parte." (p. 3). Vigotski acreditava que tal abordagem inevitavelmente reduzia o aspecto complexo para um mais simples, levava a uma perda da formação integral psicológica e da sua especificidade. Devemos ter em mente que, especificamente durante o período de trabalho do manuscrito, houve uma autodeterminação da psicologia como ciência, sua separação das ciências relacionadas, uma autodeterminação da psicologia materialista em diferentes escolas psicológicas.

Para Vigotski, essas situações assumem um aspecto totalmente diferente na formulação e solução de problemas gerais sobre o desenvolvimento mental da criança. Para caracterizar a visão tradicional sobre o desenvolvimento mental, Vigotski se baseou em três posições básicas formuladas por ele: o estudo das funções mentais superiores sob o aspecto dos processos naturais que o compõem; reduzir os processos superiores e complexos a processos elementares; e ignorar os aspectos e padrões específicos do desenvolvimento cultural do comportamento. O principal problema e a crítica fundamental de Vigotski com relação à psicologia tradicional associativa e objetiva (a maioria, behaviorista) são que a formulação automática dessas escolas tornou impossível estudar os processos mentais superiores como seria apropriado à sua natureza psicológica.

É muito importante entender que, quando Vigotski compara as formas superiores com as inferiores de comportamento, ele está procurando pelas relações e transições entre elas no desenvolvimento mental da criança. "[...] o conceito de desenvolvimento das funções mentais superiores é estranho à psicologia infantil[, que] por necessidade limita o conceito de desenvolvimento mental da criança ao desenvolvimento biológico das funções elementares que dependem diretamente da maturação do cérebro como uma função da maturação orgânica da criança" (p. 11). Nessa circunstância, expressa-se claramente a ideia da necessidade por "algo mais" além da compreensão biológica do desenvolvimento das funções mentais superiores humanas. No entanto, ao isolar os problemas teóricos do estudo das funções mentais superiores, Vigotski, com sua posição polêmica, coloca como opostos o desenvolvimento das funções superiores e das funções elementares, as bases biológicas e as culturais. Entretanto, em uma análise concreta, ele ressalta seu intercâmbio em todos os casos.

Ao iniciar sua própria análise, Vigotski ressalta as conquistas alcançadas no sentido de distinguir e estudar os fenômenos e processos que foram denominados de funções mentais superiores. Ele observa que na psicologia objetiva (isto é, no behaviorismo e na reflexologia) existe apenas uma diferenciação entre as formas superiores e inferiores do comportamento: como reações inatas e adquiridas, sendo as últimas consideradas hábitos. A psicologia empírica aborda todas as funções mentais em "dois estágios". "Juntamente com a memória mecânica, a memória lógica foi diferenciada como sua forma superior, a atenção voluntária foi adicionada à atenção involuntária, a imaginação criativa foi acrescentada à imaginação reprodutiva, o pensamento sobre conceitos surge como uma história secundária a respeito do pensamento figurativo, os sentimentos inferiores foram simetricamente suplementados com os sentimentos superiores, e a volição impulsiva pela previsão" (p. 12). Esse material que representa as conclusões da psicologia precedente foi usado para o ponto de partida na análise de Vigotski.

Para apresentar a posição teórica e os fundamentos de sua própria formulação do problema de modo mais preciso, Vigotski aborda em conjunto três conceitos fundamentais que anteriormente foram considerados separadamente: o conceito de funções mentais superiores, o conceito de desenvolvimento cultural do comportamento e o conceito de domínio pelo sujeito de seus próprios processos comportamentais. Assim, Vigotski apresenta não somente uma nova questão, mas também propõe uma maneira de resolvê-la que inclui a análise do desenvolvimento cultural como um aspecto histórico e baseado no domínio dos processos de seu próprio comportamento. Devemos observar que, nos vários estudos de Vigotski, apenas foi analisada e enfatizada uma maneira de resolver o problema do desenvolvimento das funções mentais superiores – seu desenvolvimento histórico e cultural; o domínio de seus próprios processos comportamentais, que está relacionado à questão anterior, foi abordado em menor extensão. Outro ponto deve ser levado em conta. Vigotski considera e analisa, além das formas mais simples, as funções mentais superiores como formas de comportamento. Esse uso dos conceitos corresponde a um contexto científico da época em que as concepções científicas sobre o desenvolvimento histórico-cultural das funções mentais superiores ainda estavam sendo desenvolvidas.

Ao formular o problema do desenvolvimento das funções mentais superiores como um problema novo, Vigotski estava muito consciente sobre a complexidade de sua solução. Ele identificou a primeira dificuldade especificamente na separação que se apresentava e ao tentar comparar os dois tipos de ciência, a natural e a humanística, que estudam, respectivamente, as funções mentais inferiores e superiores. "O dualismo entre os níveis inferior e superior, a divisão metafísica da psicologia em dois níveis, tem sua expressão mais extrema na ideia da divisão da psicologia em duas ciências separadas e independentes: a psicologia fisiológica, da ciência natural, explicativa ou causal*, de um

---

* Ver nota 6 desta obra. [N. do E.]

lado, e a psicologia interpretativa, descritiva* ou teleológica da mente**, como fundamento de todas as ciências humanísticas, por outro" (p. 13). Vigotski estava totalmente ciente do dualismo e da presença das tendências científicas opostas e tentou encontrar modos de superá-los, mas não pôde fazê-lo com base nos dados da ciência contemporânea. Ele considerou como uma crise psicológica a posição que se desenvolveu naquela época na psicologia sob a forma de contraste entre as tendências indicadas e que levou a filosofia idealista e a psicologia nela baseada a várias conclusões errôneas.

O dualismo e as tendências claramente expressas da crise na psicologia até agora dividem a psicologia moderna, em outros países, em duas partes, em que a psicologia como ciência da mente se opõe à psicologia como disciplina científica natural.

Subsequentemente delinearemos como Vigotski tentou resolver os problemas colocados e superar as contradições que foram observadas entre as duas direções seguidas pela psicologia como uma ciência das funções mentais superiores.

Assim, baseado em análises teóricas, Vigotski formulou cuidadosamente sua própria abordagem histórica sobre o estudo das funções mentais superiores; sua tarefa foi mostrar a origem e o desenvolvimento dessas funções. No conceito geral "desenvolvimento das funções mentais superiores", ele incluiu dois grupos de processos. "Esses, são, primeiro, os processos de domínio dos instrumentos externos no desenvolvimento cultural e no pensamento: a linguagem, a escrita, a aritmética, o desenho; segundo: os processos de desenvolvimento das funções mentais superiores especiais não determinadas e não delimitadas com nenhum grau de precisão e denominadas, na psicologia tradicional, de atenção voluntária, memória lógica, formação de conceitos etc. Ambos em seu conjunto formam também o que, condicionalmente, chamamos de processo de desenvolvimento das formas superiores do comportamento infantil" (p. 27).

---

* Ver nota 7 desta obra. [N. do E.]
** Ver nota 8 desta obra. [N. do E.]

As duas partes fundamentais das funções mentais superiores que, segundo a concepção de Vigotski, compreendem as formas superiores de comportamento apresentam aspectos comuns e aspectos diferentes de desenvolvimento. Essa diferenciação necessária dos dois grupos de processos raramente é feita. Geralmente, o desenvolvimento das funções mentais superiores é considerado como sendo efetivado por um caminho único comum que é característico do primeiro grupo de processos, que inclui a escrita, a aritmética etc. A ausência de diferenciação pode levar a erros na compreensão sobre a concepção científica de Vigotski.

Ao resolver o problema geral da abordagem histórica de sua pesquisa, ele incluiu dois aspectos do desenvolvimento genético individual da criança: o desenvolvimento cultural e o biológico. A abordagem histórica é apresentada como dois estágios de desenvolvimento humano: o biológico, que inclui a evolução, que assegurou o aparecimento do homem como um tipo biológico especial (*Homo sapiens*), e o histórico, que continuou a partir do estágio precedente com base em suas próprias leis históricas. Ao diferenciar os dois estágios e tipos de desenvolvimento considerados fundamentais, Vigotski também se baseia na ideia de que o desenvolvimento biológico do homem como uma espécie separada está totalmente completo e que todo o progresso subsequente se realiza segundo leis diferentes. (A biologia contemporânea deixa essa questão em aberto e considera contínuo o processo de mudança biológica do homem.) Ao definir a essência desse posicionamento, Vigotski observa que: "Nesse tipo diferente de adaptação humana, é de primordial importância o desenvolvimento de seus órgãos artificiais, os instrumentos, e não de seus órgãos e de suas estruturas do corpo" (pp. 30-1).

Vigotski entende a ideia geral de comparar o desenvolvimento histórico (cultural) e o biológico (evolutivo) como dois estágios históricos, como uma forma de diferenciar e contrastar esses estágios como sendo também dois tipos de desenvolvimento ontogenético. Ao mesmo tempo, compreende que no desenvolvimento ontogenético ambas as linhas estão em uma complexa interação. Toda a singularidade, toda a dificuldade da questão sobre o desenvolvimento das funções mentais superiores da criança reside no fato de que ambas as linhas se misturam na ontogênese e, de fato, se constituem em um processo único e complexo.

Continuando a mesma linha de discussão, Vigotski cita um exemplo muito comum e concreto de desenvolvimento da atividade infantil em que ocorre essa grande mudança no desenvolvimento, que é o uso de instrumentos. Inicialmente, a psicologia infantil, incluindo a de Bühler, observou esse fato e que a transição é a grande modificação do comportamento. Entretanto, para Vigotski, a questão mais importante nessa transição não é a própria transição, mas o fato de que não há modificação na forma da atividade precedente, e sim uma combinação com ela. "Toda a especificidade da transição de um sistema de atividade (animal) para outro (humano) realizado por uma criança consiste no fato de que um sistema não substitui o outro, mas ambos os sistemas se desenvolvem simultaneamente e juntos: um fato que é diferente de qualquer outro na história do desenvolvimento dos animais ou na história do desenvolvimento do homem." (p. 40).

"O processo de desenvolvimento cultural do comportamento da criança como um todo, e do desenvolvimento de cada função mental em separado, é totalmente análogo ao exemplo dado no sentido de que cada função mental de determinada idade ultrapassa os limites do sistema orgânico de atividade ao qual pertence e inicia seu desenvolvimento cultural dentro dos limites de um sistema de atividade totalmente diferente, mas ambos os sistemas se desenvolvem em conjunto e se combinam formando um entrelaçamento de dois processos genéticos essencialmente diferentes." (p. 41).

Assim, para Vigotski, o principal problema e objeto de estudo para entender o "entrelaçamento" dos dois tipos de processo é traçar sua singularidade concreta em cada estágio de desenvolvimento, revelar a idade e a característica tipológica individual de desenvolvimento em cada estágio e com relação a cada função mental superior. A dificuldade para Vigotski não está em traçar e compreender os processos de desenvolvimento cultural isoladamente, mas em entender suas características no entrelaçamento dos processos complexos.

São particularmente importantes as determinações de Vigotski sobre as relações entre os processos biológicos e culturais nos diferentes estágios da ontogênese e sobre suas manifestações concretas, como nos vários casos de desvios no desenvolvimento normal, com alguma deficiência no desenvolvimento "biológico". Para resolver esse problema, Vigotski partiu da ideia do desenvolvimento histórico das funções mentais superiores, em que ambos os processos são o resultado de um desenvolvimento histórico comum da humanidade e em que os processos e as funções superiores representam a continuidade especial das formas "naturais" precedentes.

2

Para Vigotski, **a determinação do objeto de estudo** está relacionada inseparavelmente à **procura de um novo método de experimentação** e com a determinação de sua estrutura e de suas unidades separadas de análise. O problema do método de pesquisa fez com que Vigotski se ocupasse em solucionar cada problema com os quais se defrontou e os resolvesse sob vários aspectos: histórico, genético, experimental e didático. Estamos interessados, nesse momento, em uma descrição mais adequada desse método como foi apresentado por Vigotski, baseado nos exemplos clássicos que formam modelos especiais para estudar o desenvolvimento das funções mentais superiores.

O desenvolvimento de um novo método de pesquisa, como encontrado no pensamento de Vigotski, foi obtido contrastando-o com o método comum de experimentação baseado nas posições teóricas do behaviorismo clássico e expresso no padrão teórico e experimental do estímulo-resposta. O método que Vigotski considera universal foi aceito igualmente em várias divisões da ciência psicológica e foi, de fato, usado nos experimentos de todas as escolas básicas da psicologia experimental. Foi utilizado na psicofísica e na psicofisiologia, na psicologia animal e na psicologia infantil e em várias divisões da psicologia geral para o estudo da percepção e da atenção, da memória e do pensamento. As variações concretas específicas desse método como um modelo experimental consistiram somente em um aumento sequencial na complexidade das séries de estímulos e da análise de um sistema de reações crescentes que aparecem em vários tipos de comportamento. Como Vigotski observou, a esse respeito a psicologia não conheceu a principal diferença entre o método de estudar os processos e as funções inferiores e o método de estudar os processos e as funções superiores.

O primeiro aspecto mais geral das funções mentais superiores é que elas representam outra categoria de atividade que é uma característica somente humana. Essa classe de atividade é diferente, segundo Vigotski, porque ela pressupõe uma interação mediada entre o homem e a natureza e abrange a atividade real, e não apenas a eliciada por um estímulo. O modelo mais convincente desse tipo de atividade, que caracteriza o aparecimento e a realização das funções mentais superiores, é a "situação do burro de Buridan". Essa situação, descrita por Vigotski, é clássica em muitos aspectos. Primeiro, ela permite que se compare uma situação simples de "dois estímulos" que determina a expressão de algum comportamento com outra situação estritamente intelectual que os psicólogos descrevem como uma situação indeterminada ou como uma situação problemática. Segundo, essa situação apresenta a possibilidade de expressar um comportamento intelectual, incluindo sua transformação, de modo que esta se torna uma situação resolvida e que assegura um comportamento adequado. Vigotski está interessado nessa situação principalmente no que se refere aos meios que tornam possível transformar (resolver) a situação que se desenvolveu. Segundo Vigotski, o meio utilizado pelo homem para transformar (resolver) determinada situação é o uso dos dados.

A essência dessa mudança, que ocorre na estrutura do comportamento e que consiste em uma transição de uma forma inferior para uma forma superior, é que o homem introduz um novo sistema de estímulos neutros, que tem o papel de estímulos-meios, em uma situação com estímulos complexos. Assim, a principal característica da mudança que ocorre, que é um modelo de pesquisa das funções mentais superiores e o meio principal em que elas se desenvolvem, é que as funções mentais inferiores começam a ser mediadas por um novo sistema de estímulos-meios que realizam uma nova função na organização do comportamento.

Podemos observar, nesse estágio de desenvolvimento da psicologia, que Vigotski, ao se desviar do modelo estímulo-resposta por considerá-lo inadequado, não pode rejeitá-lo por completo. Ele foi obrigado a pensar e a conduzir sua pesquisa, assim como outros de seus contemporâneos, dentro dos paradigmas desse mesmo modelo original, mudando-o na seguinte relação: os meios de transformar a situação (situação estímulo) e os meios de controlar as reações.

Essa fórmula, tradicional no momento, permitiu que Vigotski, por um lado, colocasse os problemas fundamentais de sua transformação e introduzisse suas limitações, e por outro lado, atuasse como um obstáculo para o desenvolvimento subsequente de sua própria concepção teórica. Vigotski sem dúvida deu um passo importante para a revelação das especificidades das formas humanas superiores de comportamento, o que lhe possibilitou, mesmo que de forma limitada, apresentar um aspecto completamente novo do comportamento humano. Assim, duas posições importantes caracterizam o modelo de comportamento superior que está sendo considerado: primeiro, a criação e a inclusão do estímulo-meio artificial no comportamento e, segundo, o uso desses meios para controlar seu próprio comportamento. O passo adiante consistiu na introdução do estímulo-meio para o controle do comportamento, mas ele foi conduzido por caminhos que usam o padrão comum do estímulo-resposta.

Do mesmo modo, Vigotski analisou o segundo caso mais importante, o uso de instrumentos auxiliares ("os nós para a memória") para a memória voluntária. Ao contrário da memória involuntária, a memória voluntária se caracteriza pelo fato de que a pessoa usa um estímulo-meio auxiliar especial para lembrar e reproduzir, isto é, para controlar o processo de memória. "Se, no primeiro caso, a lembrança foi determinada totalmente pelo princípio do estímulo-resposta, no segundo caso, a atividade humana de ouvir o discurso e memorizá-lo por meio de entalhes na madeira representa uma atividade única que consiste em criar um estímulo artificial e em controlar seus próprio processo através dos entalhes; ele se baseia em um princípio completamente diferente." (p. 100). Além do princípio geral inerente aos dois modelos, existe também uma diferença entre eles: no primeiro caso, o estímulo-meio (na forma de um dado) é introduzido para controlar o comportamento e, no segundo, para controlar o processo (de memória). A diferença é importante na análise subsequente das transições das funções naturais para as funções mentais superiores e para entender a principal estrutura das funções mentais superiores.

O estímulo-meio produzido artificialmente que é usado por uma pessoa para controlar seu comportamento difere de todos os outros tipos de estímulo que eliciam e determinam o comportamento diretamente. Eles diferem de outros estímulos também em sua origem e em sua função. Para uma definição mais precisa, Vigotski os denominou signos. Assim, os estímulos-meios adquirem não apenas uma nova designação verbal, mas também uma nova característica psicológica. "Segundo nossa determinação, todos os estímulos condicionados criados artificialmente pelo homem como uma forma de controle do comportamento – de outra pessoa ou de seu próprio comportamento – representam um signo. Portanto, dois pontos são essenciais para o conceito de signo: sua origem e sua função" (p. 105). Ao lado da inclusão do signo como um meio de denotação e um meio de controlar o comportamento, a estrutura das funções mentais superiores começa a se tornar sujeito de um novo princípio, a significação, junto com o princípio da sinalização (estimulação). "O homem introduz o estímulo artificial, atribui significado ao comportamento e, com os signos, atuando externamente, cria novas conexões no cérebro. Assumindo esse pressuposto, tentaremos introduzir em nossa pesquisa um novo princípio regulatório do comportamento, um novo conceito sobre os determinantes da reação humana, que consiste no fato de que o homem cria as conexões no cérebro a partir do exterior, ele controla o cérebro e, através dele, seu próprio corpo" (p. 108).

O aparecimento e o desenvolvimento desse segundo princípio de regular o comportamento se baseiam em dois principais pré-requisitos: primeiro, na regulação mental sinalizadora que aparece ao longo do desenvolvimento e, segundo, no sistema de regulação do comportamento por signos que aparece ao longo do desenvolvimento histórico. Vigotski enfatiza sistematicamente duas posições que ele acha significativas: o aspecto social e o aspecto de signo do novo princípio de regulação das funções mentais superiores.

Do ponto de vista de Vigotski, o novo princípio comportamental se desenvolve não somente como um meio de regulação, mas também atua como um princípio de "determinação social do comportamento realizada com o auxílio de signos" (p. 110). Assim, a tendência de Vigotski em revelar métodos especificamente humanos de regular a atividade e o comportamento levou-o a uma apresentação unilateral da determinação do signo e, como resultado, o problema geral dos fatores de determinação social no desenvolvimento e na estrutura das funções mentais superiores humanas foi expresso pela mediação dos signos. Naturalmente, nesse caso, outros fatores da história social da filosofia marxista não foram ainda reconhecidos e percebidos por Vigotski em sua teoria sobre a origem e o desenvolvimento das formas mentais superiores especificamente humanas. Devemos nos lembrar, obviamente, que Vigotski reconhece e enfatiza o papel da sociedade na determinação do desenvolvimento mental humano, mas, nesse caso, o significado específico diz respeito à forma de realização da comunidade e à determinação social da origem e ao desenvolvimento da mente humana. "Não é a natureza, mas a sociedade que deve ser considerada, em primeiro lugar, como um fator determinante do comportamento humano. Essa é a ideia geral sobre o desenvolvimento cultural da criança." (p. 114).

O significado mais importante dos modelos de estrutura das funções mentais superiores considerados anteriormente consiste não apenas no potencial para o controle externo de uma ou outra forma de comportamento. Há outro aspecto desse processo que tem um significado mais importante para entendermos as condições e formas de desenvolvimento dos processos mentais superiores. A essência da mudança conquistada em outro tipo de regulação mental consiste em "realizá-la" de fora dos processos mentais, implementando-a com o auxílio de outros meios (signos) de uma forma externa. "[...] o homem constrói externamente um processo para lembrar – um objeto externo o força a se lembrar, isto é, ele se lembra por meio de um objeto externo e, dessa forma, executa um processo de lembrar pela conversão a uma atividade externa" (p. 115). Em um comentário sobre os estudos de Vigotski, é correto enfatizar o significado da transformação dos processos externos em processos internos considerando-os processos de interiorização das formas de atividade desenvolvidas. A posição citada anteriormente mostra um aspecto e um sentido um pouco diferentes no que se refere às formas externas e internas dos processos mentais. Realizar os processos externamente significa realizá-los com o auxílio de outros meios, os estímulos-meios auxiliares, os signos que medeiam o processo de memorização e de reprodução subsequente. A forma externa de realizar o processo é realizar o mesmo processo com a ajuda de um meio auxiliar. Assim, a realização de um processo externa ou internamente representa formas diferentes de realizá-lo e não significa a presença ou ausência de um processo mental. O processo realizado externamente é o mesmo processo mental (memória, pensamento etc.), mas é realizado com o auxílio de meios adicionais auxiliares.

3

Ao formular o princípio de estudo das funções mentais superiores, Vigotski formulou simultaneamente o princípio da análise científica dos fatos psicológicos. Isso define a abordagem sobre o desenvolvimento do **problema do pensamento psicológico científico**. O pensamento psicológico científico se caracteriza e abrange três princípios básicos: a análise psicológica como um processo; a análise explicativa (dinâmico-causal) e não descritiva; a análise genética, que possibilita o restabelecimento de todas as formas de comportamento ou da função que se desenvolve. Esses princípios, em conjunto, representam uma abordagem unificada do estudo e da interpretação das funções mentais superiores. Ao mesmo tempo, eles atuam como princípios do estudo genético e experimental dos processos mentais superiores. Todos os princípios mencionados aparentemente se combinam entre si e, desse modo, asseguram a possibilidade de uma análise dinâmico-causal, genética, relacionada a processos, das funções mentais superiores. A necessidade de formular os princípios específicos para a análise das funções mentais superiores se define pelo fato de que quaisquer métodos de análise e estudo dos processos mentais mais simples foram aplicados sem uma base, ou a análise científica limitou-se a descrever esses processos superiores, o que levou de fato à recusa de compreender os fatos mentais como processos e a rejeitar o estudo da dependência causal dos processos e das funções mentais superiores.

Todas as necessidades apontadas são essenciais para a análise científica. Além disso, podemos observar que, para Vigotski, todos esses requisitos estão relacionados principalmente com o princípio genético. Por isso, a própria luta interna de Vigotski foi para entender o processo e as relações dinâmico-causais nas relações genéticas que possibilitavam a compreensão ou a reprodução experimental dos processos originais (não os derivados), por meio do restabelecimento genético das relações dinâmico-causais que determinam o aparecimento e o desenvolvimento de certas estruturas psicológicas e formas de comportamento."[...] o método que usamos pode ser denominado genético-experimental no sentido de que ele produz e cria artificialmente um processo genético de desenvolvimento mental. Agora podemos dizer que o problema básico da análise dinâmica que temos em mente também está contido nesse processo. Se substituirmos a análise dos fatos pela análise dos processos, então o problema básico a ser considerado torna-se naturalmente a restauração genética de todos as ocorrências no desenvolvimento de determinado processo. Nesse caso, a tarefa principal de análise é restaurar o processo em seu estágio inicial ou, em outras palavras, converter um fato em processo" (p. 129). Vigotski observa que a tarefa de tal análise é apresentar todas as formas superiores de comportamento como um processo de seu estabelecimento, a fim de determinar não seus elementos isolados, mas revelar todas as instâncias fundamentais do estabelecimento das formas superiores de comportamento como processos.

Ao descrever o segundo princípio de análise, que é a necessidade de revelar e estudar as relações dinâmico-causais que asseguram a possibilidade de explicar, e não apenas descrever, algumas formas de comportamento superiores que se desenvolvem, Vigotski compara a abordagem descritiva com a fenotípica e a dinâmico-causal (explicativa) com a genética. "Considerando o problema do ponto de vista genético, entenderemos a revelação de sua gênese, suas bases dinâmico-causais. Do ponto de vista fenotípico, entenderemos a análise que está baseada nas características apresentadas diretamente e as manifestações externas do objeto" (pp. 131-2). Ao mesmo tempo, o método de análise psicológica formulado não rejeita e não elimina a necessidade de uma análise e explicação dos padrões e aspectos fenotípicos dos processos mentais que se desenvolveram. O aspecto novo é que essas características devem agora ser entendidas como determinadas pela origem dos processos, isto é, como dependentes de sua gênese.

Vigotski relaciona o terceiro princípio, que é o princípio genético da análise científica, com a necessidade de revelar a origem das formas de comportamento desenvolvidas historicamente e os processos mentais. Isso abrange, principalmente, os processos descritos pela psicologia como automatizados. Nesse caso, as relações entre a forma de implementar os processos de níveis diferentes frequentemente aparecem em ordem alterada: os processos voluntários precedem os processos involuntários. O que se tornou automático aparece aqui como resultado do desenvolvimento precedente.

Para ilustrar, Vigotski cita o exemplo da conversão da atenção voluntária em atenção involuntária, considerada por Titchener o terceiro estágio no desenvolvimento da atenção. Nesse estágio de nossa pesquisa, Vigotski não coloca a questão dos padrões psicológicos ou mecanismos de transição de uma forma para outra; o principal fato para ele é o princípio em si mesmo que requer a compreensão da transição da terceira fase para a primeira. Sabemos que, frequentemente, ao analisar as posições semelhantes de Vigotski, somente duas fases (ou dois estágios) de transição são consideradas: a fase voluntária, exterior para a fase interior, involuntária. Do ponto de vista de Vigotski, este é um processo de transição do mesmo tipo que os processos mentais que são realizados segundo as leis das formas primárias. Essas posições de Vigotski ainda não foram adequadamente analisadas.

Como pode uma forma de reagir desenvolvida ser transformada em um processo? Por exemplo, como pode a resposta de seleção automática ou qualquer outra resposta complexa ser analisada como um processo? A questão colocada por Vigotski tem um significado importante para a psicologia experimental e para a compreensão mais adequada de como o cientista aborda o desenvolvimento do estudo experimental dos processos mentais. Com esse propósito, Vigotski considera possível utilizar dois instrumentos fundamentais: o instrumento da dificuldade, que impede a implementação de alguma atividade ou a realização de uma resposta automática, e o instrumento de apontar, que abrange os meios para a realização da resposta ou a implementação de uma ação. É notável – e Vigotski percebeu esse fato – que, no caso da dificuldade, o processo começa e é realizado como uma busca ou como uma lembrança e pode ser implementado com o auxílio da pergunta que foi feita pelo experimentador. Esse processo de "busca" para restabelecer a relação inicial da resposta ou da ação não foi suficientemente estudado. É possível que isso se deva ao fato de que Vigotski considerou em profundidade e em detalhe a segunda relação desse processo, que abrange o uso de meios auxiliares, e a primeira relação foi apenas observada e deixada sem uma análise adequada.

4

Vigotski pode ter centrado sua análise do ponto de vista do **problema da construção e desenvolvimento das funções mentais superiores**, isolando a qualidade mediadora (a característica de signo ou instrumento) das funções mentais superiores e sua origem social e seu desenvolvimento por meio da interiorização. Desde o início, Vigotski considera necessário restabelecer a definição básica de função mental inferior (natural) e superior. "Chamaremos a primeira estrutura de estrutura primitiva; esta representa a psicologia natural que depende principalmente dos aspectos biológicos da mente. A segunda, que chamaremos de estrutura superior [...]. As novas estruturas, ao contrário das estruturas primitivas ou inferiores, rompem com a fusão entre os estímulos e as respostas em um único complexo. [...] Entre o estímulo e a resposta comportamental há um novo componente intermediário e toda a atividade assume um caráter de um ato mediado" (pp. 158-9). Devido a essa mediação, ocorre o domínio dos processos de seu próprio comportamento, isto é, o controle daqueles processos que anteriormente apresentavam uma característica natural. No caso considerado, "o próprio homem cria a conexão e os meios para sua resposta; ele reconstrói a estrutura natural; com o auxílio dos signos ele subordina à sua vontade os processos de seu próprio comportamento." (p. 162). Essa determinação e diferenciação das funções mentais inferiores e superiores parecem ser essenciais na análise dos processos de transição entre ambas. Ao isolar o signo como o elemento principal que assegura a possibilidade de reconstruir a função inferior como uma função superior, Vigotski formula com muita clareza a posição sobre o desenvolvimento que ele define como a história natural dos signos. Nesse caso, nem a abordagem em que os processos do desenvolvimento mental abrangem a possibilidade de descobertas subjetivas nem a abordagem que propõe a formação de hábitos foram consideradas possibilidades de compreensão e de análise do desenvolvimento cultural.

O problema do desenvolvimento das funções mentais superiores nesse caso aparece frequentemente em uma forma diferente: como um processo de assimilar as formas de comportamento que se desenvolveram e foram cultivadas na história da sociedade e como um processo que atua principalmente como a "história do desenvolvimento dos signos".

Baseado na concepção de Janet de desenvolvimento mental, Vigotski considera esse processo como a lei mais geral de desenvolvimento mental da criança. "A essência dessa lei é que, no processo de desenvolvimento, a criança começa a exibir os mesmos comportamentos que outras pessoas utilizaram com ela anteriormente. A criança assimila as formas sociais de comportamento e transfere-as para si mesma." (p. 194). Mais tarde, essa lei de desenvolvimento é formulada de um modo muito preciso: "Se considerarmos essa lei, torna-se absolutamente claro por que tudo o que é interior nas funções mentais superiores foi anteriormente externo. Se for verdade que o signo é a princípio um meio de socialização, e só mais tarde torna-se uma forma de comportamento do indivíduo, então está absolutamente claro que o desenvolvimento cultural se baseia no uso de signos e que a sua inclusão no sistema global do comportamento ocorreu a princípio em um contexto social, externo." (p. 195). Ao formular essas posições sobre a determinação social da mente como sendo mediada pelo signo, Vigotski teve a possibilidade de demarcar a linha de estudo da estrutura operacional das funções mentais superiores, mas limitou a possibilidade de estudar os processos e estados mentais etc.

Assim, com relação à análise do desenvolvimento mental da criança, Vigotski formulou a posição de que o processo desse desenvolvimento se realiza como uma transição dos processos externos (sociais) para os processos internos (mentais); os meios de socialização aparecem como meios de comportamento e a estrutura das funções mentais superiores corresponde à estrutura das relações entre as pessoas, "o pensamento verbal representa a transferência para a linguagem interior" e "a deliberação representa a transferência da argumentação para o interior".

O "mecanismo" psicológico comum para formar e desenvolver as funções mentais superiores é a imitação, que assegura a assimilação, pelas pessoas, de funções isoladas. Ao considerar em detalhes esse aspecto da determinação social e da estrutura das funções mentais superiores, Vigotski formula suas posições como uma lei sobre o desenvolvimento cultural das funções mentais superiores: "todas as funções no desenvolvimento cultural da criança aparecem em dois estágios, em dois planos, primeiro o social e depois o psicológico; primeiro entre as pessoas como uma categoria interpsicológica, e depois interna à criança, como uma categoria intrapsicológica" (p. 200). "Todas as funções mentais superiores são a essência das relações sociais internalizadas, a base para uma estrutura social do indivíduo. Sua composição, sua estrutura genética, o método de ação – em uma palavra, sua natureza completa – são sociais; mesmo transformadas em processos mentais elas permanecem pseudosociais. O homem como indivíduo mantém as funções de socialização" (p. 201).

O desenvolvimento das funções mentais superiores não é apenas socialmente determinado, mas as funções mentais superiores são sociais e individuais em seu conteúdo – esta é uma qualidade social assimilada. Concretamente, com relação ao desenvolvimento mental individual da criança, isso significa que a psicologia deve estudar não o desenvolvimento individual da criança em seu grupo, mas a transformação das relações do grupo nas características pessoais individuais da criança. "A questão usual é como uma ou outra criança se comporta em grupo. Perguntamo-nos como o grupo cria as funções mentais superiores em uma ou outra criança" (p. 202). Ao enfatizar esse aspecto sociogenético que é fundamental na posição que ele desenvolveu, Vigotski contrasta fortemente as relações entre o aspecto individual e o social, entre o interior e o exterior. Com esse contraste acentuado, que combina com o estilo polêmico de pensamento científico de Vigotski, essas posições começam a ser controversas, pois elas expressam amplamente um dos principais aspectos, mas não o processo complexo e real de desenvolvimento das funções mentais superiores.

Como observamos, Vigotski apresenta esse processo de desenvolvimento das funções mentais superiores como um processo de domínio de seu próprio comportamento. No caso considerado, esse processo aparece não apenas como a assimilação das formas "externas" de comportamento, mas também como o domínio de seus próprios processos e formas de comportamento. "[...] no estágio superior de desenvolvimento, o homem começa a controlar seu próprio comportamento, a sujeitar suas respostas ao seu próprio controle. Assim como ele controla as ações das forças externas da natureza, ele também controla seus próprios processos comportamentais com base em leis naturais do comportamento" (p. 213).

Assim, ao estudar a estrutura e o desenvolvimento das funções mentais superiores, Vigotski formulou dois princípios fundamentais:

(1) as funções mentais superiores surgem como resultado de sua interiorização; (2) elas se desenvolvem como o domínio dos processos inatos, naturais e das formas de comportamento de acordo com suas próprias leis. A correlação e a realização de ambos os princípios colocam dificuldades importantes.

A dificuldade que surge na teoria é ao mesmo tempo uma contradição, que não foi suficientemente percebida por Vigotski, e, quando considerada com uma ênfase unilateral de um ou outro aspecto, levou subsequentemente a discussões sobre as posições do autor em resolver o problema do desenvolvimento das funções mentais superiores. Essa contradição foi também expressa na solução do problema do desenvolvimento dos processos mentais concretos e das formas de atividade e de comportamento.

5

A seção sobre o **desenvolvimento dos processos mentais isolados e das formas de comportamento** contém um material concreto que continua a análise do problema sobre o desenvolvimento das funções mentais superiores. Esse material tornou possível uma apresentação e compreensão mais completas da concretização das posições gerais do estudo, assim como a formação em treinar e cultivar as formas superiores de comportamento e o domínio dos processos mentais fundamentais que Vigotski considerou em maior detalhe. O material publicado pela primeira vez pode ser arbitrariamente combinado em três seções fundamentais: o desenvolvimento da linguagem e das operações aritméticas; o desenvolvimento dos processos cognitivos, incluindo a atenção, a memória e o pensamento; e o desenvolvimento das formas superiores de comportamento, a concepção de mundo e a personalidade.

O desenvolvimento da linguagem e das operações aritméticas. O desenvolvimento da linguagem escrita e oral é um objeto especial de estudo. Em uma forma mais completa e precisa, ele possibilita a expressão das características fundamentais do processo de desenvolvimento das funções mentais superiores. A linguagem é uma função mental superior que serve como um meio de comunicação e atua como um importante elo social mediando todas as funções mentais e as formas de comportamento em desenvolvimento. Ao mesmo tempo, a linguagem no desenvolvimento individual passa por estágios muito típicos: do choro reflexo para formas ampliadas de linguagem escrita e oral e, posteriormente, para a linguagem interna e a compreensão direta do texto apresentado no ato de leitura. Ao traçar cuidadosamente o desenvolvimento da linguagem, Vigotski tentou mostrar tanto os aspectos especiais como os aspectos gerais que caracterizam o desenvolvimento das funções mentais superiores.

O processo de desenvolvimento da linguagem oral começa com a reação natural e inata. Ela aparece e se desenvolve segundo o tipo geral de desenvolvimento da forma reflexa de comportamento. Entretanto, mesmo durante o primeiro ano de vida, a reação vocal começa a preencher duas funções básicas: de expressão, caracterizando uma mudança no estado emocional do organismo, e a função de contato social. A segunda função deixa sua marca em todo o desenvolvimento subsequente. Um dos aspectos mais importantes desse desenvolvimento da linguagem é a relação da linguagem com o pensamento. No primeiro estágio de desenvolvimento, a linguagem preenche somente a função expressiva e é reflexa; ela se desenvolve "independentemente" do pensamento. "Assim, não há dúvida de que a primeira fase no desenvolvimento da linguagem infantil não está relacionada ao desenvolvimento geral do pensamento infantil; não está relacionada ao desenvolvimento dos processos intelectuais da criança" (p. 231). De modo semelhante, o pensamento da criança desenvolve-se em um estágio precoce independentemente da linguagem. Quando a criança tem entre 1 ano e meio a 2 anos de idade, ocorre algo como uma intersecção, um encontro entre o pensamento e a linguagem. Após esse período, "a linguagem torna-se intelectualizada, conectada ao pensamento; o pensamento torna-se verbal e conectado à linguagem" (p. 232).

Baseando-se nos conceitos de Stern, Vigotski observa três pontos que seriam os fundamentos mais importantes para destacar e caracterizar o novo estágio no desenvolvimento da linguagem e do pensamento: um aumento abrupto no vocabulário, o aparecimento das primeiras perguntas e o começo da ampliação ativa do vocabulário. A criança parece descobrir por si mesma as relações entre o signo e o significado; ela estabelece que cada objeto tem seu próprio nome. Aqui, como acredita Vigotski, "a palavra que designa o objeto se torna uma propriedade do objeto" (p. 236). Desse modo, ao considerar a criança incapaz de realizar a "descoberta" indicada, contradiz Stern. Em todos os casos posteriores, Vigotski se opõe fortemente às "descobertas" da criança, considerando que as descobertas são possíveis somente nos estágios mais elevados de desenvolvimento do pensamento. Ele considera a ampliação do vocabulário nesse estágio como uma assimilação sequencial do vocabulário.

O desenvolvimento da linguagem escrita é ainda mais representativo do processo de assimilação realizado em condições de treinamento e com o auxílio deste. A maior dificuldade e a principal inadequação no ensino da linguagem escrita é a redução desse processo ao treinamento em que a linguagem escrita é considerada um hábito motor complexo. Vigotski acredita que "o desenvolvimento da linguagem escrita pertence à primeira e mais óbvia linha de desenvolvimento cultural porque está relacionado ao domínio de um sistema externo, desenvolvido e criado no processo de desenvolvimento cultural da humanidade" (pp. 250-1). Por isso, especialmente, desde o início, considera o domínio da linguagem escrita como um processo de dominar a forma social de comportamento desenvolvida durante a história da humanidade. Com esse objetivo, Vigotski traça cuidadosamente as relações entre a linguagem escrita e outros meios semelhantes que a precedem. Estes incluem o gesto da criança.

É a opinião de Vigotski que duas instâncias relacionam o gesto com a linguagem escrita: o rabisco e a função simbólica dos objetos na brincadeira infantil. "Assim, o jogo simbólico da criança pode, desse ponto de vista, ser compreendido como um sistema muito complexo de linguagem auxiliado pelos gestos que complementam e indicam o significado dos brinquedos individuais." (p. 254). Vigotski denomina esse uso dos gestos na brincadeira de linguagem dos objetos. O desenvolvimento posterior inclui a transição sequencial e a substituição de alguns métodos de designação por outros. "A criança converte gradualmente as marcas indiferenciadas em signos referenciados; as linhas simbólicas e os rabiscos são substituídos por figuras e desenhos, e estes dão lugar aos signos" (p. 265). No entanto, na transição para a linguagem escrita a criança deve se ater ao "simbolismo de segunda ordem, que consiste no uso de signos escritos para representar os símbolos orais das palavras" (p. 267). A linguagem escrita representa um elo importante no sistema de linguagem geral. O domínio da linguagem escrita pressupõe o estabelecimento de relações complexas entre a linguagem escrita e a linguagem oral e o estabelecimento de uma relação bilateral entre a escrita e a leitura. Correspondendo à concepção que ele desenvolveu, Vigotski considera o processo de formação da escrita e da leitura geneticamente, incluindo no processo a relação de transição que compreende a abreviação das formas estendidas de leitura e que assegura a possibilidade de leitura "silenciosa". "A compreensão da linguagem escrita se consolida por meio da linguagem oral, mas gradualmente essa via é encurtada, o elo intermediário na forma de linguagem oral se esvai e a linguagem escrita torna-se um símbolo direto tão compreensível como a linguagem oral" (p. 268).

Assim, o estabelecimento das formas superiores de leitura, abrangendo a compreensão direta aparente, é realizado por meio da abreviação (abandono) dos elos intermediários que são necessários durante o processo de assimilação. Devemos notar que Vigotski não interpretou essa forma como uma "revolução"; ele a analisa como um encurtamento dos elos auxiliares, sua exclusão de um processo complexo e como resultado o processo de compreensão adquire a forma de um ato direto simples.

Assim como no processo de aquisição da linguagem, no desenvolvimento das operações aritméticas, a questão mais importante é estudar os padrões de transição da aritmética "natural" para a aritmética "cultural", de uma contagem direta para uma contagem mediada. Nesse caso, Vigotski também observou que há uma "transição da percepção direta dos números para a percepção mediada, em que a criança começa a comparar os números com determinados signos e a operar com esses signos" (p. 283). Em geral, ao resolver problemas sobre os padrões psicológicos de desenvolvimento das operações aritméticas na criança, Vigotski mostra sequencial e precisamente a necessidade de "converter" a criança da aritmética "natural" para a aritmética "cultural", da necessidade de dominar o sistema numérico que não coincide com as concepções naturais dos números e dos métodos de contagem.

A análise do desenvolvimento da linguagem e das operações aritméticas mostrou os modos de concretizar as posições gerais da abordagem histórico-cultural para entender e estudar esses processos na criança. Esses processos têm em comum a necessidade de realizar a transição das reações naturais para as reações culturais, historicamente desenvolvidas, que pressupõem o uso de signos na mediação da linguagem e da contagem. O processo de desenvolvimento das formas culturais e novas passa por estágios específicos que incluem não somente o domínio do comportamento por meio de métodos mediados, mas também posteriormente excluindo essas formas, resultando no processo de leitura como um processo direto em que o sistema de mediação através dos signos é excluído.

O desenvolvimento dos processos cognitivos. Ao contrário dos processos de assimilação dos comportamentos desenvolvidos em especial (linguagem, contagem), os processos cognitivos (atenção, memória, pensamento) não apresentam equivalentes semelhantes representados na vida social. Por isso, especialmente na análise da estrutura psicológica dos processos mentais, Vigotski apresenta uma formulação mais precisa dessa posição e abordagem teórica para entender seu desenvolvimento na infância como o domínio desses processos: o "domínio" da atenção, da memória e do pensamento. A transição para os níveis superiores de desenvolvimento dos processos mentais ocorre nesse caso não apenas como uma assimilação das formas "culturais" de comportamento, mas também como uma transformação sequencial no tipo de regulação mental dos próprios processos mentais. Assim, como na análise do desenvolvimento de outras funções mentais superiores, Vigotski isola sua forma "natural" e a "superior".

O fundamento para a forma "natural" de atenção, segundo Vigotski, é o foco dominante separado de excitação que determina as direções primárias do comportamento. Os padrões correspondentes que determinam o aparecimento, o funcionamento e o desenvolvimento da atenção são especialmente característicos para as idades mais precoces, mas também aparecem nos estágios posteriores da vida humana. Outra linha é a do desenvolvimento cultural da atenção que abrange o domínio dos processos com o auxílio dos estímulos-meios que tornam possível transferir os processos internos de atenção para o comportamento externo e desse modo controlar o processo. Esses casos de transição para um nível superior de atenção são também descritos como um método intelectual de realizar as tarefas que são apresentadas para a criança. Nos casos de problemas complexos que requerem a atenção voluntária, a criança é de fato solicitada a resolver os problemas como problemas intelectuais. É completamente natural que ela os resolva utilizando os meios e os métodos intelectuais que envolvem o pensamento.

Assim como em outros processos mentais, no desenvolvimento da memória, Vigotski também isola duas formas básicas: a real (natural) e a cultural. Ele escreve: "Em nossos estudos, tentamos comparar diretamente os dois tipos de memória, os dois métodos de memorização, e elucidar pela análise comparada a composição elementar de ambas as operações, sua estrutura e sua gênese" (p. 339). De acordo com os padrões, a memória natural coincide com os processos fisiológicos e a memória cultural é assimilada no processo de desenvolvimento de um sistema de meios para memorizar.

Ao estudar a memória, Vigotski tentou apresentar a transição da memorização natural para a memorização cultural sob as condições de desenvolvimento da criança e não apenas como o uso de meios adicionais (menmotécnicos) que possibilitam a memorização mediada. Vigotski interpreta esse processo como uma mudança no movimento dos processos neurais auxiliados pelo estímulo usado que aparece como um meio de memorizar. "Quem tiver observado a transição direta do método natural de memorização para o método mnemotécnico terá a impressão de que está vendo uma mudança produzida experimentalmente da memória inata para a memória cultural. [...] na memorização mnemotécnica ocorre a introdução de um novo cartão-estímulo, inicialmente neutro, que tem o papel de um signo mnemotécnico e dirige o desenvolvimento das conexões neurais por uma nova via substituindo uma conexão neural por duas novas conexões neurais" (pp. 340-1). Assim, Vigotski relaciona o processo de formação de um novo tipo de memorização com um tipo especial de controle dos processos neurais que são mediados pela introdução de signos como meios de memorização. A memorização voluntária, cultural, aparece em relação à memorização natural como um dos métodos de controle dos processos naturais, incluindo os processos fisiológicos.

Enquanto isso, o processo de desenvolvimento da memória voluntária pressupõe sua intelectualização sequencial. "No primeiro caso, [a criança] está lidando com o efeito do mneme, memorizando no sentido orgânico da palavra, mas, no segundo caso, ela substitui a memorização direta por operações como a comparação, o isolamento dos fatores comuns, a imaginação etc." (p. 343). Vigotski considera essas operações intelectuais como os meios de memorização que fornecem as transformações dos sentidos dos materiais e sua nova estruturação e possibilitam a memorização e a reprodução voluntárias. Assim, o processo de desenvolvimento da memória na infância baseado em encontrar meios para a memorização evolui ao longo de dois caminhos: a linha do desenvolvimento intelectual e a linha da volição crescente.

Para Vigotski, o mais importante na análise desse processo de desenvolvimento é o problema das transições sequenciais entre tipos de memória diferentes. Elas compreendem quatro estágios básicos no desenvolvimento da memória caracterizando o padrão genético geral de desenvolvimento das funções mentais superiores. De acordo com esse padrão, "no início do desenvolvimento da memória, existe uma memorização puramente mecânica, correspondente em nosso diagrama ao estágio primitivo no desenvolvimento de qualquer função [...] Segue-se o estágio da psicologia ingênua na abordagem da memória [...] Segue-se o estágio da memorização mnemotécnica externa, que se alterna com o estágio de se voltar para o interior ou da memória lógica" (pp. 352-3). Ao analisar os estágios gerais de desenvolvimento da memória, Vigotski não os considera mudanças simples relacionadas com a idade, mas um processo de desenvolvimento intelectual e mental geral humano e que ocorre sob condições de treinamento e de educação. Deve-se também notar que, ao estudar essas mudanças que ocorrem nos estágios de desenvolvimento da memória, ele foi o primeiro a propor um plano teórico para analisar e explicar os vários meios mnemotécnicos para memorizar que eram muito populares naquela época. Vigotski vê nesses meios e instrumentos mnemotécnicos empiricamente desenvolvidos e extremamente variados um dos elos no desenvolvimento cultural da memória e os meios para controlar a memória no adulto.

Ao considerar o problema da pesquisa de Vigotski sobre o desenvolvimento da linguagem e do pensamento, devemos compreender sua contribuição em caracterizar o processo de pensamento, que é um tipo especial de hábito que assegura a criação de novas combinações de imagens, conceitos, relações etc. O pensamento pode ocorrer de duas formas: na forma de uma ação prática (ou a operação com imagens concretas) e em uma forma verbal. As relações entre ambas representam a principal questão para pesquisa. Podemos expressar em outras palavras: a execução de qualquer ação prática difícil configura o pensamento natural e prático e sua "implementação verbal", isto é, a realização verbal da ação configura o pensamento no verdadeiro sentido da palavra, o pensamento cultural. Assim, mesmo na análise dos processos de desenvolvimento do pensamento infantil, o mais importante para Vigotski é explicar a relação entre o pensamento com o auxílio de uma ação prática e o pensamento com o auxílio da linguagem – oral ou escrita, externa ou interna. Vigotski compara a transição entre as diferentes formas de ação prática e a implementação verbal das ações ao uso de instrumentos, isto é, a mudança nos métodos de transformar algumas situações. No estudo sobre o pensamento, seus componentes operacionais são expressos mais claramente.

Ao estudar as relações entre a linguagem e o pensamento em vários estágios de desenvolvimento, Vigotski formulou uma posição fundamental e geral sobre o fato de que todos os tipos de solução de problemas, reais e práticos, precedem as formas verbais e a posição geral de que, com os problemas mais complicados ou em situações que são relativamente difíceis para a criança, existe sempre uma transição para um nível inferior de solução do problema, isto é, de uma forma verbal de solução para uma forma prática ou da solução do problema em uma forma escrita para o uso da expressão oral. Assim, a transição para os métodos práticos e mais simples de resolver os problemas torna possível, por um lado, abrir mais possibilidades para a criança e, por outro, o uso do instrumento como meio especial para desenvolver um plano verbal de realizar várias ações em diferentes situações de treinamento.

Vigotski apresenta adequadamente o plano geral das relações entre o desenvolvimento da linguagem e do pensamento, por exemplo, em uma análise da relação entre a linguagem e o desenho. "Em todas as áreas de atividade infantil, encontramos a mesma sequência. O mesmo acontece com o desenho. A criança pequena geralmente desenha primeiro e depois fala; no próximo estágio, a criança fala sobre o que está desenhando, a princípio, sobre partes do desenho; por fim, o último estágio se forma: a criança primeiro diz o que vai desenhar e então desenha" (p. 377). O pensamento infantil muda da mesma forma quando ela conta uma história sobre uma imagem com alguma dificuldade, mas pode usar e reproduzir todas as ações da imagem quando está dramatizando, isto é, em uma situação real.

O desenvolvimento do comportamento voluntário e da visão de mundo sobre a personalidade. Já salientamos o importante significado, para o processo de desenvolvimento das funções mentais superiores, dos mecanismos de domínio dos processos mentais e das respostas elementares como um pré-requisito para a transformação das formas naturais de comportamento em formas culturais. A manifestação mais típica desse mecanismo psicológico no desenvolvimento do comportamento é o estabelecimento do comportamento voluntário, as possibilidades de realizar atos voluntários, tomar decisões etc. Esse tipo de comportamento, segundo Vigotski, é um dos mais complexos, bem como os casos mais gerais de desenvolvimento das formas superiores de comportamento, e representa um aspecto importante no desenvolvimento da personalidade.

A situação mais típica que nos permite traçar os aspectos da estrutura do ato voluntário e o processo de seu estabelecimento é a situação de escolha. Anteriormente, pudemos observar o uso que Vigotski fez dessa situação ao analisar os princípios gerais das funções mentais superiores. A situação dos estímulos opostos (a situação do asno de Buridan) é um exemplo, quando o dado é usado como meio de chegar a uma decisão. No entanto, em todas as situações semelhantes, foi necessário fazer uma escolha entre os estímulos externos. A criança resolveu esses problemas em situações de atenção voluntária com o auxílio de um gesto de apontar e, em uma situação de memorização voluntária, com o auxílio dos instrumentos e dos signos mnemotécnicos como meios. No caso do ato voluntário, a situação de escolha não se relaciona aos estímulos externos, mas aos estados internos que requerem uma decisão. "É a livre escolha entre duas possibilidades determinadas internamente pela própria criança, e não externamente" (p. 386).

O principal aspecto dos experimentos realizados era saber como o uso dos estímulos-meios externos transforma o comportamento interno da criança. Em todas as situações experimentais, o mais importante era saber como a criança usa os meios prontos oferecidos a ela e não como ela "inventa" ou cria algum meio para resolver o problema. "Às vezes podemos observar como o sujeito usa o dado ou outro instrumento desse tipo de modo independente, mas, como nossa tarefa não é estudar a inventividade da criança, e sim o processo de escolha usando um dado [...] Recorremos ao instrumento que usamos muitas vezes: a proposição direta para que a criança use o instrumento apropriado" (p. 387). Essa questão, posteriormente, tornou-se controversa para os seguidores da escola de Vigotski e de outras escolas científicas da psicologia soviética. A questão se refere especificamente ao papel que a "descoberta" ativa tem no desenvolvimento mental da criança quanto aos meios e métodos de resolver problemas que ela assimilou e utiliza. Foi observado que somente na assimilação criativa ativa e com o uso de novos meios a criança passou para um nível superior de desenvolvimento mental, mas o uso formal dos meios já prontos não assegurou esse desenvolvimento. No entanto, no estágio de pesquisa considerado, esses problemas controversos ainda não foram colocados. Parece que o uso dos meios prontos assegura que se atinja níveis superiores de desenvolvimento mental infantil.

Qual é o mecanismo psicológico do processo de escolha realizado com o auxílio de meios externos? Como podem ser explicadas as mudanças psicológicas que ocorrem em uma situação de escolha entre duas motivações opostas? Vigotski acreditava que o uso de meios externos nessa situação representa não somente a solução de um problema intelectual, mas, principalmente, a criação de uma nova motivação externa em que um dado ou um cartão ou um signo etc. são os meios externos. "A criança recorre ao dado e introduz novos estímulos na situação, que são totalmente neutros em relação à situação geral, e atribui a eles a força da motivação. Ela decide antecipadamente que, se o dado cair com o lado preto para cima, escolherá uma série e, se cair com o lado branco para cima, ela escolherá outra série. Desse modo, a escolha é feita de antemão" (p. 390). Isto é, nesse processo se estabelece uma conexão entre o objeto "desejado" (uma xícara, um número etc.) que atua como a motivação superior e principal e a cor da face do dado. Como consequência, o lado do dado adquire a função de um motivador externo usado como guia para o comportamento do sujeito de solucionar um problema de escolha. Nesse caso, o meio usado tem duas funções: é um meio de resolver intelectualmente um problema complexo e é um meio de transformar uma motivação interna em objeto ("objetificação"), colocando a motivação em um sistema de estimulação externa sujeita a mudanças e ao controle.

É possível que essas ideias de Vigotski sirvam, no futuro, como fundamento para uma teoria da motivação como uma objetificação das necessidades (A. N. Leontiev, *Problems of Mental Development*, Moscou, 1959, pp. 431-45). No momento, devemos ter em mente que a posição sobre a objetificação externa da motivação tem sido discutida algumas vezes e que, para Vigotski, o objeto externo usado por uma pessoa no papel de uma motivação representa um estímulo adicional, isto é, o estímulo-motivo é adicionado ao estímulo básico anterior e, desse modo, assegura a possibilidade de dominar o seu próprio comportamento. "[...] por meio de um signo e de uma relação estabelecida com ele, isto é, controlei meu comportamento mediante um estímulo auxiliar ou uma motivação auxiliar" (p. 393). No padrão geral de controle de seu próprio comportamento, a motivação é considerada um elo natural entre o estímulo e a resposta, um meio de controlar o comportamento e que é introduzido externamente. Mas a característica inata, natural, desse processo, como nos outros casos, corresponde aos padrões de formação e de funcionamento do reflexo condicionado. "Em síntese, poderíamos dizer que esse é um reflexo criado artificialmente" (p. 396). O processo artificial está contido no natural e é usado como um meio de controlar o processo natural e, assim, assegurar o nível da função mental superior.

Consideramos as posições fundamentais que caracterizam os padrões de estabelecimento das funções mentais superiores isoladas. O processo de seu estabelecimento é realizado como um processo de desenvolvimento cultural que não se sobrepõe apenas aos processos naturais, mas que determina, secundariamente, o desenvolvimento posterior dos processos naturais; isto é, o desenvolvimento da atenção, da memória e do pensamento, com base em seu estabelecimento como uma função mental superior, ocorre em um modo essencialmente diferente em relação ao desenvolvimento dos processos naturais. O domínio dos processos do comportamento cultural e em especial da linguagem não depende somente de uma base natural desses processos, mas ele modifica até mesmo o curso de seu desenvolvimento e os processos aparecem como um único sistema.

Finalmente, na medida em que as funções mentais superiores são estabelecidas e que as formas superiores de comportamento são dominadas, todos os processos que compreendem o desenvolvimento cultural resultam na formação da personalidade e da concepção de mundo da criança. Essas duas formações superiores aparentemente guardam tudo o que foi acumulado anteriormente e asseguram sua disponibilidade para a análise da estrutura e dos níveis de desenvolvimento da concepção de mundo e da personalidade. Vigotski limita o termo "personalidade" de modo preciso e não inclui neste as características de personalidade como a individualidade. "Neste trabalho, a compreensão da personalidade apresenta um sentido mais restrito do que no sentido usual da palavra. Não estão incluídos os traços de individualidade que a distinguem de várias outras individualidades, que a tornam única ou que a relacionam a um tipo específico. Tendemos a igualar a personalidade da criança ao seu desenvolvimento cultural. Assim, a personalidade torna-se um conceito social: abrange o que é natural e histórico na humanidade. Ela não é inata, mas é o resultado do desenvolvimento cultural porque "personalidade" é um conceito histórico" (p. 443). Posteriormente essas posições passaram a considerar esse conceito de forma mais ampla, e não tão restritivamente como colocado pelo autor.

Estabelecer uma correlação entre o sentido mais restrito e o mais amplo do problema do desenvolvimento natural e social da personalidade permanece como um dos problemas para a pesquisa e como um problema concreto da psicologia como ciência.

Para esse momento e estágio de desenvolvimento da psicologia, Vigotski propôs soluções gerais e às vezes contraditórias para esse problema. Seu mérito reside no fato de que talvez, ao mostrar as contradições, os problemas não resolvidos se tornam mais expostos e diferenciados. O mérito de Vigotski reside não apenas em ter enfatizado o importante significado dos aspectos culturais, sociais e históricos para o desenvolvimento das funções mentais superiores, mas também em ter revelado o aspecto contraditório existente na relação entre o caráter social e o natural que se revela de modo claro e dramático no desenvolvimento mental da criança. A profundidade das ideias de Vigotski e a ousadia do cientista estão representadas não em um sistema simples, mas na acentuação desse dramatismo.

O presente volume também contém uma versão resumida do trabalho "A questão da criança multilíngue". No trabalho sobre a análise de uma questão relativamente pessoal, vários problemas são mencionados que abordam a relação entre os processos cognitivos e a linguagem. Nesse sentido, ele continua organicamente as ideias fundamentais contidas na *História do desenvolvimento das funções mentais superiores*. O trabalho é de interesse atual no que se refere à solução do problema de ser multilíngue.

A. M. Matyushkin
Editor

Índice de autores

Ach, N., 137, 140-1, 146, 307, 325-6, 389, 404
Aristóteles, 444
Arsenev, V. K., 98

Bacon, F., 391, 406
Bain, A., 345-6
Baldwin, J., 194, 249, 449, 455
Bashushinskii, 253
Basov, M. Ya., 126, 165, 454
Bastian, A., 114
Bekhterev, V. M., 68, 289, 290, 334
Bergson, H., 338, 356-7
Binet, A., 67-8, 72, 175-6, 216, 296, 299, 332-3, 355, 359, 430-2, 434
Bleuler, E., 395, 397
Blonskii, P. P., 84, 183, 193, 271, 299, 361, 367
Bogen, H., 217
Braille, L., 48, 420, 424
Bühler, C., 228, 258, 260-1
Bühler, K., 39, 65, 67, 168-9, 170, 174, 189-91, 199, 231, 235
Buridan, J., 89, 90, 92-3, 95-6, 388-90, 482
Burt, C. L., 272

Charcot, J., 194
Claparède, E., 185, 402, 458

Da Vinci, L. 22
Dal, V. I., 241
Dante, 87
Darwin, C., 130-1, 171, 188-90, 235
Delacroix, H., 248, 279, 455
Descartes, R., 408
Dewey, J., 116, 118,
Dilthey, W., 14, 130
Dostoievski, F. M., 22
Driesch, H., 447

Edinger, L., 231
Eliasberg, W., 204, 318-20, 322, 325-6, 328-30, 365-6
Engels, F. I., 1, 2, 73-4, 76, 104, 107, 110, 120, 133, 154, 155, 406-7
Epstein, 461-4, 466-9
Espinosa, B., 357, 388-9, 404, 408

Fedorchenko, 224
Fichte, J. G., 455
Foucault, M., 306
Freud, S., 23, 78, 339, 451

Fröbel, F., 275

Gessen, 273
Goethe, J. W., 161, 205

Hall, S., 183
Hegel, G. W., 120, 153, 198, 407
Heller, T., 334
Hering, E, 186, 405,
Høffding, H., 152-3, 173-4, 357
Husserl, E., 14

Jaensch, E., 372, 374, 378, 380-2, 426
James, W., 88, 162, 392, 401, 403, 405
Janet, P., 196, 407, 490
Jennings, G., 39-42, 74, 122, 378, 447

Kapp, E., 118-9
Katz, D., 426
Koffka, K., 128, 169, 189
Köhler, W., 86, 96, 167, 316, 322, 426
Kompeire, G., 355
Kretschmer, E., 43, 113, 152, 192, 396, 398, 405, 407
Krupskaya, N. K., 349
Külpe, O, 66, 68-9

Laj, W. A., 286, 414, 415-7
Lamarck, J.-B., 189-90
Lange, N. N., 260
Lazurski, A. L., 125
Leontiev, A. N., 292, 348, 350, 503
Lévy-Bruhl, K., 91, 99
Lewin, K., 124, 130-2, 163-4, 393-5, 397-8
Lichtenberg, G., 114
Lindworsky, J., 205
Lipman, O., 217
Luria, A. R., 264

Marx, K., 2, 73, 76, 104, 107, 110, 120, 132-3, 155, 201, 407
Mechnikov, I. I., 79-80
Merkel, F., 147
Meumann, E., 303, 318, 337, 346, 357, 404, 417, 454
Montessori, M., 272-8
Mukhov, M., 275
Müller, G., 351, 371, 470
Münsterberg, H., 14, 146

Neurath, O., 392

Pavlov, I. P., 72, 89, 105-6, 108-11, 116, 316, 362-3, 396-7, 403
Piaget, J., 194-5, 202, 361, 449-453, 457-9
Platão, 172
Polizer, G., 114
Potebnya, A. A., 237, 240-1

Quetlet, L., 140

Ramon y Cajal, S., 391-2
Ranschburg, 283
Revault d'Allones, 304-5, 307
Ribot, T., 297-9, 304, 326, 332
Ronget, 464, 466
Rubin, E. 306

Seguin, E., 205, 277, 332
Semon, A., 337
Sepp, E. K., 467
Shakespeare, W., 22, 357
Shakhmatow, A. A., 240
Sherrington, V., 402
Sollier, P., 332-3
Spranger, E., 23, 25, 460

Stern, W., 166, 178, 223-4, 232-6, 245, 252, 263, 275-6, 318, 359, 364, 366-7, 418-9, 456, 466, 494-5
Sully, J., 261

Titchener, E., 135, 138-143, 146, 300-2, 305, 315, 488
Thorndike, E., 191, 210, 212, 414, 417, 430-4, 436-7, 459
Thurnwald, R., 91, 97-8, 100, 112
Tolstói, L. N., 89, 429
Troshin, P. Ya, 270, 332
Tudor-Hart, 369, 370

Ukhtomski, A. A., 315-6

Vargermann, H., 99
Volkelt, H., 126-7, 159-60, 162, 166, 452

Wallon, H., 235
Watson, J., 68, 197, 451
Werner, H., 64, 84, 128-9, 158, 161-2, 193
Whitney, 118
Wundt, W., 44, 57-8, 62-4, 67, 118, 144, 158, 252, 273, 410

Zelts, O., 67
Zigvart, K., 114-5

Índice remissivo

Abstração
  papel da atenção na abstração, 318,
    320
Ajuste, 379
Análise
  condicional genética, 131, 133
  das coisas, 127-8, 140
  dinâmica, 136
  do problema, 128, 130
  do processo, 128, 140
  fenomenológica, 131
  genética, 134
  subjetiva introspectiva, 133, 140
Antropomorfismo, 189
Associação, 108, 152
Atenção
  como um reflexo, 289, 298
  direta, 293
  domínio da atenção, 289
  estabelecimento da atenção, 306, 308
  estágios de desenvolvimento, 296, 298
  involuntária, 135, 294, 298, 301-2, 329
  mediada, 293, 295-6, 302, 321
  método de dupla estimulação, 292-3
  na criança com deficiência, 321-3, 325-6, 332
  na resposta de escolha, 308, 322, 326, 375
  papel do signo, 306, 308, 310, 313, 316, 318, 323, 340
  papel na abstração, 319-20, 323
  teoria de E. Titchener, 300
  teoria de G. Müller, 315
  teoria de Revault d'Allones, 304
  teoria de T. Ribot, 297, 298
Atividade humana
  efeito na situação, 96, 100
  efeito no processo, 100
  efeito sobre outra pessoa, 100
  sistema de atividade (segundo G. Jennings), 40-1

Cérebro, 10, 32, 192
Ciência psicológica
  ramos
    crise, 6, 15, 184
    étnica, 5, 29, 33, 35, 82
    histórica, 83
    psicológica animal (psicologia comparada), 5, 29, 31, 453

psicologia infantil (genética), 1, 3, 4, 9-10, 34-5, 51, 64
direções
  descritiva (interpretativa), 14, 22, 24, 26
  escola de Würzburg, 66, 171
  espiritualista, 391
  estrutural (psicologia da Gestalt), 16, 60-1, 127
  explicativa (causal, fisiológica), 14-5
  funcionalismo, 19
  objetiva (behaviorismo, reflexologia), 6, 8, 11, 67, 70, 178
  psicanálise, 21, 23
  psicologia associativa, 33, 72
  subjetiva (empírica), 6, 8, 11, 16, 171
Comportamento
  desenvolvimento do comportamento, 36, 168-9, 173, 175, 189-90, 193, 195, 209-10
  domínio de seu próprio comportamento, 9, 96, 100, 105, 107-8, 110, 116, 163-4, 167, 194, 204, 213, 291
  formas inferiores, 168
  formas superiores, 15, 168
  mágico, 91
  sistema de atividade (segundo G. Jennings), 39, 41
Compreensão
  da linguagem, 112
  na imitação, 180-1
Conceitos
  formação de conceitos, 4, 331, 380, 382
  gerais, 381
  pseudoconceitos, 383

Concepção de mundo, 443-4
  desenvolvimento, 443, 445, 449-50, 453, 456
Contagem, 383
  e percepção de formas, 282, 285, 415
Criança com deficiência
  desenvolvimento das funções mentais superiores, 47-8
  desvios no desenvolvimento, 45, 49, 202, 206, 229, 279, 319, 413, 415, 417
  domínio do comportamento, 204
  educação, 415
  ensinar a ler e escrever, 273, 414
  formação de conceito, 374, 376, 378

Decisão, 392
  tomada de decisão, 396, 398
Desenvolvimento
  cultural, 3, 5, 11, 13, 21-2, 34, 37, 176, 409, 412-3, 416, 418-20, 422, 424-8, 434, 438, 442, 445, 459
  desenvolvimento mental e crescimento, 424-5, 428
  diagnóstico do desenvolvimento, 425
  experiência cultural, 206, 208
  lei genética de desenvolvimento cultural, 200
  medida, 428, 431-2, 434
  meios externos de desenvolvimento cultural, 27, 35
  orgânico (inato, natural), 4, 8, 10, 19, 413, 425, 434, 445
Desvios, 46, 167, 374
Dualismo, 14

Eidéticos, 374, 378
Escolha (seleção), 153, 219, 385-6, 390, 397, 400, 402

Estímulo
  artificial, 162
  auxiliar, 151, 293, 296, 298
  estímulo-meio, 93, 95, 97, 100, 117, 151, 162, 292, 294, 306, 391
  estímulo-motivo, 390, 400
  estímulo-objeto, 149, 161, 306
  estímulo-signos, 162

Filogênese, 37
Funções mentais (processos), 200
  culturais, 3
  desenvolvimento, 47, 129
  externas, 200
  inferiores, 10
  internas, 201
  na criança com deficiência, 45, 47-8
  naturais (inatas), 2
  rudimentares, 79, 81, 84-5, 89, 103
  superiores, 11, 13, 103

Gestos
  como um signo visual, 249, 251, 254
  de apontar, 198
  e a brincadeira, 254
  e a escrita pictográfica, 249
  e o desenho, 252

Hábito
  e a imitação, 212
  motor da fala, 9
Habilidade, 426, 428-9, 438
  especial, 428-9
  geral, 428-9
  intelectual, 428
  medida da, 429, 435
  musical, 428
Histeria, 395, 398, 407

Imitação
  com a formação do hábito, 182
  como um método de pesquisa, 182-3
  de animais, 179
  de uma criança, 181, 376
  relação com a compreensão, 182
Instrumentos, 117, 119, 121, 242, 370, 374, 447
  uso de, 11, 31, 37, 39, 41, 44, 117, 167, 204, 233, 374-5, 377
Intenção, 164, 357, 394, 404, 452

Jogando os dados, 91, 93, 96, 387, 389
Jogo (brincadeira), 254, 365, 457

Leitura
  e compreensão, 269, 273
  oral, 268-9
  silenciosa, 268-9
Linguagem
  como um estímulo, 65
  como um hábito motor, 69
  da criança, 9, 132, 167, 195, 228, 238
  desenvolvimento, 178, 224-5, 229, 240, 359, 363, 368, 379, 410, 439, 453
  e atenção, 502
  e socialização, 201, 326
  egocêntrica, 132, 225, 259, 329, 375
  externa, 9, 197
  interna, 132, 197, 225, 459
Linguagem escrita, 97, 247, 267, 352-3, 355, 368, 415, 419, 451
  como um hábito motor, 248, 269, 276
  como um sistema de símbolos e signos, 248
  compreensão, 275
  e a brincadeira, 259, 268
  e o desenho, 260, 263, 268

e o gesto, 254
ensino da escrita, 267, 271, 274, 276
escrita ideográfica, 263, 266
escrita pictográfica, 252, 266
leitura oral e silenciosa, 268-9
signo escrito como um símbolo de primeira e segunda ordem, 267, 271

Linguagem oral
como um reflexo condicionado, 230, 232-3, 236, 242, 245
e pensamento, 228-30, 232
na criança com deficiência, 227, 230
resposta vocal da criança, 228

Meios
meios externos de desenvolvimento cultural, 34-5
meios mnemotécnicos, 100

Memória, 337, 345, 386, 404
artificial, 353, 355
concreta, 415
cultural, 98-9, 115, 118
desenvolvimento, 337-8, 351-2, 357
domínio da memória, 340, 342, 346
efetividade, 347, 349
esquecimento, 342-3, 345, 351, 356
lei genética, 349
lembrar (relembrar), 342, 355
lógica, 13, 353
mecânica, 13, 346, 354
mediada, 354
métodos, 345, 348, 354
mnemotécnica, 337-8, 345, 347, 350-1, 404
natural, 354, 356
paralelogramo de desenvolvimento, 349
primitiva (natural), 97, 99, 338, 451

verbal, 354
voluntária, 353

Métodos
analíticos, 133
da dupla estimulação, 293, 298
de auto-observação, 58, 60, 71
de estímulo-resposta, 55, 60
de interpretação, 64
de irritação, expressão e resposta (W. Wundt), 58, 63
dos reflexos condicionados, 30, 62
genético-experimental, 129
métodos experimentais, 56, 61, 64, 69, 73
papel da instrução, 70, 141

Motivos, 87, 384, 386, 388, 392
estímulos, 401
motivos auxiliares, 392, 395, 399, 404
motivos conflitantes, 90, 384, 400, 402

Multilinguismo, 461, 471

Necessidade, 398
necessidade intencional (desejo), 397

Ontogênese, 36-7

Operações aritméticas
domínio dos signos, 283
ensinando aritmética, 281, 416, 430, 435-6
na criança com deficiência, 287
na criança em idade escolar, 417
na criança em idade pré-escolar, 281, 416

Palavra, 102, 196, 242, 380
como um meio de dominar o comportamento, 196
como um meio de socialização, 201, 325

e imagem, 236, 238, 240
e significado, 200
função social, 74
relação com os objetos, 201
Paralelismo psicológico, 16
Pensamento
  abstrato, 245
  aritmético, 101
  caminhos alternativos na solução de problemas, 377
  causal, 379
  com imagens, 378
  concreto, 379, 382
  desenvolvimento do pensamento, 358-60, 363, 365-6, 368, 373, 411, 438
  dos animais, 372, 378, 403
  e concepção, 370, 372
  e linguagem, 359, 361, 364-5, 367-8, 370, 372, 380, 411, 438
  e solução de problemas, 375, 383, 436, 438
  eidéticos, 371-2, 382
  mágico, 184, 217
  meios de pensar, 292, 373
  natural, 382, 446-7
  o problema do pensamento, 372, 374, 376, 379
  planejamento, 375
  pré-linguagem, 369
  primitivo, 35, 91
  sem imagens, 68
  sincrético, 361, 379, 458
  vocal, 377, 379, 459
Personalidade, 442, 444
  desenvolvimento, 443-4
  o "Eu", 450, 455-6

Reflexos
  associativos, 78, 289
  condicionados, 117, 193, 209, 227, 229, 232-3, 236, 242, 245, 289, 372, 393-4, 396, 399, 405, 450, 452
  e respostas, 146-7
  incondicionados, 209, 211, 227
  inibidos, 7
  princípio do dominante, 289, 315
Respostas
  adquiridas, 11
  de escolha, 138, 140, 143-4, 146, 148, 150, 162, 215, 219, 221, 224, 307, 310, 313.
  dificuldades, 148-9
  distinções, 138, 140, 142, 144
  e os reflexos, 144, 147
  estágios de desenvolvimento, 216, 222, 225
  inatas, 11, 216
  respostas vocais da criança, 227-8, 230
  velocidade de resposta, 139
Revolução
  dos instrumentos mnemotécnicos, 222, 225, 348, 350, 353
  e desenvolvimento da linguagem, 224
  tipos, 221

Signo, 105, 109-10, 117, 121, 160-1, 179, 204, 212, 234, 242, 292
  artificial, 162
  como uma forma de influência, 197
  domínio dos signos, 284
  e o significado, 234, 238, 241, 244, 325
  o signo escrito como um símbolo de primeira e de segunda ordem, 265, 271
  significação, 108, 110, 116
  uso de, 117, 162, 222

Teoria
  e compreensão, 112
  e pensamento, 230, 232, 245, 359-60, 363, 365-6, 368, 372, 379, 382, 411, 438, 471
  P. Janet, 196
  W. Stern, 232, 234, 236, 245

Volição, 154, 163, 165, 173, 384, 393, 395, 404, 406
  ação voluntária, 385, 392, 396, 399-400, 402, 405, 459
  ato voluntário, 97, 134, 294-5, 297-8, 300-1, 303, 305, 317, 324, 326
  desenvolvimento, 13, 404, 406-7
  liberdade de escolha, 97, 391, 404, 407